Aurelio Picco

CHARLES D'ÉON

IL DIPLOMATICO TRAVESTITO

1728 – 1810

A&P EDIZIONI - MILANO

Aurelio Picco
«Charles d'Éon – Il diplomatico travestito 1728-1910»

© A&P Edizioni – Milano
Prima edizione dicembre 2014
ISBN 978-88-905061-9-2

A mia moglie Paola

PREFAZIONE

Il termine *eonismo* è in italiano sinonimo di *travestitismo,* e fu coniato da uno dei fondatori della sessuologia, Ellis Havelock (1859-1939), sul finire del secolo XIX. La figura del cavaliere d'Éon è stata adottata come «patrono» dei travestiti dalla comunità francese LGBT (*Lesbienne, Gay, Bisexuels* e *Trans*) e quindi gode ancora oggi di una vasta popolarità nella sua patria, mentre è pressoché sconosciuta altrove. In Italia l'ultima biografia risale al 1935 a opera di Cesare Giardini[1].

La vicenda di d'Éon, al di là dell'evidente originalità, è meritevole di considerazione per il travaglio interiore, che fu la costante del personaggio, e per la ricerca delle motivazioni che spinsero un capitano dei dragoni, famoso spadaccino, a prendere gli abiti femminili.

In una lettera al duca di Praslin, egli stesso si definì in questo modo: «Se volete conoscermi vi dirò francamente che non sono buono che per pensare, immaginare, interrogare, riflettere, confrontare, leggere, scrivere, per correre dalla mattina alla sera, dal mezzogiorno al nord, e per battermi nella pianura o sulle montagne. Se fossi vissuto ai tempi di Alessandro o di don Chisciotte, sarei stato Parmenione[2] o Sancho Panza. Se mi togliete da là, vi mangerei, senza fare una sciocchezza, tutte le entrate della Francia in un anno, e dopo questo vi farei un eccellente trattato sull'economia... Se volete averne una prova, vedete tutto ciò che ho scritto nella mia Storia delle finanze sulla distribuzione del denaro pubblico.[3]»

Un uomo pieno di contraddizioni e di passioni che non seppe dominare e anche un uomo in cerca di una propria identità.

Dotato di intelligenza e di cultura, abile e gradevole conversatore, – dote che il secolo apprezzava oltre ogni cosa – d'Éon fu la prima vittima di se stesso. Gli esordi nella carriera diplomatica furono brillanti, l'introduzione al *Secret du Roi* gli diede modo di interloquire direttamente con i più alti livelli della gerarchia governativa e con lo stesso Luigi XV, che ne apprezzava le doti. Divenuto ministro plenipotenzia-

---

[1] Cesare Giardini, *Lo strano caso del cavaliere d'Éon,* Milano, 1935, Mondadori.
[2] Parmenione (400 a.C. – 329 a.C.) fu il primo generale dell'esercito di Alessandro.
[3] P. Pinsseau, *op. cit.*

rio a Londra, per coprire un interim tra il duca di Nivernais e il conte Guerchy, non si piega a una diminuzione di rango che ritiene ingiusta di per sé, anche per la pochezza del console nominato in quella sede. La sua lotta con Guerchy non conosce sosta ed è lo snodo di una carriera che avrebbe potuto essere ben diversa. Nulla riesce a ricondurlo alla ragione, nonostante i consigli degli amici più sinceri e disinteressati. Da questo nasce la sua tragedia, che si trascinerà per anni, con un epilogo nell'infermità, nell'oblio e nella miseria.

Abile negli intrighi, nei quali sapeva muoversi con destrezza, ne fu egli stesso vittima quando i suoi protettori caddero in disgrazia, primo fra tutti il conte Broglie, valente braccio di un Luigi XV, re assoluto incapace di imporsi alle proprie amanti, dalla Pompadour alla du Barry.

Sempre alla ricerca della gloria e della fortuna, vive l'azione con frenesia, non conosce sosta. Spirito freddo, ponderato e lucido in alcuni momenti, in altri si abbandona all'impulsività, segue l'istinto della prima ora, pronto a fare la guerra al mondo intero. È anche uno straordinario commediante, un vero mistificatore che riesce a ingannare anche gli amici più vicini. Narcisista ed egocentrico come sono le persone convinte di una loro superiorità nei confronti di coloro che le circondano, riconosce come suo unico padrone il re, e gli è fedele fino alla propria disgrazia. Rifiuta ogni offerta che gli viene fatta dagli inglesi, che gli avrebbe consentito una vita agiata e tranquilla, per essere fedele alla Francia. Giustifica i peggiori comportamenti e i tradimenti di Luigi XV con una ragion di stato che non ha alcun presupposto. Il re lo comprende e se ne prende gioco, lo usa fino in fondo promettendo e non mantenendo.

In guerra ha sprezzo del pericolo, non teme la morte: «Stimo la mia vita quattro soldi – diceva – e questi quattro soldi li dono ai poveri!»

Ha un granitico concetto dell'onore, il suo onore: «Il sacrificio della mia vita è stato per il Re e per la mia Patria; quello del mio onore non sarà per nessuno.» Ed in questo fu coerente sino alla fine e in ogni occasione.

Al momento della Rivoluzione, d'Éon spera nell'avvento di una monarchia costituzionale, sul modello di quella che vede operare in Gran Bretagna, ed è qui la sua convinta adesione al nuovo corso. Non partecipa alle riunioni degli «emigrati», dove pure viene sollecitato ad aderire. Gli sembrerebbe di tradire la Francia, anche se è quella nuova, alla quale nulla deve e che gli toglierà, con la pensione, i mezzi per vivere.

Nessun resoconto dei suoi contemporanei riporta di qualche relazione del cavaliere né con donne né con uomini. Come egli stesso dice, non prova alcuna pulsione, è come se fosse asessuato. Eppure, decide di indossare gli abiti femminili e lo fa non come la ripetizione di un gioco che, con ogni probabilità, gli era consueto da bambino, ma a Londra, dove è conosciuto come ministro plenipotenziario di Francia, e in modo che si rivelerà definitivo. Non conosce mezze misure nell'amicizia come nell'odio, nel coraggio come nella fedeltà, ma anche nel dilapidare tutto ciò che gli passa per le mani. È anche uomo di lettere e riesce così a spendere una vera fortuna per la sua biblioteca, come non dimentica di mettere a tavola i vini più ricercati e lo champagne.

Si diverte nel prendere in giro Beaumarchais, per il quale non nutre alcuna stima e che giudica un modesto scrittore di commedie e un volgare approfittatore. Quando Caron sarà rinchiuso in carcere a Londra, per debiti, non andrà nemmeno a trovarlo, rimarcando il rancore e il disprezzo che lo divide dal suo connazionale.

D'Éon è una somma di contraddizioni, un insieme di capacità, virtù e difetti che ne fanno una personalità inquieta, meritevole di essere studiata sul piano psicanalitico, proprio perché anticipatrice di molte problematiche attuali.

Aurelio Picco
dicembre 2014

*«Amico mio, la verità autentica è sempre inverosimile! Lo sapete? Per rendere la verità più verosimile bisogna assolutamente mescolarla con la menzogna.
Gli uomini hanno sempre agito così.»*

Dostoevskij – I demoni

Souvenez-vous que vous êtes ici comme un acteur, et que vous jouez votre personnage dans une comédie, tel qu'il plaît au maître de vous le donner. Soyez sur le théâtre autant de temps qu'il lui plaît ; paraissez-y riche ou pauvre selon qu'il l'a ordonné. C'est votre fait de jouer bien le personnage qui vous est donné ; mais de le choisir, c'est le fait d'un autre.

Epitteto secondo Pascal

CAPITOLO I

Da Tonnerre a Parigi

«Non posso verificare se il neonato è una bambina o un bambino. Il suo sesso come la sua testa è ancora *in nubibus*.[4]», disse il medico Guéniot al padre del nuovo arrivato nella famiglia d'Éon.

Un esordio più che premonitore, se si aggiunge anche che nell'atto di battesimo così si legge: «Oggi, 7 ottobre 1728, è stata *battezzata*[5] Charles-Geneviève-Louis-Auguste-André-Timothée d'Éon de Beaumont, figlio del nobile Louis d'Éon de Beaumont ... », con un insieme di nomi maschili e femminili che pare fatto apposta per creare confusione.

I dubbi sulla sessualità del nostro cavaliere, venuto alla luce a Tonnerre il 5 ottobre del 1728, nacquero quindi insieme a lui.

Il neonato fu affidato a una balia, chiamata *mère Benoit*, che abitava nella parte più popolosa della cittadina, che lo allattò e lo svezzò insieme ai suoi figli. D'Éon non dimenticò le premure che gli furono prodigate dalla popolana e, fino al 1763, le assicurò una rendita annuale di cento *livre*[6], «per riconoscenza delle sue cure e delle sue fatiche».

Dopo pochi giorni dalla nascita, la madre e la nonna dovettero prendere atto del sesso maschile del nuovo arrivato, ma non si rassegnarono del tutto: sembra che all'età di dieci anni la madre si divertisse a vestirlo con gli abiti della sorella, maggiore di un anno. Probabilmente furono i primi approcci al travestimento, di certo favoriti da una corporatura esile e dai lunghi capelli biondi. La fanciullezza del piccolo d'Éon fu comunque quella di ogni bambino dell'epoca. Aveva una certa tendenza alla solitudine, che era un riflesso della gracilità

---

[4] *La Grande Épître historique de la Chevalière d'Éon*, ULBC, Brotherton Collection, Paper of d'Éon, box 1, file 1, cap. I, n° 1. Riportato in *Le Chevalier d'Éon, «Une vie sans queue ni tête»*, Evelyne et Maurice Lever, Paris, Fayard, 2009.

[5] *Baptisée*.

[6] La *livre* è stata la moneta francese fino al 1795, quando fu sostituita dal *franco germinale*. Con Luigi XV, nel 1726, il cardinale Fleury diede avvio a un sistema monetario stabile, basato su rapporti fissi con l'oro e l'argento. Ad esempio, uno scudo d'argento valeva 6 *livre*.

fisica che lo accompagnò per i primi tempi. Il piccolo rimase incontinente sino all'età di sette anni.

L'educazione primaria fu affidata al curato della chiesa di St-Pierre-de-Tonnerre, Marceney, fino al compimento del tredicesimo genetliaco, quando venne mandato al collegio Mazarin di Parigi, un passaggio obbligato nella formazione della buona società di allora. A vent'anni, nell'agosto del 1748, il giovane d'Éon conseguì la laurea in diritto civile e canonico e si iscrisse come avvocato al Parlamento di Parigi. Era un giovanotto intelligente, ambizioso, con un notevole interesse per gli studi e la lettura, ma anche portato in modo straordinario per maneggiare la sciabola, arte nella quale acquisì ben presto una fama che lo seguirà per tutta la vita. Fu considerato una delle migliori lame dell'Europa di quei tempi.

La famiglia d'Éon apparteneva alla piccola nobiltà di provincia, non era certo ricca, ma poteva contare su amicizie e parentele ben collocate negli incarichi della burocrazia dell'epoca. Il padre Louis d'Éon era avvocato al Parlamento ed aveva l'incarico di sotto-delegato dell'intendenza della generalità di Parigi. Un piccolo aneddoto può darci un'idea del carattere di quest'uomo. Al momento di passare a miglior vita, il padre fece chiamare suo figlio: «Ho prodigato ogni cura per insegnarvi a vivere, – gli disse – bisogna che vi insegni a morire bene.» Così dicendo si sollevò dal giaciglio, abbracciò il figlio per dargli la sua benedizione e ricadde morto[7].

A Parigi, i fratelli di Louis d'Éon occupavano posizioni di un certo rilievo: André d'Éon de Tissey, avvocato, tesoriere di Francia all'ufficio delle finanze di Montauban, poi censore reale, primo segretario della polizia di Parigi e segretario di S.A.R. il duca d'Orléans; Jacques d'Éon de Pommard, segretario del conte d'Argenson, ministro della guerra; Michel d'Éon de Germigny, cavaliere di San Luigi, era uno dei venticinque gentiluomini della guardia scozzese. Vi era anche una sorella, Madeleine, che divenne Mme Jacquillat de Vaulavré. Si trattava, quindi, di una famiglia in piena ascesa sociale e con ottime conoscenze. L'ambizione del nostro cavaliere andava però ben oltre queste più che onorevoli parentele e così, nel 1779, con lo pseudonimo

---

[7] Riportato da Pierre Pinsseau, *L'étrange destiné du chevalier d'Éon*, Houzé – Clavreuil, 1945, Orléans, Paris, pag.18, nota 8.

di *La Fortelle, lieutenant du Roy à Saint-Pierre-le-Moûtier*, pensò di redigere una storia della sua *Vie militaire, politique et privée*, nella quale si attribuì origini nobili ben più antiche, ed anche stravaganti, risalenti a Eon de l'Etoile, eretico bretone condannato dal concilio di Reims del 1148, per essersi dichiarato *figlio di Dio, giudice dei morti e dei viventi*! Queste sue pretese genealogiche, del tutto arbitrarie, lo ricollegavano alla famiglia dei Le Sénéchal di Bretagna e due membri di questa linea nobiliare, il conte di Kercado e il marchese di Molas si risentirono di questa illecita attribuzione al punto di portare d'Éon in tribunale. La causa fece clamore e fu seguita con curiosità dal pubblico parigino. La sentenza, emanata il 27 agosto 1779, diede torto al vanitoso e megalomane cavaliere.

Nel suo primo soggiorno parigino, d'Éon fu ospitato dallo zio André Tissey, che si dichiarò suo protettore, nell'appartamento sito in rue Neuve-des-Petits-Champs. Trascorreva la maggior parte del tempo nella biblioteca di casa o in sala d'armi, con il suo maestro Teillagory, ma senza trascurare gli impegni mondani. Frequentava i salotti del conte d'Ons-en-Bray, della duchessa de Penthièvre, del maresciallo Belle-Isle, del duca di Nivernais e del principe Conti. Era un buon conversatore dall'aspetto abbastanza seducente con la sua aria efebica, gli occhi di un azzurro profondo e i lunghi capelli biondi con i boccoli, eppure non gli si attribuivano relazioni di alcun tipo, né femminili né maschili. Frédéric Gaillardet, il suo primo biografo[8], scrive che «il suo corpo al di sopra delle anche avrebbe potuto tenerlo nelle sue mani, calzava una scarpa da donna; non aveva la barba, appena una leggera peluria correva qua e là sulle sue guance e le copriva di setole pubescenti, morbide come il velluto di una pesca». Non pare proprio la de-

---

[8] Frédéric Gaillardet (1807-1882) nacque anch'egli a Tonnerre ed ebbe per primo accesso alla carte della famiglia d'Éon e alle confidenze dei parenti del cavaliere. Nel 1836, pubblicò le *Mémoires du Chevalier d'Éon*, prima biografia del nostro personaggio, che ebbe molto successo. Nel 1866 fu pubblicata una nuova edizione che correggeva le escursioni romanzesche e fantasiose che avevano inficiato la veridicità storica del primo lavoro di Gaillardet. Ritorneremo a fare riferimento al lavoro del conterraneo di d'Éon soprattutto quando sarà necessario ristabilire la realtà dei fatti, anche se, come spesso accede, nella fantasia del pubblico è forse rimasta più viva la memoria delle parti romanzate.

scrizione della virilità di un futuro dragone, ma la mano e il braccio nascondevano forza e agilità e lo spirito un raro coraggio.

Trovò lavoro presso un amico di famiglia, Louis Jean Bertier de Sauvigny[9], intendente della generalità di Parigi, che lo assunse come segretario e nel tempo che gli lasciavano liberi i suoi impegni si dedicava ad un'altra sua passione, la letteratura. Fréron[10] accolse i suoi scritti nell'*Année littéraire*. D'Éon pubblicò i panegirici funebri di *Marie d'Este*, duchessa di Penthièvre, e del conte *d'Ons-en-Bray*, presidente dell'Accademia delle Scienze, suoi protettori. Il suo impegno letterario proseguì con un *Essai historique sur les Finances* e un *Essai historique sur les différentes situations financières de la France sous Louis XIV e sous la régence du duc d'Orléans*. Per quest'ultima pubblicazione qualcuno gli rimproverò di essersi fermato, nella sua analisi, al 1723 e la risposta che diede a questa critica merita di essere citata perché è una dimostrazione di come e con quanta accortezza il giovane cavaliere sapesse muoversi nell'insidioso contesto parigino: «È pericoloso trattare cose così a noi vicine nel tempo senza allontanarsi dalla verità. Sarei potuto cadere nel dire cose offensive o nel diventare uno scrittore parziale e venduto all'adulazione. I Re hanno il privilegio di diventare cattivi, deboli e ignoranti solo cento anni dopo la loro morte; hanno un'aureola di coraggio, di bravura, di prudenza, di generosità, che non può essere rinnegata se non dal trascorrere di un secolo; ce ne vuole almeno la metà per un ministro». I successi di queste opere lo introdussero stabilmente nel mondo letterario e fece così conoscenza con Marmontel, Le Harpe, Duclos e Voltaire, il nemico giurato di Fré-

---

[9] Louis Jean Bertier de Sauvigny (1709-1788) fu intendente alla generalità di Parigi dal 1° dicembre 1744 al 1776. Michel de Decker nella sua biografia *Madame le Chevalier d'Éon* (Libraire Académique Perrin, Paris, 1987) afferma che in realtà si trattava di un Bertier ingegnere geografo, amico del maresciallo Belle-Isle, che era conterraneo di d'Éon, essendo nato a Tonnerre nel 1721. A dimostrazione della sua ipotesi afferma che Sauvigny, all'epoca, aveva otto anni, ma confonde probabilmente Sauvigny padre con il figlio, Louis Bénigne François Bertier de Sauvigny (1737-1789), anch'egli intendente a Parigi dal 1776 fino al 1789, quando fu ucciso dai rivoluzionari.

[10] Élie Catherine Fréron (1718-1776) giornalista e critico letterario polemizzò costantemente con Voltaire che reagì contro di lui con una satira violenta (*Le Pauvre diable*). L'*Année littéraire* fu fondato da Fréron nel 1754 e da lui diretto sino 1776, quando fu soppresso.

ron. Il dissacratore di Ferney non risparmiava alcun fendente al suo antagonista e d'Éon, che frequentava entrambi, seppe con destrezza mantenere l'equilibrio tra i due contendenti, anche se nascostamente il suo animo fu portato verso il più debole, Fréron, del quale divenne coadiutore nell'*Année littéraire*, mantenendo l'anonimato.

Accolto nei migliori salotti, in primo piano nei circoli letterari, d'Éon era sempre più conosciuto e fra le sue frequentazioni poteva annoverare quella dell'abate Bernis[11], singolare figura di religioso, che non mancò di essere oggetto del sarcasmo di Voltaire, che lo soprannominò *Babet la Bouquetière* (Babet la Fioraia). Più che per le sue professioni di fede, l'abate Bernis, poi cardinale, che a ventinove anni era già membro dell'*Académie française*, doveva la sua notorietà alla passione per le donne e per la buona cucina. Grazie al suo rapporto di «stretta vicinanza» con la Pompadour, onnipotente amante di Luigi XV, nel 1755 era rientrato da Venezia, dove era stato inviato tre anni prima come ambasciatore. Del soggiorno veneziano di Bernis la storia, o per meglio dire la cronaca, ricorda solo il suo eccellente cuoco, che rese la sua tavola un'attrattiva per tutti i personaggi di rango residenti o di passaggio nella Serenissima, e le sue infaticabili attività amatorie. Non certo un'eccezione per l'epoca, ma singolare fu la sua nomina, nel 1757, a segretario di Stato per gli Affari Esteri, sempre per opera della Pompadour.

In quella Parigi, alquanto larga di costumi e di elastica moralità, come si muoveva il giovane d'Éon? Certo, non aveva gli appetiti sessuali dei suoi coetanei. Pareva disinteressato all'argomento, come immerso in una letargia che gli bloccava e impediva ogni stimolo, una sorta di limbo che non mancava di meravigliare i suoi amici. Lo stesso appellativo di *petit d'Éon*, con il quale lo indicavano le sue frequentazioni femminili, sembra più frutto di un'affettuosità materna che di un trasporto amoroso. Venne il momento della «resurrezione» e lo racconta lo stesso d'Éon nelle sue *Mémoires*, dove pare meravigliarsi del cambiamento che si produce nella sua natura in modo così repentino e inaspettato.

---

[11] François-Joachim de Pierre de Bernis (1715-1794).

Il cavaliere era diventato il beniamino della contessa di Rochefort[12], bella e giovane vedova, la quale, a suo dire, lo trattava come un fratello cui era molto affezionata. Fino a quando una sera, a casa del luogotenente generale d'Ons-en-Bray: « Le dita bianche e affilate della contessa incurante e immersa in una dolce indolenza da un po' di tempo giocavano con la mia capigliatura che era bionda e setosa. Madame Rochefort si compiaceva di questo innocente divertimento quando, all'improvviso, trasalii provando una sensazione che mi era sconosciuta, al contatto di questa mano femminile... Sentii tutto il mio essere percorso da una corrente magnetica. Mi parve che delle scintille sgorgassero dalla mia testa e crepitassero al passaggio di quella mano il cui tocco faceva rabbrividire la mia pelle e rizzare i miei capelli... Accoccolato, piegato su me stesso, tenendomi le mani l'una nell'altra, irrigidendo i miei muscoli e i miei nervi, mi contraevo, stringevo il piacere, lo piegavo sotto di me, lo nascondevo, lo soffocavo. Ma la somma delle sollecitazioni che provavo si accrebbe e addirittura si condensò. Le mie membra ne furono cariche, sature a tal punto che una trepidazione irresistibile, folgorante, esplose in tutto il mio corpo.» La contessa, ben più esperta del giovane d'Éon, non mancò di accorgersi dell'improvvisa, quanto inaspettata, «resurrezione» del giovanotto e ritrasse prontamente la mano dai capelli. Non lo trattò più con l'affettuosità che si riserva a un fratello minore, ma gli dedicò premure di ben altra natura.

Seguendo Gaillardet, fu in quella stessa serata che, per certi versi, si propiziò la sorte del futuro d'Éon diplomatico e partecipe del *Secret du Roi*.

La compagnia decise di recarsi a un ballo in maschera che si sarebbe tenuto a corte qualche giorno dopo. L'occasione era perfetta per un travestimento femminile del nostro cavaliere che, forse memore dei tempi in cui la mamma e la nonna gli facevano indossare gli abiti femminili di sua sorella, si dispose alla trasformazione descrivendo il suo stato d'animo con queste parole: «La sola idea - dice - di indossare uno degli abiti della contessa, di sentire sulla mia pelle un vestito che

---

[12] Marie-Thérèse de Brancas vedova di de Karkadio du Liscoët, conte di Rochefort, che nel 1782 sposò Louis-Jules Mancini-Mazarini, duca di Nivernais (1716-1798), diplomatico e ministro di Stato. La Rochefort morì pochi mesi dopo il matrimonio.

aveva stretto il seno di quell'adorabile donna, contro il quale aveva battuto il suo cuore, il cui tessuto aveva imprigionato e toccato il suo bel corpo, mi procurò in anticipo un fremito di piacere indicibile. Brucio dal desiderio di tenere quella stoffa, di palparla, di respirarne l'odore, di aspirarne gli effluvi . . . Quel vestito deve ancora essere impregnato delle emanazioni odorose della donna che lo ha portato. Io lo sentirò e me ne inebrierò; e il solo pensiero è già per me un inebriarmi.» Al di là della passione, vera o dissimulata, per la bella contessa, non si può non rilevare l'esagerato compiacimento che d'Éon ha per la prospettiva di vestire abiti femminili. Un piacere che divenne anche la sua condanna, ma che esercitò frequentemente, tant'è che oggi si definisce *eonismo* l'inversione estetico sessuale corrispondente al bisogno di certi uomini di indossare indumenti femminili e adeguare in tal senso i propri comportamenti[13].

È pur vero che Elisabetta, alla corte di San Pietroburgo, aveva lo stravagante capriccio di dare, una volta alla settimana, un ballo dove gli uomini dovevano intervenire vestiti da donna e le donne con indumenti maschili, ma questo non avveniva a Versailles. Le cure della trasformazione furono affidate alla contessa Rochefort che compì l'opera in modo perfetto, così perfetto che nessuno avrebbe sospettato che sotto quell'abito e quel corsetto si nascondesse il (neo) virile cavaliere. Non lo sospettò neanche Luigi XV, che fissò il suo sguardo su quella sconosciuta fanciulla dal busto affusolato. Luigi non mancava mai di avere al suo fianco il suo primo valletto di camera, un certo Lebel, emissario dei suoi piaceri e a capo del «dipartimento della dissolutezza e della corruzione». L'accompagnatore scelto per introdurre *mademoiselle d'Éon* al ballo era Jean du Barry, cognato dell'ultima amante di Luigi XV, e fu così che Lebel si rivolse a lui per informarlo dell'interesse regale per la fanciulla. Du Barry, che aveva fama di essere un cattivo soggetto, affascinante ma con una dirittura morale discutibile anche per l'epoca, non si lasciò sfuggire l'occasione per uno scherzo, che pur poteva presentare qualche rischio. Disse a Lebel che avrebbe immediatamente mandato la fanciulla, che fece passare per

---

[13] La tematica è stata affronta dallo psicologo Havelock Ellis (1859-1939) e dallo psichiatra Angelo Hesnard (1886-1969). D'Éon è considerato dalla comunità francese LGTB (Lesbiche, Gay, Transgender, Bisessuali) come un «*patrono dei travestiti*»

sua cugina, a un incontro con il re e a d'Éon che un'affascinante dama aveva chiesto un abboccamento con lui in un luogo appartato. I conciliaboli non erano sfuggiti all'occhio, sempre vigile sul suo «regno», della Pompadour, che già aveva notato l'interessato sguardo del regale amante nei confronti della nuova venuta. D'Éon fu introdotto in un salotto dove, da una porta damascata, vide comparire, con non poco stupore, la *Pompadourette*[14]. Allo stupore di d'Éon fece seguito quello della signora nello scoprire che si trovava davanti a un uomo, ma a quanto pare i due si intesero con la rapidità di un fulmine e il racconto prosegue su una comoda e ampia ottomana, testimone di una repentina passione. I sensi, da poco risvegliati nel cavaliere dalle innocenti carezze della contessa di Rochefort, reclamarono soddisfazione. La variazione di programma, comunque, non rischiò di vanificare il progetto dello spericolato du Barry. Anzi, la Pompadour si dimostrò alquanto divertita dall'incidente cui stava andando incontro l'ignaro Luigi XV, e si nascose dietro un paravento della stanza per assistere alla scena. *Frérot*[15], che aveva sentito il desiderio rinascere, si fece subito intraprendente – i re non sono abituati ad alcun rifiuto e non lo contemplano – e *mademoiselle d'Éon* si ritrovò in una situazione e in una posizione alquanto imbarazzanti. L'assalto fu portato là dove la natura da sempre lo conduce, fino al punto in cui la constatazione di trovarvi qualcosa di più e di diverso da quanto ci si poteva lecitamente attendere, bloccò gli ardori del monarca. La Pompadour divertita e ridente uscì dal nascondiglio da dove aveva assistito alla scena e, servendosi della innegabile arte femminile di volgere le cose a profitto, dopo aver colto in flagrante il suo amante subordinò il perdono a una completa amnistia per gli autori dello scherzo. Il re, rosso in volto e sudato, non poté che accondiscendere. Tuttavia, la perfetta metamorfosi di d'Éon gli fece forse balenare, già in quella surreale situazione, l'idea di poterla utilizzare per altri scopi, ben più importanti e che più gli premevano, in quel momento di grandi cambiamenti della politica europea.

---

[14] *Pompadourette* era un appellativo che Voltaire aveva dato alla Pompadour, alla quale non piacque affatto.
[15] *Frérot* era uno dei soprannomi di Luigi XV.

Questo il racconto di Gaillardet, divertente ma del tutto inverosimile, del primo incontro del cavaliere con Luigi XV e della sua iniziazione sessuale in quella rocambolesca serata, proseguita tra le braccia della contessa di Rochefort, che si fece carico della «spoliazione» dei vestiti di *mademoiselle d'Éon*. La domanda se questa narrazione sia o meno rispondente a quanto accaduto, ha la sua ragion d'essere per i fatti che seguirono e che rappresentano la vita stessa del cavaliere. Un piccolo esempio. Nella prima edizione della sua biografia di d'Éon, del 1833, Gaillardet, con una notevole disinvoltura, sottolinea che: «Tutto è autentico. Ogni pietra dell'edificio ha il suo sigillo, e potrebbe avere il suo timbro ufficiale e legale. Gli archivi di stato e gli scritti, la maggior parte autografi dello stesso cavaliere d'Éon hanno fornito i pezzi dell'ossatura.» Lo stesso Gaillardet nella prefazione della seconda edizione[16] ammette che «l'immaginazione lavorò e il risultato fu che il mio libro si compose di una parte autentica e di una romanzata». È una ritrattazione tardiva, che appare nella riedizione del 1866, pubblicata con il titolo *Mémoires du chevalier d'Éon*[17]. Com'era prevedibile, si conservò più a lungo il ricordo della versione avventurosa e romanzata. Inoltre, è certo che sia stato lo stesso d'Éon, dotato di riconosciute capacità letterarie, a romanzare le proprie *Mémoires*, così come ebbe un palese compiacimento al drammatico, e anche al melodramma, nella sua corrispondenza. È peraltro difficile negare con certezza l'episodio del ballo mascherato a corte, che viene riportato da numerosi biografi di d'Éon, anche perché nelle sue *Mémoires* egli ne fa riferimento in tempi ben diversi, quando la Pompadour, sempre alla ricerca di scoprire i partecipi al *Secret du Roi*, era divenuta sua nemica. Così, infatti, riferisce un suo incontro con l'onnipotente amante regale: «Madame Pompadour non poté perdonarmi, non direi di essere suo nemico, non era allora nei miei pensieri, né nelle mie parole, ma di essere l'amico di una famiglia che perseguitava con il suo odio[18]. Credeva dunque di avere un diritto assoluto di dominio e di proprietà sul

---

[16] *Mémoires du Chevalier d'Éon – Capitaine de dragons, chevalier de Saint-Louis, ministre plénipotentiaire de France à la cour d'Angleterre*, op. cit.
[17] Il titolo completo è *Mémoires du chevalier d'Éon – Le mystère de sa vie*, testo riedito da *Chez Jean de Bonnot*, Paris, 2000.
[18] Si riferisce ai Broglie.

mio cuore e la mia riconoscenza, perché avevo avuto l'onore di un possesso del tutto fortuito e alquanto passeggero sulla sua augusta persona? Lo scambio non sarebbe stato paritario... Un giorno, del resto, che mi trovavo solo con madame Pompadour (cosa che aveva avuto sempre cura di evitare dopo il nostro incontro del ballo), parlandole sottovoce all'orecchio, le ricordai quell'incontro, e le dissi che il ricordo della mia fortuna sarebbe rimasto eternamente inciso nel mio pensiero. Si girò verso me sbarrando gli occhi, come se ignorasse completamente quello che volevo dirle, ed io, stordito da questa incredibile sfrontatezza, cercavo vanamente di aiutare e chiarire la sua memoria. «*Siete sicuro di tutto questo, amico mio?*» Mi disse dopo qualche istante. «*Parola mia credo che voi sognate.*» La guardavo stupefatto e confuso. «*Rimangiatevi il vostro errore*» Continuò alzandosi. «*Sicuramente, è un sogno che avete fatto; ma sogno o realtà, acconsento a dimenticarlo. Cercate di fare altrettanto!*» E si allontanò...»

Anche ponendosi dalla parte di chi ritiene fantasiosa l'avventura, di cui parleremo più avanti, di Lia de Beaumont in Russia, c'è da chiedersi come al principe Conti sia venuta l'idea della trasformazione di d'Éon, se non per una certa notoria abitudine che quest'ultimo aveva nel travestirsi da donna.

* * * * * *

Prima di addentrarci nelle vicende del nostro cavaliere è opportuno tracciare un sintetico quadro della situazione politica nella quale agì e della quale fu protagonista, talvolta di primo piano.

Il trattato di Aquisgrana (Aix-la-Chapelle), firmato il 18 ottobre 1748, che pose fine alla **G**uerra di Successione austriaca, aveva lasciato la Francia con la bocca amara, poiché non ne aveva tratto alcun vantaggio sia sul territorio europeo sia su quello d'oltremare. Parigi dovette restituire i Paesi Bassi Meridionali all'Austria, fu obbligata a lasciare all'Inghilterra alcune conquiste che questa aveva fatto oltremare e, fatto umiliante, l'accordo prevedeva l'interramento del porto di Dunkerque. Il duca di Choiseul[19] attribuì questa sorta di disfatta di-

---

[19] Étienne-François conte di Choiseul, poi duca di Choiseul-Stainville (1719-1785)

plomatica al negoziatore principale, il conte italiano di Sanseverino d'Aragona, ma se questi aveva delle colpe non meno la responsabilità doveva cadere su tutti i fautori della politica francese.

Fu Federico II di Prussia a ottenere i maggiori vantaggi, mantenendo il possesso della Slesia, che aveva invasa nel 1740.

Il trattato di Aquisgrana, se pose fine a un conflitto, certo non mise a tacere i motivi di rivalsa, cosa comune a quasi tutti i trattati che suggellano la conclusione di una contesa.

Il sistema di alleanze francese con Svezia, Polonia e Turchia, si era fortemente indebolito. Nel quadro europeo, inoltre, sorgeva un'altra incognita, di non poco conto, rappresentata dalla Russia di Elisabetta che, dopo aver aspirato a sposare lo stesso Luigi XV ed essersi impadronita del trono a San Pietroburgo con l'aiuto di due francesi, La Chétardie [20] e Lestocq [21], si poneva ora come una minaccia.

---

fu di fatto primo ministro di Luigi XV dal 1758 al 1770, senza averne il titolo ufficiale. La sua permanenza al potere può essere considerata straordinaria, data la frequenza con cui Luigi XV sostituiva i suoi ministri, soprattutto per l'ingerenza della Pompadour. Fu tra i diplomatici più abili di quel secolo.

[20] Jacques-Joachim Trotti de La Chétardie (1705-1759) giunse in Russia, alla corte di Anna Ivanovna, nel 1739 con la funzione di ambasciatore di Francia, una nazione allora considerata nemica, con l'obiettivo di avvicinare i due paesi. Uomo affascinante, colto e dai modi raffinati ben presto entrò nelle simpatie di Elisabetta, figlia di Pietro il Grande. Alla morte di Anna Ivanovna il successore designato, il pronipote Ivan VI, aveva solo due mesi di vita e la reggenza fu presa da Biron (o Bühren), personaggio equivoco e poco amato, che però rimase in carica per poco più di un mese e venne sostituito dalla madre di Ivan VI, Anna Leopoldovna, sposata con un tedesco, che non suscitava alcuna simpatia né nella nobiltà né tra il popolo. La Chétardie, abile nell'intrigo, non tardò ad organizzare, con l'aiuto del medico francese Lestocq, un colpo di stato che doveva portare, nella notte tra il 5 e il 6 dicembre 1741, la francofila Elisabetta sul trono di Russia. Minor fortuna ebbero i suoi maneggi per provocare la caduta del cancelliere Bestužev che riuscì a farlo espellere dalla Russia accusandolo di organizzare un complotto per far cadere la stessa Elisabetta. Ritornò alla carriera militare combattendo in Italia e svolse ancora una volta le funzioni di ambasciatore a Torino (1749-1751).

[21] Jean Armand Lestocq (1692-1767), nato da nobile famiglia, giunge in Russia nel 1709, come medico di corte e acquisisce una buona fama nei confronti della zarina Caterina I. Nel 1720, viene però esiliato dal marito della zarina per aver sedotto la figlia del suo buffone di corte. Alla morte dello zar, Caterina lo richiama a corte, dove si lega in particolare con la figlia di questa, Elisabetta, che, si dice, abbia guarito dalla sifilide. Lestocq è uno degli artefici principali del colpo di stato che porta Elisa-

L'ambasciatore La Chétardie e il medico Lestocq furono ben presto cacciati dalla Russia, senza molti complimenti, dall'anglofilo grancancelliere Bestužev[22], che considerava gli interessi dell'impero contrap-

---

betta sul trono nel 1741 e pone termine al regime di Anna Leopoldovna. Con l'ambasciatore francese, La Chétardie, diviene uno dei personaggi più influenti della politica russa a favore della Francia (riceve 15.000 lire di pensione dal re) e anche della Prussia di Federico il Grande, che convince l'imperatore Carlo VII a farlo conte imperiale. È sempre lui che suggerisce il nome di Sofia d'Anhalt-Zerbst come sposa per l'erede prescelto da Elisabetta alla successione. Nel 1743, ordisce un cospirazione per far cadere in disgrazia il cancelliere Bestužev, ma i suoi progetti falliscono e, cinque anni dopo, lo stesso Bestužev lo accusa di voler detronizzare Elisabetta. Viene incarcerato, torturato e condannato a morte, condanna che viene commutata nell'esilio. Solo dopo la morte di Elisabetta rientra in possesso dei suoi averi e ha il permesso di rientrare e San Pietroburgo.

[22] Aleksej Petrovič Bestužev-Rjumin (1693-1766) apparteneva a una nobile famiglia moscovita e ricevette una solida educazione. Nel 1712 entrò al servizio di Pietro il Grande e partecipò al Congresso di Utrecht (1712). Per fare pratica in diplomazia gli fu concesso di servire presso l'elettore di Hannover, Georg Ludwig von Hannover, che divenne nel 1714, con il nome di Giorgio I, re di Gran Bretagna e Irlanda. Bestužev accompagnò l'elettore in Inghilterra per poi essere inviato a San Pietroburgo con un documento nel quale il nuovo re spiegava la sua ascesa al trono britannico. Ritornato in Inghilterra vi rimase per quattro anni. Nel 1721 succedette a Vasiliy Lukich Dolgorukov (1672-1739) come ambasciatore a Copenaghen, per sorvegliare la nascente alleanza tra Federico IV di Danimarca e Giorgio I d'Inghilterra, che aveva come scopo armare le potenze del Nord contro Pietro il Grande. La morte di Pietro il Grande (8 dicembre 1725) determinò uno stallo nella sua carriera e per più di dieci anni rimase a Copenaghen. Elisabetta I, ascesa al trono il 6 dicembre 1741, lo nominò vice cancelliere e gli affidò la politica estera dell'Impero. Bestužev considerava la Francia, che beneficiava dell'amicizia della temuta Prussia di Federico II, come una nemica della Russia, mentre Inghilterra e Austria erano considerate le sue naturali alleate. Inoltre, la Polonia e la Svezia avevano interessi opposti nei confronti della Turchia, e si temeva che la Francia tramasse tra queste tre potenze, confinanti con l'Impero. Questo, con la preoccupante partecipazione di Federico il Grande alla Guerra di Successione dell'Austria (1740-1746), fece in modo che la Gran Bretagna, l'Austria e la Sassonia divenissero giocoforza alleate della Russia e con questo obiettivo si mosse la politica di Bestužev. La posizione di Bestužev si fece alquanto precaria con un presunto complotto concepito dalla diplomazia dell'Holstein con l'aiuto della Francia, per opera del suo ambasciatore La Chétardie, e della Prussia, in base al quale Elisabetta I fu persuasa che l'ambasciatore francese lavorasse in segreto per rimettere sul trono Ivan VI. Il vice cancelliere, con l'aiuto del conte Vorontsov, riuscì a convincere Elisabetta degli intrighi posti in essere dall'ambasciatore francese e, il 6 giugno 1744, La Chétardie fu espulso dalla Russia.

posti a quelli della Francia. L'opera del grancancelliere e dell'inviato inglese Williams[23] nel vincere la francofilia di Elisabetta dette i suoi frutti e le relazioni diplomatiche furono totalmente interrotte. Elisabetta regnava ma senza potere, la politica russa era nelle mani di Bestužev, uomo abile, intelligente quanto corrotto e venale. Anche se la zarina non si fidò mai di lui e, ancor meno, lo amò, il «regno» del grancancelliere durò sedici anni.

Luigi XV aveva tentato di riallacciare i rapporti con la zarina, forse anche su segreta sollecitazione di questa, ma un suo inviato, il cavaliere di Valcroissant, che nel 1754 si era introdotto in Russia sotto falso nome, fu scoperto e rinchiuso nella fortezza di Schlüsselburg. Bestužev e Williams vigilavano molto attentamente, ma alla corte di San Pietroburgo qualche amico della Francia ancora rimaneva: il vicecancelliere Vorontsov[24]. Per Versailles rappresentava l'unica carta da

---

A metà di luglio dello stesso anno Bestužev fu nominato Gran Cancelliere imperiale. L'apice della carriera di Bestužev coincise con il trattato di Aquisgrana (18 ottobre 1748) che modificò in modo significativo gli equilibri europei. La rottura dell'alleanza franco prussiana ebbe come conseguenza un riavvicinamento dell'Inghilterra alla Prussia e, a cascata, un inevitabile accordo tra la Francia e i nemici della Prussia, tra cui la Russia. Bestužev, anti francese convinto, fu restio a riconoscere il nuovo quadro europeo. L'evidenza impose alla Russia di aderire alla lotta contro la coalizione prussiana nel corso della Guerra dei Sette anni (1756-1763) e Bestužev affidò il comando delle truppe all'amico conte Apraksin (1702-1758). Il 30 agosto 1757 Apraksin riportò una schiacciante vittoria sui prussiani nella battaglia di Gross-Jägersdorf, ma non la sfruttò astenendosi dall'invadere il territorio prussiano, come gli era stato ordinato, rientrando in Russia, preoccupato per lo stato di salute di Elisabetta e per sostenere il futuro Pietro III, qualora l'Imperatrice fosse deceduta. Il comportamento di Apraksin fu oggetto di varie congetture, tra le quali si fece strada quella che fosse stato lo stesso Gran Cancelliere a richiamarlo in Russia. Tanto bastò ai suoi avversari per accusarlo di alto tradimento. Dimesso dalle sue funzioni nel 1758, l'anno successivo fu esiliato a Goretovo. Con l'ascesa al trono di Caterina il provvedimento fu revocato e l'Imperatrice lo nominò maresciallo, ma non fu più partecipe degli affari di stato.

[23] Charles Hanbury Williams (1708-1759) dal 1747 al 1750 fu ambasciatore a Dresda e successivamente a Berlino e in Russia.

[24] Mikhaïl Illarionovitch Vorontsov (1714-1767). Nato da una famiglia di boiardi originaria di Novgorod, Vorontsov entrò a corte all'età di quattordici anni come paggio e, con gli anni, ne divenne uno dei principali personaggi. Nel 1742, sposò Anna Karlovna Skavronskaïa, una cugina di Elisabetta I. Partecipò attivamente al complotto che portò Elisabetta sul trono, nel 1741, e ,nel 1744, la stessa gli concesse il

giocare per impedire che l'impero stringesse legami sempre più stretti con l'Inghilterra, ma anche con l'ambiziosa Prussia.

Come abbiamo detto, nel sistema di alleanze francese la Polonia rivestiva un fattore importante e il trono di questa tormentata nazione, che negli anni successivi doveva assistere al proprio smembramento, aveva la caratteristica di essere elettivo. Dal 1734 regnava a Varsavia Augusto III di Sassonia (1696-1763), del quale tutti preconizzavano l'imminente morte, e a Versailles c'era sua figlia, Maria Giuseppina di Sassonia (1731-1767), moglie del Delfino Luigi, e madre di tre futuri re di Francia, ma vi era anche chi aspirava a succedere al padre di questa, il bel Luigi Francesco di Borbone principe de Conti[25], cugino di Luigi XV. Le pretese del principe si fondavano sul precedente del nonno, Francesco Luigi di Borbone-Conti (1664-1709), al quale Luigi XIV aveva offerto la corona di Polonia, vacante dopo la morte di Giovanni III Sobieski (1629-1696). Francesco Luigi, capace uomo d'armi, partì con poco entusiasmo per prendere possesso del trono che, giunto a Danzica, trovò già occupato dal suo rivale, il principe elettore di Sassonia Augusto II il Forte (1670-1733). Non si sa fino a che punto contrariato, decise di far ritorno a Parigi e si ritirò a vita privata e ad abbellire la sua dimora, il castello di L'Isle-Adam. Oltre a questo precedente, nel 1745 alcuni signori polacchi si erano recati a Parigi ad of-

---

titolo di conte dell'Impero e lo nominò vice cancelliere. La sua carriera subì una battuta d'arresto per la partecipazione avuta alla cosiddetta «cospirazione di Lopukhina» rivolta a destituire il Gran Cancelliere Bestužev-Rjumin (1693-1766), del quale era geloso. Fu salvato dalla sorte che ebbero gli altri cospiratori, ma durante la carica di Bestužev-Rjumin visse in disparte. Nel 1757, caduto in disgrazia il suo rivale, Vorontsov gli succedette nella carica di Cancelliere dell'Impero. Condusse una politica filo francese e austriaca, in accordo con gli intendimenti di Elisabetta I, e fu nemico della Prussia. Con l'ascesa al trono di Pietro III, che era un convinto ammiratore della Prussia, non si adoperò per modificare questo atteggiamento, mentre il nuovo imperatore abbandonò l'alleanza con la Francia e l'Austria. Inoltre, spinse la nipote a diventare l'amante di Pietro III e chiese allo zar di divorziare da Caterina per sposarla. Continuò a sostenere Pietro III quando fu deposto dal trono (9 luglio 1762) e si rifiutò di servire la nuova imperatrice. Fu relegato in una residenza sorvegliata fino a quando non prestò giuramento di fedeltà a Caterina II, per essere reintegrato nella dignità di cancelliere dell'Impero.

[25] Luigi Francesco di Borbone principe di Conti (1717-1776) era figlio di Luigi Armando II di Borbone-Conti e di Luisa Elisabetta Borbone-Condé.

frire al nostro de Conti la corona di Varsavia. Questa proposta non deve apparire strana, poiché nasceva da due esigenze. La prima, di carattere interno, volgeva a mettere ordine in una situazione che andava sempre più deteriorandosi in balia delle diverse fazioni della nobiltà polacca, reale padrona del paese, che con l'esercizio del *liberum veto*[26], bloccava ogni decisione. La seconda esigenza derivava direttamente da questa paralisi politica ed era rappresentata dall'intenzione di porre un argine alla sempre maggiore influenza russa negli affari interni della confederazione polacco lituana. Bisogna aggiungere che Augusto III, incoronato re a Varsavia a seguito della Guerra di Successione Polacca (1733-1738), grazie alle armate russe e austriache, ben poco si interessò del suo regno, devastato dalla lotta tra le potenti famiglie dei Czartoryski e dei Potocki. In trent'anni di reggenza vi soggiornò per soli tre anni. Preferiva trascorrere il tempo con in mano un boccale di birra, giocando a carte o andando a caccia.

L'ambizioso de Conti non limitava le sue speranze al trono di Polonia, ma aveva anche altri obiettivi: essere comandante in capo delle armate russe e, perché no, diventare consorte di Elisabetta di Russia, ma anche, in sottordine, divenire il reggente del principato di Curlandia. Essendo vissuto molto vicino al trono, non aveva alcun motivo di porre limiti né a progetti né ad aspirazioni. Luigi XV, coerente solo con il proprio indeciso carattere, apprezzava le doti del principe, che si era guadagnato onore e stima anche sul campo di battaglia, ma allo stesso tempo ne temeva la personalità e il seguito che aveva conquistato nei confronti del popolo. Queste ultime motivazioni si aggiungevano a quelle di convenienza squisitamente politica per porre de Conti sul trono di Polonia e vicino a Elisabetta.

Il momento di svolta nel quadro delle alleanze europee si ebbe nel 1755. A Vienna, ministro degli Affari esteri era Wenzel Anton Kaunitz[27], uomo ben conosciuto a Versailles, dove era stato ambasciatore dal 1750 al 1753, e ancor prima aveva rappresentato gli Asburgo nelle negoziazioni del trattato di Aquisgrana. Kaunitz, che mantenne il suo posto ininterrottamente sino al 1793, godeva della piena fiducia di

---

[26] Con *liberum veto* l'opposizione anche di un solo membro del Parlamento polacco bloccava ogni decisione.
[27] Wenzel Anton von Kaunitz-Rietberg (1711-1794).

Maria Teresa e questa fiducia era ben riposta. Uomo intelligente e diplomatico di esperienza, capì immediatamente che gli approcci di Federico II nei confronti di un'Inghilterra, sempre più forte e vorace, non promettevano nulla di buono né per l'Austria né per la Francia. Già nel suo soggiorno a Versailles, aveva avanzato l'ipotesi di un'intesa tra la Francia e l'Austria, il che significava mettere a tacere due secoli di rivalità. Era giunto il giorno di procedere su questa nuova via. Se qualche titubanza Luigi poteva averla nei confronti di Federico II, per la doppiezza che il prussiano ancora manifestava, nulla lo tratteneva nei confronti di Giorgio II[28]. Al largo delle coste dell'America, gli inglesi si erano impossessati di 300 navi mercantili battenti bandiera francese; re Giorgio aveva appena richiesto alla Russia 55.000 uomini per difendere l'Hannover e firmerà, poco dopo, un trattato di alleanza con Federico II, in base al quale le due nazioni si impegnavano a mantenere la pace in Germania, opponendosi anche al solo passaggio di truppe straniere.

Dopo lo smacco di Aquisgrana, Luigi XV aveva dato avvio a una rete diplomatica e di informatori denominata il *Secret du Roi*. Nel *Secret du Roi*, che per certi versi fu il precursore dei moderni servizi segreti, erano reclutati sia funzionari di stato, anche diplomatici, sia persone comuni di nazionalità francese che risiedevano all'estero e avevano rapporti con le corti straniere. Divenne un'organizzazione ramificata e complessa, della quale l'abile Tercier teneva le fila con impegno e indubbia capacità. Singolare era talvolta la posizione dei diplomatici che, nell'ombra, dovevano operare in senso opposto alle direttive ufficiali che avevano ricevuto. A capo di questa organizzazione parallela fu, all'inizio, il principe Conti, coadiuvato da Jean-Pierre Tercier[29], primo funzionario del Ministero degli Affari esteri. Nel 1752, al momento di essere inviato in Polonia come ambasciatore,

---

[28] Giorgio II Augusto di Hannover (1683-1760) fu re di Gran Bretagna e Irlanda dal 1727 alla morte.

[29] Jean-Pierre Tercier (1704-1767), avvocato di origine svizzera, entrò in diplomazia come segretario del marchese Monti, ambasciatore di Francia in Polonia, dove soggiornò dal 1729 al 1734. Divenne successivamente primo commis del ministero degli esteri, dove dirigeva anche l'ufficio cifra. Rimase a far parte del *Secret du Roi* successivamente all'uscita del principe Conti ed anche quando fu congedato dal suo incarico per aver sostenuto l'opera di Helvétius, *De l'Esprit*, giudicata empia.

il conte Charles de Broglie[30] entrò a far parte del *Secret du Roi,* per poi divenirne il responsabile con la caduta in disgrazia del principe de Conti.

Si era quindi giunti al momento in cui reali necessità politiche e ambizioni del principe de Conti coincidevano e portavano direttamente a San Pietroburgo: il problema era come arrivarci.

---

[30] Charles François de Broglie (1719-1781) fino al momento della sua nomina ad ambasciatore a Varsavia aveva condotto vita militare, partecipando anche alla Guerra dei Sette anni sotto al comando, tra gli altri, di suo fratello, il maresciallo Broglie. Caduto in disgrazia nel 1760, fu esiliato nel 1762. Nel 1764, rientrò a Versailles e fu nominato governatore di Saumur, nel 1770, quando di fatto dirigeva il *Secret du Roi* e d'Éon era ai suoi ordini.

CAPITOLO II

Lia de Beaumont va a San Pietroburgo, forse...

Con il primo viaggio, o presunto tale, del nostro cavaliere a San Pietroburgo, si apre il capitolo che intreccia, nella storia di d'Éon, la fantasia con la realtà. Le versioni degli storici sono discordanti: taluni accreditano il viaggio come avvenuto, altri, e sono la maggior parte, propendono per una diversa versione dei fatti. Vi è da dire che alla confusione, come sempre, hanno dato un sostanziale contributo proprio d'Éon e il suo primo biografo, Gaillardet, che in questa vicenda non seppe resistere alle tentazioni della fantasia. Noi qui ci limiteremo a esporre sinteticamente le ipotesi che sono state formulate, lasciando a chi ci legge la libertà di scegliere e di giudicare in base al sapore che vuole dare a questa vicenda.

Iniziamo da ciò che è assodato.

Per superare la barriera posta da Bestužev e da Williams, il principe de Conti pensò di utilizzare uno scozzese, certo Douglas Mackenzie, che da tempo risiedeva a Parigi. Secondo lo storico inglese Buchan Telfer, questo Douglas era in realtà un gesuita travestito e avrebbe svolto il ruolo di doppio agente al servizio di Luigi XV e del principe Waldeck, per l'Olanda. Nel momento in cui fu scelto per la missione svolgeva era occupato come tutore in casa dell'intendente di Parigi, sotto il nome di Michel Morin[31].

Lo scozzese partì ai primi di giugno del 1755, con un itinerario che lo avrebbe condotto a destinazione dopo un lungo e studiato vagare per l'Europa, al fine di dare credibilità alla copertura che gli era stata data di geologo in viaggio di studio. Il programma lo condusse in Svevia, Boemia, Sassonia, per fare poi una sosta a Danzica, attraversare la Prussia, soggiornare in Curlandia, passare in Livonia e, finalmente, giungere a San Pietroburgo. La tappa in Curlandia era finalizzata alla conoscenza di quali fossero gli eventuali candidati al principato,

---

[31] John Buchan Telfer, *The strange career of the Chevalier d'Éon de Beaumont*, Londra, 1885, Longmans, Green and Co., pag. 6.

cui il principe de Conti era interessato. Alle istruzioni date a Douglas era aggiunto un *supplemento* per il linguaggio allegorico da usare nelle comunicazioni, così concepito:

«Modo allegorico di scrivere concordato con il cavaliere Douglas partendo per la Russia.

La base del linguaggio allegorico saranno degli acquisti di pellicce.

La volpe nera sarà il cavaliere Williams; se riesce, la volpe nera sarà cara, poiché abbiamo ordinato dall'Inghilterra di comprarla.

Le parole l'ermellino è di moda significheranno che il partito russo domina e che, di conseguenza, gli stranieri non hanno credito. Se, al contrario, il partito austriaco, a capo del quale è Bestužev, è preponderante, si scriverà che il lupo cerviero ha anche lui il suo prezzo.

Ci si servirà della frase, gli zibellini diminuiscono di prezzo, per segnalare la discesa del credito di Bestužev; oppure, essi sono sempre allo stesso prezzo, per indicare che è sempre nello stesso favore. Le pelli degli scoiattoli significheranno le truppe al soldo dell'Inghilterra. Per comprenderlo, si aumenterà sempre di due terzi in su il numero delle pelli da inviare, per rappresentare il numero delle truppe, in modo tale che dieci pelli significheranno trentamila uomini, e venti sessanta o settanta.

M*... non scriverà che invierà le pellicce, ma segnalerà solamente che le porterà al suo rientro.

Passando da Danzica, M*... invierà uno dei suoi domestici a Grandeutz, piccola cittadina della Prussia polacca, per spedire una lettera nella quale darà informazioni su ciò che avrà potuto scoprire a Danzica dei dissensi tra il magistrato e la borghesia. Questa lettera porterà l'indirizzo di M*... etc.

Queste lettere saranno nello stile delle lettere di cambio e, secondo il maggiore o minore successo nelle ricerche, si prolungherà o abbrevierà il soggiorno; si sottolineerà che si ha bisogno di denaro o che non se ne ha necessità.

Se M*... non può fare alcunché, M*... scriverà che l'aria non va bene per la sua salute e che si chiedono delle rimesse per poter passare altrove.

Se M* . . . non deve passare in Svezia, gli si risponderà che poiché la sua salute soffre, si pensa che la cosa migliore per lui sia di ritornare direttamente.

Se, al contrario, giudicheremo che deve andarvi, lo si insinuerà sotto forma di consiglio.

Se penseremo che deve ritornare, gli segnaleremo che qui abbiamo trovato *un manicotto* e che, di conseguenza, lo preghiamo di non acquistarne.

Tutto questo, scritto in caratteri molto piccoli e sinteticamente, sarà messo da M* . . . in una tabacchiera di tartaruga con doppio fondo, il che non potrà dare alcun sospetto.»

Il piano, sulla carta ben concepito, aveva un difetto sul quale, probabilmente, i suoi ideatori preferirono non soffermarsi. Douglas veniva sì dall'Inghilterra, ma era scozzese e si sa quanto questi amino la corte londinese e il suo monarca, e ne siano ricambiati. Il 30 settembre 1755, l'opera di Williams conseguì un primo importante risultato: la firma di un trattato in base al quale la Russia si impegnava a fornire settantamila uomini all'Inghilterra. Douglas giunse a San Pietroburgo in ottobre, subito si diede da fare per avere accesso al vicecancelliere Vorontsov e vi riuscì grazie ai buoni uffici di un mercante francese di nome Michel. Questo francese residente a San Pietroburgo, che il cavaliere Douglas, in una lettera del gennaio 1757, definisce «un galantuomo amico e confidente di quel che v'è di più distinto in Russia», si recava spesso a Parigi e, con ogni probabilità, fu il latore del messaggio segreto, verosimilmente redatto da Vorontsov, con il quale Elisabetta prospettava la possibilità di riprendere, appena possibile, le relazioni con la Francia.

L'atteggiamento di Vorontsov non fu esattamente quello sperato, ma lasciò aperta la possibilità di ulteriori positivi sviluppi. Il vicecancelliere oppose alle richieste di Douglas la mancanza di credenziali che, in qualche modo, lo autorizzassero a parlare per la Francia. Nel frattempo, la presenza dello scozzese non era sfuggita a Williams, al quale era stata concessa la facoltà di decidere quali cittadini inglesi potessero rimanere sul suolo dell'impero, che non mancò di avvertire il grancancelliere Bestužev. Quest'ultimo intimò a Douglas di scoprire le proprie carte e questi non poté fare a meno di ammettere che agiva per il re di Francia. A quel punto, memore del destino poco invidiabile di Valcroissant, Douglas ritenne opportuno riguadagnare velocemente la frontiera per ritornare in Francia. A Tercier, che lo rimproverava dell'insuccesso, lo scozzese rispose di aver fatto quanto in suo potere, data la situazione nella quale aveva dovuto agire, e aggiungeva che: «La tela sta per alzarsi e la scena per illuminarsi»[32].

La missione, infatti, se non sortì i risultati sperati, ebbe comunque il merito di appurare la reale disponibilità di Elisabetta a riprendere le relazioni interrotte, e quindi ad accogliere un emissario ufficiale di Versailles. La francofilia della zarina era ancora viva e su questa si poteva contare.

E il nostro cavaliere d'Éon? Qui la storia si complica e lascia spazio a diverse interpretazioni: secondo alcuni biografi, il cavaliere non prese parte a questa prima spedizione di Douglas in Russia; per altri ebbe, invece, un ruolo chiave sotto il travestimento femminile di Lia de Beaumont, presunta nipote dello scozzese. La questione è irrisolta e, salvo improbabili nuove scoperte negli archivi francesi o russi, sembra destinata a rimanere tale. L'argomentazione che non vi è traccia di documenti che ne diano una conferma è, per certi versi, confutata dal fatto che se ne possono trarre indicazioni in senso affermativo da qualche riferimento nella corrispondenza successiva, non solo del diretto interessato.

Tra coloro che negano che d'Éon abbia partecipato a questo primo viaggio di Douglas a San Pietroburgo vi è il conte Broglie il quale, non dimentichiamo, fu a capo del *Secret du Roi*, ma che all'epoca di cui si tratta era a Varsavia. Il conte afferma «non esserci alcun riscontro negli archivi del ministero di questo viaggio di d'Éon». Il che però nulla prova, trattandosi di una missione segreta, della quale erano a conoscenza poche persone; sarebbe sorprendente il contrario. Testimonianza indiretta, in senso positivo, si può ricavare da una lettera di Luigi XV a d'Éon, datata 4 ottobre 1763, quando il cavaliere si trovava a Londra, che così dice: «...Voi mi avete servito tanto utilmente sotto gli abiti da donna quanto sotto quelli che portate attualmente.» È questo un riferimento al primo viaggio in Russia? La lettera è inserita in uno dei libri di d'Éon e per questo il conte Broglie la liquida affer-

---

[32] Cesare Giardini, *Lo strano caso del cavaliere d'Éon*, Milano, 1935, Mondadori.

mando che si tratta di un falso. Bisogna, per contro, aggiungere che l'autore della *Correspondance secrète inédite de Louis XV*, Edgard Boutaric, l'ha inserita nella sua raccolta, facendo riferimento al relativo autografo reale nel *Dépôt des Affaires étrangères*. Questo possibile aggancio al primo viaggio di d'Éon è, tuttavia, almeno in apparenza, in contraddizione con un altro scritto di Luigi XV indirizzato a Tercier e datato 19 giugno 1757, nel quale il monarca dice di non avere nulla in contrario ad affidare al cavaliere un cifrario da portare in Russia, «se si tratta di una persona sicura». Affermazione priva di senso per chi, all'epoca, avrebbe già dovuto essere partecipe del *Secret du Roi* e aver accompagnato Douglas nel suo primo viaggio. A ciò si aggiunga che in una lettera indirizzata proprio a Broglie, nel 1775, il cavaliere ammise di essere entrato nella diplomazia segreta solo nel 1756.

Con un certo scetticismo bisogna prendere quanto riferisce Madame Campan[33], nelle sue *Mémoires sur la vie privé de Marie-Antoinette*: «Il cavaliere d'Éon era stato utile in Russia, nello spionaggio segreto di Luigi XV. Ancora molto giovane, aveva trovato modo di introdursi alla corte dell'imperatrice Elisabetta e aveva servito questa sovrana in qualità di lettore». La brava istitutrice scrive queste righe molti anni dopo e riporta i fatti solo per sentito dire. Esiste anche una «testimone» russa del possibile travestimento del cavaliere ed è la principessa Dachkov[34], la quale, in base a quanto d'Éon scrive al conte Broglie, il 5

---

[33] Jeanne Louise Henriette Campan (1752-1822) fu *prima cameriera* della regina Maria Antonietta e *lettrice* delle figlie del re. Le sue opere letterarie vennero pubblicate postume.

[34] Ekaterina Romanovna Dachkov o Daskova (1743-1810), nata Vorontsov, partecipò attivamente al colpo di stato che portò Caterina al trono nel 1762, azione che fu anche determinata dalla volontà di Pietro III di disfarsi della moglie per sposare una sorella della Dachkov, Elisabetta, che era la sua amante. La ricompensa per l'aiuto dato fece nascere dissapori tra le due donne ed Ekaterina «ottenne il permesso di recarsi all'estero», essendo anche rimasta vedova nel 1768. Si recò a Parigi, Londra ed Edimburgo e non fece ritorno in patria se non dopo quasi quindici anni, nel 1782. Culturalmente preparata, dall'intelligenza vivace, anche se dal carattere difficile e instabile, la principessa ottenne da Caterina il permesso di fondare l'Accademia imperiale russa, sul modello dell'Académie francese. Fu anche la prima donna straniera ad essere eletta membro dell'Accademia reale delle Scienze svedese e la seconda in assoluto a farne parte. La pubblicazione di una tragedia non gradita a Caterina la fece cadere nuovamente in disgrazia e con l'avvento di Paolo I

luglio 1771, ha dato assicurazioni alla corte londinese sul sesso femminile del dragone. Così scrive d'Éon: «Non è colpa mia se la corte di Russia e segnatamente la principessa Dachkov, durante il suo soggiorno qui, ha assicurato la corte d'Inghilterra che ero femmina». Per quanto precoce, la Dachkov diciannovenne partecipò al colpo di stato che portò Caterina II sul trono, bisogna anche ricordare che nel 1755 questa intraprendente principessa aveva dodici anni. Resta da segnalare quanto volle inserire il cavaliere nella famosa *Transaction*, redatta da Beaumarchais, il 5 ottobre 1775, nella quale egli si impegnava «a riprendere e a portare fino alla morte i suoi abiti da donna». D'Éon aggiunse di suo pugno: «. . . che ho già portato in diverse occasioni conosciute da Sua Maestà», e poteva riferirsi unicamente alla Russia, poiché altre conosciute non ve ne sono. Nella Biblioteca Municipale di Tonnerre, inoltre, vi è una lettera del marchese L'Hôpital, ambasciatore di Francia a San Pietroburgo, che scrive a d'Éon, divenuto suo segretario personale, in questi termini: «Qualsiasi piacere io abbia nel vedervi, non voglio, *mia cara Lia*, dovermi rimproverare una follia in più . . . Addio, *mia bella* de Beaumont . . . ; vi abbraccio».

Dunque, il cavaliere d'Éon, ovvero Lia di Beaumont, accompagnò Douglas nel suo primo viaggio a San Pietroburgo, forse . . .

Seguiamo la prima versione romanzata di Gaillardet.

Lia de Beaumont, creata dalla fantasia interessata del principe de Conti, assunse il ruolo di nipote di Douglas e partì con una missione specifica che aveva due obiettivi: perorare la causa del principe e consegnare a Elisabetta una lettera di Luigi XV e un cifrario, con il quale i due monarchi avrebbero dovuto corrispondere. Lettera e cifrario erano occultati nella doppia copertina di una copia dell'*Esprit des lois* di Montesquieu, che il nostro emissario non perse mai di vista. Questo libro dalle «virtù nascoste» accompagnerà d'Éon in ogni suo spostamento e tornerà alla ribalta anni dopo, in uno dei momenti meno fortunati del nostro cavaliere, quando lo citerà in una lettera, datata 28

---

venne esiliata in un villaggio nei pressi di Novgorod. Morì a Mosca, dove le era stato consentito di rientrare grazie all'intervento di alcuni amici. Le sue *Mémoires* sono state pubblicate a Parigi nel 1804 e nel 1840, in versione integrale, con il titolo *Mon Histoire*.

maggio 1776, indirizzata al conte di Vergennes[35], ministro degli Affari esteri di Luigi XVI: «Al momento della firma della *Transazione* tra M. Beaumarchais e me, gli ho affidato un volume in-quarto del libro dell'*Esprit des lois*, per essere consegnato nelle vostre mani, affinché la copertina sia scollata davanti a voi e possiate prendere le carte cifrate e in chiaro che vi sono rinchiuse. Ho mostrato a Beaumarchais il segreto di questa copertina che consiste in due cartoni. Tra questi due cartoni, si mettono le carte segrete; poi, quando i bordi di pelle di vitello sono ripiegati e il foglio di carta marmorizzata del libro vi è incollato sopra, mettendolo un giorno sotto la pressa, la copertina prende una tale consistenza che sarà impossibile, anche a un rilegatore, indovinare il segreto. Questo libro è lo stesso che mi è stato dato dal defunto Tercier, all'epoca del mio primo viaggio in Russia, per portare all'imperatrice Elisabetta le lettere segrete del defunto re (Luigi XV) perché questa principessa potesse corrispondere con Sua Maestà e M.

---

[35] Charles Gravier Vergennes (1719-1787) Fu uno dei maggiori e più capaci diplomatici del suo tempo, al punto da essere giudicato da alcuni storici «il più saggio ministro che la Francia avesse incontrato da lungo tempo e il più abile che si trovasse agli affari esteri». Vergennes dovette la sua formazione diplomatica al prozio, anch'egli ambasciatore, Théodore de Chavigny. Ebbe il primo incarico a Treviri, nel 1750, e successivamente ad Hannover e i positivi risultati ottenuti gli guadagnarono, nel 1755, l'incarico di ministro plenipotenziario e poi ambasciatore a Costantinopoli. Nel 1768, fu richiamato in Francia, formalmente per sposare Anna Duvivier (1730-1798), in realtà per gli attriti e la conseguente scarsa fiducia che aveva in lui il duca di Choiseul, ministro in carica, che tuttavia due anni dopo lo inviò a Stoccolma, dove rimase dal 1771 al 1774, per sostenere il partito aristocratico dei «Cappelli». Ottenne il risultato sperato dalla politica francese e Gustavo III di Svezia fu in grado di rafforzare il suo potere. Con l'ascesa di Luigi XVI al trono, venne nominato, su consiglio di Maurepas, segretario di stato agli affari esteri. La linea conduttrice della sua politica, in accordo con lo stesso primo ministro Maurepas, fu di perseguire e agire in funzione di un indebolimento della Gran Bretagna e della Russia, che stavano accrescendo la loro potenza a scapito della posizione della Francia sul continente. Con questo obiettivo, Parigi appoggiò con denaro, volontari e armi le Tredici colonie nella guerra di indipendenza americana e si affrettò, nel 1777, a comunicare che riconosceva ufficialmente gli Stati Uniti d'America e intendeva stringere con essi un'alleanza offensiva e difensiva. Vergennes fu poi nominato segretario alle finanze e sostenne la nomina di Calonne come controllore generale, nel 1783. Per porre rimedio al precario stato delle casse dello stato propose al re la convocazione dell'Assemblea dei notabili, ma muore, il 13 febbraio 1787, poco tempo prima che questa abbia luogo.

Tercier, all'insaputa dei ministri e degli ambasciatori[36]». Questa lettera, in un diverso contesto, potrebbe assurgere a prova del primo viaggio di d'Éon in Russia, ma lo scetticismo che circonda la vicenda potrebbe far pensare che l'attribuzione temporale che ne fa il cavaliere sia stata dettata dall'intenzione di accreditare storicamente la missione: i testimoni citati erano nella tomba. Peraltro, d'Éon utilizzò il volume di Montesquieu in diverse occasioni successive.

Nel luglio 1755, lo zio, Douglas, e la nipote Lia partirono separati, secondo la ricostruzione che ne fa Decker[37], per incontrarsi nel ducato d'Anhalt-Zerbst, cioè nella patria di quella che diventerà Caterina II, il cui padre, Cristiano Augusto, ne era stato il signore sino alla morte, nel 1747. In ottobre raggiunsero San Pietroburgo e si installarono nella casa di quel mercante Michel, di cui abbiamo già parlato.

La zarina Elisabetta regnava dal 1741, quando prese il potere mettendo fine alla reggenza, per conto di Ivan VI, di Anna Leopoldovna. Era la seconda figlia di Pietro il Grande e di Marta Elena Skavronsaya, Caterina I, e poiché nacque quando i genitori non erano ancora sposati, la sua illegittimità fu pretesto per gli oppositori nell'escluderla dal trono. Elisabetta aveva un temperamento vivace, focoso e deciso, era intelligente ma ricevette un'educazione alquanto lacunosa e approssimativa. Imparò il francese, parlava passabilmente il tedesco e aveva appreso qualche parola di inglese e di italiano. Per il resto, pressoché il nulla: morì convinta che si potesse arrivare in Inghilterra senza attraversare il mare[38]. Nel 1755, all'arrivo degli emissari di Luigi XV, aveva quarantasei anni e nulla aveva perso della sua vanità femminile, intesa nell'accezione più piena e ampia. Non mise mai due volte lo stesso abito. Nel 1753, nell'incendio di un suo palazzo a Mosca bruciarono quattromila suoi vestiti; quando morì, ai primi di gennaio del 1762, ne furono trovati quindicimila; il che, se vogliamo fare un calcolo bizzarro, significa spendere poco meno di due anni su nove dedicando un'ora alle prove di ogni vestito. La zarina faceva spiare l'arrivo dei vascelli francesi a San Pietroburgo, affinché i suoi inviati facessero man bassa di ogni novità e gli altri non potessero anche solo

---

[36] Archivi di Tonnerre.
[37] *Madame le Chevalier d'Éon, op. cit.*
[38] K. Waliszewski, *La Russie au temps d'Élisabeth Ière*, Librairie Plon, Paris, 1933.

vederla. A dispetto delle fredde relazioni ufficiali, la Francia e la sua corte venivano considerate un modello e si cercava di copiarle, alla maniera un po' barbara dei russi, che l'opera iniziata da Pietro I si era sforzata di occidentalizzare. Ne risultava uno strano miscuglio, dove spesso l'apparenza era in stridente contrasto con la sostanza. Vero è che Elisabetta, salendo al trono, aveva ufficialmente promesso di non applicare più la pena di morte, ma durante il suo regno i nasi e le lingue mozzate furono migliaia, così come le condanne ai colpi di *knut*[39]. L'irrefrenabile e irrazionale ambizione di primeggiare in eleganza e acconciature portava Elisabetta ad aberranti eccessi. Ne fu un esempio la vicenda dell'affascinante madame Lapukhina, da tutti ammirata per la sua bellezza, che ebbe la sventurata idea di comparire a un ballo con una rosa tra i capelli, nella medesima serata in cui la zarina aveva ornato i suoi allo stesso modo. Fra lo stupore dei presenti, Elisabetta fece inginocchiare la «colpevole», chiese un paio di forbici e tagliò la rosa con il ciuffo di capelli che la racchiudeva, non mancando di completare l'umiliazione della malcapitata con due sonore sberle sul volto. Madame Lapukhina svenne e quando qualcuno lo fece notare alla zarina la risposta fu che «aveva avuto ciò che si meritava». La vendetta su una delle più belle donne di corte non si esaurì in quest'episodio, poiché da quel giorno la via che la portò alle attenzioni del boia era segnata: le fu mozzata la lingua e venne esiliata in Siberia. La Russia del XVIII secolo restava molto lontana dalla Francia e dall'Austria.

Elisabetta era una donna piena di stridenti contraddizioni. Religiosa fino ad essere bigotta, talvolta, in chiesa, si inginocchiava davanti a un'immagine della Madonna per chiedere ispirazione su quale compagno scegliere per la notte tra gli uomini del reggimento Preobraženskij. Era anche molto superstiziosa, al punto di rinviare la firma di un trattato perché una mosca si era posata sulla carta che stava per siglare. Non aveva orari né per mangiare, né per bere né per dormire. Quanto al bere, non era raro che crollasse a terra completamente ubriaca. Quando andava a riposare, nella sua camera da letto erano presenti le cosiddette *gratteuses*, le grattatrici, reclutate tra le nobili

---

[39] *Knut.* Si trattava di una specie di frusta con un manico di legno alla cui estremità era fissata una treccia di cuoio che terminava con un anello al quale erano legate strisce di cuoio ruvido e arrotolato che terminavano con ganci o punte.

dame della corte, che avevano il compito di massaggiarle i piedi. Si trattava di un posto ambito, perché dava la possibilità di perorare cause personali e non solo, al punto che, nel 1760, il marchese L'Hôpital, ambasciatore di Francia, ebbe modo di preoccuparsi per una di queste, madame Vorontsov, moglie del grancancelliere, perché al soldo dell'inviato inglese Keith. La zarina non mancava di esternare la sua devozione e tra le manifestazioni che più la impegnavano vi erano i pellegrinaggi a piedi al monastero di Troïtsa, a sessanta verste[40] da Mosca. Lungo il percorso aveva fatto costruire delle stazioni dove si fermava per riposare e nel corso di queste soste, che potevano essere di parecchi giorni, si dedicava ad attività che nulla avevano a che fare con la spiritualità del viaggio, ma soddisfacevano aspirazioni molto più terrene. Questi singolari pellegrinaggi, dove il sacro e il profano si alternavano con disinvoltura, non avevano tempi prestabiliti: quello fatto nel 1748 occupò pressoché tutta l'estate.

Il contesto generale non era certo paragonabile a quello delle altre corti europee. Le case erano costruite in legno e il clima nordico, se non le rendeva confortevoli, le rendeva anche facile preda del fuoco. Così Caterina descrive un incendio, divampato il 1° novembre del 1753, nella residenza moscovita: «... Vidi allora una cosa strana, la stupefacente quantità di ratti e di topi che scendevano in fila dalle scale, senza neanche troppo affrettarsi... Questa (la casa) occupava più o meno il centro degli edifici che la circondavano, che potevano estendersi per circa due o tre verste di circonferenza. Ne uscii alle tre precise e verso le sei non esisteva più alcuna traccia della casa.[41]»

Una rappresentazione forse un po' forzata, ma realistica nella sostanza, di che cosa fosse la corte russa dell'epoca, la fornisce lo storico e novellista russo Valentin Pikul[42] nella sua opera *La diplomazia segreta durante la guerra dei Sette Anni*: «La corte imperiale assomigliava a un bivacco, o più esattamente a un accampamento in costante trasferimento. L'entourage dell'imperatrice: dei nomadi, simili agli antichi Sciti! Così, gli abiti delle donne erano metà maschili, metà femminili. Sovente il pantalone rimpiazzava la gonna. Le dame del palazzo vi-

---

[40] Una versta corrisponde a 1066,8 metri.
[41] Caterina II, *Memorie – La giovinezza – I primi amori*, 2012, A&P, Milano.
[42] Valentin Pikul (1928-1990).

vevano in tende e capanne. Si riscaldavano attorno a dei fuochi di legna. Partorivano in mezzo ai soldati . . . D'inverno, nella camera da letto dell'imperatrice, facevano entrare una sezione di soldati. Davano loro l'ordine: «Respirate forte!». Così il soffio di questi uomini riscaldava la camera dell'imperatrice e le impediva di morire di freddo. Durante i viaggi si costruivano, in ventiquattro ore, gli alloggi destinati a Elisabetta e al suo seguito. Gatti, scarafaggi, cani, cimici, pulci, mosche . . . Ma gli stranieri ricevuti a corte non notavano questo «nomadismo». Si mostrava loro la facciata della Russia, l'esterno dorato. I giorni di ricevimento, gli ambasciatori erano condotti lungo colonnati suntuosi, su ricchi parquet.[43]» Una conferma di questa descrizione di edifici dalla costruzione approssimativa ci viene sempre da Caterina: «Per procurarsi più divertimento nel corso dell'inverno, il granduca (Pietro) fece venire otto o dieci cani da caccia dalla campagna e li mise dietro a un tramezzo di legno che separava l'alcova della mia camera da letto da un immenso vestibolo che era dietro ai nostri appartamenti. Poiché l'alcova era separata solo da tavole, l'odore del canile vi penetrava e in questa puzza dormivamo tutti e due. Quando me ne lamentavo mi diceva che non c'era modo di fare altrimenti. Il canile era un gran segreto, ed io sopportai questa scomodità senza tradire il segreto di Sua Altezza imperiale.[44]»

Caterina e il marito, Pietro di Holstein-Gottorp, futuro Pietro III, formavano quella che veniva chiamata la «piccola corte» che viveva come un mondo a sé stante, con un proprio circolo di amici al quale, con l'andare del tempo, si aggregarono gli inviati stranieri. Con l'avanzare dell'età di Elisabetta, era bene pensare a porre le basi per i rapporti con i futuri protagonisti della scena. Quanto a moralità, questa piccola corte rivaleggiava degnamente con quella ufficiale. Pietro, oltre a un aspetto fisico a dir poco infelice, era di intelligenza limitata, infantile nelle sue manifestazioni e fanatico ammiratore di Federico di Prussia. Corteggiava apertamente le damigelle d'onore della moglie e aveva una predilezione per quella che Caterina definisce «la più brutta», Elisabetta Vorontsov, figlia del vicecancelliere. Caterina si conso-

---

[43] Cfr. Decker, *op. cit.*
[44] Caterina II, *op. cit.*

lava con Poniatowski[45], giunto al seguito dell'inviato inglese Williams. Il matrimonio era più che infelice e una sola cosa univa Pietro e Caterina: la necessità di denaro, che sempre scarseggiava. Il terreno per sovvenzioni e prestiti era quindi fertile e aperto al miglior offerente, che in quel momento era l'Inghilterra.

Questo era sommariamente il quadro dove erano chiamati ad agire gli emissari di Luigi XV, della Pompadour e del principe de Conti.

Per il racconto del viaggio di Douglas e di Lia de Beaumont verso la Russia ci affidiamo ora alla versione data da Gaillardet nella sua prima edizione (1836) delle *Mémoires*[46], e lo facciamo con la doverosa premessa di ricordare che l'autore fu collaboratore di Alexandre Dumas padre. La storia, pur fantasiosa, è affascinante e merita di essere riportata perché introduce un elemento di passionalità sessuale che, sempre secondo il primo biografo di d'Éon, sarà fondamentale nelle successive vicende.

I nostri viaggiatori, nel loro peregrinare attraverso la Germania prima di dirigersi verso San Pietroburgo, si recarono nel ducato di Neustrelitz, i cui signori erano amici dello scozzese, che voleva, con questa tappa, mettere alla prova definitiva il travestimento di d'Éon. Qui cediamo il passo a Gaillardet:

«La famiglia ducale[47] ricevette affabilmente i viaggiatori, e fu di una gentilezza squisita verso la giovane e interessante francese che il

---

[45] Stanislao II Augusto Poniatowski (1732-1798), ultimo re di Polonia, all'età di vent'anni faceva parte della Dieta (Sejm) e, per accrescere le sue possibilità di carriera, si appoggiò alla potente famiglia dello zio, gli Czartoryski. Nel 1755, fu inviato in Russia con l'ambasciatore inglese Hanbury Williams e qui, sostenuto dal cancelliere Bestužev-Rjumin, fu accreditato come ambasciatore della corte russa in Sassonia. Con il colpo di stato polacco del 1764, supportato dalle truppe russe e organizzato dalla famiglia Czartoryski, Poniatowski venne eletto re della Confederazione Polacco Lituana. Spodestato nel 1770 dalla Confederazione di Bar venne imprigionato ed estradato da Varsavia. Nel 1791 si oppose alla nuova costituzione, insieme al partito dei Sejm, e si alleò con la Russia le cui truppe invasero il paese, dando avvio alla guerra russo polacca. Dopo alcuni scontri Poniatowski aderì alla Confederazione. Al termine di questo conflitto la Polonia venne nuovamente smembrata. Con la terza spartizione del paese Stanislao, nel 1795, fu costretto ad abdicare e si rifugiò a San Pietroburgo, dove morì.
[46] Gaillardet, *op. cit.*
[47] Si tratta dei duchi di Meclemburgo-Strelitz.

cavaliere Douglas presentò come sua nipote. Per il resto, non il minimo sospetto, non un battito di ciglio: il travestimento era perfetto. Il duca aveva lasciato morendo numerose figlie. Una di queste si chiamava Sofia Carlotta di Meclemburgo-Strelitz; era una delle più giovani. Già dal primo momento, la piccola duchessa fu presa, per la nipote dello scozzese, da una di quelle simpatie che si infiammano come una striscia di polvere nel cuore dei ragazzi. In capo a un'ora, saltava sulle sue ginocchia, si appendeva al suo collo, le portò i suoi disegni, i suoi lavori con l'ago, e la trascinò in tutto il palazzo, in giardino, nel parco, attraverso gli appartamenti, fino alla sua cameretta, per mostrarle in dettaglio i piaceri della sua dimora. Chi fu inquieto, imbarazzato, spaventato? Il cavaliere Douglas. La giovane duchessa stava per compiere quattordici anni, era bella come un angelo e leziosa come un folletto; vedendo quella pecorella fiduciosa avventurarsi negli angoli più reconditi e le ridotte più oscure con il lupo che aveva portato sotto gli abiti da donna . . . Così, ogni volta che li vede allontanarsi, il povero scozzese si sente sulle spine; prova delle orribili inquietudini e getta incessantemente gli occhi dietro a lui, come per evocare e richiamare sotto la sua guardia il maledetto che gli è sfuggito; ma la piccola duchessa ha sempre qualche cosa di nuovo da far vedere alla sua amica, che si presta di buon grado a questo faccia a faccia di cui approfitta per baciare talvolta il grazioso collo, talvolta la graziosa mano, qui la bella guancia, là i begli occhi, più lontano infine, la bella bocca della sua graziosa piccola ospite. Il birichino raccoglie così, più che può, i benefici della sua mascherata. In quei momenti, lo scozzese suda abbondantemente e giura, da parte sua, che non si riprenderà più. Così, per mettere fine alla sue angosce ed evitare disgrazie che lo spaventano, decide di prendere congedo dai suoi ospiti prima di quanto volesse . . . »

Il tutto si esaurirebbe nelle scorribande di due adolescenti – d'Éon aveva però ventisette anni – se non fosse per il fatto che Sofia Carlotta era destinata a diventare sovrana d'Inghilterra, come moglie di Giorgio III[48] e, quindi, come vedremo, a rientrare in scena nella vita del cavaliere con un ruolo di ben maggiore rilevanza. Inoltre, nel congedare

---

[48] Giorgio Guglielmo Federico di Hannover (1738-1820), regnò dal 1760 al 1820.

i due ospiti, Sofia Carlotta affidò alla sua *compagna* di giochi, una lettera per una sua amica, Nadège Stein, damigella d'onere della zarina, che sarà il grande e travagliato amore proprio del latore della missiva.

Come sappiamo, la permanenza a San Pietroburgo di Douglas, smascherato da Williams, fu breve, mentre Lia de Beaumont, grazie ai buoni uffici di Vorontsov, riuscì a installarsi nel palazzo imperiale e a entrare nei favori della zarina, al punto che questa la nominò sua *lettrice intima*, titolo che consentiva l'accesso agli appartamenti privati di Elisabetta ad ogni ora del giorno e della notte. La sovrana era al corrente della vera identità della sua *lettrice* e, superato lo stupore per la perfezione della trasformazione, fu alquanto divertita dall'inganno perpetrato ai danni del suo grancancelliere, il quale, al pari di Vorontsov, era stato suo amante. Mantenendo fede alla sua nomea di lussuriosa, Elisabetta convocò per un incontro il nostro cavaliere alla sera, quando già si era messa a letto. Difficile dire se la scoperta della sessualità di d'Éon sia avvenuta in quell'occasione, a seguito di una bramosia saffica, o se Elisabetta ne fosse già stata informata dal suo vicecancelliere. Così il cavaliere ricorda quell'incontro:

«Nella mia perplessità, volgevo a sua maestà uno sguardo supplicante, per implorare la sua pietà e chiederle la grazia. La zarina aveva le labbra bluastre, gli zigomi arrossati e l'occhi umido. La sua figura riluceva di quello smalto liquefatto che riveste la passione, quando il fuoco dei desideri la mette in ebollizione, e che traspira e si sparge come un olio sulla nostra superficie. Immersa in un'umidità malsana, la sua pelle sudava di lascivia da tutti i pori. Scorgendo il suo braccio nudo che pendeva, la sua gola indecentemente scoperta, il suo petto in disordine, i suoi capelli sciolti che scappavano dalla loro rete e cadevano in disordine sopra a delle spalle spoglie di ogni velo, vedendola ansimante di voluttà, di lussuria, credetti di vedere una baccante ubriaca o affamata. Abbassai gli occhi tanto velocemente quanto li avevo alzati. Mi ritornò in mente tutto quello che mi aveva raccontato Vorontsov della sua sovrana e delle orge. Mi dissi che quella donna, che era là davanti a me, aveva avuto tra le sue braccia non so quanti uomini, raccattati per caso o per la strada; che la sua bocca, il suo collo, il suo seno erano stati insudiciati, avvizziti dai baci dei soldati... E indietreggiavo davanti a questa rovina imperiale, sporcata da tante sozzure, rovinata e minata da tanti disordini.[49]»

Elisabetta non era nel fiore della sua bellezza, soprattutto se si tiene conto della media di quei tempi, e una vita di eccessi non aveva contribuito certo a conservarla, ma una tale descrizione sembra più fatta a giustificazione dell'impotenza sessuale che freddò senza remissione ogni desiderio della zarina.

«Ero nella posizione più difficile in cui un uomo possa trovarsi, - dice il cavaliere d'Éon - soprattutto faccia a faccia con una *sovrana assoluta*. L'imbarazzo in cui mi lasciava la debolezza della mia natura, mi aveva reso tremante e mortificato al di là di ogni espressione; ma, con mia grande soddisfazione, la zarina, al posto di arrabbiarsi come temevo, scoppiò a ridere, e mi perdonò una mancanza di cui, in definitiva, non ero colpevole e che avrei riparato in seguito.»

Che in seguito abbia *riparato* è cosa impossibile da verificare, ma possiamo concedere il beneficio della buona fede, perché ben diverso è il racconto della notte trascorsa con l'amica di Sofia Carlotta, quella Nadège Stein alla quale aveva consegnato la lettera che gli era stata affidata.

La scena si svolge nella camera della fanciulla che aveva pregato l'*amica* di fermarsi a dormire con lei: « Ci sono tentazioni – ricorda il cavaliere – alle quali nessun uomo può resistere . . . E, benché più virtuoso e più saggio di ogni altro, forse per il mio temperamento, non ero un dio. Quindi, cedetti, ma ero spaventato dalla fortuna alla quale soccombevo e tremavo, come se andassi a commettere un crimine. Non lo era, in effetti? L'avvenire, ahimè! Ha lasciato una risposta a questa domanda, scritta con il sangue e con le lacrime nella mia vita. L'occhio fisso su questa ingenua e candida innocente che corre così, senza sospetto, dischiuso sui suoi passi, vorrei gridarle: Fermati, sventurata! Ma la voce si blocca nella mia gola, la parola muore sulle mie labbra . . . Non posso che guardare la giovane ragazza. Già questa, spensierata e ridente, è quasi spogliata. «Ebbene, non mi imiti?» Mi dice. «Ce l'hai con me? Perdonami, sono così contenta di dormire con te. Non vorrei lasciarti mai, né di giorno né di notte. È che ti voglio bene, più di quanto me ne voglia tu, cattiva!»

---

[49] Gaillardet, *op. cit.*

E la bella piccola è pressoché nuda dicendomi ciò. Il suo bel seno scoperto si appoggia al mio petto! Avevo i brividi, avevo la febbre. Cedendo a una vera frenesia, strappato alla mia naturale probità, ai miei rimorsi, da una seduzione così spaventosa, così sovrumana, portai le mani alle tempie e gettai su Nadège uno sguardo diabolico che la mangiò, la divorò in anticipo: Lo vuoi dunque? Le gridai.»

«Eh, ma sì!» Mi rispose.

«Ebbene, che sia fatto così come il cielo e tu lo ordinate! E mi tolsi i vestiti con una prontezza, con un impeto tale che Nadège, inginocchiata sul suo letto e divertendosi a contemplarmi, le braccia incrociate l'una sull'altra, mi chiese se non ero matto. Ero pazzo, in effetti, folle da averne le vertigini! . . . [50]»

Qui si arresta la penna di d'Éon, che sapientemente lascia all'immaginazione del lettore il seguito della sua foga amorosa.

Gaillardet, che evidentemente molto teneva alla dimostrazione della virilità del cavaliere, si premura di ragguagliarci su un'altra avventura di questo primo viaggio pietroburghese. Anche questo episodio è una commedia degli equivoci e lo è al punto da essere stato ripreso in un romanzo da Louvet de Couvray, dove il protagonista, *Faublas*, è chiaramente ispirato a d'Éon[51].

Tra gli inglesi che soggiornavano in quel periodo in terra russa vi era un certo milord Ferreres, abile primo ammiraglio, membro di diverse accademie, buon matematico, ma soprattutto orgoglioso delle sue capacità di fisionomista. Per questo inglese il viso era rivelatore infallibile dell'anima ed egli era in grado di leggervi, senza timore di sbagliare, la diagnosi caratteriale. Purtroppo, fu sviato e tradito dal cuore. Si invaghì di Lia de Beaumont, la quale però si sentiva più attratta dalla giovane e bella moglie dell'inglese. Milord Ferreres, in altre occasioni stratega più fortunato e accorto[52], si adoperò per favorire il legame tra la moglie e l'oggetto dei suoi desideri, pensando in questo modo di poterlo avere vicino, senza destare sospetti. Fu così che in

---

[50] *Ibid.*

[51] *Les amours du chevalier de Faublas* di Jean-Baptiste Louvet de Couvray (1760-1797) fu pubblicato in tre parti e numerosi volumi dal 1787 al 1790.

[52] Fu lui che, nella guerra del 1744, catturò il maresciallo Conflans e il suo vascello, e che più tardi fece incagliare la flotta francese nel fiume Vilaine, in Bretagna.

un dopocena, che si era prolungato sino a ora tarda, propose che Lia rimanesse a dormire nella casa del suo ospite. Il piano di Ferreres non ha bisogno di spiegazioni, ma incontrò un intoppo che ne impedì lo svolgimento. D'Éon fu disposto ad accettare l'invito alla sola condizione di condividere la camera di milady. «Ma c'è un solo letto», obiettò l'ammiraglio. «Ci sarà sufficiente», replicò la moglie. Visto che l'idea di trattenere la sua *amica* era nata da lui, Ferreres non poté che far buon viso a uno smacco imprevisto. La mattina successiva, milady era in una forma smagliante e anche stranamente allegra, pareva che quella notte le avesse risvegliato la gioia di vivere. Milord aveva ricevuto un'inaspettata, ma meritata, punizione.

Queste le divagazioni di Gaillardet, ma del principale obiettivo del viaggio che ne era stato? Elisabetta manifestò il desiderio di avere a San Pietroburgo un incaricato d'affari ufficiale e stabile della Francia, e questo rappresentò un'innegabile rottura dell'isolamento imposto da Williams e da Bestužev. Quanto alle aspirazioni del principe de Conti, la zarina, che aveva avuto cura di lasciare tutto nel vago, disilluse le aspettative sul trono di Varsavia, per il quale aveva altri progetti.

Siamo alla fine del 1755 e Lia de Beaumont fece ritorno in patria.

CAPITOLO III

D'Éon va in aiuto di Douglas a San Pietroburgo

Versailles non perse tempo nell'assecondare il desiderio di Elisabetta di vedere a San Pietroburgo un incaricato d'affari ufficiale e la scelta fu presto fatta: Douglas doveva ritornare sui suoi passi. Il suo primo compito fu quello di evitare l'attuazione dell'accordo, siglato tra Russia e Inghilterra, che prevedeva l'impiego di un contingente di 30.000 russi in caso di necessità di difesa dell'Hannover. Questo significava allentare l'intesa tra la corte di San Giacomo e quella imperiale, ma soprattutto iniziare a muovere verso quella sorprendente alleanza che doveva vedere unite la Francia, l'Austria e la Russia. Quell'alleanza che Federico II definì delle tre *cotillon* (sottane) e cioè Maria Teresa, Elisabetta e la Pompadour. Una terminologia di classificazione che, evidentemente, era amata dal re prussiano che si premurò di suddividere il regno di Luigi XV in *Cotillon I*, con riferimento alla Chateauroux, *Cotillon II*, per la Pompadour e *Cotillon III*, terminando con la du Barry.

Il 1756 fu un anno cruciale nell'evolversi del quadro europeo. Gli scontri, sino ad allora circoscritti, tra Francia e Inghilterra, si tradussero in aperta ostilità dando avvio a quella che Churchill definì *la prima guerra mondiale*[53], cioè la Guerra dei Sette anni (1756-1763).

Il 10 aprile 1756, Vorontsov fu avvertito dell'arrivo a San Pietroburgo dell'inviato ufficiale della corte di Francia. D'Éon lasciò la Francia per la Russia il 20 giugno successivo, su richiesta esplicita dello scozzese, che necessitava di un segretario d'ambasciata.

Il 1° maggio la Francia e l'Austria avevano firmato, a Versailles, un trattato di alleanza contro la Prussia e l'Inghilterra, al quale era indispensabile aggregare la Russia di Elisabetta. Nel novembre di quest'anno, in Inghilterra, l'energico William Pitt[54] divenne segretario

---

[53] Winston Churchill, *Storia dei popoli di lingua inglese*, vol. III, *L'età della rivoluzione*, Rizzoli, 2003, Milano.
[54] William Pitt il Vecchio (1708-1778).

di Stato e questa nomina fece dire a Federico II che «l'Inghilterra è stata a lungo in doglie, ma alla fine ha partorito un uomo».

Douglas e d'Éon, neofiti della diplomazia, si trovarono davanti, ciascuno per la sua parte, un compito non facile che tuttavia seppero svolgere con capacità e nei brevissimi tempi che la situazione richiedeva. Elisabetta decise di non dare seguito all'accordo firmato con l'Inghilterra e ordinò che le truppe russe di stanza in Livonia e in Curlandia, che precedentemente dovevano supportare Federico II contro Maria Teresa, si unissero invece all'armata austriaca. Douglas, però, si era spinto troppo avanti nella formulazione dell'accordo con la Francia, accettando di firmare una *clausola segretissima*, che non compariva nella versione ufficiale e che era stata voluta da Bestužev, nella quale veniva a mancare ogni assicurazione della Russia nei confronti della Porta. In altri termini Elisabetta non rinunciava alla sue mire nei confronti di Costantinopoli. Questa *clausola segretissima* era stata accettata da Esterhazy per conto dell'Austria, che però si trovava in una situazione alquanto critica, con una parte dei suoi territori già occupati da Federico II, ma non poteva ricevere l'avallo di Luigi XV e dei ministri francesi, per i quali la difesa della Porta e della Turchia era un punto imprescindibile della politica estera. Anche se *segretissima* quella clausola impediva a Luigi XV di firmare il trattato e diede luogo a una dura reazione nei confronti di Douglas. Decisero di inviare a San Pietroburgo come ambasciatore il marchese L'Hôpital e Rouillé, ministro degli Affari esteri, inviò a Douglas, il 16 febbraio 1757, un dispaccio dal seguente tono:

«Non posso dirvi, signore, quale è stata la mia sorpresa e la mia pena vedendo la dichiarazione, dite *segretissima*, che vi siete preso la responsabilità di firmare contemporaneamente all'atto di adesione.

Tutto ciò che allegate non può giustificare una decisione che voi avrete ben previsto essere sgradita a sua maestà, e non posso nascondervi che essa è estremamente scontenta della facilità con la quale voi siete stato portato a firmare questa dichiarazione che, lontano dal togliere le complicazioni, ne può far nascere di alquanto notevoli per ritardare, forse, la riunione che i sentimenti personali di sua maestà per l'imperatrice gli fanno desiderare.

Il re, coerente nei suoi principi, ha ratificato l'atto di adesione; ma sua maestà non può prestarsi a ratificare la dichiarazione segreta che voi avete firmata senza ordine e senza potere ed anche contrariamente a quanto sapevate delle sue intenzioni. Sua maestà ha desiderato vivamente l'adesione di sua maestà imperiale l'imperatrice di Russia al trattato di Versailles, come un nuovo mezzo per contribuire alla riunione. L'ha desiderato di concerto con l'imperatrice regina che, a prendere la cosa nel suo vero punto di vista, ne è la principale interessata... Ma questo non poteva mai essere a spese della vecchia amicizia per la Porta Ottomana, e ancor meno del suo onore che, come quello dell'imperatrice di Russia, si troverebbe estremamente compromesso se questa dichiarazione sussistesse.

Che l'atto resti segreto o no, non è meno contrario alla rettitudine e all'onestà pubblica. Non è perché può diventare pubblico che sua maestà non lo ratifica; è perché l'onore, che presiede a tutte le sue risoluzioni, non gli permette di farlo.

I sentimenti di sua maestà sono sinceri; in buona fede vuole tutto ciò che può contribuire alla soddisfazione dell'imperatrice di Russia, e questa principessa ne riceve delle prove in ogni occasione... Più le virtù di questa principessa sono splendenti, più deve sentire il prezzo della rettitudine alla quale il sovrano, così come i privati, devono tutto sacrificare, quando viene proposta loro qualche azione incompatibile con ciò che essa esige. La dichiarazione in oggetto essendo costantemente opposta alla buona fede e agli usi stabiliti tra le nazioni civili, il Re ha una troppo alta opinione dei sentimenti elevati dell'imperatrice di Russia, e rende giustizia a quelli dei suoi ministri, per non essere persuaso che questa principessa non sarà ferita dal rifiuto che fa sua maestà di ratificare questa dichiarazione, e che ella ne avrebbe avuto la stessa opinione, se voi aveste esposto questo affare nella sua vera luce.

Vi invio dunque, signore, la ratifica del solo atto di adesione. Sta a voi riparare l'errore che è stato fatto in questo affare. Se il conte Esterházy vi ha indotto a firmare, sono certo che vi aiuterà con ogni suo potere per far accettare questa semplice ratifica, etc.»

D'Éon si fece carico di porre riparo all'impiccio in cui si era messo il suo capo. Nel decidere la zarina ad annullare quella *clausola segretis-*

sima, subdolamente inserita da Bestužev, ebbe due alleati di peso e cioè il vicecancelliere Vorontsov e il favorito in carica di Elisabetta, Ivan Šuvalov[55]. Fu una discussione alquanto animata quella che si ebbe tra d'Éon e Bestužev, discussione che, a detta del cavaliere, «divertì molto Elisabetta e Šuvalov». La *clausola segretissima* fu eliminata e l'accordo fu firmato nella formula desiderata da Luigi XV, compiendo così l'adesione della Russia al trattato di Versailles.

D'Éon aveva motivo di rallegrarsi anche per i risultati ottenuti per la missione affidatagli dal principe de Conti. Elisabetta era disponibile ad affidargli il comando dell'armata e a farlo signore della Curlandia. Il 26 aprile 1757, il cavaliere di Tonnerre lasciò San Pietroburgo per rientrare in Francia per portare le buone notizie alla corte di Luigi. Un ultimo gesto della zarina sembrò sottolineare la sconfitta del cancelliere Bestužev: gli fu ordinato di consegnare a d'Éon 300 ducati d'oro, in segno di soddisfazione per i servizi resi. Williams fu bruscamente congedato dalla stessa imperatrice, che gli diede otto giorni per lasciare la Russia. Caterina II così scrive nelle sue *Memorie*[56] del trattamento riservato al ministro inglese:

«Questo ministro espulso traccheggiò quanto poté per prendere tempo. Prima chiese di passare per la Svezia, ma trovando il golfo di Botnia impraticabile, pregò di lasciarlo ritornare a Pietroburgo e prendere la strada della Livonia. Dopo aver fatto 50 leghe prese a pretesto le emorroidi che gli impedivano di sopportare la vettura. Ritornò ancora a Pietroburgo e si imbarcò per Cronstadt dove doveva attendere un vento favorevole. Mandò a dire che aveva la febbre e che desiderava ritornare. L'Imperatrice gli fece dire che, malato o in salute, non voleva più saper nulla di lui. Alla fine, continuando la sua strada con la collera di vedere i suoi progetti frustrati, fu costretto a fare scalo ad Amburgo, dove gli girò la testa. Elisabetta, alleggerita di questo pessimo uomo, disse che voleva che l'ambasciatore di Francia lascias-

---

[55] Ivan Ivanovich Šuvalov (1727-1797), fu ministro dell'Educazione, collezionista d'arte e a lui si devono la creazione dell'Università di Mosca e dell'Accademia imperiale di Belle Arti. Francofilo, fu in corrispondenza con Helvetius, Diderot, d'Alembert e Voltaire, al quale fornì il materiale per la sua *Storia dell'impero russo sotto Pietro il Grande*.

[56] Caterina II, *op. cit.*

se la sua abitazione (il palazzo Apraksin) per andare ad alloggiare in quella che occupava l'ambasciatore d'Inghilterra, che effettivamente è più grande, più bella e meglio situata. Questi due palazzi sono separati da un piccolo canale che, da quel momento a Pietroburgo, è stato soprannominato il Passo di Calais.»

Non dimentichiamo, comunque, che i successi diplomatici dell'epoca molto dovevano alla quantità di denaro che i governi volevano o erano in grado di impiegare per creare partiti e fazioni che appoggiassero i loro obiettivi. Le grandi visioni dovevano essere supportate dalle più pratiche necessità contingenti.

Il cavaliere d'Éon intraprese il viaggio di ritorno nella migliore predisposizione d'animo e pregustando un avvenire pieno di gratificazioni. Era euforico e, sostando a Riga, inviò a Douglas una lettera alcuni brani della quale meritano di essere riportati perché molto spiegano del carattere del personaggio:

«Fantasticando ieri nella mia carrozza, parlavo da solo e dicevo a me stesso: da che sono al mondo ho sempre vissuto a mie spese, non ho ricevuto denaro né da ministri né da signori, benché ne conosca molti. Com'è lusinghiero per me poter scrivere queste parole nel mio testamento: la mia filosofia mi ha sempre indotto a fuggire le occasioni nelle quali c'era da ricevere del denaro; ma la mia buona stella volle ch'io fossi conosciuto e amato dal cavaliere Douglas; egli mi ha trapiantato in un nuovo mondo che mi ha fatto dimenticare quello antico, e qui, per dovere e per rispettosa riconoscenza, ricevetti un dono dall'imperatrice di tutte le Russie. Io considero questa epoca come la più gloriosa della mia vita, e *se sarò costretto a prendere moglie*, ne trasmetterò il ricordo alla mia piccola posterità. Ma la sola parola di posterità spaventa la mia dolce filosofia, che disprezza troppo la vita per donarla a un altro. Io troverò mille occasioni nella carriera letteraria di cantar le virtù, la grandezza e la generosità di Sua Maestà Imperiale, e i miei elogi, per essere spogli di ogni interesse personale, saranno degni della verità e meriteranno assai più la fede dei posteri. Salgo in vettura e non ho tempo di allungare la lettera. La mia penna scrive tutto quello che il cuore pensa, e se scrivesse tutta la riconoscenza che vi debbo, non arriverei mai a Parigi.»

Poniamo incidentalmente l'accento su quel ... *se sarò costretto a prendere moglie*, che è probabilmente rivelatore di un certo atteggiamento del nostro cavaliere, se si tiene conto del contesto in cui è posto.

A Białystok, d'Éon incontrò il marchese L'Hôpital[57] il quale, con al seguito un convoglio che contava almeno quarantasei vetture, si stava recando a prendere il suo posto di ambasciatore a San Pietroburgo. Il segretario d'ambasciata ebbe cura di informarlo sullo stato dell'arte della situazione e riprese subito la via per Vienna, dovendo evitare i territori in mano ai prussiani. Giunse nella capitale austriaca insieme alla notizia di una vittoria delle truppe di Maria Teresa su quelle di Federico, a Praga, il 6 maggio. La realtà non era esattamente quella immaginata nel momento di euforia, l'esito dello scontro segnò un vantaggio per i prussiani di Federico II[58], che furono sconfitti poco più di un mese dopo, il 18 giugno, a Kolin[59]. A Vienna, inoltre, d'Éon ebbe modo di incrociare il conte Broglie, futuro responsabile del *Secret du roi*, che si stava dirigendo a Varsavia, dove era stato nominato ambasciatore.

L'ambizioso cavaliere, che aveva appreso velocemente come muoversi a corte e tra i ministri, capì che se fosse giunto a Versailles per

---

[57] Paul-François Galluccio, marchese di L'Hôpital e di Châteauneuf, luogotenente delle armate del re e ispettore generale della cavalleria era stato ambasciatore a Napoli dal 1740 al 1751. Nel marzo del 1761 passò le consegne del servizio di ambasciata a Pietroburgo al conte Breteuil e rientrò in Francia, dove si ritirò a Châteauneuf. Gli si rimproverava il lusso che aveva esibito alla corte di Russia e le sue eccessive spese. «Sarei – scriveva al cavaliere d'Éon – il più felice degli uomini se fossi senza debiti. Mi si rimprovera di avere speso troppo nella mia ambasciata, ma il denaro è il grano che ho seminato per arrivare alla fiducia ed è così che noi abbiamo portato sull'Oder centomila russi che hanno vinto quattro battaglie. Tuttavia, mi si rimprovera, anche duramente, di aver gettato il denaro dalla finestra, ma non si può accusare di averlo preso per arricchirmi.» (Boutaric, Correspondance de Frédéric II, I, 240) Effettivamente, era quasi completamente rovinato e impossibilitato a mantenere lo stato del suo rango a Versailles.

[58] Fu in occasione di questa battaglia che Federico II scrisse a sua madre: «La campagna è persa per gli austriaci. Io ho le mani libere con 150.000 uomini ... Manderò una parte delle mie truppe a fare un complimento ai francesi e inseguirò gli austriaci con il resto.»

[59] Federico scrisse al feldmaresciallo Keith: «La fortuna mi volta le spalle; è donna e io non sono galante. Dovevo aspettarmelo: essa si è schierata con le donne che mi fanno la guerra.»

primo con l'annuncio della «vittoria» di Praga e quanto già aveva nei suoi documenti, non gli sarebbero stati lesinati onori e ringraziamenti. Ripartì precipitosamente e la sua corsa non venne interrotta neanche da un incidente di viaggio che gli procurò la frattura di una gamba. Arrivò a Versailles trentasei ore prima dell'inviato che Kaunitz aveva mandato al conte Stharemberg, ambasciatore d'Austria in Francia. D'Éon non si sbagliava sull'accoglienza che gli avrebbe riservato Luigi XV, il quale si premurò di inviargli il proprio chirurgo per la cura della gamba, gli concesse una pensione di tremila *livre*, gli fece dono di una tabacchiera d'oro ornata di perle e gli consegnò un brevetto di luogotenente dei dragoni. Il cavaliere pareva essere l'eroe del giorno.

In attesa della completa guarigione della gamba, d'Éon, costretto nel suo appartamento, riprese in mano un lavoro che aveva iniziato da tempo e che vide la stampa in due volumi, nel 1758, con il titolo alquanto prolisso di *Considérations historiques et politiques sur les impôts des Égyptiens, des Babyloniens, des Perses, des Grecs, des Romains et sur les différentes situations de la France par rapport aux finances, depuis l'établissement des Francs dans la Gaule jusqu'à présent*. A dispetto del titolo, che già induce alla noia, l'opera ebbe un certo successo.

E in tema di prove letterarie, non possiamo tralasciare quanto riportato dall'esuberante biografo Gaillardet, che non manca di aggiungere, tra le carte che d'Éon portò con sé a Parigi, lo straordinario ritrovamento del testamento di Pietro il Grande che pomposamente intitola «*Copia del piano di dominazione europea, lasciato da Pietro il Grande ai suoi successori sul trono della Russia, e depositata negli archivi del palazzo di Peterhof, vicino a San Pietroburgo*». Dopo una premessa in cui si delinea l'ineludibile destino del popolo russo alla dominazione europea, vengono indicate, in quattordici punti, le fasi di realizzazione di questo disegno. Ovviamente, si tratta di un testamento apocrifo, come ogni altro attribuito a Pietro I, e lo stesso d'Éon ammette che «questa comunicazione fu considerata senza importanza dai ministri di Versailles; se ne giudicava il piano impossibile e le visioni chimeriche». Su un punto d'Éon insisteva, però, in modo particolare presso i suoi referenti, ed era la volontà della Russia di impadronirsi di una parte della Polonia alla morte di Augusto III. In questo vide giusto.

Più concreti e positivi erano i risultati ottenuti per il principe de Conti, che non ebbero, tuttavia, il riscontro che il cavaliere si attendeva. Si rivolse a Tercier per avere udienza da parte di Sua altezza, ma vide che questi tergiversava. In effetti, attendeva le disposizioni del re che così gli scriveva: «Poiché M. d'Éon è incaricato da parte di Vorontsov di vedere il principe de Conti, bisogna che lo veda, ma anche che dia esattamente conto della risposta.[60]» D'Éon dovette prendere atto della mutata situazione del suo protettore. La spiegazione era semplice e anche banale: l'improvvido cugino del re si era scontrato con la Pompadour e questo fu causa della fine delle sue aspirazioni. Il principe sperava ancora di rientrare nelle grazie di Luigi, il quale però si dimostrava scettico sulle aperture di Vorontsov e di Elisabetta, e con questo pretesto rimandava di giorno in giorno ogni decisione circa le autorizzazioni da dare e, di conseguenza, differiva anche la partenza di d'Éon per il rientro in Russia.

La guerra, dopo una prima fase favorevole alla «strana alleanza», cambiò improvvisamente piega con la terribile e sanguinosa sconfitta subita dalle truppe franco – austriche, il 7 novembre 1757, a Rossbach, dove rimasero sul terreno 10.000 uomini tra morti e feriti. All'inspiegabile inerzia dell'armata russa al comando di Apraksin[61], dopo la vittoria del 30 agosto a Gross-Jägersdorf, si aggiunse un improvviso raffreddamento dei rapporti tra Luigi XV ed Elisabetta. Il re aveva declinato l'invito ad essere padrino di battesimo di Paolo Petrovič, il nipote di Elisabetta. La capacità letteraria e le argomentazioni del nuovo responsabile degli Affari esteri, il protetto della Pompadour abate Bernis, non furono in grado di smussare la stizza della zarina per il rifiuto che si vide opporre. Un primo sondaggio in merito a questa richiesta di Elisabetta lo troviamo in una lettera del marchese L'Hôpital all'abate Bernis, datata 16 settembre 1757:

---

[60] Luigi XV a Tercier, 20 luglio 1757, Boutaric, *op. cit.*, tomo I, p. 222.

[61] Stepan Fyodorovich Apraksin (1702-1758) comandante delle forze russe in campo, aveva ottenuto una schiacciante vittoria sui prussiani il 30 agosto precedente a Gross-Jägersdorf, alla quale però non diede seguito, vanificandone il risultato positivo. Dopo questa vittoria ritornò in Russia, preoccupato per la salute di Elisabetta e, con la caduta di Bestužev, fu processato con l'accusa di essere stato corrotto da Federico II, cioè per tradimento e connivenza col nemico, ma morì in carcere prima della sentenza.

«Signor conte, . . . il cavaliere Douglas, che sta per partire per la Francia, avrà l'onore di rendervi conto di un'idea che S. M. I. la zarina ha avuto in occasione della gravidanza di madame la granduchessa. Si tratta di proporre al re di tenere con lei sul fonte battesimale il piccolo che deve nascere . . . Vorontsov è il solo a conoscenza delle intenzioni di sua maestà imperiale per il battesimo del figlio del granduca. Mi ha detto ieri di avere l'onore di avvertirvi segretamente, al fine di sapere in anticipo se questa proposta sarebbe gradita al re. Ho anche l'onore di dirvi che quando l'imperatrice confidò il suo progetto sul battesimo al conte Vorontsov, questi le ha detto che avrebbe potuto scegliere anche l'imperatrice regina come madrina.

«No, no, rispose lei: non voglio che Luigi XV e me . . .»

Dopo molte esitazioni e perplessità, Bernis si decise a rispondere a L'Hôpital, e quindi alla zarina, in questi termini:

«Al signor marchese L'Hôpital

Ho informato il re della lettera che mi avete fatto l'onore di scrivermi il 16 settembre di quest'anno, e che contiene il desiderio dell'imperatrice di Russia di battezzare, insieme a sua maestà, il figlio che la granduchessa sta per partorire. La devozione di sua maestà l'ha sempre portato a non guardare come una semplice cerimonia gli impegni che si prendono in qualità di padrino, impegni che obbligano a vegliare, per quanto si può, affinché il bambino sia allevato nella religione cattolica. L'imperatrice di Russia, il granduca e la granduchessa sono di religione ortodossa, nella quale, per la legge del paese, il bambino che deve nascere sarà allevato, sua maestà si fa scrupolo di essere il padrino di un bambino che non sia battezzato e che non debba essere allevato nella religione cattolica; egli lo ha rifiutato a numerosi principi che glielo hanno chiesto. Di conseguenza, benché desideri far sapere all'Europa che ha sempre gli stessi sentimenti per l'imperatrice di Russia, e che la condotta del maresciallo Apraksin non vi apporta alcun cambiamento, non può consentire a ciò che questa principessa si augura. Se qualcuno ve ne parla, signore, dovete addurre queste ragioni, e far capire che unicamente i principi religiosi sono causa del dispiacere che sua maestà sente nel non poter avere un ulteriore motivo di unione con l'imperatrice di Russia. Sono, etc. ..

Il conte Bernis»

Il *cattolicissimo*, ma poco praticante, Luigi aveva trovato una via d'uscita quasi accettabile agli occhi del mondo, ma non a quelli di un'autocrate.

L'Hôpital, a San Pietroburgo, era in difficoltà nel muoversi sull'infido terreno delle due corti, che il più delle volte giocavano l'una a dispetto dell'altra. È lo stesso ambasciatore a chiedere a d'Éon di rientrare in Russia, stando a quanto gli scrive poco prima della sua partenza: «Mio caro piccolo, ho appreso con dispiacere del vostro incidente e con grande piacere dei vostri incontri con il *Vecchio* e il *Nuovo Testamento*[62]. Venite a praticare il Vangelo con noi e contate sulla nostra amicizia e sulla nostra stima.» Quasi in contemporanea, il ministro Bernis scriveva a L'Hôpital che gli inviava d'Éon «sperando che l'avrebbe accolto con piacere ... È molto intelligente, zelante, pieno di buone intenzioni; – aggiungeva – la sua fortuna è nelle vostre mani e non dubito che vi renderà soddisfatto in ogni cosa».

Quando Williams aveva dovuto lasciare la Russia, la granduchessa Caterina si era premurata di scrivergli un biglietto di questo tono: «Coglierò tutte le occasioni immaginabili per riportare la Russia a quelli che riconosco come i suoi veri interessi, vale a dire a essere intimamente legata con l'Inghilterra». Keith, il nuovo rappresentante della corte di San Giacomo, non era meno abile del suo predecessore e si muoveva con estrema circospezione, valutando con attenzione ogni cambiamento d'umore e di favori. Né le dimostrazioni d'affetto di Caterina nei confronti dell'Inghilterra, né la passione di Pietro per Federico II furono, comunque, di ostacolo alle trattative tra la giovane corte e i nuovi alleati della Russia. Il denaro era la chiave di tutto e Bernis lo sapeva perfettamente quando inviò al suo rappresentante a Pietroburgo il seguente dispaccio:

«*Il conte Bernis, ministro degli Affari esteri, al marchese L'Hôpital, a San Pietroburgo.*

---

[62] Si tratta evidentemente di riferimenti in codice.

Compiègne, il 17 luglio 1757.

«Noi abbiamo, signore, per più di una via, dei pareri che il granduca e la granduchessa di Russia hanno una grande necessità di denaro, e ci sono state fatte delle insinuazioni tendenti ad aiutarli segretamente con qualche somma, il che assicurano li dovrebbe avvicinare a sua maestà e favorirne la riunione. Io so, senza dubbio, che l'imperatrice regina ha ordinato al conte Esterhazy di negoziare con quel principe un trattato di sussidi, *titolo sotto al quale ella crede di dover coprire gli aiuti che è nell'intenzione di dargli*. È importante, signore, che voi troviate il modo per essere informato esattamente se questa necessità è tale come si dice. È alla vostra discrezione cercarla, e se i confidenti del granduca o della granduchessa vi fanno qualche discorso a questo proposito, lontano dal togliere loro la speranza di ottenere quei soccorsi da sua maestà, dovete far loro capire che, contando sui loro sentimenti per mantenere l'unione così felicemente ristabilita e sul loro completo rispetto verso ciò che può essere gradito all'imperatrice di Russia, il re coglierà con sollecitudine le occasioni per dare loro segni della sua amicizia. Non promettete alcunché di certo, limitatevi a sapere a quanto potrebbe ammontare la somma che desidererebbero e a dire che renderete loro conto. Se non è eccessiva, la farò presente a sua maestà e voi farete passare i suoi ordini.

Questo è uno di quei punti dei quali parlerete unicamente nei dispacci *inviati con dei corrieri*.

L'abate, conte Bernis, ministro.»

Ma era già troppo tardi. L'Austria aveva anticipato la Francia, e il mercato *coperto*, seguendo l'espressione dell'abate Bernis, dall'apparenza onorevole e diplomatica di *un trattato di sussidio*, era stato firmato dalle parti due giorni prima della stessa lettera del ministro al marchese L'Hôpital. I termini erano questi:

Convenzione fatta tra *l'imperatrice* regina e S. A. I. M. il granduca di Russia.

Rendiamo noto a ogni interessato:

S. M. l'imperatrice regina di Ungheria e di Boemia avendo reputato giusto, vista la crisi del tempo presente, di entrare in negoziati con S. A. I. il granduca di Russia, duca regnante dello Schleswig-Holstein, per le truppe dell'Holstein, e per assicurarsi inoltre ogni assistenza come principe dell'impero:

S. A. I. da parte sua, trovandosi alquanto disposto, sia nella sua qualità di granduca di Russia che in quella di principe dell'impero, di significare i suoi *sentimenti di amicizia e patriottici*, e prestandosi di conseguenza con sollecitudine all'una e all'altra di detti propositi;

I ministri plenipotenziari autorizzati a redigere l'atto di una convenzione furono nominati, rende noto:

Da parte di S. M. l'imperatrice regina, il conte Nicola Esterhazy, e da parte di S. A. I. Amedeo Giorgio Enrico, barone Stambke; i quali, dopo essersi scambiati i rispettivi pieni poteri, e dopo aver conferito tra loro, hanno convenuto quanto segue:

1° S. A. I. il granduca si impegna non solamente a tenere le truppe holsteinesi già esistenti completamente equipaggiate[63], ma nello stesso tempo in un tale stato che se sua maestà imperiale e reale giudica utile alle circostanze di prenderle al suo soldo e convenirne a questo proposito con sua altezza imperiale, dette truppe possano essere impegnate al più presto al suo servizio;

2° Sua altezza imperiale si impegna inoltre e si obbliga solennemente in caso di sopraggiunti disordini nell'impero, a compiere tutto ciò che dipenderà da lui per preservare gli interessi di S. M. l'imperatrice regina, nella sua qualità di compartecipe dell'impero, che già considera senza questo, nella sua qualità di granduca di Russia, come comuni e strettamente vincolati da numerosi trattati; di ordinare a questo fine ai suoi ministri presso l'assemblea dell'impero e della cerchia di vivere in perfetto accordo con i ministri di sua maestà imperiale e reale, e di prescrivere loro come un dovere essenziale e inalterabile di sostenere in ogni occasione con il consenso la tutela dei suddetti interessi di sua maestà imperiale e reale;

3° In cambio, e per risarcire sua altezza imperiale delle spese che gli comporta l'obbligo di tenere le *sue truppe pronte a marciare*, S. M.

---

[63] Vale a dire un centinaio di soldati mancanti di tutto.

imperatrice e regina si impegna e si obbliga con la presente a fornire a S. A. I., a partire dalla data di questo accordo, un sussidio annuale di centomila fiorini, o cinquantamila scudi di banca, in due termini pagabili ad Amburgo in anticipo ogni sei mesi; in modo che il primo pagamento si farà al più presto dopo lo scambio delle ratifiche;

4° Questa convenzione resterà in vigore per tutto il periodo della presente guerra e ancora un anno dopo la pace. Spirato il termine, dipenderà dalla volontà delle due parti contraenti renderla nulla o prolungarla per altri anni;

5° Il presente accordo, del quale ciascuno dei due esemplari è firmato di proprio pugno dai due rispettivi ministri plenipotenziari, e munito dei sigilli delle loro armi, sarà ratificato dalle due alte parti contraenti e le ratifiche saranno scambiate a San Pietroburgo, al massimo entro due mesi.

Fatto a San Pietroburgo, il 15 luglio 1757»[64]

La diplomazia del denaro era in grado di tener testa agli affetti e alle passioni.

Mentre, a Varsavia, l'ambasciata di Broglie era divenuta il punto di riferimento della corrente antirussa, secondo le indicazioni date da Tercier per il *Secret du Roi*, il ministro Bernis volgeva la sua diplomazia ufficiale in modo da privilegiare l'alleanza franco – russa.

L'Hôpital cercava di barcamenarsi tra le due corti, tra le intemperanze di Elisabetta e i maneggi della granduchessa e del marito

La preoccupazione di Luigi XV per la sorte di quella tormentata terra era forte e, venuto a conoscenza dell'intenzione di Bestužev di far svernare l'armata russa in Lituania e in Polonia, non esitò a chiedere al primo ministro polacco Brühl, il richiamo in patria di Poniatowski.

Siamo a metà dell'ottobre del 1757 e d'Éon aveva ripreso la via per San Pietroburgo il 21 settembre precedente. Una vera spina nel fianco per Bestužev che aveva detto chiaramente a L'Hôpital che «d'Éon era un soggetto pericoloso del quale non bisognava cessare di diffidare, perché lo credevano capace di sconvolgere l'impero moscovita».

---

[64] Il testo è riportato da Gaillardet, *op. cit.*

Il principe de Conti, che ancora sperava in un riavvicinamento a Luigi XV, pregò d'Éon di fermarsi a Strasburgo nella speranza di un improbabile evolversi della situazione a suo favore. Dopo cinque giorni di inutile attesa, il cavaliere riprese il viaggio. L'episodio viene riportato dallo stesso d'Éon in una lettera, inviata da Londra il 22 giugno 1775, cioè un anno dopo la morte di Luigi XV, al conte Broglie:

«Signor conte,
Voi solo conoscete con quale zelo, quale obbedienza, quali fatiche e in quali circostanze delicate ho servito pubblicamente e segretamente il defunto re, dal 1757, quando mi avete fatto l'onore della vostra corrispondenza segreta, fino al presente. Ma ciò che non vi ho mai detto, perché mi era stato proibito, è che, dal 1756, ero stato ammesso a una corrispondenza segreta tra Luigi XV, il signor principe di Conti, il cancelliere Vorontsov, Tercier e Douglas, per far dare al principe, dall'imperatrice Elisabetta, il comando in capo dell'armata russa e il principato di Curlandia. Il progetto segreto del principe era, con questi due mezzi, di scivolare a poco a poco sul trono di Polonia, o su quello di Russia, sposando Elisabetta.
Dopo mille intrighi, il cavaliere Douglas ed io avemmo successo sui primi due punti che solamente avevamo svelato all'imperatrice e al suo ministro di fiducia, il conte Vorontsov. Di conseguenza, l'oggetto segreto del mio ritorno in Francia nel 1757 era di portare al principe l'assicurazione, da parte dell'imperatrice e del conte Vorontsov, per il comando dell'armata e il principato di Curlandia, cosa che ho fatto. Ma dopo numerosi incontri e scritture segrete con il principe, questi ha litigato con madame Pompadour e quando dovetti ritornare in Russia e portarvi una risposta categorica, il re non ha voluto decidere, benché il principe mi abbia fatto stare cinque giorni nascosto a Strasburgo per attendervi il suo ultimo corriere!»

Questo scontro tra la Pompadour e il principe de Conti ebbe risvolti importanti anche nelle successive vicende del cavaliere d'Éon.
A San Pietroburgo, dove rimase sino al 1760, l'uomo di Tonnerre sapeva ormai muoversi con disinvoltura, astuzia e capacità tali che in poco tempo il destino del grancancelliere Bestužev fu segnato. Il pro-

cedimento nei confronti del generale Apraksin aveva dato modo di sequestrare le sue carte, dove furono trovate concrete prove della connivenza del grancancelliere con gli inglesi e i prussiani. Il 25 febbraio 1758, Bestužev fu arrestato mentre si accingeva ad entrare in un consiglio di Stato convocato a questo scopo da Elisabetta, e successivamente deportato in Siberia. Morì nel 1766, quando già regnava Caterina II, che gli concesse di lasciare il confino e lo autorizzò a risiedere a Pietroburgo. La nuova situazione metteva in difficoltà anche la giovane corte e Pietro si premurò subito di denunciare come cospiratrice la moglie Caterina. Il subdolo e poco raccomandabile granduca, futuro zar, voleva con questa mossa distogliere l'attenzione da sé, essendo nota la sua maniacale passione per Federico II, e saggiare la possibilità di un ripudio della moglie per sposare la sua amante del momento, che altri non era se non una nipote[65] – particolarmente brutta, a detta di Caterina – del neo grancancelliere Vorontsov. Poiché Elisabetta ben conosceva la meschinità del carattere del nipote, non cadde nella maldestra trappola, anche se la posizione di Caterina ne risultò compromessa. L'esame dei documenti di Apraksin, infatti, aveva fatto emergere una compromissione della granduchessa, la cui anglofilia non era certo un mistero, che comunque non esitò a chiedere soccorso al marchese L'Hôpital. Quest'ultimo, alquanto diffidente, informò Vorontsov delle sollecitazioni di cui era oggetto e si limitò a raccomandare a Caterina la massima prudenza. Il riavvicinamento tra Elisabetta e Caterina richiese qualche mese e l'abile mediazione del conte Alessandro Šuvalov e dello stesso Vorontsov.

D'Éon poté gloriarsi di essere il vincitore di Bestužev e del partito prussiano e inglese, ma il cambio nella guida politica della Russia non apportò impulsi di rilievo all'andamento della guerra. Il rapporto epistolare tra Luigi XV ed Elisabetta si fermò a pure formalità e non ebbe alcun peso politico. L'unico passo avanti, fu l'adesione della Russia al nuovo trattato, stipulato tra Francia e Austria su stimolo del nuovo responsabile degli Affari esteri di Versailles, duca di Choiseul[66], il 30 di-

---

[65] Si trattava di Elisabetta Vorontsov, figlia di Roman Vorontsov, fratello del grancancelliere.
[66] Étienne-François, conte di Stainville poi duca di Choiseul (1719-1785). Fisicamente piccolo e brutto, leggero e frivolo nel privato, rotto all'intrigo fino al cinismo,

cembre 1758, che ne rendeva più stretta l'alleanza. La guerra stava spossando le risorse di tutti e iniziava ad aleggiare il desiderio di porre fine alle ostilità. Un piano di invasione dell'Inghilterra, lungamente preparato dallo stesso Choiseul, era stato sventato dagli inglesi che erano piombati sulle coste della Francia, bombardato Le Havre, incendiato una parte delle navi destinate al trasporto delle truppe; smacco cui si aggiunse la distruzione della flotta francese del Mediterraneo, al suo primo apparire in Atlantico. Anche la situazione dei prussiani era difficile e Federico II ormai disponeva di un esercito di 220.000 uomini ai quali il nemico ne opponeva 400.000.

Il quadro d'insieme fece ritenere a Choiseul che fosse giunto il momento opportuno per avviare una ricognizione su possibili trattative di pace, e pensò di incaricare L'Hôpital per saggiare la disponibilità di Elisabetta a prestare la sua opera di mediatrice non solo tra la Francia e l'Inghilterra ma anche tra Austria e Prussia. L'ipotesi di una Russia arbitra tra i vari contendenti non poteva, però, essere gradita a

---

con grandi capacità negli affari e assiduità nel lavoro, univa la mentalità dell'uomo di stato a quella di un capo di partito e per questo il duca di Choiseul dominò la vita politica del suo tempo. Il suo migliore campo d'azione fu la politica estera, dove portava una concezione fiera della *grandeur* francese e del ruolo di primissimo piano che la nazione doveva avere a livello internazionale. Venne nominato ambasciatore a Roma nel 1753 dove mediò in merito alle agitazioni provocate dalla resistenza giansenista alla bolla papale *Unigenitus (Dei Filius)* promulgata da Clemente XI contro l'eresia del giansenismo. Questa bolla, pubblicata il 18 settembre 1713, fu sollecitata dallo stesso Luigi XIV dopo che in nome delle *libertà galliche* ne era stata respinta una precedentemente redatta (*Universi Dominici Gregis*). I buoni risultati ottenuti da questa prima missione gli valsero, nel 1757, la nomina ad ambasciatore a Vienna, ottenuta anche grazie all'intervento di madame Pompadour, sua protettrice. Le capacità dimostrate anche in quest'incarico lo portarono alla carica di segretario di stato per gli Affari esteri dal 1758 al 1761 e poi dal 1766 al 1770. Nel 1761 assunse anche l'incarico di segretario di stato alla Guerra e alla Marina, mentre gli Affari esteri andarono a suo cugino Choiseul-Praslin. Potenziò la marina e l'armata, investì nelle colonie, in particolare a Santo Domingo e acquistò la Corsica dalla Repubblica di Genova. Nella gestione degli affari interni fu giudicato favorevolmente dagli illuministi che egli sostenne nel bandire i gesuiti. Questo atteggiamento concorse, con il sostegno che diede a La Chalotais, procuratore generale della Bretagna, contro l'imposizione di nuove tasse volute dal re, a sostenere i suoi nemici capeggiati dalla contessa di Barry, amante del re, e dal cancelliere Maupeou che così ebbero ragione di lui. Fu esiliato, nel 1770, e si ritirò nel suo castello di Chanteloup, vicino ad Amboise, dove morì.

Luigi XV, che ben sapeva quale avrebbe potuto esserne il prezzo per la sua protetta Polonia, perché certo Elisabetta non si sarebbe accontenta della gloria, ma avrebbe chiesto un compenso concreto. Entrò quindi in commedia il *Secret du Roi* e mentre Choiseul dava istruzioni in un senso all'ambasciatore, Tercier indirizzava in senso opposto d'Éon, dando voce ai desideri del re. Per d'Éon non fu difficile dissuadere lo stanco marchese L'Hôpital dal seguire quanto gli veniva chiesto dal suo ministro. L'ambasciatore non si pose il problema dell'evidente contraddizione, tanto più che furono le armi a mutare gli obiettivi della politica. Dal 23 luglio al 12 agosto 1759, la guerra ebbe una svolta inaspettata e i russi, al comando di Pietro Saltykov[67], ottennero due importanti vittorie a Kay e a Kunersdorf. Federico II fu duramente sconfitto e non si parlò più di pace, con la strada aperta verso Berlino. Solo dopo ci si accorgerà di non aver sfruttato a fondo questa sconfitta dei prussiani, che avranno così modo di riorganizzarsi, soprattutto per la mancanza di un coordinamento tra l'esercito austriaco e quello russo. Un repertorio che appare ripetitivo in ogni tempo nella storia delle coalizioni in guerra. Anni dopo, nel gennaio 1776, d'Éon scriveva a Beaumarchais: «Sono stato io che, per ordine segreto del mio capo, all'insaputa del grande Choiseul, ho fatto durare tre anni di più l'ultima guerra.» L'affermazione appare esatta e viene indirettamente confermata da una lettera che Luigi XV inviò a Breteuil, ambasciatore a Pietroburgo, il 10 settembre 1762: «Voi già sapete e lo ripeterò qui chiaramente che *l'oggetto della mia politica con la Russia è di allontanarla quanto più sarà possibile dagli affari dell'Europa*.[68]»

Il ministro Choiseul non aveva di che essere contento dell'opera svolta da L'Hôpital a Pietroburgo e aveva deciso di affiancare all'anziano ambasciatore il giovane e dinamico barone di Breteuil[69]. La

---

[67] Piotr Semionovitch Saltykov (1697-1772) ebbe la sua formazione militare anche in Francia, dove fu inviato da Pietro I, nel 1714, per apprendere l'arte marinara. A seguito delle vittorie di Kay e di Kunersdorff fu nominato feldmaresciallo e, nel 1763, governatore di Mosca, posto dal quale fu rimosso nel 1771 da Caterina II, per aver abbandonato la città in preda alla pesta bubbonica.

[68] Boutaric, *op. cit.*, tomo I, p. 283.

[69] Louis Charles Auguste Le Tonnelier barone di Breteuil (1730-1807). Fu una delle figure di maggiore rilievo nella Francia di Luigi XVI, come diplomatico e successivamente come politico. Iniziò la carriera, nel 1758, come ministro plenipotenziario

scelta, condivisa con il re, era indirizzata a ingraziarsi la giovane corte, trascurata da L'Hôpital, e si spingeva a ipotizzare di poter sostituire il ricordo di Poniatowski nel cuore della granduchessa con l'affascinante diplomatico francese. Caterina, evidentemente, godeva già a livello internazionale di una «*buona*» reputazione sessuale e morale. Le sue preferenze, comunque, si indirizzarono altrove. Luigi XV era consapevole che, almeno a San Pietroburgo, non era più possibile proseguire con la politica del doppio binario e quindi introdusse nel *Secret du Roi* il nuovo ministro plenipotenziario, pensando di affiancargli come segretario il cavaliere d'Éon. Il tutto, ovviamente, accompagnato da un generoso stipendio di tremila franchi l'anno e un'ulteriore gratifica di duecento ducati pagata direttamente dalla cassa del sovrano.

Nel corso della sua permanenza in Russia, d'Éon condusse un più che brillante tenore di vita, come si può riscontrare dalle carte sulla sua situazione finanziaria. I suoi stipendi ammontavano a 750 *livre* per trimestre, cifra esigua se messa in rapporto alle spese del nostro cavaliere. Il suo guardaroba era lussuoso e comprendeva abiti ornati d'oro e d'argento, la biancheria raffinata. Non mancavano le belle spade e

---

presso l'elettore di Colonia, dopo due anni fu inviato in Russia. Fu poi ambasciatore in Svezia, a Napoli e a Vienna ed ebbe il delicato incarico di fare da mediatore nella guerra per la successione al trono di Baviera che, dopo la morte dell'elettore palatino Carlo Teodoro, privo di eredi, opponeva la Prussia all'Austria in una contesa che si chiuse con il Trattato di Teschen, siglato il 13 maggio 1779, del quale Breteuil fu uno dei principali artefici. Nel 1780, fu sostituito a Vienna dal cardinale di Rohan, sostituzione che dà l'avvio a una marcata ostilità tra i due. Accettò quindi l'incarico di magistrato e capo militare in Andorra, per rientrare a Parigi nel 1783 ed essere nominato ministro. Si vendicò di Rohan facendolo arrestare per l'implicazione che questi aveva nello «Scandalo della collana» della regina, ma in questo sottovalutò il rancore di Maria Antonietta. Alla vigilia della Rivoluzione si oppose alla convocazione degli stati generali e consigliò a Luigi XVI drastiche misure per sedare i tumulti della metà del 1789. Venne chiamato come ministro quando fu dimissionato Jacques Necker, l'11 luglio 1789, cioè due giorni prima della presa della Bastiglia. Emigrò in Germania il 17 o 18 dello stesso mese, per poi trasferirsi in Svizzera. Dopo lo scacco della fuga del re a Varennes, fuga che aveva contribuito ad organizzare con la corte svedese, ebbe l'incarico di pacificare le relazioni tra i principi, ma in questo trovò un ostacolo insormontabile nella diffidenza dei fratelli del re, soprattutto per la sua difesa della prerogative reali. Ritornò in Francia nel 1802 e solo l'eredità lasciatagli da una cugina lo salvò dal vivere in miseria gli ultimi anni.

molte concessioni alla lettura con acquisti di casse di libri, non proprio alla portata di tutti all'epoca. Capitolo a parte meritano gli acquisti di vino. Nel maggio del 1760, fece spedire al conte Vorontsov 1.950 bottiglie di vino bianco e circa 300 di rosso; 300 bottiglie di vino bianco di Tonnerre e 120 bottiglie di champagne al barone Wissinghof. Le spese di dogana e di trasporto per questi «omaggi» ammontarono a oltre tremila *livre*. Una vita costosa e spesso d'Éon fu costretto a chiedere prestiti al marchese L'Hôpital il quale, deve essere ricordato, uscì praticamente rovinato finanziariamente dalla sua missione russa.

D'Éon, cui certo non facevano difetto l'intelligenza e l'intuito, capì che l'arrivo di Breteuil lo metteva in secondo piano e, con ogni probabilità, ne ricevette indiretta conferma dalla lettera con cui Luigi XV lo informava della partecipazione al *Secret* del nuovo ministro plenipotenziario:

«Signor d'Éon, particolari ragioni unite alla fiducia che ho nello zelo per il mio servizio e nelle capacità del barone di Breteuil, mio ministro plenipotenziario presso l'imperatrice di Russia, mi hanno consigliato di metterlo al corrente della corrispondenza segreta diretta che ho avuto sino a questo momento in Russia, sconosciuta al mio ministro degli Affari esteri e al mio ambasciatore. Egli è a conoscenza che voi siete stato ammesso a questo segreto, sia per facilitarmi la corrispondenza, sia per informarmi direttamente dei particolari che giudicherete opportuno sottopormi . . . Gli ho fatto sapere che è mia intenzione che voi restiate presso di lui in qualità di segretario per lavorare sotto i suoi ordini unicamente a questa corrispondenza segreta . . . »

Seguono le istruzioni affinché Breteuil venga informato in modo dettagliato sulla situazione della corte di San Pietroburgo e la missiva, datata 7 marzo 1760, così termina:

«Questo segno di fiducia che do al barone di Breteuil è una prova della convinzione in cui sono che eseguirà i miei ordini con tanto zelo quanta capacità. Malgrado la sincerità delle sue intenzioni, della quale non dubito, egli può tuttavia giungere a sbagliarsi sulla scelta dei mezzi per soddisfare l'oggetto delle mie prescrizioni segrete, in tal caso voi gli esporrete con deferenza il vostro parere.»

Anche se questo dimostra in quale considerazione Luigi XV tenesse d'Éon, questi non aveva alcuna intenzione di fare da tutore a un suo giovane superiore, che avrebbe sostituito con ogni probabilità di lì a poco il marchese L'Hôpital. Era giunta l'ora di porre fine alla sua permanenza in Russia, ma bisognava farlo senza urtare la suscettibilità di alcuno e, anzi, mettendo al massimo del profitto quanto compiuto.

Due anni prima, con ancora Bernis agli Affari esteri, era abilmente riuscito a declinare la richiesta che la zarina aveva fatto al suo governo di prenderlo al proprio servizio. Luigi XV, Bernis e Tercier avrebbero acconsentito di buon grado a soddisfare la richiesta di Elisabetta, cogliendo l'insperata occasione di avere un sicuro confidente a San Pietroburgo, ma d'Éon seppe molto bene argomentare il suo rifiuto.

A Tercier, primo segretario degli Affari esteri:

«Mio caro signore,
ho esposto tutte le mie ragioni al marchese L'Hôpital, non ho avuto remore. Posso dire, per l'amicizia che mi porta, che mi vedrebbe lasciarlo con dispiacere e perdendo la sua amicizia guadagnerei, interiormente, il suo disprezzo. Gli ho detto, non per delle mire politiche, ma con tutta la franchezza e la sincerità di cui un borgognone è capace, che non lascerei mai il servizio della Francia per quello di tutti gli imperatori e imperatrici dell'universo, e che *nessun motivo* è in grado di farmi cambiare il modo di pensare: né onori, né ricchezza.

Ve lo dico, signore, come lo penso, preferisco non possedere da vivere in Francia che avere centomila lire di rendita da spendere nella paura e nella schiavitù. *Regnare nolo, dum liber non sum mihi* . . . Ecco, Signore, la mia professione di fede. Sono persuaso che l'abate Bernis e voi non prenderete a male il mio modo di pensare. Se avessi un fratello bastardo lo obbligherei, ve lo assicuro, a prendere questo posto; per me che sono legittimo, sono lieto di andare a morire come un cane fedele, sul mio letame natale.

Con rispetto etc. . . ,
         Il cavaliere d'Éon.»

E al cardinale Bernis:

«Monsignore,

... Avendo l'onore di ringraziarvi delle vostre buone intenzioni e delle prospettive che voi avete su di me, vi supplico insistentemente di farmi la grazia di dimenticarmi ogniqualvolta si tratterà di una ventura che mi allontani e mi faccia abbandonare interamente la Francia.

Da quando sono a San Pietroburgo, il mio pensiero è di avere sempre la schiena girata alla Siberia, felice come sono di esserle sfuggito. Tutti i miei desideri e i miei occhi sono continuamente fissi sulla mia patria! ... »

Queste lettere dimostrano un altro aspetto del carattere del cavaliere, che è rappresentato da un patriottismo e da una fedeltà al re che non conoscono né compromessi né confini, e questa intransigenza sarà determinante nello svolgersi della sua avventura di vita. Va anche aggiunto che questo suo atteggiamento gli valse l'interessamento di Bernis presso il maresciallo Belle-Isle[70] per fargli avere il grado di capitano dei dragoni, che non mancherà di ottenere.

Due anni dopo, nel 1760, riteneva esaurita la sua missione e non voleva affrontare un altro inverno nel gelido clima del nord e per sfuggirvi fece ricorso a Poissonier, il medico francese che il re aveva inviato a San Pietroburgo su richiesta di Elisabetta, e che fu l'unico risultato concreto della corrispondenza tra i due monarchi. D'Éon era malato e, dopo averne chiesto la certificazione a Poissonier, poco dopo l'arrivo di Breteuil a San Pietroburgo, il 23 luglio 1760, così scrisse al marchese L'Hôpital:

«Vostra Eccellenza sa che da più di diciotto mesi sono più spesso malato che sano. Il dottor Poissonier mi consiglia vivamente di andare a respirare l'aria nativa per riprendere un po' di forze. Benché io non tema né la morte né i medici, e benché sia convinto che la facoltà non può spaventare i vostri segretari d'ambasciata, nondimeno sento in me un abbattimento naturale più forte di tutti i ragionamenti dei medici, che m'ammonisce di non seppellirmi un quinto inverno in Russia ... »

---

[70] Charles-Louis-Auguste Fouquet, duca di Belle-Isle (1684-1761).

L'ambasciatore si rassegnò a vedere partire il suo segretario e lo incaricò di portare a Versailles l'adesione di Elisabetta al trattato del 30 dicembre 1758 e alla convenzione marittima contro l'Inghilterra, alla quale avevano aderito anche la Svezia e la Danimarca. L'Hôpital si premurò, inoltre, di scrivere due lettere elogiative del cavaliere dirette al duca di Choiseul e al maresciallo Belle-Isle, in quel periodo segretario di Stato al dipartimento della Guerra. L'ambasciatore scrisse anche una lettera indirizzata alla madre di d'Éon, dalla quale si deduce il precario stato di salute in cui si trovava il cavaliere:

«Vi rimando, signora, un figlio degno di tutta la vostra tenerezza. Ho pensato che dovessi rendervelo affinché possiamo conservarlo per voi e per me, poiché lo amo e lo stimo molto. L'aria natale gli renderà la salute che ha perso per il lavoro e per l'aria pessima che respiriamo qui. Non ho voluto, signora, lasciar partire vostro figlio, senza darvi una prova dell'amicizia sincera e della stima che ho per lui...»[71]

D'Éon lasciò San Pietroburgo il 20 agosto 1760, dopo aver preso congedo dal cancelliere Vorontsov e dalla zarina. Elisabetta, che lo vedeva partire con un certo rimpianto, gli fece dono di una preziosa scatola adorna di diamanti, che gli fu consegnata da Vorontsov, con il quale ebbe un originale scambio di battute:
«Sono arrabbiato - gli disse il ministro - nel vedervi partire, benché il vostro primo viaggio qui, con il cavaliere Douglas, sia costato alla mia sovrana più di duecentomila uomini e quindici milioni di rubli!»
«Ne convengo, - rispose il cavaliere - ma vostra eccellenza deve anche confessare che la sua sovrana e il suo ministro hanno acquisito una reputazione e una gloria che dureranno quanto il mondo.»
Questa conversazione sull'origine e le conseguenze della guerra dei Sette anni è una prova, secondo quanto affermò il cavaliere d'Éon, del disinteresse, fino ad allora sconosciuto, con il quale Elisabetta si era alleata con la Francia.

---

[71] Archivi di Tonnerre D. 186. Lettera scritta interamente di pugno dall'ambasciatore.

D'Éon, nonostante le precarie condizioni fisiche, si gettò con precipitazione nel viaggio che doveva riportarlo in patria. Attraversò la Livonia, la Curlandia, la Polonia e l'Ungheria per arrivare a Vienna e da lì a Parigi, dove giunse febbricitante per il vaiolo. Si installò a casa del luogotenente generale d'Ons-en-Bray, in faubourg Saint-Germain, e solo verso la fine dell'anno le sue condizioni gli permisero di essere ricevuto dal re, che gli accordò un'udienza particolare.

Il frutto della sua missione a San Pietroburgo fu una pensione annuale vitalizia di duemila *livre* sul Tesoro Reale e il tanto desiderato grado di capitano dei dragoni, oltre alla fama che ormai circondava «il piccolo d'Éon».

* * * * * *

Su quest'ultimo viaggio di d'Éon in Russia rimane da fare una veloce annotazione che riguarda i suoi famosi travestimenti e riportare una interessante missiva, che fu inviata dal marchese L'Hôpital allo stesso d'Éon, dove si fa accenno alle debolezze organiche di quest'ultimo con l'ironia cui il marchese farà spesso ricorso nei suoi rapporti con il cavaliere.

«San Pietroburgo, 30 gennaio 1761

Sono sollevato, mio caro amico, dalle più mortali inquietudini, e sono adesso tranquillo sulla vostra vita.

Spero che l'irritazione del vaiolo vi abbia liberato da tutte quelle che vi prostravano, e che la *Terza Gamba*[72] vi farà alla fine meglio conoscere il piacere e le debolezze dell'amore, fosse anche coniugale!

Le lettere del *monumento se cancellate*[73] mi obbligano a partire per farle rivivere e volo verso di voi con piacere. Partirò, tuttavia, senza viaggiare di notte; così il mio volo non finirà che a maggio, non potendo partire che il 15 o il 20 di febbraio.

Penso sempre costantemente le stesse cose di quando ragionavamo insieme a San Pietroburgo. Non ho ancora intenzione di dire che voi avete avuto una pensione. Tuttavia, il duca di Choiseul mi ha dato

---

[72] In italiano nell'originale.
[73] Ignoriamo il senso di queste parole

delle speranze con la sua lettera. Potrò avere vostre notizie a Vienna, e prego M. de Sainte-Foy di farvi pervenire queste. Il vaiolo esige molta cura per la convalescenza, riguardatevi e siate al mio ritorno completamente *in forma*.

L'Hôpital»

Il riferimento alla *Terza gamba* ritornerà frequentemente nella corrispondenza del marchese con il cavaliere.

Come abbiamo accennato precedentemente, Elisabetta aveva l'abitudine, o per meglio dire il capriccio, di dare dei balli a corte dove uomini e donne dovevano presentarsi i primi in vestiti femminili e le seconde in quelli maschili. Queste serate, come è facilmente immaginabile, non riscuotevano il favore dei più di entrambi i sessi, ma probabilmente furono una ghiotta occasione per d'Éon per dare sfogo alla sua passione per il travestimento femminile. Da qui, forse, il ricordo della principessa Dachkov, che sarebbe plausibile perché riferito a questa permanenza del cavaliere in Russia, ma in questo caso resterebbe comunque da capire come l'immaginazione della principessa abbia trasformato un divertimento di corte in una situazione permanente e reale.

Alcuni autori azzardano l'ipotesi che il nostro cavaliere prendesse gli abiti femminili quando, nottetempo, si recava negli appartamenti di Elisabetta. Il che accrediterebbe la virile immagine che il buon Gaillardet dà del suo eroe, ma sarebbe in contraddizione con quanto scritto dal marchese L'Hôpital, che in Russia era stato a stretto contatto con il cavaliere.

L'enigma non trova una soluzione certa, ma solo congetture per le quali non vi è alcuna inconfutabile conferma documentale.

CAPITOLO IV

Capitano dei dragoni

Nel lasciare la corte di Russia, d'Éon si era procurato una lettera di raccomandazione del marchese L'Hôpital indirizzata al maresciallo Belle-Isle, segretario di Stato al Dipartimento della Guerra, per perorare la sua assegnazione al comando di una compagnia di dragoni, perché il grado di capitano, concessogli dal re, non fosse solo una formale riconoscenza onorifica. La Guerra dei Sette anni era ancora in pieno svolgimento, come sappiamo anche grazie al nostro cavaliere, che voleva ricalcare le orme di quanto fatto, due anni prima, dal suo capo nella diplomazia segreta, il conte Broglie, che aveva chiesto al re di riprendere servizio nell'armata a fianco del fratello maresciallo[74].

La lettera del marchese è un perfetto esempio di esaltazione delle doti del raccomandato:

Da San Pietroburgo, il 23 agosto 1760.

Monsignore e mio Capo,
Ho l'onore di sottoporre alla vostra attenzione M. d'Éon. La sua alquanto cagionevole salute deperisce ogni giorno e l'ha obbligato a chiedermi di ritornare in Francia. I suoi medici gli hanno detto che solo l'aria natale potrà evitargli la morte, di cui lo minacciano se resterà ancora a lungo qui, in questo rigido clima. Non posso abbastanza, Monsignore, rendervi conto del suo merito, del suo lavoro, della sua probità e della riconoscenza rispettosa che conserva per voi. M. d'Éon, che è nato con sentimenti elevati e di valore, sembrava destinato a seguire la carriera militare. Quando venne qui era luogotenente dei dragoni, in seguito gli avete accordato il grado di capitano nel Colonnello-Generale dei dragoni. Egli desidera fortemente poter essere capitano effettivo prendendo una compagnia. Il soggetto è eccellente, dovreste ricordarvi, Monsignor Maresciallo, che nel 1757 vi ha portato

---

[74] Victor-François duca di Broglie (1718-1804) ebbe i gradi di maresciallo di Francia e feldmaresciallo di Russia.

il trattato e la relazione della battaglia sotto Praga con una gamba rotta e con una premura che vi meravigliò. Voi amate i soggetti di questa tempra, così come coronare la vostra opera. L'incarico lo ha esaurito e d'ora in avanti una vita attiva può ugualmente soddisfare il suo gusto per la guerra e rendergli la salute che ha perduto per il suo lavoro e una vita troppo sedentaria. Vi supplico dunque, Monsignore, di proseguire nella vostra protezione di M. d'Éon. Farete così la sua fortuna e gli conserverete la vita. D'Éon non farà mai disonore ai suoi protettori. Vi offrirà tutti i suoi servizi allorquando sarà stato a Tonnerre e la sua salute sarà ristabilita. È minacciato da un deperimento totale: ma spero che riprenderà le forze viaggiando e nella misura in cui si avvicinerà alla Francia.

Solo nel mese di febbraio del 1761, rimessosi completamente dalla malattia, il cavaliere poté chiedere al duca di Choiseul, ministro della Guerra, «di permettergli di servire nel corso della prossima campagna in qualità di aiutante di campo di M. il maresciallo e di M. il conte Broglie nell'armata dell'Alto Reno e di accordargli un lasciapassare al seguito del reggimento d'Autichamp-Dragons che serve nella stessa armata, essendo il reggimento del Colonel-Géneral quell'anno impiegato sulle coste». Per completare l'assegnazione di d'Éon al reggimento richiesto era necessaria l'approvazione di Luigi XV, del quale il cavaliere rimaneva l'agente segreto. Così il conte Broglie interpellò il sovrano e ne ricevette la seguente risposta:

«Marly, 31 maggio 1761.

. . . Non so se abbiamo al momento bisogno del signor d'Éon, pertanto potete prenderlo come aiutante di campo, tanto più che così sapremo dove trovarlo se ne avremo necessità.»[75]

D'Éon fu immediatamente nominato[76] e partì senza indugio per l'armata e, da buon diplomatico e uomo di mondo, non mancò di in-

---

[75] Boutaric, *Correspondance secrète de Louis XV*, tomo I, p. 265.
[76] La lettera di Luigi XV con la quale viene assegnato al reggimento d'Autichamp, con lo stipendio di 600 *livre* all'anno, è datata 18 maggio 1761.

formare della sua partenza i comandanti del reggimento presso il quale fino a quel momento era stato formalmente aggregato, con i quali intratteneva ottime relazioni, benché non avesse mai condiviso alcunché della vita militare. Si trattava del duca di Chevreuse, colonnello generale dei dragoni, e del marchese di Caraman, colonnello comandante del Colonel-Géneral-Dragons.

Il capitano d'Éon raggiunge velocemente la sua destinazione ed è subito impiegato in azione, dove dimostra un coraggio e una capacità non comuni per un uomo che fino a quel momento non aveva mai visto un campo di battaglia e con una complessione fisica esile e più simile a quella di una donna che non a un rude soldato. A Höxter fu incaricato dell'evacuazione delle polveri da sparo e degli effetti personali del re che erano rimasti in quel luogo. Caricò il tutto su battelli che erano rimasti sul Weser e, sotto il fuoco nemico, attraversò più volte il fiume. Poco tempo dopo, in uno scontro che ebbe luogo nei pressi di Soest[77], fu ferito alla testa e a una coscia. Il 7 novembre 1761, alla testa dei granatieri di Champagne e degli Svizzeri, attaccò un raggruppamento di scozzesi, che si erano imboscati nelle gole delle montagne vicine al campo di Himbeck e, dopo averli stanati, li inseguì sino al campo degli inglesi. Infine, a Osterwick, prese il comando di un piccolo distaccamento di poco più di cento dragoni e ussari e con questi caricò con veemenza il battaglione di prussiano di Rhées che, stabilitosi vicino a Wolfenbüttel, tagliava le comunicazioni dell'armata francese. Il suo attacco fu così deciso che il nemico si sbandò, abbassò le armi e d'Éon poté fare quasi ottocento prigionieri. Quest'azione improvvisa consentì al principe Xavier di Sassonia di far avanzare le sue truppe e di impadronirsi di Wolfenbüttel.

Tutti questi fatti d'arme, che d'Éon raccontava con soddisfazione e una certa vanitosa compiacenza sono, questa volta, certificati da un attestato che egli si fece rilasciare, lasciando l'armata, dal maresciallo e dal conte Broglie:

«Victor-François, duca di Broglie, principe del Santo Impero, maresciallo di Francia, cavaliere dell'Ordine del Re, comandante in Alsazia,

---

[77] Höxter e Soest si trovano nella Renania Settentrionale-Vestfalia.

governatore della città e del castello di Béthune e comandante dell'armata francese dell'Alto Reno;

E Charles, conte di Broglie, cavaliere dell'Ordine del Re, luogotenente generale delle sue armate e maresciallo generale d'alloggio di quelle dell'Alto Reno;

Noi certifichiamo che M. d'Éon de Beaumont, capitano al reggimento d'Autichamp-Dragons, ha fatto l'ultima campagna con noi in qualità di aiutante di campo; che nel corso di questa campagna l'abbiamo spesso incaricato di andare a portare gli ordini del generale e che in numerose occasioni egli ha dato prove della più grande intelligenza e del più grande valore, in particolare a Höxter eseguendo, in presenza e sotto il fuoco del nemico, la pericolosa missione dell'evacuazione delle polveri e altri effetti del Re; nella ricognizione e nel combattimento nei pressi di Ultrop, dove è stato ferito alla testa e alla coscia, e presso Osterwick dove, essendosi trovato secondo capitano di una truppa di ottanta dragoni, agli ordini di M. de Saint-Victor, comandante i volontari dell'armata, essi caricarono così opportunamente e con tale risolutezza il battaglione franco prussiano di Rhées, che fecero prigionieri di guerra, malgrado la grande superiorità del nemico; in fede di che noi abbiamo rilasciato il presente certificato, firmato di nostro pugno e vi abbiamo fatto apporre il sigillo delle nostre armi.

Fatto a Cassel, il 24 dicembre 1761.
Firmato: Il Maresciallo duca di Broglie
Il conte di Broglie

D'Éon pubblicò il testo di questo certificato, il cui originale andò perduto, nel 1764, quando si trovava a Londra, ancora viventi i due firmatari e non vi è pertanto motivo di dubbio sulla sua autenticità.

Nella sua parentesi militare il cavaliere ebbe modo di incontrare il personaggio che condizionerà tutta la sua vita successiva e, in pratica, sarà la causa della sua rovina. Parliamo del conte di Guerchy, futuro ambasciatore di Francia in Inghilterra, che all'epoca di cui si tratta era luogotenente generale nell'armata del maresciallo Broglie. Il fatto si svolse il 19 agosto del 1761, giorno in cui l'armata francese stava eseguendo il passaggio del Weser a sud di Höxter: il capitano d'Éon viene incaricato dal suo comandante di portare a Guerchy il seguente ordine:

Ordine del generale.

Il Maresciallo prega il conte di Guerchy di fare prendere immediatamente da tutte le brigate di fanteria che sono sulla riva destra del Weser quattrocentomila cartucce che vi si trovano, che un magazziniere di artiglieria farà loro distribuire, nel luogo in cui M. d'Éon latore di questo biglietto li condurrà.

Fatto a Höxter, il 19 agosto 1761
Firmato: Il conte di Broglie

P.S. Sarebbe opportuno che andasse immediatamente un ufficiale maggiore con M. d'Éon, per fare questa distribuzione alle truppe sotto i vostri ordini.

L'esecuzione di quest'ordine fu una delle mille questioni che, tre anni dopo, entrarono nella furibonda lotta che si scatenò tra il conte e il cavaliere, a Londra. Secondo quanto affermato da d'Éon, Guerchy si accontentò di mettere l'ordine in tasca dicendogli: «Signore, se avete delle polveri, non avete che da farle portare al parco dell'artiglieria, lo troverete a un mezzo miglio da qui». Il giovane aiutante di campo, stando al suo racconto, dovette rincorrere al galoppo il luogotenente generale per riprendergli l'ordine e farsi personalmente carico della sua esecuzione. Questa versione non piacque certo a Guerchy, che la definì come pura invenzione, e probabilmente non aveva tutti i torti conoscendo la capacità drammaturgica del nostro cavaliere nel raccontare gli episodi della propria vita. È comunque significativo come già dal primo incontro i due personaggi ebbero probabilmente di che detestarsi.

All'inizio del 1761, deceduto Belle-Isle in gennaio, il ministero della Guerra venne affidato al duca di Choiseul, che lo ereditò in un momento non del tutto propizio per le armi francesi. In Germania, Broglie e Soubise[78] si dividevano il comando e attendevano la primavera per riprendere le operazioni; in India, Pondicherry, assediata dal marzo 1760 da un contingente di 4.000 inglesi e 10.000 sepoy[79], capitolò nel gennaio del 1761; qualche giorno dopo anche Mahè sarà in mano inglese; gli ultimi possedimenti francesi erano persi e la marina ormai ridotta a ben poca cosa. Un piccolo aneddoto ben racconta quale era lo stato d'animo della Francia.

A Versailles, Luigi XV riceveva il pittore Maurice Quentin de La Tour[80] che gli stava facendo il ritratto.

«Che si dice a Parigi?» Chiese il re.

«Sire – rispose La Tour – il popolo è scontento. Si dice che gli affari pubblici vadano male.»

«Potranno, credo, ristabilirsi», rispose il re.

«Come potete dirlo? – rispose il pittore inalberandosi – Non abbiamo più marina!»

«Nessuna marina? Ma signore, voi dimenticate quella del vostro collega Joseph Vernet!», fu la risposta del re, risposta che poteva essere una brillante, seppur triste, battuta sulla bocca di qualcun altro, ma che detta dal sovrano appariva più che altro sinistra[81].

Nel dicembre del 1761, d'Éon dovette lasciare i campi di battaglia, che tanto gli piacevano e soddisfacevano la sua costante necessità di mettersi in mostra, anche a rischio della vita, richiamato a Parigi da un ordine del ministero. Si pensava di inviarlo, ancora una volta, in Russia come ambasciatore, perché era ormai considerato il miglior conoscitore della corte di San Pietroburgo e della stessa imperatrice Elisabetta. Gli anni di apprendistato e i risultati conseguiti non erano

---

[78] Charles de Rohan, duca di Rohan-Rohan, principe di Soubise, conte di Saint-Pol (1715-1787). Fece una brillante carriera militare e fu maresciallo di Francia. Nella Guerra dei Sette anni comandò l'"armata del Reno e sconfisse Brunswick a Johannisberg nel 1762, ma dovette comunque abbandonare l'Assia.

[79] Sepoy sono i soldati nativi dell'India al comando di ufficiali inglesi.

[80] Maurice Quentin Delatour (1704-1788) fu un famoso ritrattista.

[81] Claude Joseph Vernet (1714-1789) fu un pittore paesaggista che visse a Roma per vent'anni. Fu richiamato in patria dallo stesso Luigi XV che gli commissionò 24 viste di altrettanti porti francesi, delle quali ne furono realizzate 15, che sono autentiche testimonianze della vita portuale e marinara dell'epoca. (L'aneddoto è riportato da Decker, *op. cit.*)

trascorsi invano e un avanzamento di carriera si prospettava all'ambizioso cavaliere. Ma non doveva andare secondo i suoi desideri. Agli inizi del 1762, alcuni accadimenti mutarono il suo destino: Elisabetta morì e salì al trono, anche se per poco, il successore predestinato Pietro III, che non perse tempo a cambiare fronte di alleanze, dando libero sfogo alla sua adorazione per Federico II; i Broglie, divenuti invisi alla Pompadour, caddero improvvisamente in disgrazia e furono mandati in una sorta di esilio in Normandia, allora una regione pressoché selvaggia; la Guerra dei Sette anni aveva esaurito la sua ragion d'essere e si iniziavano le trattative di pace con l'Inghilterra. La morte di Elisabetta di Russia rendeva superfluo un cambio a San Pietroburgo, dove si decise di lasciare il duca di Breteuil. La disgrazia della famiglia Broglie era da mettersi in relazione con la ossessiva ricerca della Pompadour di scoprire le fila del *Secret du Roi* e alla palese e costante incapacità di Luigi di tenere a freno il desiderio di potere della sua amante. Quest'esilio, tuttavia, non interruppe i rapporti del conte Broglie con il re, né la sua attività nel *Secret du Roi*. La prima preoccupazione di Tercier, che aveva perso il suo posto al ministero degli Affari esteri ma conservata la sua funzione nel *Secret*, fu infatti quella di organizzare in modo sicuro la corrispondenza tra Luigi XV e il conte esiliato nei suoi lontani possedimenti. L'utilizzo di specifici messaggeri era fuori questione, perché potevano essere fermati e perquisiti a tutte le barriere. La via più sicura apparve quella di utilizzare il servizio postale e a questo fine fu informato e introdotto nel *Secret* il direttore Janelle, al quale fu data la disposizione di lasciar circolare, senza aprirli e senza permettere che altri li aprissero, tutti i plichi che recavano un indirizzo convenuto. Tutto questo a dispetto di qualunque ordine potesse ricevere dal duca di Choiseul. L'indirizzo era quello di un ex capitano di artiglieria, di nome Montaut, che abitava a due leghe dal castello dei Broglie. Il più delle volte questa corrispondenza era cifrata e, allo scopo di aiutare Tercier nella trascrizione dei dispacci, il conte aveva lasciato a Parigi il suo segretario particolare, Drouet.

La Guerra dei Sette anni aveva spossato le forze di un po' tutti i contendenti, ma soprattutto della Francia, che ormai aspiravano alla pace. La Russia di Pietro III aveva di fatto abbandonato il campo dell'alleanza franco-austriaca, la stessa Austria si era fortemente indebolita, il recente accordo con la Spagna, voluto da Choiseul, non aveva portato alcunché di positivo alla Francia che aveva perso, sotto le armi inglesi, il Canada, le Indie, Grenada, il Senegal, la Martinica, Saint-Lucie e Tobago. Per Luigi XV era tempo di pensare seriamente di porre fine a questa guerra impossibile da vincere e costosissima. Secondo Gaillardet, in questo caso bisogna dargli fede, sette anni di alleanza con l'Austria erano costati alla Francia quanto due secoli di ostilità con essa.

CAPITOLO V

A Londra per la pace

Nell'ottobre del 1760, era improvvisamente morto re Giorgio II e questo avrebbe determinato, dopo pochi mesi, la caduta di Pitt e dei liberali, cioè dei fautori della guerra ad oltranza. Salito al trono Giorgio III[82] furono chiamati al governo i conservatori di lord Bute[83], convinto assertore della pace. La posizione di Pitt, che voleva continuare la guerra sino all'esaurimento della Francia, appariva ormai alquanto precaria. In realtà, aveva distrutto la potenza francese in India e nell'America del Nord, e occupato i suoi possedimenti nelle Indie occidentali. Pitt, tuttavia, era fermamente convinto della necessità di battere definitivamente la Francia sul continente, perché se così non fosse stato tutto sarebbe stato precario e si sarebbero poste le condizioni di un altro futuro conflitto; da questo, la necessità di proseguire nell'aiuto a Federico II e al suo esercito. L'opinione pubblica, ma anche molti dei suoi stessi colleghi, ormai erano, invece, preda di un generale senso di stanchezza anche perché, come afferma Churchill, «dubitavano in perfetta sincerità e patriottismo della saggezza di continuare una guerra dalla quale la Gran Bretagna aveva ottenuto più di quanto potesse conservare[84]». La scelta del negoziatore francese della pace cadde su un diplomatico esperto, il duca di Nivernais[85], che ave-

---

[82] Giorgio Guglielmo Federico di Hannover (1738-1820), regnò dal 1760 al 1820. Fu il primo regnante della casa di Hannover ad essere nato in Inghilterra e ad avere l'inglese come lingua madre. Dopo pochi anni dall'ascesa al trono iniziò a dare segni di squilibrio mentale, squilibri che andarono sempre più aggravandosi negli anni, con un definitivo crollo che si ebbe nel 1811, quando il figlio Giorgio Augusto Federico, principe di Galles (1762-1830) prese di fatto le redini del governo sino alla morte del padre, per poi regnare come Giorgio IV.

[83] John Stuart, 3° conte di Bute (1713-1792), fu primo ministro dal 1762 al 1763, per circa un anno. I suoi rapporti con Giorgio III andarono deteriorandosi abbastanza presto e si ritirò nella sua residenza nell'Hampshire per dedicarsi agli studi di botanica.

[84] Winston S. Churchill, *Storia dei popoli di lingua inglese*, Vol. III, *L'età della rivoluzione*, 2003, Rizzoli, Milano,

[85] Louis-Jules Mancini-Mazarini 3° e ultimo duca di Nevers, detto di Nivernais

va già egregiamente servito a Roma e a Berlino. Nivernais, volto affilato, corporatura magra, un sorriso sardonico sulle labbra, era anche nell'aspetto un perfetto nobile del '700, e come tale fu anche poeta e autore drammatico. Come segretario dell'ambasciatore fu scelto il cavaliere d'Éon, che aveva già conosciuto il duca nel salotto della contessa Rochefort. Infatti, il vedovo Nivernais faceva visita alla vedova Rochefort quasi ogni sera, il che fece dire a un comune amico che sarebbe stato più semplice e comodo sposarla. «Ci ho pensato più volte – rispose il duca – ma una cosa mi blocca: in quel caso dove passerei le mie serate?[86]» Questa risposta, nel perfetto stile di un'epoca e di un contesto sociale in cui la fedeltà non era nemmeno presa in considerazione, è la migliore dimostrazione di quanto il diplomatico appartenesse al suo tempo. Benché i due emissari di Versailles si conoscessero non mancò una bonaria raccomandazione a favore di d'Éon da parte del duca di Brissac[87]: «Vi raccomando il signor d'Éon; mio figlio mi ha detto che è un vero dragone tanto in battaglia che alla scrivania».

L'11 settembre 1762, il duca e il suo segretario partirono alla volta di Londra. D'Éon, che aveva sperato in un incarico da ambasciatore a San Pietroburgo, era tutt'altro che felice di prendere parte a questa seppur importante missione diplomatica. Il suo stato d'animo lo pos-

---

(1716-1798) aveva fatto le sue prime esperienze d'armi in Italia, all'età di diciotto anni, sotto gli ordini del maresciallo de Villars. Divenuto colonnello del reggimento di Limousin, prese parte alle campagne di Boemia (1742) e di Baviera (1743), ma la sua fragile salute lo costrinse ad abbandonare l'armata. Eletto all'Académie Française e all'Académie des Inscriptions et des Belles-Lettres, si diede con successo alla diplomazia. Fu ambasciatore a Roma (1748-1752), a Berlino (1756), a Londra (1762-1763) e lasciò sempre il ricordo di un gran signore istruito e intelligente. Nel 1769 rinunciò alla politica per rientrarvi, su richiesta di Luigi XVI, nel 1787, come ministro di Stato nel gabinetto Necker. Si rifiutò di emigrare nel 1791. Fu arrestato il 13 settembre 1793 e perse ogni suo avere. Riguadagnò la libertà solo dopo il 9 termidoro (27 luglio 1794).

[86] Nivernais finì comunque con lo sposare Marie-Thérèse de Brancas contessa di Rochefort nel 1782, la quale però morì qualche mese più tardi.

[87] Jean Paul Timoléon de Cossé-Brissac, duca di Brissac (1698-1784) fu maresciallo di Francia e abile generale di cui si ricorda il notevole coraggio dimostrato, tra l'altro, nella battaglia di Minden (1° agosto 1759) dove oppose una durissima resistenza al vittorioso esercito anglo-prussiano. Il figlio di cui fa menzione è Louis Hercule de Cossé-Brissac (1734-1792) assassinato da una banda di esaltati mentre veniva trasportato alla prigione di Versailles per essere giudicato dai rivoluzionari.

siamo dedurre da un *Nota per il mio Colonnello*, indirizzata appunto al marchese D'Autichamp, comandante dell'omonimo reggimento, che il cavaliere pubblicò a Londra, due anni più tardi, in un libro che fece apparire contro Guerchy:

Nota per il mio Colonnello

Sono partito da Kassel, come voi sapete, mio caro Colonnello, alla fine di dicembre 1761 con i Signori maresciallo e conte Broglie per andare a Parigi, perché si trattava allora di rimandarmi in Russia per la quarta volta[88]. Ma Dio che tiene nel cavo della sua mano il destino degli imperatori, dei generali e dei capitani dei dragoni, che alza e rovescia i quattro globi del mondo con la stessa facilità con cui un bambino fa volare in aria delle bolle di sapone, questo grande Dio non fece che soffiare e subito una violenta colica emorroidale cadde al nord sulla testa di Pietro III e lo fece precipitare nella tomba. In occidente un ordine del re, alquanto infausto per la Francia, cadde sulla casa dei Broglie, e il solo grande generale dei Galli fu in piena guerra relegato in Normandia, la legione britannica fece fuochi di gioia e tutta Albione danzò come un montone.

In quel periodo il barone di Breteuil, che non era ancora giunto a Varsavia, ebbe ordine di ritornare a Pietroburgo ed io fui trattenuto a Parigi e a Versailles per andare a lavorare a Londra sotto gli ordini del duca di Nivernais alla grande opera della pace. Se fossi stato profeta, mio caro Colonnello, avrei cento volte preferito il distaccamento di Göttingen, dove il maresciallo desiderava mandarmi per l'acquartieramento d'inverno, avrei cento volte preferito essermi fatto uccidere nei dintorni dei suoi bastioni con il nostro amico dei Lari e i suoi bravi volontari.»[89]

Il rimpianto manifestato non è unicamente frutto della lite che lo impegnava e lo avrebbe impegnato in modo definitivo con Guerchy, ma soprattutto della mancata nomina ad ambasciatore a San Pie-

---

[88] « ... per la quarta volta» significa dare per avvenuto il primo viaggio con il travestimento di Lia de Beaumont.

[89] *Lettres, mémoires et négociations*, Londra, 1764, III³ parte, p. 33.

troburgo. Ulteriore conferma la fornisce lo stesso duca di Nivernais, che prima di rientrare in Francia, a missione conclusa, desiderava assicurare la futura carriera del suo protetto e non cessava di ricordare al duca di Praslin la promessa fatta a d'Éon all'epoca della sua partenza per Londra. «Il piccolo d'Éon – scriveva il duca – non è venuto a Londra con piacere se non nella speranza di ritornarsene con me in Francia per essere in seguito messo da voi in qualità di Residente o di ministro e non di segretario, essendo un po' stanco di esserlo da così tanto tempo e con tante diverse persone.» Il duca non mancava di aggiungere quali erano le aspirazioni del cavaliere, che ottenendo la qualifica di Residente presso il futuro ambasciatore, il conte di Guerchy, «sarebbe qui più considerato e pertanto più utile e più contento, perché avrebbe la certezza uscendo da qui di essere collocato in altro posto, ivi compreso quello di Pietroburgo per il quale ha sempre un debole.[90]»

I due inviati francesi giunsero a Londra il 14 settembre e presero alloggio presso una certa madame de Pontis dove, scriveva il duca, «si stabilirono assai comodamente». Nivernais, consapevole dell'ingrato compito che lo attendeva, non perse tempo e subito si recò a incontrare il primo ministro, lord Bute, e il segretario di Stato, lord Egremont[91], per dare inizio ai colloqui. Come sempre avviene, le trattative proseguirono nell'alternarsi di momenti di accelerazione e periodi di stallo, durante i quali le parti cercavano di trovare nuovi spunti di convergenza per proseguire. Il duca e il cavaliere d'Éon lavoravano in perfetta sintonia. Il primo era attivo nelle trattative dirette, il secondo come alacre redattore di rapporti e di memorie, non meno utili per il lavoro da svolgere. Ma la poca esposizione di d'Éon non aveva certo attenuato il suo spirito avventuroso e un po' guascone. Una sera, dopo una giornata di colloqui che aveva visto le due parti in disaccordo, il sottosegretario di Stato, Wood, si recò a casa di Nivernais per cercare una possibilità di accordo su alcuni punti in discussione. L'improvvido inglese ebbe l'ingenuità di dire che la sua borsa conteneva le istruzioni del suo governo per l'ambasciatore di San Giacomo

---

[90] Il duca di Nivernais al duca di Praslin, 17 gennaio 1763, in *Lettres, Mémoires et Négociations particulières du chevalier d'Éon . . .* , II ͣ parte, p.20-21.
[91] Charles Wyndham, secondo conte di Egremont (1710-1763).

a Parigi, il duca di Bedford[92]. Nivernais e d'Éon si intesero con una rapida occhiata. Il segretario ben conosceva le abitudini di Wood, che molto amava il vino francese e la buona tavola, e subito fece accomodare l'ospite in un'altra stanza, gli servì del vino di Borgogna e lo lasciò in conversazione con il duca. D'Éon si precipitò dove era stata lasciata avventatamente incustodita la cartella del sottosegretario, ne estrasse la documentazione ed ebbe modo di copiarla interamente. Con la rapidità che già lo aveva distinto in altre occasioni, riuscì a far arrivare a Parigi la copia delle disposizioni del governo inglese per il proprio ambasciatore, con ventiquattro ore di anticipo sul messaggero inglese. Quando il duca di Bedford si presentò davanti a Choiseul e a Praslin non riuscì a ottenere alcunché di quanto sperato perché le argomentazioni addotte dai due francesi, preparati dal messaggio di d'Éon, risultarono ben motivate.

La collaborazione con d'Éon fu più che soddisfacente per il duca di Nivernais che certo non era avaro di elogi nei confronti del suo collaboratore. «Non saprei dirvi abbastanza del suo zelo, della sua dolcezza, del suo attivismo», scriveva a Choiseul[93]. E al duca di Praslin: «È molto attivo, molto accorto e molto discreto, non è mai curioso né petulante e pertanto non si può avere alcun sospetto né diffidenza[94].»

Con analogo entusiasmo d'Éon descriveva il suo capo:

«La franchezza e l'allegria sono le caratteristiche principali di questo ministro che, in tutti i luoghi e ambasciate che ha avuto, vi è sempre apparso come Anacreonte, coronato di rose e che canta i piaceri nel mezzo dei più faticosi lavori. Ama lasciarsi andare all'ozio, nondimeno lavora come se non potesse vivere nel riposo, e si dedica a quella vita agiata e sfaccendata appena si sente libero. Il suo naturale opportunismo e il suo felice brio, la sua saggezza e il suo attivismo nei

---

[92] Lord John Russell, IV° duca di Bedford (1710-1771) fu eletto alla Camera dei Lords nel partito whig, in opposizione al primo ministro Walpole. Fu poi Primo Lord dell'Ammiragliato e, nel novembre del 1756, divenne Lord luogotenente d'Irlanda, incarico da cui si dimise nel 1761. Era, con Bute, sostenitore della necessità di concludere la Guerra dei Sette Anni e per questo fu inviato come negoziatore a Parigi, nel 1761.

[93] Il duca di Nivernais a Choiseul, 2 ottobre 1762, in *Lettres, Mémoires et Négociations particulières du chevalier d'Éon...*, II[a] parte, p. 4.

[94] Il duca di Nivernais a Praslin 24 novembre 1762, *ibid.* p.5.

grandi affari, non gli permettono di avere alcuna inquietudine per la testa, *né rughe sulla fronte*. Benché sia necessario aver vissuto molto con un ministro per descrivere il suo carattere, per dire quale grado di coraggio e di debolezza c'è nel carattere, a che punto sia prudente o furbo, posso oggi dire che M*** è fine e penetrante, senza malizia e senza astuzia. È poco sensibile all'odio e all'amicizia, anche se in alcune occasioni può sembrare interamente posseduto dall'uno e dall'altra. Poiché da una parte, è separato dalla moglie, la odia e non le fa alcun male; dall'altra, ha un'amante, la ama e non le fa un gran bene. In concluconclusione, è certamente uno dei più allegri e amabili ministri d'Europa.»

Al di là di questi reciproci attestati di stima, vi è da dire che i due emissari francesi seppero condurre e portare a termine il loro ingrato compito con notevole capacità e in tempi brevi. Gli accordi preliminari furono firmati a Fontainebleau nell'ottobre del 1762 e la pace definitiva, che prese il nome di Pace di Parigi, fu ratificata il 10 febbraio del 1763. La posizione della Francia, che di fatto usciva perdente dal lungo e logorante conflitto, ne risultava fortemente compromessa, soprattutto nelle colonie. Il trattato prevedeva, per quanto relativo all'Europa, la restituzione di Minorca, che era stata presa agli inglesi nell'estate del 1756; l'evacuazione dei territori inglesi in Germania e, specificatamente, dell'Hannover, che era proprietà personale del re Giorgio III, mentre la Gran Bretagna rendeva Belle-Île alla Francia, alla quale l'aveva strappata nel 1761. La clausola più umiliante fu, comunque, quella che prevedeva l'interramento del porto di Dunkerque, sotto la sorveglianza di ispettori inglesi. Alquanto punitive furono le concessioni che la Francia dovette subire in America: la Gran Bretagna ottenne l'Île-Royal, l'Isle Saint-Jean, l'Acadia[95] e il Canada, ivi compreso il bacino dei Grandi Laghi e la riva sinistra del Mississippi; inoltre, la Francia dovette abbandonare alcune isole delle Antille (Saint-Vincent, Dominica, Grenada e Tobago); in base alla Capitolazione di Montreal, avvenuta l'8 settembre del 1760 ad opera delle truppe anglo americane, la Francia cedette alla Gran Bretagna il Canada con tutti i

---

[95] L'Acadia (Acadie, in francese) si trova in America settentrionale sulla costa dell'Oceano Atlantico e comprende le province marittime del Canada (Nuova Scozia, Nuovo Brunswick e Isola del Principe Edoardo) e anche una parte del Québec.

territori dipendenti e questa garantì una limitata libertà religiosa ai canadesi; la Spagna ricevette la Louisiana, il delta del Mississippi e la Nouvelle Orléans, mentre dovette cedere alla Gran Bretagna la Florida; la Francia conservò i diritti di pesca a Terranova e nel golfo di San Lorenzo; in cambio, acquisisce Saint-Pierre-et-Miquelon e recupera la maggior parte delle sue isole con le coltivazioni di zucchero (Martinica, Guadalupe e Santo Domingo). Nel resto del mondo la Francia cede agli inglesi il suo impero nelle Indie, mantenendo unicamente le sue agenzie a Pondicherry, Kârikâl, Mahé, Yanaon e Chandemagor. In Africa dovette cedere Saint-Louis del Senegal. In breve, la Gran Bretagna gettò le basi del suo successivo predominio mondiale, anche di carattere linguistico e culturale, mentre la Francia perse il suo primo impero coloniale. Tra coloro che videro con lucidità quanto accaduto vi fu la Pompadour, che confidò al suo amico Bernis: «Questa pace non è né fortunata né buona, ma bisognava farla, e noi siamo convinti che il re d'Inghilterra non conserverà per molto tempo i suoi possedimenti in America. Ciò sarà la nostra rivincita, e abbiamo preso i nostri provvedimenti per avere, in quel momento, la potenza marittima che ci è mancata.[96]» Si può affermare che l'amante del re previde la Guerra di Indipendenza americana.

Cinque giorni dopo questo trattato, il 15 febbraio, veniva firmato quello di Hubertsburg, tra Federico II e Maria Teresa d'Austria, che poneva termine alla terza guerra di Slesia e in base al quale la Prussia manteneva questo territorio, ma doveva rendere all'Austria la Sassonia.

Il duca di Nivernais non mancava di manifestare la sua soddisfazione per il lavoro svolto da d'Éon, al punto di chiedere al duca di Praslin che fosse il suo segretario a portare il trattato a Luigi XV. Praslin non mancò di rimarcare l'anomalia di una simile missione affidata ad un semplice segretario, ma Nivernais ebbe la meglio e Giorgio III ricevette d'Éon per affidargli il trattato firmato di suo pugno da portare al «cugino» di Francia. Il cavaliere partì per Versailles, il 23 febbraio, portando anche una lettera del duca di Nivernais per il duca di Choiseul: «Voi sapete, Signor duca, che vi è l'usanza di ricompensare

---

[96] Michel de Decker, *Madame le chevalier d'Éon*, Libraire Académique Perrin, Parigi, 1987, p. 90.

magnificamente coloro che sono incaricati di commissioni come quella di d'Éon; ma egli è troppo disinteressato per avere una simile prospettiva. So che voi lo conoscete e l'amate da molto tempo. Egli è degno della vostra protezione per i suoi servizi e per il sincero attaccamento che ha per voi. Soddisfereste pienamente i suoi desideri procurandogli la croce di San Luigi o il brevetto di colonnello al seguito del suo reggimento, poiché egli è sempre nel cuore anche il militare che conoscete ed è provvisto di certificati alquanto onorevoli e di distinzione in relazione ai suoi servizi in guerra. Ma, del resto, qualunque cosa giudichiate opportuna di fare per lui, vi posso assicurare che ne sarà contento; solamente devo, per la pace della mia coscienza, dirvi che indipendentemente da tutto ciò che egli vale, d'altro canto, il lavoro prodigioso che ha fatto sotto i miei occhi da quando sono qui, con uno zelo e un'intelligenza infinita, lo rende suscettibile di qualche eclatante favore del re in questa occasione.[97]»

D'Éon giunse a Parigi il 26 febbraio e, ancora una volta, la sua missione di messaggero fu ampiamente premiata con una gratifica di 6.000 *livre* e con l'agognata croce di San Luigi. Nell'apprendere che il cavaliere aveva ricevuto questa decorazione, il buon L'Hôpital non poté fare a meno di complimentarsi: «Eccovi cavaliere di San Luigi, mio caro d'Éon! Mi felicito con voi di tutto cuore ... Andate e marciate sulle tracce dei prodi paladini dei buoni vecchi tempi; erano dei rudi avversari e voi siete adatto per tenere loro testa nei campi della politica o sui campi di battaglia. Voi avete lo spirito e le braccia ferme. Non c'è che una cosa che mi inquieta, è la *terza gamba* ... » Rammentare quella imbarazzante deficienza fisica era, evidentemente, una tentazione alla quale L' Hôpital non sapeva resistere.

D'Éon avrebbe dovuto ritornare pressoché subito a Londra, da dove Nivernais aveva già chiesto di essere sostituito per la sua insofferenza al clima d'oltremanica, ma un'indisposizione lo costrinse a rimandare la partenza alla fine di marzo. Giunse a Londra il 30 marzo e all'ambasciata di Francia lo attendeva una cerimonia che lo riempì di gioia. In nome del re, il duca di Nivernais ricevette il Cavaliere di San Luigi, secondo le forme appropriate, come aveva sperato il nuovo

---

[97] Il duca di Nivernais al duca di Praslin, 19 febbraio 1763, in *Lettres, Mémoires et Négociations particulières du chevalier d'Éon ...* , II[a] parte, p. 29.

nominato, che volle essere insignito di questa dignità unicamente dal suo protettore. Dopo questa cerimonia, d'Éon, ancora non del tutto rimessosi dalla bronchite che lo aveva afflitto in Francia, si recò a Oxford per un periodo di riposo, e fece rientro a Londra solo nella seconda metà di aprile. Fu la volta del duca di Nivernais di andare a curarsi a Bath, che proprio nel periodo georgiano fu radicalmente rinnovata per divenire quella famosa stazione termale che è ancora oggi. Gli onori e le buone accoglienze non distraevano certo il nostro soggetto dal suo obiettivo principale, che rimaneva la carriera diplomatica. Appena rientrato a Londra scriveva a Praslin: «Poiché il duca di Nivernais mi ha ordinato di essere qui il suo piccolo capo durante la sua assenza, prendo la libertà di scrivere come lui una lettera particolare.» E per «particolare» si intendeva la richiesta di nominarlo Residente piuttosto che Incaricato d'Affari[98]. La stessa raccomandazione la faceva, dalla villeggiatura, il duca di Nivernais che lasciò definitivamente l'Inghilterra alla fine del mese di maggio.

Prese così inizio l'interim di d'Éon come Residente, con uno stipendio fissato in 25.000 *livre* l'anno e la piena libertà di essere l'interprete principale della corte di Versailles sul palcoscenico londinese. Il cavaliere, una volta insediato, come primo atto scrisse al duca di Nivernais per ringraziarlo della sua protezione: «Dalla vostra partenza, nulla mi sembra interessante qui. Mi sembra che la corte, la città, la campagna come la politica siano mute, perlomeno per me. Dormo nel vostro letto, lavoro sul vostro tavolo, mi servo delle vostre penne, inchiostro e carta; mi giro e rigiro nel vostro posto per cercare di essere ispirato come voi, ma tutto questo non serve a niente e sono tutto di ghiaccio da quando non posso più riscaldarmi al calore del vostro genio. Tutto ciò che mi rianima sono i sentimenti di stima, di amicizia e di ammirazione che la nazione inglese vi ha per sempre consacrato. Non finiscono di interrogarmi sul vostro ritorno a Parigi e sulla vostra salute. Tutte le volte che ho l'onore di parlare al re o alla regina, Loro Maestà non mancano mai di parlare del loro rimpianto di avervi perso e del desiderio che hanno di rivedervi qui il prima possibile. Il re me ne ha parlato anche oggi per la quinta volta dalla vostra

---

[98] In diplomazia il rango di Residente (ormai caduto in disuso) è inferiore a quello di Ministro Plenipotenziario ma superiore a quello dell'Incaricato d'Affari.

partenza e se vostra eccellenza si immagina che tutto ciò mi infastidisca, si sbaglia di grosso. Vorrei, Signor duca, che tutta la vostra casa, a cominciare da voi, fosse inglese e abitasse a Londra, almeno per tutto il tempo che vi dovrò restare.[99]» C'è qui da notare come la corrispondenza tra d'Éon e i suoi più diretti interlocutori sia sempre venata, da una parte e dall'altra, di un'adulazione che pare eccessiva, anche per le convenzioni dell'epoca. «Vi ama come un amante», disse allo stesso cavaliere Radix de Sainte-Foy, primo commi degli Affari esteri, che sembra essere stato legato a d'Éon[100], riferendosi alle costanti lodi che il duca di Nivernais intesseva nei suoi confronti.

D'Éon era ritornato a Londra con alcune missioni da compiere. Una riguardava la figlia di Luigi XV, madame Vittoria[101], che soffriva in modo insopportabile di frequenti coliche nefritiche, alle quali i medici del re non sapevano porre rimedio. Si diceva che a Londra un medico avesse creato una medicina miracolosa per questo genere di male, medicina che d'Éon era stato incaricato di procurarsi. Malauguratamente, o forse con una dose di ingenuità che non ci si sarebbe aspettata da un fine diplomatico, il cavaliere si lasciò sfuggire l'identità del committente. Lo sappiamo, l'uomo è venale in ogni tempo e in ogni luogo, così il medicastro inglese tentò di cogliere l'inaspettata occasione per porre la sua esistenza al riparo nell'agiatezza: chiese l'esorbitante cifra di 7.200.000 sterline per consegnare a d'Éon le miracolose pillole. Madame Vittoria era certo nella condizione di pagare, ma anche per la figlia di un re di Francia tale ri-

---

[99] D'Éon al duca di Nivernais, 8 giugno 1763, in *Lettres, Mémoires et Négociations particulières du chevalier d'Éon...*, II[a] parte, p. 87.

[100] Evelyne e Maurice Lever, *op. cit.*, p. 78. Claude Pierre Maximilien Radix de Sainte-Foy era segretario dell'ambasciata di Vienna (aprile 1757 – luglio 1761). Choiseul, allora ambasciatore, apprezzò i suoi servizi e lo fece suo primo commi nel 1761. Nel 1766 divenne tesoriere della marina. Fu, inoltre, ministro a Deux-Ponts (1774-1777) e sovrintendente del conte d'Artois.

[101] Vittoria Luisa di Borbone-Francia (1733-1799) soffriva, come altri membri della famiglia, di un'obesità congenita. Fu la protettrice di Mozart, che le dedicò alcune sonate per pianoforte. Religiosissima, non si sposò mai e visse a Versailles sino alla Rivoluzione. Nel febbraio del 1791 si rifugiò, con la sorella Adelaide, a Roma. Non fece mai ritorno in Francia e morì di cancro a Trieste.

chiesta apparve fuori luogo e più assimilabile a una rapina che non a un acquisto. Decise di continuare a soffrire.

Di ben altra rilevanza era la missione che Luigi XV aveva affidato al cavaliere nella sua qualità di appartenente al *Secret*. Il re era ben consapevole che la Pace di Parigi costituiva per la Francia un'umiliazione che chiedeva un riscatto al più presto. Più che una pace con l'Inghilterra, era da considerarsi una tregua in preparazione della prossima vendetta: Luigi XV, in accordo con i suoi consiglieri segreti, primo fra tutti il conte Broglie, aveva preso a vagheggiare uno sbarco della sua armata sul suolo britannico, con l'intenzione di rinnovare le imprese di Cesare. Il 7 aprile 1763, vale a dire meno di due mesi dopo la firma del trattato, il re scriveva a Broglie: «È mia intenzione far prendere sulle coste d'Inghilterra e all'interno di quel regno delle conoscenze locali che possano facilitare l'esecuzione dei progetti che le circostanze potranno un giorno contribuire a creare . . . vi ordino il più gran segreto e attendo tutto lo zelo che vi conosco nel mio servizio e per la mia persona. Ci sono solo i signori Durand[102], Tercier e d'Éon che ammetto a questo segreto, essendo il loro concorso necessario . . . » Nella sua opera *Le Vainqueur de Bergen et le Secret du Roi*[103], Jacques Broglie, così descrive come lo zio affrontò quel momento: «Si mise all'opera [*il conte Broglie*] con quel misto di abilità pratica e di ardore che costituivano il fondo del suo carattere. Gli era necessario, per cominciare, trovare delle collaborazioni segrete per rimpiazzarlo in un compito che egli, esiliato, non poteva compiere. Scelse, a questo scopo, dal punto di vista tecnico il marchese de La Rozière[104], che aveva la competenza necessaria per rilevare la configurazione delle coste, redi-

---

[102] Durand era il responsabile dell'Archivio degli Affari Esteri dal luglio del 1762. Precedentemente aveva lavorato con il conte Broglie in Polonia e poi seguito Nivernais in Inghilterra.

[103] Jacques Victor Albert Broglie (1821-1901), Édition Louvois, Parigi, 1957, p. 197.

[104] Louis François Carlet de La Rozière (1733-1808) fu ingegnere militare. Dopo aver servito nelle Indie Orientali, partecipò alla Guerra dei Sette Anni. Venne incaricato di redigere il piano generale di invasione dell'Inghilterra e ricevette il grado di maresciallo generale d'alloggio di un'armata destinata ad invadere l'isola. Nel 1791 emigrò in Germania per poi passare in Russia nel 1794. Terminò la sua carriera in Portogallo, dove morì a Lisbona. Fu anche storico e a lui si devono numerose opere relative sulle campagne d'armi francesi del 1600. Era parente del cavaliere d'Éon.

gere i piani e raccogliere l'immenso dossier delle informazioni indispensabili per l'organizzazione di una simile spedizione; e dal punto di vista politico, il cavaliere d'Éon, già in Inghilterra, per assicurare questo nuovo ramo della corrispondenza segreta.» Interessante è però come Jacques Broglie giudica, nel seguito della stessa pagina, la scelta di d'Éon come corrispondente del *Secret*: «Niente da dire per la scelta del marchese de La Rozière che rispondeva a tutte le condizioni richieste di fedeltà, di capacità e di conoscenze tecniche. Il conte Broglie non poteva avere un amico più sicuro e più devoto: egli ricevette l'ordine di partire immediatamente per l'Inghilterra al fine di cominciare i suoi lavori e fu immediatamente gratificato di una pensione di mille *livre* al mese prelevata sulla cassa reale. Il solo pericolo di questa scelta stava nel fatto che era difficile per un ufficiale di quel merito passare inosservato; le sue escursioni sulle coste della Manica rischiavano di provocare l'attenzione su quanto faceva e sui suoi comportamenti. Da qui la necessità di essere molto prudenti e di non avere addosso alcuna carta compromettente. Da là anche la necessità di avere un corrispondente abituale e sicuro, incaricato di trasmettergli verbalmente le comunicazioni confidenziali del conte. Nulla era meno indicato della disgraziata scelta del giovane diplomatico designato per questa missione. Il cavaliere d'Éon de Beaumont non meritava né questa testimonianza di fiducia né questo onore. Il seguito doveva ampiamente dimostrarlo. Ma la nomea già incresciosa del personaggio avrebbe dovuto essere sufficiente per scartarlo, e ci chiediamo come il conte Broglie poté commettere una simile imprudenza.» È vero che tutto ciò viene scritto dopo gli avvenimenti e le vicende clamorose che occuparono le cronache londinesi e parigine, stupisce però il giudizio senza appello nei confronti di chi, per diverse ragioni, certo non tutte nobili, difese comunque quelle carte fino allo stremo.

L'attività di rilevamento cartografico, di organizzazione logistica e di ispezione dei possibili luoghi per questa impresa, che era riuscita solo a Giulio Cesare parecchi secoli prima e la cui idea solleticò anche Napoleone pochi decenni dopo, fu presa molto seriamente e fu svolta con grande laboriosità e precisione. Furono segretamente inviati in Inghilterra alcuni ufficiali per individuare i possibili punti di sbarco, i mezzi di sussistenza, le vie di marcia e ogni possibilità di movimento delle truppe. Il lavoro venne completato sulle coste francesi con l'individuazione dei porti di imbarco, dei punti di raduno delle truppe, e con l'inventario delle attrezzature necessarie, delle artiglierie, dei viveri e di ogni altro componente indispensabile per l'invasione. Il *Secret du Roi* entrò pienamente in funzione e d'Éon ne era uno dei principali cardini. Il 3 giugno giungevano a d'Éon direttamente dal re ordini in cui si raccomandava, ancora una volta, il più assoluto segreto sulla missione di La Rozière, che alloggiava in ambasciata, e per informarlo che «avrebbe ricevuto un cifrario particolare per intrattenere la corrispondenza relativa a questo oggetto e con gli indirizzi che gli saranno indicati dal conte Broglie o da Tercier». Si aggiungeva che con quel cifrario avrebbe dovuto fornire loro tutte le posizioni che l'Inghilterra aveva sia nei confronti della Russia e della Polonia che nel Nord e in tutta la Germania, che riteneva potessero interessare il re che conosceva il suo zelo e il suo attaccamento nei suoi confronti. Da parte sua, il conte Broglie pregava d'Éon di sorvegliare il nuovo ambasciatore, Guerchy, attese a Londra per la fine dell'estate, e gli consigliava, al suo arrivo, di prendere alloggio da un'altra parte insieme a La Rozière e a suo cugino d'Éon de Mouloise[105], che l'aveva raggiunto a Londra. La preoccupazione di Broglie era evidentemente relativa alle carte che gli uomini del *Secret* andavano accumulando in preparazione della spedizione sognata da Luigi XV. Conservarle in ambasciata era un pericolo che non si poteva correre. Il cifrario della corrispondenza prevedeva dei nomi sotto i quali si celavano i protagonisti dell'operazione: l'*Avvocato*, significava il re; il *Sostituto*, il conte Broglie; il *Procuratore* era Tercier; il *Prudente* Durand; il *Dolciastro* il duca di Nivernais; il *Leone rosso* o *La Porcellana* il duca di Choiseul; l'*Intrepido* o la *Testa del drago* d'Éon; il *Novizio*, l'*Ariete* o il *Montone* cornuto il conte di Guerchy. C'era però un altro motivo per cui Broglie chiedeva a d'Éon di controllare il nuovo ambasciatore. Guerchy non era quello che potremmo definire un fine uomo di cultura e Versailles molto dubitava e temeva la sua capacità di redigere in modo decente i rapporti che periodicamente la rappresentanza diplomatica doveva

---

[105] Maurice d'Éon de Mouloise (1736-1765) fu luogotenente al reggimento di cavalleria Conti. Nel mese di dicembre il conte Guerchy gli ordinò di ritornare in Francia e di non rivedere più il cugino. Al suo rifiuto fu degradato.

inviare in patria. Gaillardet insinua che la nomina di Guerchy ad ambasciatore a Londra sia stata il frutto della relazione che la moglie del conte aveva con il duca di Praslin, cosa all'ordine del giorno per l'epoca, e riporta uno stralcio di una lettera che Praslin avrebbe inviato al duca di Nivernais:

«*Estratto di una curiosa lettera del duca di Praslin al duca di Nivernais.*»

A Versailles, l'8 gennaio 1763.
«Mio buon amico,
sono molto preoccupato di Guerchy; non so se gli rendiamo un buon servizio facendolo ambasciatore a Londra. Non è amato in quel paese; temo i suoi dispacci come il fuoco, e voi ben sapete come i dispacci rovinino un uomo e il suo lavoro, quando non sono ben fatti. Spesso si giudica un ministro meno sul modo in cui fa gli affari, che su come ne rende conto... Credo che il nostro caro amico farà bene. Non credo di averne migliori da impiegare, ma egli non sa del tutto scrivere; non possiamo abusarne. Dall'altra parte, non vorrei che si rovinasse, il mio povero Guerchy. Voi fate salire la spesa a duecentomila livres, questo non mi spaventa. Gli posso dare centocinquantamila livres di stipendi e cinquantamila di gratifica. Così avrebbe ancora del margine, aggiungendovi la spesa che farebbe a Parigi. Ma non saprei dargli, al povero amico caro, più di duecentomila livres come prima retribuzione. È il trattamento più alto.

Addio, mio buon amico, vi amo con tutta la tenerezza del mio cuore.»

Con la partenza di Nivernais, la scena era completamente a disposizione del cavaliere di Tonnerre, che non ebbe alcuna difficoltà a riempirla nel modo più mondano e sfarzoso che gli fu consentito, e anche di più. Si vestiva dai sarti più rinomati, la residenza dell'ambasciata era dotata di personale di ogni ordine e grado: un aiutante di campo, uno scudiero, quattro lacchè, cinque ufficiali, due cocchieri, quattro servitori, un soldato svizzero e due palafrenieri, uno chef, un cappellano, senza contare il servitorame vario, ventidue domestici. Ovviamente vi era anche una scuderia con una dozzina di cavalli. Se il suo stipendio di 25.000 *livre* poteva consentirgli una vita agiata, non poteva però certo permettergli un simile treno di spese e così fece ricorso al fondo di dotazione dell'ambasciata, cioè di Guerchy. Comunque, a Londra d'Éon era divenuto un personaggio famoso e introdotto nella migliore società. Il re e la regina lo ricevevano in udienza privata, ai suoi ricevimenti intervengono Horace e Thomas Walpole, miss Pitt, lady Harvey, David Hume, il conte Vorontsov e tutta la buona società sia londinese sia in arrivo da Parigi, dove la capitale inglese è di gran moda. Tra le prime ad arrivare a Londra vi fu la contessa de Boufflers[106] seguita da una delegazione di accademici delle Scienze che avevano l'incarico di andare sino all'Equatore per calcolare il meridiano terrestre. La contessa soggiornò all'ambasciata e vi fece talvolta la funzione di padrona di casa. Il 25 agosto, festa di San Luigi, il palazzo della delegazione francese ospitò tutta la Londra bene e i rappresentanti dei corpi diplomatici presenti nella capitale. Solo tre giorni prima il cavaliere aveva inviato al duca di Praslin la seguente lettera: «Il carattere di ministro plenipotenziario mi ha gettato in spese straordinarie, descritte nella memoria qui allegata, tanto in abiti per me, che per quelli dei domestici. Quando ero segretario d'ambasciata, andava semplicemente con la mia uniforme e i miei polsini di batista; attualmente, devo portare, malgrado me, qualche abito appropriato e dei pizzi. Se gli affari del Re non vanno bene, nondimeno la mia borsa va peggio. La vostra bontà e la vostra giustizia non lo sopporteranno. Sono più di dieci anni che sono politico senza essere né più ricco né più superbo. Mi hanno promesso molto e le promesse e i promettitori non esistono più . . . Sarò costretto a mettere la chiave sotto la porta e a fare una bancarotta generale se non avete l'umanità di venire in mio soccorso con qualche gratificazione straordinaria. Più lavoro con zelo e con coraggio, meno divento ricco. La mia gioventù passa e mi resta solo una cattiva salute che deperisce tutti i giorni e più di 20.000 *livre* di debiti. Questi differenti piccoli debiti mi tormentano da tanto tempo e questo assorbe, in verità, la facoltà del mio spirito e non gli permette di applicarsi come vorrei agli affari del re. Il tempo della raccolta mi sembra giunto, vi chiedo di pronunciarvi sulla mia sorte presente e futura, sui miei stipendi e sui

---

[106] Marie-Charlotte Hippolyte de Campet de Saujon, per matrimonio contessa di Boufflers (1724-1800) tenne un brillante salotto ritrovo degli anglofili parigini.

favori e le grazie che posso attendere dalla vostra giustizia e dal vostro buon cuore. Ve lo confesso francamente, Signor duca, mi sarebbe altrimenti impossibile fare ancora durante la pace la guerra a mie spese. Sarebbe più vantaggioso per la mia salute e per il bene dei miei piccoli affari ritornare nella mia patria, nonostante l'estremo desiderio che ho di piacere tanto a voi quanto al duca di Nivernais e al conte Guerchy. »

Praslin non era certo uomo da turbarsi per tali imbarazzanti dichiarazioni, che sembrano frutto di una mente sovreccitata più che di un affidabile uomo della diplomazia, e rispose in modo chiaro e netto: «Non avrei mai creduto, Monsignore, che il titolo di ministro plenipotenziario vi facesse così immediatamente dimenticare il punto da dove siete partito, e non mi aspettavo che voi aumentaste le vostre pretese nel misura in cui ricevete nuovi favori... Siete venuto a portarci le ratifiche dell'Inghilterra, questo viaggio vi è stato pagato... e Sua Maestà vi ha ricompensato come se voi aveste fatto dieci campagne di guerra. Se questo quadro, Monsignore, vi dà motivo di malcontento, vi confesso che sarò obbligato a rinunciare a impiegarvi per il timore di non avere i mezzi sufficienti per ricompensare i vostri servizi... Spero che in avvenire voi sarete più circospetto nelle vostre domande e più attento nel maneggiare il denaro altrui... »

Una tale risposta lasciava poco spazio sia alle pretese di d'Éon sia alla smisurata considerazione che ormai aveva di se stesso. Dalla risposta che il cavaliere inviò, il 25 settembre 1763, a Versailles si possono trarre alcune considerazioni sul carattere del personaggio, che certo non vanno a suo favore. Leggendo tra le righe, ciò che emerge è una spiccata tendenza a idee di persecuzione, una smisurata mania di grandezza, un tono aggressivo, esacerbato ed anche vendicativo, misto al vittimismo.

«... In tutte le cose – risponde d'Éon – bisogna immaginare la fine. Sono partito molto giovane da Tonnerre, la mia patria, dove ho il mio piccolo patrimonio e una casa almeno sei volte più grande di quella che occupava il duca di Nivernais a Londra. In seguito sono partito dal palazzo d'Ons-en-Bray, rue Bourbon, faubourg Saint-Germain. Sono l'amico del padrone della casa e ne sono partito, malgrado lui, per fare tre viaggi in Russia..., per andare all'armata, per venire in

Inghilterra, per portare quattro o cinque trattati a Versailles, non come un corriere ma come un uomo che vi aveva contribuito e lavorato. Ho fatto sovente queste corse benché malato a morte e una volta con una gamba rotta. Malgrado tutto ciò, io sono, se il destino lo ordina, pronto a ritornare al punto in cui sono partito. Vi ritroverei la mia vecchia felicità. I punti da cui sono partito sono l'essere gentiluomo, militare e segretario d'ambasciata; altrettanti punti che portano naturalmente a divenire ministro nelle corti straniere. Il primo vi dà un titolo; il secondo conferma i sentimenti e dà la fermezza che quel posto esige; ma il terzo ne è la scuola . . . Se un marchese, Signor duca, avesse fatto la metà delle cose che ho fatto da dieci anni a questa parte, chiederebbe perlomeno un brevetto di duca o di maresciallo; per me, sono così modesto nelle mie pretese che chiedo di non essere niente qui, neanche segretario d'ambasciata!»

Nulla riusciva a placare l'orgoglio ferito di d'Éon. Anche i tentativi del duca di Nivernais e di Broglie di riportare il cavaliere a più miti consigli e a un linguaggio più consono andarono falliti. La bufera continuava senza tregua. Broglie, che aveva ben presenti altre priorità, era furioso contro il suo agente egli rimproverava i «suoi tormenti e i suoi sarcasmi» insensati e gli annunciò che il suo ritorno in Francia era deciso. «Ne sono inconsolabile – aggiungeva – perché è una vostra mancanza e il re ne sarà sicuramente alquanto scontento.»

Non v'è dubbio che l'idea di Praslin di revocare la nomina di d'Éon a ministro plenipotenziario e richiamarlo in patria, anche se giustificata, non fu tra le più felici, e fu come la miccia che innescò le peggiori inclinazioni del cavaliere, andando a ferire il suo orgoglio.

Gaillardet, riprendendo il racconto dello stesso d'Éon, fornisce una diversa spiegazione alla decisione di Praslin e al cambio di rotta del ministro nei confronti del cavaliere. La Pompadour, sempre lei, era riuscita a carpire a Luigi XV la chiave dello scrigno dove il monarca nascondeva le carte del *Secret*. Ci era riuscita facendolo ubriacare durante una cena «di crapula e di lussuria» e rubandogli una chiave d'oro che il monarca portava sempre al collo. Le carte rivelarono in modo certo il legame che intercorreva tra il monarca, il conte Broglie, Tercier e il cavaliere d'Éon, la cui sorte fu decisa di conseguenza. Indizi di questo legame, peraltro, erano già emersi dalle confidenze che un certo Monin aveva fatto al conte Guerchy. Questo Monin – seguiamo il racconto di d'Éon – era il segretario dei possedimenti del principe Conti, partecipava egli stesso al *Secret* e aveva la piena fiducia e l'amicizia di Tercier, che lo rendeva partecipe di ogni relazione dei ministri in Russia e in Polonia. Disgraziatamente, questo Monin era stato in precedenza il precettore del conte Guerchy e quando vide il suo vecchio allievo elevato al rango di ambasciatore e fu messo al corrente delle ricerche che stava facendo la Pompadour, credette suo dovere comunicargli quanto sapeva sul cavaliere. «Dichiarò che ero da molto tempo – scrive d'Éon – in corrispondenza con il re e che mi sospettava fortemente di essere un anello della catena che univa la casa dei Broglie al sovrano.» Guerchy lo disse al suo amico Praslin e questi alla Pompadour, che riteneva suo nemico personale chiunque avesse rapporti con la famiglia Broglie. Fu così che Praslin decise i provvedimenti relativi alla revoca del titolo di ministro plenipotenziario e al richiamo in patria del cavaliere, il tutto essendo all'oscuro della missione segreta che il re aveva affidato allo stesso. Luigi XV, sempre titubante e debole, non seppe opporsi alla richiesta di richiamo di d'Éon e ne informò Tercier: «D'Éon ha scritto numerose lettere alquanto singolari; è apparentemente la sua qualifica di ministro plenipotenziario che gli ha fatto girare la testa. Di conseguenza, M. de Praslin mi ha proposto di farlo venire qui per giudicare del suo stato. Fate attenzione a tutto ciò che ha del *Secret* e se è folle, che non ne riveli qualcosa.[107]»

Il conte Guerchy partì per Londra con in borsa l'ordine di richiamo.

---

[107] *Archives nationales*, Luigi XV a Tercier, Fontainebleau, 11 ottobre 1763.

CAPITOLO VI

Guerchy a Londra – Inizia lo scontro

«L'arrivo a Londra dell'ambasciatore del Re, Monsignore, fa cessare l'incarico che S.M. vi aveva dato con la qualità di suo ministro plenipotenziario, vi invio la vostra lettera di richiamo che rimetterete a S.M. britannica secondo l'uso e il più prontamente possibile. Voi troverete qui allegata copia di detta lettera. Partirete da Londra immediatamente dopo la vostra udienza e vi recherete velocemente a Parigi da dove mi avviserete del vostro arrivo e dove voi attenderete gli ordini che vi invierò senza venire a corte.»

L'ordine emanato in questa missiva, che l'ambasciatore Guerchy[108] consegnò a d'Éon al suo arrivo a Londra, il 17 ottobre 1763, era tale da far ancor più infuriare l'orgoglioso cavaliere, che sicuro della fiducia del re, non era intenzionato a farsi intimidire dal suo ministro. Riteneva, infatti, che come agente del *Secret* dovesse rispondere unicamente al re. Per prima cosa pensò di scrivere al duca di Choiseul, il 21 ottobre:

«Dove si potrebbe esiliare un uomo come me che, per il servizio del re, ha percorso tante volte la terra da un polo all'altro, che dal 1756 ha portato cinque trattati a Versailles, ai quali ho avuto la fortuna di contribuire e che si trova tutt'ora senza ducato, marchesato, contea, viscontado né baronia? Che dico? Che al posto di arricchirsi al servizio del re, è più povero di quando ha incominciato. Mentre piccoli corrieri ai miei ordini hanno fatto la loro fortuna, io mi sono unicamente accontentato degli elogi che i ministri e gli ambasciatori mi hanno prodigato, probabilmente perché è più facile lodare che pagare. Tutto questo unito alle villanie, ruberie e seccature di ogni genere che ho provato dal soggiorno in questa corte e che non mi sarebbero mai ac-

---

[108] Claude-Louis-François de Régnier, conte di Guerchy, marchese di Nangis, barone de la Guierche (1715-1767) apparteneva a una vecchia famiglia della Borgogna. Condusse una lunga carriera militare, fu ferito a Guastalla nel 1734. Partecipò alla Guerra dei Sette Anni, per entrare poi nella carriera diplomatica con l'incarico londinese.

cadute se avessi avuto sempre la fortuna di lavorare sotto gli ordini di un gran ministro come il duca di Choiseul... Mi sarei prestato a tutto ciò che avrebbe potuto essere utile e onesto se solo si fosse osservata la decenza esteriore e non si fosse venuti contro di me con il fulmine in mano. Non è così che si addolcisce il mio carattere. Più si vorrà intimidirmi, più il mio coraggio si infiammerà e più mi indignerò contro la bassezza dei grandi. Arriverò sino a prendermi gioco del genere umano se mi si costringerà... [109]»

Lo stato di esaltazione che traspare da queste righe è più che evidente. Vittimismo, orgoglio spropositato, mancanza di ogni senso della misura, sono la cifra distintiva del comportamento di d'Éon il quale, da parte sua, si auto assolveva e si giustificava facendo ricorso al suo attaccamento al dovere, al valore delle imprese compiute e alla fedeltà al re. Si aggrappava ad ogni pretesto per guadagnare del tempo; affermava che non poteva eseguire un ordine semplicemente *«griffé»*, cioè che portava semplicemente il sigillo ma non la firma di pugno del re.

Era un delirio e porvi rimedio appariva ogni giorno più difficile.

Si giunge al punto in cui Luigi XV, temendo qualche colpo di testa vendicativo di d'Éon, chiede al suo ambasciatore di recuperare le carte che sono nascoste nell'appartamento che il cavaliere aveva affittato per non alloggiare nella sede diplomatica. Tercier e Broglie sono comprensibilmente preoccupati di questa richiesta fatta un po' alla leggera dal re. Guerchy era legato sia a Choiseul sia a Praslin e il rischio che svelasse loro la politica segreta del re era più che un'ipotesi. Consigliarono così al re di affidare le carte a La Rozière e di richiamarlo in patria per «rendere conto della sua missione». Il monarca si dimostrò più fiducioso: «Se Guerchy viene meno al *Secret*, sarà a me che verrà meno e sarà perso», disse a Tercier. Nel frattempo chiedeva l'estradizione di d'Éon la cui «questione non è chiara».

Per completare il quadro, dobbiamo aggiungere una lettera che Luigi XV, secondo quanto riportato da Gaillardet, aveva inviato a d'Éon il 4 ottobre 1763:

«Al cavaliere d'Éon, mio ministro plenipotenziario a Londra.

---

[109] D'Éon al duca di Choiseul in *Lettres, Mémoires et Négociations particulières du chevalier d'Éon...*, Iª parte, p. 112-117.

Versailles, il 4 ottobre 1763.

Voi mi avete servito così utilmente tanto sotto gli abiti femminili quanto con quelli che portate attualmente. Riprendeteli ancora e ritiratevi in città. Vi avviso che il re ha firmato oggi, ma solamente con il sigillo, e non di suo pugno, l'ordine di farvi rientrare in Francia; ma io vi ordino di rimanere in Inghilterra, con tutte le vostre carte, fino a quando non vi faccia pervenire mie ulteriori istruzioni.

Voi non siete al sicuro nel vostro palazzo, e vi troverete dei potenti nemici.

Luigi.»

Questa missiva compare nelle *Mémoires* di d'Éon, non possiamo quindi verificarne l'autenticità, ma non v'è dubbio che, se vera, sarebbe perfettamente coerente con il carattere indeciso e con la volontà ondivaga di Luigi e fornirebbe qualche giustificazione al comportamento del cavaliere. Il monarca però, in questo caso, si dimostrava anche fine psicologo, perché sollecitava la fedeltà di d'Éon, il suo amor proprio, se ve n'era bisogno, e così facendo si lasciava aperte tutte le possibilità, assecondando formalmente il suo ministro Praslin e accarezzando l'imprevedibile cavaliere. Altro elemento da rilevare è il riferimento agli abiti femminili, che riapre la questione del primo viaggio in Russia, quello di Lia de Beaumont, perché ad altro non può riferirsi l'invito a riprenderli anche in questa occasione. Qui, però, non si capisce come il re possa pensare di far scomparire un suo ministro plenipotenziario, in presenza dell'ambasciatore suo diretto superiore, semplicemente travestendolo da donna. Pare più un'annotazione a futura memoria dello stesso cavaliere.

Dobbiamo ora tornare indietro di poco più di un mese dai fatti che abbiamo appena descritti per assistere all'entrata in scena di un altro strano personaggio a nome Treyssac de Vergy. Lasciamo la parola allo stesso d'Éon:

«Verso la fine del mese di agosto, un signor Vergy venne a farmi visita al mattino nel mio studio. Mi trovò mentre stavo leggendo su un canapè. Gli domandai, facendolo sedere di fianco a me, che cosa facesse. Mi rispose: «Sono un uomo di lettere che viene a fare un piccolo viaggio in Inghilterra, per conoscere una nazione di cui si parla tanto, e far conoscere i francesi, dei quali non si parla abbastanza.» Ed ebbe la bontà di aggiungere: «Il vostro nome, signore, e la vostra reputazione sono così conosciuti in Francia, che sarei molto lusingato di avere un rapporto particolare con voi.» Risposi a questo complimento come dovevo, e volli sapere dapprima se portava qualche lettera di presentazione. Mi rispose che un uomo come lui non ne aveva mai avuto bisogno; che se avesse pensato che fosse necessaria, ne avrebbe portata cento per una e che era molto conosciuto a Versailles, in particolare dal duca di Choiseul e dal duca di Praslin e da Saint-Foy, primo funzionario degli Affari esteri. Gli feci osservare che sarebbe stato sempre un bene portare delle lettere per l'ambasciatore del re. «Ne avrò - riprese - ma non ne ho bisogno; ho cenato spesso con il conte Guerchy, a casa delle marchese di Villeroy, de Lirré, et., e appena sua eccellenza mi vedrà, mi dirà: Ah, ecco là il mio amico Vergy! Vieni che ti abbraccio su due piedi».

«Qualche giorno dopo, il signor Vergy venne da me nel pomeriggio. Gli dissero che lo avrebbero annunciato, benché io fossi occupato nel mio studio e, nell'attesa, fu introdotto nella sala dove si trovavano Boucher, Lescallier, La Rochette, ex commissario di Francia per l'emigrazione dei prigionieri di guerra e d'Éon de Mouloise. Vi arrivai un momento dopo e subito Vergy mi parlò della sua persona, della sua intelligenza e dei suoi talenti. Gli significai, in presenza di quei signori, che non ne dubitavo assolutamente, ma che lo pregavo di nuovo di avere delle lettere di raccomandazione, atteso che un ministro del re non doveva riconoscere un francese che non era riconosciuto da alcuno. «Questa regola - disse con un tono leggero - non è fatta per un uomo come me, non ho mai pensato che mi fossero necessarie delle raccomandazioni.» Gli ripetei che la regola valeva anche per lui e che, da quel momento, non l'avrei ricevuto a casa mia se non vi si fosse adeguato, e che lo doveva a se stesso. Aggiunsi: «Signore, vi avrei già invitato a pranzare se vi avessi conosciuto in una maniera qualunque; vi dirò anche che ho avuto l'onore di presentare a S. M. britannica numerosi francesi che mi sono stati raccomandati.» Il signor Vergy esclamò: «Ah, signore, i vostri pranzi, i vostri pranzi! Quanto alla presentazione la otterrò quando vorrò da un milord inglese.»

«Non potei impedirmi di dirgli allora che ero certamente persuaso della sua onestà, ma che gli avrei citato numerose circostanze in cui i ministri del re erano stati ingannati, così come me, in numerose occasioni. Portai l'esempio di un tizio, a Mosca, che aveva preso il nome di Montmorency, e che, fatte le verifiche, era risultato essere un parrucchiere di rue Saint-Honoré. Aggiunsi il caso di un preteso Larochefoucault a Parigi. Volle prendere un certo tono e non tardai a farglielo abbassare. Ritornai ancora alle lettere di raccomandazione e lo pregai di farmele avere il più velocemente possibile, non per me, ma per l'ambasciatore che stava per arrivare. Lo avvisai già allora che se sua eccellenza mi avesse parlato di lui, sarei stato obbligato a dire che non lo conoscevo. Il signor di Vergy promise solennemente che avrebbe portato venti lettere per una, perché nulla gli era più facile che averle. Si ritirò ripetendo sempre che non aveva bisogno di lettere per il conte Guerchy, dal quale era sufficientemente conosciuto, e finì col dirmi che non era per nulla scosso da ciò che gli avevo appena detto. Lo ricondussi educatamente fino alla porta, poi dissi allo svizzero, che è addetto attualmente al conte di Guerchy: se M. Vergy viene qui, gli direte che io sono uscito, a meno che non abbia delle lettere da darmi.»

Questa la premessa dell'incidente che ebbe luogo il 23 ottobre a casa del conte di Guerchy, dove d'Éon era stato invitato a colazione. Gli invitati, appena terminato il pranzo, si stavano recando nel salone, quando viene annunciata la visita di Treyssac de Vergy. Guerchy chiese a d'Éon se conosceva questo inaspettato visitatore e il cavaliere gli rispose che aveva già rinviato questo signore con la richiesta di presentarsi con delle lettere di raccomandazione e che questi, per contro, gli aveva assicurato di conoscere l'ambasciatore già da Parigi. Mentre si svolgeva questo dialogo il sedicente Vergy era già al cospetto dei due e, con grande disinvoltura, si rivolgeva all'ambasciatore, che aveva smentito di averlo mai incontrato, con queste parole: «Chiedo scusa a Vostra Eccellenza, credevo di aver l'onore di conoscerla». Poi, sempre seguendo il racconto di d'Éon, si indirizzò al cavaliere: «Signor d'Éon, avevo sentito che eravate un uomo educato. Non si è mai vista dare una simile smentita. Voi non sapete, signor d'Éon la sorte che vi attende in Francia». Queste ultime parole furono ripetute due volte e la risposta di d'Éon non fu certo meno provocatoria: «Signore, io sono sempre un uomo educato, ma la mia educazione non arriva a dire delle menzogne per servire delle altre. Non vi smentisco poiché voi non dite una sola parola di verità. Quando uno non ha nulla da rimproverarsi, non è preoccupato della sua sorte né in Francia né altrove; io non temo il corruccio né dei grandi né dei piccoli e, se non fossimo davanti all'ambasciatore e all'ambasciatrice, vi farei vedere seduta stante se temo le minacce di un uomo come voi.» La reazione di Vergy lasciò di stucco tutti i presenti: prese una sedia e si soffermò in conversazione per circa mezz'ora, come se la sua presenza in quella casa fosse più che normale.

Tre giorni dopo – racconta d'Éon – l'enigmatico signor Vergy si ripresentò, alla mattina a casa, in Dover Street, del cavaliere, che però era già uscito per andare ad assistere alla sveglia del re. Chiese a che ora del mattino il cavaliere poteva essere visto e gli fu risposto «alle nove del mattino». «Ebbene – rispose con tono perentorio – gli direte che sarò da lui domani alle dieci precise, e spero di trovarlo.» Si trattava di un invito al duello.

Quella sera d'Éon era a cena da lord Halifax, ministro degli Affari esteri[110]. Erano presenti alla serata lord Sandwich[111], il conte di Guerchy e altri invitati. La preoccupazione dell'ambasciatore francese apparve rivolta a dimostrare ai presenti quanto fosse pressante il richiamo di d'Éon in patria e così gli chiese se avesse preso la sua udienza di congedo. «Come già vi ho detto, – rispose d'Éon – attendo degli ordini per la mia partenza e, comunque, intendo prima regolare la faccenda del signor Vergy.» Gli ospiti volsero tra loro rapidi sguardi d'intesa e si allontanarono per confabulare. Poco dopo, lord Halifax, lord Sandwich e Guerchy tornarono dal cavaliere e lo pregarono di non battersi con Vergy. In tutto questo interessamento per evitare

---

[110] Lord George Montagu-Dunk, II conte di Halifax (1716-1771).

[111] John Montagu, conte di Sandwich (1718-1792) fu diplomatico, segretario di Stato dal 1763 al 1765, primo lord dell'Ammiragliato dal 1771 al 1782. Gli anni della sua amministrazione non brillarono per correttezza e la moralità, anche privata, di lord Sandwich fu alquanto scandalosa. A lui si attribuisce l'inadeguatezza della marina britannica nella guerra di indipendenza americana.

un duello con uno sconosciuto c'era qualcosa di strano, e certo non temevano per la sorte di d'Éon, che era notoriamente tra i migliori spadaccini d'Europa. Alla richiesta di non battersi il cavaliere rispose che se era diplomatico, era anche capitano dei dragoni e la sua spada non lo abbandonava mai. Pensò che quelle preghiere, che più assomigliavano a degli ordini, fossero tanto strane quanto fuori luogo e decise di andarsene. Ma per impedirgli di uscire la porta era stata chiusa, era di fatto prigioniero. Seguiamo il racconto del cavaliere:

«Non avrei mai creduto – esclamai – che un ministro plenipotenziario di Francia si sarebbe visto prigioniero in Inghilterra a casa del segretario di Stato. Milord Halifax, immediatamente, mi presentò da firmare il seguente biglietto: «Il cavaliere d'Éon dà la sua parola d'onore ai conti Sandwich e Halifax, che non vuole battersi con M. Vergy, né fargli alcun insulto, senza aver preventivamente comunicato le sue intenzioni ai suddetti conti, in modo che essi potranno prevenire alcune cattive conseguenze delle intenzioni e della condotta del cavaliere d'Éon». Questo biglietto era stato evidentemente *composto* di concerto con il conte Guerchy.»

A ulteriori richieste di abbandonare i suoi progetti nei confronti di Vergy, d'Éon replicò con altrettanti rifiuti e allora si verificò un fatto ancora più strano: in sala entrò un distaccamento di guardie inglesi, con alla testa un colonnello, che circondò il cavaliere, il quale non si perse d'animo: «Fate il vostro dovere, – disse loro – io farò il mio; se è per condurmi a casa, non ho bisogno di soldati, andrò da solo e a piedi; se volete venire, nonostante me, avrò l'onore di offrirvi la cena.»

Alla fine si convinse a firmare la dichiarazione che gli era stata sottoposta, ma lo fece a condizione che a firmare fossero anche coloro che gliela avevano sottoposta. Tutto questo trambusto di personaggi altolocati non doveva passare inosservato e all'indomani il *Daily Advertiser* riportava questa vicenda, che tutta Londra iniziò a commentare in attesa di nuovi sviluppi. Il miglior commento sulle condizioni mentali di d'Éon possiamo forse trarlo da una lettera scritta da Horace Walpole al conte Hertford: «Non so più nulla di d'Éon, eccetto che l'onore di aver preso parte alla pace ha sconvolto il suo povero cervello. Ciò era evidente in quella serata di cui sapete a casa di lord H., quando gli hanno detto che la sua condotta turbava la pace: apparve sconvolto, pensando che gli si parlasse della pace tra la Francia e l'Inghilterra.[112]»

Ma se a un contendente si chiedeva di fare un passo indietro, l'altro pareva spinto sempre più avanti.

La mattina di giovedì 27 ottobre, Vergy suona alla porta di d'Éon ed ha luogo la seguente scena che riportiamo dal racconto del cavaliere.

«All'indomani, giovedì, alle dieci, il signor Vergy, molto puntuale, e che certamente *non aveva firmato alcun biglietto*, venne a casa mia e mi trovò solo. Entrando nel mio studio, con tono alquanto presuntuoso:

«Eccomi, signore, in abito da combattimento[113], e sono, mi sembra, solo le dieci.»

«Ne sono affascinato – gli risposi – e sono compiaciuto nel vedervi in *cadenette*[114]. Vi aspettavo con impazienza.»

Il signor Vergy riprese subito: «Signore, ho una domanda da porvi: siete ministro plenipotenziario o capitano dei dragoni? Se siete ministro, me ne vado.»

Gli replicai: «*No, amico mio, non voglio che tu ti ritiri; non voglio essere per te che un semplice dragone.*»

Notate che io non potevo, né volevo affrontarlo in alcun modo, avendo *dato il mio biglietto d'onore* di non fare alcunché e, del resto, i tre ministri del re mi avevano dichiarato che sarebbe stata un'infrazione particolare alla pace generale, che avevo portato da Parigi, per una grazia speciale del re di Gran Bretagna. Il signor Vergy sa altrettanto bene che il tutto è accaduto senza colpo ferire. La mia posizione era ben più critica della sua. Avevo promesso di non agire contro di lui e non potevo prevedere che il bravo Vergy fosse uomo da lasciarsi intimidire dai miei minimi passi. In effetti, chiusi la porta della mia camera per trattenerlo fino a quando gli uomini dell'ambasciatore, che avevo mandato a chiamare, non fossero arrivati. Immediatamente il signor Vergy si mise a urlare correndo per la mia stanza:

---

[112] Evelyne e Maurice Lever, *op. cit.*, p. 91.

[113] Era in frac con una giacca a doppio petto, specifica d'Éon.

[114] *Cadenette* è un termine usato per alcune acconciature, tra le quali principalmente una militare che consisteva in due trecce di capelli che partivano dalla metà della testa e si infilavano sotto il cappello.

«Ah, signore, non mi toccate! Non mi toccate!»

«Come, – gli risposi – vieni a casa mia *in abito da combattimento* e hai paura che ti tocchi! Alla buon'ora; stai tranquillo, non ho altra intenzione che farti arrestare.»

Qualche atteggiamento da dragone, mischiato a questo discorso, lo trascinò a prendere la finestra per la porta. Mi accorsi del suo pallore e del suo movimento e gli dissi:

«Se tu salti io ti spingo, ma stai attento, troverai in basso un fossato e delle picche.»

Questa osservazione, per nulla filosofica, fu sufficiente a fermarlo.

Gli presentai allora un foglio, dicendogli: «Ecco un biglietto che bisogna firmare in duplice copia, dopo che lo avrai letto, affinché non pensi si tratti di una lettera di cambio.» Lo fece scorrere con molta precipitazione e, restituendomelo, mi chiese tre settimane per avere delle lettere da Parigi. «Amico mio, - gli dissi - se non fossi agitato vedresti che ti do un mese.» Allora aggiunse: «Signore, non firmerò quel foglio, bisognerebbe cambiare certe parole.» «Se prendo la penna, aggiungerei degli epiteti molto più duri. Ti prometto che firmerai il biglietto tale e quale è; *quod scripsi scripsi*.» E poiché immediatamente parlai di rimetterlo nelle mani dei domestici dell'ambasciatore, cambiò di colore. Lo presi per le braccia e lo feci entrare, per firmare, nella mia camera da letto, dove è messa la mia scrivania. Appena vi fu entrato, si mise a gridare: «Ah, signore, non uccidetemi!» Non sapevo cosa pensare di quella esclamazione, quando di colpo vidi gli occhi del signor Vergy fissi sulla mia sciabola turca e le mie pistole d'ordinanza, che ho portate intatte dalla guerra in Germania, e che sono da sempre nella mia stanza. Il suo animo si inquietò immediatamente, e compresi allora da dove veniva l'eccesso della sua paura. Per tranquillizzarlo, presi subito una delle pistole, che misi a terra, e mettendoci il piede sopra, *per timore che ferisse* il signor Vergy (queste furono le mie parole), gli dissi: «Vedi che non voglio farti del male, e neanche avvicinarti; segno di buona volontà.» Allora si rassegnò galantemente a firmare il seguente biglietto in duplice copia:

«Io sottoscritto prometto sulla mia parola d'onore al cavaliere d'Éon, capitano dei dragoni, di portare, da qui a quindici giorni o al più tardi un mese, all'ambasciatore di Francia a Londra, delle valide lettere di raccomandazione di persone ben conosciute, o a Versailles o a Parigi. Altrimenti, do ancora la mia parola d'onore a M. d'Éon, che in avvenire non mi presenterò più davanti a sua eccellenza il conte e la signora la contessa Guerchy, che come un grandissimo avventuriero e dei più grandi.»

Firmato Vergy

Londra, il 27 ottobre 1763, alle dieci e un quarto del mattino.»[115]

Questo resoconto di d'Éon conferma quanto scritto dal Walpole circa la presunzione del cavaliere che i suoi atti potessero compromettere quella pace tra la Francia e l'Inghilterra, che egli stesso aveva contribuito a redigere. Di certo il cavaliere di Tonnerre aveva perso il senso della realtà e attribuiva al suo agire e alla sua persona un'importanza al di fuori del suo ruolo.

Appena sfuggito dalla casa di d'Éon, Vergy corse dal giudice di pace del quartiere per esporre le sue lagnanze contro il cavaliere, che godeva, in ogni caso, dell'immunità diplomatica. Si trattava, ormai era chiaro, di una commedia montata ad arte e non mancò l'utilizzo di un altro famoso avventuriero, Ange Goudar[116], al quale fece ricorso Guerchy per scrivere due pamphlet: *Lettre d'un français à M. le Duc de Nivernais* e, successivamente, una *Contre-Note ou Lettre à Monsieur le Marquis de L. à Paris*.

Da questo momento tutti sembrarono essere preda di una frenesia che condusse ad azioni dagli effetti imprevedibili.

Con la data del 25 ottobre 1763, d'Éon aveva ricevuto un biglietto di questo tono: «Milord Halifax fa i complimenti al cavaliere d'Éon e ha l'onore di fargli sapere che, a causa di alcuni impegni che sono so-

---

[115] Gaillardet, *op. cit.*

[116] Pierre Ange Goudar (1708-1791) fu uno dei più noti avventurieri francesi del secolo, agente del governo e giornalista, percorse tutta l'Europa. Fu anche in Italia dove pubblicò alcune sue opere. Rientrato in Francia, nel 1752 si recò in Portogallo, dove rimase per due anni. Nel 1761 lo troviamo in Inghilterra, dove aiutò Casanova ad ingraziarsi gli inglesi, dei quali non conosceva la lingua. Fece poi ritorno in Italia, dove la moglie Sara, irlandese, divenne l'amante di Ferdinando, re delle Due Sicilie.

praggiunti, sarà più opportuno per il re dare udienza al cavaliere d'Éon domani mercoledì piuttosto che venerdì prossimo.»

Le pressioni per impadronirsi delle carte in mano al cavaliere e rispedirlo in Francia si fecero sempre più stringenti e assunsero, su questo bisogna dare almeno in parte ragione a d'Éon, l'aspetto di una vera e propria vessazione. Convinto, probabilmente a ragione, di dover obbedire a quell'ordine che aveva ricevuto segretamente da Luigi XV, d'Éon mise in atto tutte le misure possibili per evitare che il progetto di Guerchy si realizzasse, mentre il monarca, dopo aver ordinato al suo ambasciatore di impossessarsi dei documenti e di rinviare d'Éon, si stava rendendo conto, con un po' di ritardo, del pericolo che il suo ordine poteva rappresentare. Luigi chiese aiuto e consiglio al conte Broglie. Nel suo libro, *Le Secret du Roi*, Jacques Broglie scrive: «In effetti, non si trattava più solamente di un intrigo di corte la cui rivelazione poteva mettere in imbarazzo il re e condannare a vita i suoi confidenti per la disgrazia . . . Questa volta era un segreto di Stato che, caduto in mani perfide, poteva riaccendere tra due grandi popoli e a detrimento della Francia prostrata, una guerra sanguinosa! Cosa direbbe il gabinetto, cosa direbbe l'intera nazione britannica, – già irritata perché i suoi ministri non hanno posto condizioni più dure alla sua rivale vinta – quando sapesse che il re di Francia, proprio lui, all'indomani di un trattato garantito dalla sua parola di gentiluomo e sigillato con il suo sigillo reale, preparava già, con l'intermediazione di oscuri spioni, l'invasione del territorio inglese? L'esplosione dell'indignazione popolare poteva rimettere l'Europa a fuoco.»

La situazione era indubbiamente delicata, anche perché non si sapeva quale potesse essere la reazione di d'Éon che ormai era consapevole di dover fronteggiare la sua disgrazia e che contava unicamente nella disponibilità di Luigi per farvi fronte, ma al contempo non era del tutto certo, dati i precedenti, che questi mantenesse le promesse fatte.

D'Éon, comunque, continuava a frequentare l'ambasciata, dove prendeva regolarmente i suoi pasti e questo dà adito ad un altro incidente che fa nascere nel cavaliere la convinzione che Guerchy abbia tentato di avvelenarlo. La sera incriminata è quella del 28 ottobre, cioè il giorno successivo a quello in cui aveva fatto firmare il famoso foglio a Vergy. Dopo aver bevuto, come faceva abitualmente, del vino di Tonnerre, il cavaliere si sentì preso da un inspiegabile torpore e da un malessere generale. Pur in condizioni precarie riuscì a sfuggire a quella che definì una *trappola* e raggiunse il suo alloggio. Gaillardet, che segue le memorie del cavaliere e ne condivide l'opinione, è concorde con questi nell'affermare che Guerchy aveva dato incarico al suo scudiero, di nome Chazal, di mettere dell'oppio nel vino di d'Éon al fine di stordirlo, in modo tale da poterlo rapire, portarlo su una barca ormeggiata sul Tamigi e da questa su un vascello diretto alle coste francesi. Qualche giorno dopo, il conte Guerchy si recò a casa del cavaliere di buon mattino, con i suoi due aiutanti di campo, con l'evidente intenzione di ispezionare l'alloggio ed anche, è una supposizione di d'Éon, di impadronirsi del padrone di casa e delle sue carte. Il piano fallì per la prontezza di d'Éon che avvertì La Rozière, che abitava al piano superiore, e il cugino, Maurice d'Éon, di stare pronti con le armi, e per la presenza di altri amici, come il segretario Boucher, pronti a difendere il cavaliere. Guerchy dovette, per il momento, desistere ma, di lì a qualche giorno, si presentò a casa d'Éon un fabbro che veniva impiegato dall'ambasciata, non chiamato da alcuno, che doveva «aggiustare la serratura» dello studio del cavaliere. Era palesemente una scusa e il cavaliere stesso lo vide prendere furtivamente l'impronta della chiave della porta. Tutte queste manovre, unitamente al fatto che davanti a casa sua sostavano sempre due portantine non richieste, inducono d'Éon a cambiare alloggio e a chiedere asilo a La Rozière.

Ovviamente, non mancò di informare di tutti questi accadimenti il re, in una lettera nella quale aggiunse che il monarca aveva come servitori dei veri e propri *Cartouchien*, cioè dei banditi[117].

In realtà, Luigi XV era sempre più preoccupato e il 4 novembre fece trasmettere una domanda di estradizione che non ebbe alcun seguito. D'altro canto, anche in questa occasione, Luigi XV non mancò di dare sfoggio della sua duplicità e alla stessa data del 4 novembre scriveva a d'Éon in questi termini: «Vi preavviso che una domanda di estradi-

---

[117] Il riferimento è a Louis-Dominique Bourguignon detto Cartouche (1693-1721) famoso brigante e capo di una banda che imperversò dopo la morte di Luigi XIV, nel periodo della reggenza.

zione concernente la vostra persona, e firmata con il mio sigillo, è stata oggi indirizzata a Guerchy per essere trasmessa da lui ai ministri di Sua Maestà britannica, suddetta domanda è accompagnata dall'esonero [dalla carica diplomatica e, quindi, dalla relativa immunità] al fine di dare più forza alla sua esecuzione. Se voi non potete salvarvi, salvate nondimeno le vostre carte e diffidate del signor Monin, segretario di Guerchy e vostro amico. Vi tradisce.» Se d'Éon non godeva più della protezione diplomatica, la legge inglese, comunque, lo proteggeva anche come semplice cittadino e la sua persona, come il suo domicilio erano inviolabili. Lo stesso Giorgio III si prese l'incomodo di comunicare a Guerchy la decisione del Consiglio dei ministri che rifiutava l'estradizione forzata. Guerchy ottenne unicamente che al cavaliere fosse proibito l'accesso alla corte di San Giacomo, provvedimento che gli fu comunicato il 6 dicembre con una lettera di Lord Growe, ciambellano di Giorgio III: «Signore, il Re vostro capo ha fatto sapere al Re mio capo che voi non siete più suo ministro alla Corte di Londra e nello stesso tempo ha richiesto al Re che desse degli ordini affinché voi non compariate più a Corte. Sono alquanto mortificato di dirvi che ho ricevuto questa mattina gli ordini del Re mio capo, di comunicarvi le suddette sue intenzioni. Ho l'onore di . . . » Era la fine, senza possibilità di appello, della carriera di ministro plenipotenziario di d'Éon.

L'ambasciatore, preso ormai da una sorta di smania nell'inseguire d'Éon e le carte delle quali voleva entrare in possesso ad ogni costo, ebbe un'ulteriore alzata d'ingegno facendo redigere un processo verbale, che d'Éon avrebbe dovuto firmare, del rifiuto di consegnare detti documenti. A che scopo servisse una tale certificazione in una situazione del genere non è chiaro, mentre palese fu la reazione del cavaliere quando si presentarono gli emissari di Guerchy per fargli firmare il documento: imbracciò il fucile esclamando «ecco di che sono le carte del re, venitele a prendere!».

Il 18 novembre, d'Éon scrisse direttamente al re una lettera in cui affermava che: «Sarà cento volte più vantaggioso per il vostro Stato, Sire, accordare al conte Guerchy quattro brevetti da duca, che lasciarlo qui come ambasciatore, dove non raccoglie che il disprezzo e il ridicolo del pubblico.[118]»

Si trattava anche di una risposta indiretta alle voci che Guerchy metteva costantemente in circolazione su una presunta follia di d'Éon. Gli animi si erano sempre più riscaldati e Londra assisteva divertita e perplessa a questa bizzarra diatriba, che ormai si svolgeva alla luce del sole.

Guerchy arruolò Vergy per scrivere un nuovo libello contro il cavaliere, *Lettre de M. de la M.*, che di fatto sviluppava le stesse argomentazioni del precedente con l'aggiunta di un presunto scontro d'armi tra i due e con l'insinuazione che d'Éon fosse ermafrodito. Era la prima volta che emergevano palesemente dubbi sul reale sesso dell'uomo di Tonnerre, che non potevano fondarsi che su due elementi: l'aspetto fisico e la mancanza di qualsivoglia relazione femminile nota o perlomeno oggetto di pettegolezzo. Con tempismo straordinario, lo stesso giorno in cui comparve il libello, il 30 novembre, il segretario dell'ambasciatore, de Prémarets, si presentò a casa di d'Éon per chiedergli «cortesemente» di consegnargli le carte del re. Il risultato di questa visita fu la decisione del cavaliere di scrivere una lettera così concepita al conte: «Benché dragone, non sono quel diavolo che qualcuno vuole farmi apparire [. . .]. Per quanto riguarda le carte del re che voi mi chiedete, Signore, è in verità col cuore stretto dal dolore che sono obbligato a dire a Vostra Eccellenza che non posso avere l'onore di consegnargliele senza un espresso ordine del re, e vi prego di informarne la mia corte. All'ordine del mio capo, non solo saprei ubbidire, ma mi farei uccidere se necessario.[. . .] Non affrettate il vostro giudizio, signore, e non condannatemi ancora, l'avvenire potrà meglio chiarirvi. Vi reitero la mia preghiera di essere persuaso che io non ho mai avuto voglia di mancare al signor duca di Praslin né a V. E., ma ricordatevi che sono molto determinato a farlo se persistete sempre nel volermi forzare sino alle trincee del mio dovere, dell'onore, dell'equità e della libertà [. . .]. Vi prego, Signor conte, di lasciarmi

---

[118] Riportato da André Frank, *D'Éon chevalier et chevalière, sa confession inédite*, Amiot-Dumont, Paris, 1953, p. 79.

dormire tranquillo a Londra, dove attenderò a piè fermo gli spioni che si faranno venire contro di me. [119]»

Guerchy era alla disperazione e prese la decisione di scrivere al re sul fallimento della missione che gli era stata affidata:

«Sire, ho sempre aspettato a rispondere alla lettera della quale è piaciuto a Vostra Maestà onorarmi, datata da Fontainebleau, 4 novembre, quando avessi potuto eseguire i suoi ordini, ma qualunque differente mezzo abbia impiegato per raggiungere il risultato, mi è stato tutto impraticabile. Vostra Maestà avrà visto dai miei dispacci gli ostacoli che mi si oppongono affinché prenda possesso delle carte di d'Éon, che rifiuta costantemente di sottomettermele, nonostante l'ordine che ha ricevuto in merito da Praslin, da parte di Vostra Maestà. È uno dei punti della sua follia che, tuttavia, non esiste generalmente su tutti gli altri. Ella sarà stato egualmente informato che la corte di Londra si è rifiutata di darmi manforte in merito a questo, rispondendomi che ciò era contrario alle leggi del paese. Il Re d'Inghilterra e i suoi ministri hanno comunque il più grande desiderio di essere liberati da questo personaggio. Non è dipeso da me non aver potuto impadronirmi della sua persona con la forza o con l'abilità, poiché egli non alloggia più nella mia casa e non vi viene più da quando ha spinto le cose fino al punto in cui sono in questo momento.» Il povero Guerchy non si poneva nemmeno la domanda del perché d'Éon desse segni di «follia» solo quando si trattava di consegnare le carte del re, il quale, giunte a questo punto le cose, non poté fare altro che proseguire nella sua duplicità, sperando che il cavaliere non avesse un vero colpo di «follia», pubblicizzando il contenuto di quanto custodiva, e che i suoi ministri non oltrepassassero il confine del lecito con soperchierie eccessive. Un gioco pericoloso, del quale si rese perfettamente conto Tercier, il quale prese anch'egli la penna per scrivere a d'Éon, in data 27 dicembre: «Voi siete perso se non vi servite di tutto il coraggio e di tutta la prudenza che il cielo vi ha dati, per non lasciare né compromettere, né prendere la vostra persona, né farvi togliere le vostre carte. Voi non avete che da contare, ma in segreto, sul Re, che non può abbandonarvi, ma la cui politica, malgrado

---

[119] Lettera di d'Éon al conte Guerchy, 1° dicembre 1763, in *Lettres, Mémoires, Négociations . . . . op.cit.*

l'attaccamento che vi porta, vi sacrifica interamente, forse, alla sua amante e ai suoi ministri.[120]» Contare su una persona che «pur avendo attaccamento nei vostri confronti, vi sacrifica interamente alla sua amante e ai suoi ministri» richiedeva un particolare esercizio di fiducia e di fedeltà, un atto di fede più che un calcolato ragionamento. In questo Tercier seppe vedere con esattezza il carattere e la psicologia di d'Éon.

Nel frattempo, La Rozière aveva lasciato Londra e aveva raggiunto Broglie, in Normandia, per consegnare una lettera di d'Éon all'indirizzo di Luigi XV e un'ampia documentazione che il cavaliere inviava al conte con tutte le pezze e le note sulle quali si fondavano le prove «della sua giustificazione e delle sue lamentele che si prendeva la libertà di indirizzargli». Il conte Broglie esaminò attentamente le carte e arrivò alla conclusione che il cavaliere non era stato preso dalla follia – i suoi dispacci nella corrispondenza ufficiale ne erano la prova – e nella lettera che indirizzava al re, che egli non inoltrò, ben argomentava la sua ostinazione a non dare seguito agli ordini di Praslin e di Guerchy. Attendeva un ordine scritto di pugno del sovrano e non lo aveva ricevuto. Per questo era rimasto a Londra, dove aveva subito comportamenti inqualificabili e che lo stesso Broglie giudicava eccessivamente violenti: «Con un po' meno accanimento nei suoi confronti – disse – si sarebbe evitata una parte di scalpore che questo disgraziato affare ha fatto».

Broglie si decise quindi a scrivere al re:

«È incontestabile – scriveva il conte Broglie al re – che il signor d'Éon è ridotto alla disperazione che, senza le cortesie di Vostra Maestà, non può attendersi in Francia che una sorte alquanto disgraziata, e che ha tra le mani il mezzo sicuro per fare una grande fortuna in Inghilterra... Se, come vendetta dei cattivi trattamenti che subisce, per la necessità di procurarsi da vivere, rende pubblico l'ordine di Vostra Maestà che ha tra le mani, se solo lo comunica al governo inglese, quale disgrazia potrebbe risultarne? Non ci sarebbe da temere che la sacra

---

[120] *Archives nationales*. Lettera citata da Boutaric. Gaillardet riporta della stessa lettera una versione in cui viene associato a d'Éon il conte Broglie.

persona di Vostra Maestà ne esca compromessa e che una dichiarazione di guerra ne sia l'inevitabile conseguenza?[121]»

Lo scopo era convincere il re ad inviare qualche sussidio al cavaliere per evitare nuovi incresciosi episodi e questo, forse, avrebbe permesso di farlo rientrare in Francia con le sue carte.

Il 30 dicembre 1763, Luigi XV scrisse a Tercier: «M. d'Éon non è folle, così penso, ma orgoglioso e alquanto straordinario. Penso quindi che bisogna lasciare passare abbastanza tempo, aiutarlo con del denaro, e che rimanga là dove è in sicurezza, e soprattutto che non faccia dei nuovi affari . . . Fate dunque pervenire a d'Éon duecento ducati d'oro . . . »

Broglie, inoltre, avendo sempre ben presente la personalità di d'Éon, suggerì al re di inviare a Londra una persona in grado di negoziare con lui, essendo totalmente impossibile che potesse farlo Guerchy o altri già presenti in ambasciata. Questo messaggero avrebbe anche avuto il compito di recuperare le famose carte, consegnare a d'Éon 2.200 *livre*, il tutto senza destare i sospetti di Choiseul. Per la missione fu scelto un certo M. de Nort, che era uno dei segretari di Broglie, facente parte del *Secret*.

Questa la situazione cui si giunse alla fine del 1763.

---

[121] Il conte Broglie al re 6 dicembre 1763. (*Correspondance secrète. Affaires étrangères*).

CAPITOLO VII

La battaglia legale

Nei primi mesi del 1764, le acque non si placarono e a marzo, per i tipi di Jacques Dixwell di Londra, d'Éon pubblicò un volume in quarto di seicento pagine dal titolo *Lettres, Mémoires et Négociations particulières du Chevalier d'Éon, ministre plénipotentiaire de France auprès du roi de la Grande-Bretagne*, dove pose in apertura un'epigrafe di Voltaire: «Ho potuto servire la Corte, e non conoscerla.» Da penna esperta e consumato grafomane quale era, trasformava il racconto delle vicissitudini intercorse tra lui e Guerchy in un perfetto atto d'accusa contro il conte, che ne usciva ridicolizzato in maniera umiliante, ma non risparmiava neppure Nivernais e Praslin. D'Éon dava in pasto al pubblico la sua corrispondenza personale con questi personaggi, ed altri di minore rilievo, e pur non rivelando alcunché di particolare sulle sue attività segrete, pubblicizzava comunque qualcosa che avrebbe dovuto rimanere rigorosamente privato. Ne erano un esempio le lettere di Praslin e di Nivernais che paventavano le capacità di Guerchy nel redigere i rapporti che il suo ruolo richiedeva. Nella seconda parte dell'opera, dava conto delle sue spese personali, alle quali aggiungeva salaci commenti, che si rifacevano alle discussioni avute con Guerchy. Nella terza parte erano allegate alcune pezze giustificative. Il volume andò a ruba e le 1.500 copie della prima edizione si esaurirono in pochi giorni. La Londra dell'epoca era avida di pettegolezzi e di scandali, soprattutto di quelli altrui. Non passava giorno che il duello tra Guerchy e d'Éon non occupasse le colonne del *Daily Advertiser*, del *Morning Post*, della *Westminster Gazette* o del *Public Advertiser*.

Un pubblico trasversale a ogni ceto prese a parteggiare per d'Éon, anche se, a dire il vero, astratto dal contesto più definito in cui si svolgeva, il litigio tra il cavaliere e l'ambasciatore risultava abbastanza incomprensibile, avendo l'autore avuto cura di non lasciar trapelare alcunché dei reali motivi dello scontro. Forse un po' folle, ma certo non traditore. Gli scaricatori del porto, a dimostrazione del clamore che aveva suscitato la vicenda, presero d'Éon sotto la loro protezione, così che diventava difficile pensare di poterlo rapire e di metterlo su di una nave per la Francia. Accadde di più quando, con una maldestra decisione presa dopo una riunione dei ministri, l'*attorney* generale, lord Mansfield[122], a seguito della denuncia fatta da Guerchy, diede avvio a un procedimento penale davanti al Banco del Re nei confronti del cavaliere per avere scritto, pubblicato e diffuso un libello oltraggioso per l'ambasciatore di una potenza amica dell'Inghilterra. La reazione popolare ne fece un campione della libertà di stampa al pari di John Wilkes[123]. Il paragone era certamente azzardato e senza alcun presupposto, ma è bizzarro come la fama di Wilkes sia stata legata a d'Éon per ben altra impresa del nostro cavaliere: la pace di Parigi, per concludere la quale, come segretario di Nivernais, aveva fatto il suo primo viaggio a Londra. Strana fu la sorte di questo trattato, che ebbe nei due campi dei contraenti reazioni esattamente opposte a quelle che era lecito e logico attendersi. Nella Francia, umiliata e spogliata della maggior parte dei suoi possedimenti coloniali, fu accolto dal pubblico pressoché come un successo diplomatico, quasi che la sensazione fosse di aver evitato un danno maggiore. Ovviamente, Luigi XV e i suoi ministri non erano di questa opinione, ma certo non vollero disilludere la sensazione popolare. Per contro, in Inghilterra, sin dai primi momenti, fu forte la corrente d'opinione che vide nel trattato di Parigi eccessive concessioni alla soccombente Francia e non mancarono anche accuse di corruzione. Il 23 aprile 1763, Wilkes pubblicò sul numero 45 del settimanale satirico da lui fondato, il *The North Briton*, un articolo violentemente polemico contro un discorso, preparato dal governo di Bute, che Giorgio III aveva letto in Parlamento il 16 aprile. Wilkes era del parere che il governo avesse nascosto la verità sulle trattative seguite alla vittoriosa guerra contro la Francia in Nord America, il trattato era stato negoziato in modo disonorevole e disonesto e

---

[122] William Murray conte di Mansfield (1705-1793), celebre giurista, deputato alla Camera dei Comuni dal 1742 al 1756, presidente del tribunale del Banco del re. Il Banco del re era una corte superiore di giustizia per le cause civili e per il penale era preposta a giudicare tutti gli affari che le sottoponeva la corona. In quest'ultimo caso era affiancata da una giuria. La corte del Banco del re era presieduta da un *general attorney*, procuratore generale, affiancato da quattro giudici nominati dal re.

[123] John Wilkes (1725-1797) fu un giornalista e un uomo politico inglese.

la colpa ricadeva sul re. Il governo affermava che la pace era «giusta», ma così non era secondo il polemista e parlamentare. Giorgio III reagì violentemente a queste accuse e il 30 aprile il segretario di Stato, George Grenville, ordinò di individuare e trarre in arresto tutti coloro che avevano contribuito alla pubblicazione del giornale, dai redattori ai tipografi e agli editori. Vennero fermate 49 persone, incluso Wilkes, che si rifiutò di rispondere all'interrogatorio, denunciò l'illegittimità del mandato e invocò l'immunità parlamentare. L'episodio diede avvio a ben altre discussioni ed ebbe un seguito di notevole rilevanza. Fu, infatti, l'occasione per mettere in discussione la legittimità e legalità dei «mandati in bianco» (*general warrants*), che cioè non nominavano alcuno specifico e comprovato colpevole, né reato. Wilkes e gli altri incriminati citarono in giudizio i funzionari che avevano eseguito i mandati d'arresto, che furono dichiarati illegali, e a nulla valse che i funzionari si discolpassero affermando di aver agito su ordine del governo. In altri termini, l'*Habeas corpus* proteggeva il cittadino dall'arresto illegale e, comunque, la sua mancanza ne assicurava il pronto rilascio. Con Wilkes, inoltre, si riaprì in modo perentorio la questione della libertà di stampa, tema fondamentale in un secolo, quale fu il XVIII, in cui i critici del governo erano passibili di arresto con l'accusa di «libello sedizioso». Una salvaguardia alla libertà di stampa, e quindi di critica, venne trovata nei poteri delle giurie. «Per molti anni – scrive Winston Churchill – e nel corso di molti processi, fu sostenuto con energia che queste devono decidere non soltanto se l'imputato ha o no reso pubblico lo scritto in questione, ma se questo è o no un libello, opinione che sarà convertita in legge nel *Libel Act* di Fox, [. . .] e negli ultimi anni del secolo, si poté dire che «un uomo ha il diritto di pubblicare qualunque cosa che dodici suoi compatrioti giudichino non biasimevole.» La storia non negherà una parte di merito di tale conquista a John Wilkes.[124]»

Bisogna anche aggiungere che il comportamento del popolino «amico» di d'Éon stava travalicando il limite del semplice sostegno verbale e morale. I suoi «amici» giunsero a incendiare alla dogana di Londra delle casse piene di «abiti di gala e altre cose di contrabbando», destinate all'ambasciatore e a sua moglie. Un altro giorno fu

---

[124] Winston Churchill, *op. cit.*, p. 167.

Guerchy stesso a essere in pericolo, quando la sua carrozza fu presa a sassate all'ingresso del palazzo sede dell'ambasciata. L'ambasciatore non manca di dare dimostrazione della sua vigliaccheria e, nascosta la croce di Santo Spirito, si affretta ad affermare che è un semplice segretario. A fatica riescono a chiudere la cancellata alle spalle della carrozza, ma le pietre continuano a volare e con esse i vetri delle finestre del palazzo, mentre i manifestanti gridano: «God save d'Éon!».

Le simpatie del pubblico per d'Éon non erano però condivise dal mondo che gravitava a corte e dagli ambienti governativi. Horace Walpole scriveva all'ambasciatore d'Inghilterra a Parigi che d'Éon era «colpevole quanto lo si può essere, pazzo d'orgoglio, ingiurioso, disonesto, insomma un vero concentrato di abominio»; e ancora, qualche giorno dopo, aggiungeva: «Il miserabile lunatico (d'Éon) era ieri sera all'opera con l'aria di uscire da Bedlam[125]. Non esce che armato e minaccia (cosa della quale lo credo capacissimo) d'uccidere chiunque osi mettere la mano su di lui». Era vero. A fine marzo il cavaliere aveva scritto a Tercier affermando che «il primo che si presenterà a casa mia o mi aggredirà per la strada, sarà ucciso sul posto». Era anche certo che chiunque avesse incrociato la lama con d'Éon ne sarebbe uscito malconcio, nella migliore delle ipotesi, ma molto più probabilmente cadavere. Sempre a Tercier, il 23 marzo, d'Éon aveva scritto una lettera che avrebbe dovuto apparire patetica, ma che in realtà palesava uno spirito ricattatorio: «Io non abbandonerei mai il re né la mia patria per primo, ma se per disgrazia il re e la mia patria giudicano opportuno sacrificarmi abbandonandomi, sarei obbligato mio malgrado ad abbandonarli e, facendolo, mi discolperei agli occhi di tutta l'Europa e niente mi sarà più facile, come voi dovete intuire. Questo sacrificio sarà molto duro per me, ne convengo, ma costerà molto caro alla Francia e questa sola idea mi strappa le lacrime. Ecco, dunque, gli estremi e le fatali risoluzioni che possono generare l'ingratitudine e l'intrigo che sostengono un ambasciatore tanto indegno di questo titolo come il conte di Guerchy.

«Non vi nasconderò, Signore, che i nemici della Francia credono di poter approfittare della mia dolorosa posizione, e mi hanno fatto delle offerte per passare al loro servizio [...]. Ho detto loro che non potevo

---

[125] Bedlam era il manicomio di Londra.

prendere alcun impegno, considerandomi sempre vincolato al servizio del re, e il mio re mi abbandona. E tuttavia, già all'origine di tutto questo affare, non ho agito che in conformità con il suo grande progetto segreto, a seguito dei suoi ordini scritti che non mi verranno strappati che con la vita [. . .]. I capi dell'opposizione mi hanno offerto tutto il denaro che desidero purché depositi da loro le mie carte e i dispacci ben chiusi e sigillati.» D'Éon aggiungeva di aver affidato a La Rozière unicamente la documentazione di minore rilevanza, di aver conservato quella più importante e di aver bruciato il cifrario. Informava, inoltre, di aver messo a punto un pericoloso sistema di difesa della sua abitazione, per dissuadere chi volesse impadronirsi delle carte, e che gli consentiva, a distanza, di far saltare in aria la casa e chi vi si fosse fraudolentemente introdotto. «Ma se sono totalmente abbandonato – aggiungeva – e da qui al 22 aprile, giorno di Pasqua, non ricevo la promessa firmata dal Re o da M. de Broglie che tutto il male che mi ha fatto il conte Guerchy sta per essere riparato [. . .], bisogna che vi rassegniate a una guerra molto vicina della quale io non sarò che l'autore innocente e questa guerra sarà inevitabile. Il re d'Inghilterra vi sarà costretto dalla natura delle circostanze, dal grido della nazione e del partito d'opposizione che si rafforza anziché indebolirsi.[126]» Era una minaccia o meglio una sorta di ricatto, e neanche velato, che, tuttavia, non sortì la reazione sperata. Luigi XV, ad ogni buon conto, non prese seriamente le minacce del cavaliere e sperava solo che il rumore cessasse e si ponesse fine a uno scandalo che ormai durava da troppo tempo ed era diventato l'argomento preferito delle chiacchiere londinesi e non solo. D'Éon doveva però capire che non era il caso di proseguire su quella strada e che la comprensione reale aveva dei limiti, così Luigi, l'8 aprile, chiamò il suo segretario e gli dettò la lettera seguente: «Il Re aveva avuto la bontà di accordare al signor d'Éon de Beaumont una pensione di 2.000 *livre* a carico degli Affari esteri, per il brevetto del 24 dicembre 1760. In conseguenza della condotta che egli ha tenuto redendolo indegno delle elargizioni e delle grazie del Re, Sua Maestà ha ordinato che egli sia radiato dalla condizione della pensione degli Affari esteri, sia per quello che può essere maturato sia per l'avvenire.» Per il cavaliere questo fu certamente un duro colpo,

---

[126] D'Éon a Tercier, il 23 marzo 1764, Boutaric, *op. cit.*, t. I, p. 316.

proprio perché veniva dal re in persona, quello stesso re del quale difendeva i segreti. La frase di Voltaire posta a epigrafe delle *Mémoires* prendeva così un significato compiuto.

A Parigi la situazione non era delle migliori per l'immagine di d'Éon, e andava via via peggiorando. Thomas O'Gorman, cognato di d'Éon, che lo informava periodicamente sulla situazione, così gli scriveva: «Il pubblico si solleva terribilmente contro di voi ed è persuaso che avete venduto i due volumi delle vostre memorie a un libraio di Londra per 80.000 *livre* e che non contengono altra cosa se non i segreti dello Stato e i negoziati della pace. Né io né alcuno che voi conoscete possiamo credere a simili storie e le guardiamo come un ordito di tutte le altre menzogne che hanno attribuito con tanta audacia al vostro conto. Noi sappiamo quanto la parola tradimento ferirebbe la delicatezza dei vostri sentimenti. Si ama il tradimento in tutti i paesi, ma si odia il traditore. Tutto ciò che dovete fare per il presente è di curare la vostra salute e la vostra borsa il meglio che lo potrete, nell'attesa che la tempesta sia passata.»

Non v'è dubbio che la pubblicazione delle *Mémoires* avesse creato situazioni alquanto imbarazzanti. Praslin era offeso con il suo amico Nivernais perché questi aveva comunicato le sue lettere a d'Éon. Nivernais non sapeva come mettere riparo nei confronti di Praslin e di Guerchy, che aveva ridicolizzato. Guerchy si sentiva offeso dall'opinione che avevano di lui i suoi amici o presunti tali. La faccenda stava creando sempre più danni e Praslin decise che, a dispetto della mancata estradizione, si dovesse provvedere a riportare, in un modo o nell'altro, il cavaliere in Francia. Il vascello che doveva riportare il rapito in patria gettò ben presto l'ancora nelle acque inglesi: infruttuosa iniziativa che non aveva fatto i conti con l'efficientissimo «cordone sanitario» che d'Éon aveva creato intorno a sé.

Il segretario del conte Broglie, de Nort, arrivò a Londra il 20 aprile[127], cioè due giorni prima di quella sorta di ultimatum al re che era contenuto nella lettera a Tercier, per cercare un qualche accomodamento tra Guerchy e il nostro cavaliere. Portò con sé anche una lettera dello stesso conte per d'Éon, nella quale vi erano vaghe promesse che

---

[127] Secondo Michel de Decker (*op. cit.*) de North giunse a Londra il 14 aprile e si recò in Golden Square a casa di un certo Henri Dodwell, dove d'Éon si era rifugiato.

avrebbero dovuto ammansire il destinatario. La prima reazione di d'Éon alla missiva di Broglie fu effettivamente positiva, gli parve che il conte fosse disponibile in qualche modo nei suoi confronti e subito si sciolse in cortesie nei confronti del latore, ma quando de Nort fu uscito ed ebbe modo di meditare più attentamente, si rese facilmente conto che si trattava solo di vaghe promesse destinate a finire nel nulla. Le 2.200 *livre* dovevano essere tutto il suo sostentamento e il vero scopo della manfrina era impadronirsi delle carte per potersi impunemente liberare di lui. Divenne impossibile ogni altra trattativa e de North si dichiarò impotente a concludere la sua missione e rientrò in Francia a relazionare il conte Broglie di questo fallimento.

Nel frattempo, a Versailles, si erano prodotti alcuni importanti mutamenti. La malattia che stava spegnendo la marchesa di Pompadour, che morì il 15 aprile di quell'anno, rendeva giustizia alla famiglia Broglie, il cui esilio era ormai anacronistico e, a opinione un po' di tutti, non poteva essere prolungato indefinitamente. Tuttavia, l'accoglienza che Luigi XV riservò al maresciallo fu glaciale e, più in generale, anche per il fratello la fine dell'isolamento non coincise con un ritorno dei favori della corte. Il maresciallo Victor-François de Broglie si sentì quasi oltraggiato dall'atteggiamento del re e ben presto diradò la sua presenza a corte, fino ritirarsi definitivamente in Normandia nella cittadina che prende il nome della famiglia. Diversa decisione fu presa dal conte Charles-François de Broglie, che pur tra una malcelata ostilità di Choiseul, che lo temeva, e una più evidente freddezza della corte, decise di rimanere a Versailles.

A Londra l'*iter* giudiziario del procedimento intentato da Guerchy faceva il suo corso e d'Éon rimaneva irremovibile nella sua posizione. Non avrebbe mai consegnato le carte a Guerchy, ma le avrebbe immediatamente date al conte Broglie se questo fosse stato nominato ambasciatore alla corte di San Giacomo al suo posto. La soluzione sarebbe stata così a portata di mano, ma il conte Broglie non poteva suggerire a Luigi XV di nominarlo a tale incarico. Come abbiamo detto, la sua posizione a Versailles non era delle migliori e non gli consentiva di chiedere al monarca di essere inviato a Londra come ambasciatore. Né ebbero effetto le sollecitazioni che il conte Broglie fece all'indirizzo di Guerchy di tralasciare di perseguire il cavaliere in tribunale, per verificare se fosse stato ancora possibile un qualsivoglia accomodamento.

La prima udienza al Banco del re del procedimento contro d'Éon ebbe luogo il 2 luglio 1764 e subito il cavaliere chiese un aggiornamento della procedura, poiché quattro dei suoi testimoni non si trovavano a Londra e, inoltre, la notifica dei capi di imputazione era pervenuta a lui, come ai suoi avvocati, negli ultimi giorni di giugno e i difensori non avevano avuto modo di leggere il libello incriminato che, peraltro, era in francese, lingua a loro sconosciuta. Il tribunale, tra la sorpresa generale, non concesse alcun rinvio e il 9 luglio condannò d'Éon in contumacia per oltraggio all'ambasciatore nell'esercizio delle sue funzioni. All'indomani la polizia di Giorgio III si recò nell'abitazione del cavaliere, in Golden Square, per notificargli la sentenza, ma non lo trovò, e introvabile sarà per un po' di tempo. D'Éon si era rifugiato in un appartamento affittato a Scotland Yard, Whitehall, da uno dei suoi amici, il reverendo dottor Eddowes. Trascorsero i giorni e le indagini si fecero più serrate, fino a quando una squadra di investigatori riuscì a individuare il nascondiglio del cavaliere. Penetrarono nella casa sfondando la porta, la misero a soqquadro, frugarono ovunque, ma di d'Éon nessuna traccia. Vi trovarono unicamente il cugino d'Éon de Mouloize, la moglie del reverendo e un'altra anziana donna, queste ultime intente a ricamare vicino al camino. Se ne andarono delusi e contrariati della mancata cattura. Certo, non potevano immaginare di aver sfiorato la loro preda, celata in vesti femminili, vicino al fuoco, e impegnata a ricamare con mano abile. Ecco il primo travestimento di d'Éon in abiti femminili in terra d'Inghilterra.

Il cavaliere stava preparando le sue contromosse nei confronti del suo accusatore, il quale riteneva di aver messo a segno una vittoria pressoché definitiva, almeno sul piano formale perché quanto alla sostanza, le carte rimanevano saldamente in mano all'avversario.

La vendetta di d'Éon si sarebbe consumata sul piano giudiziario, ma in modo ben più grave poiché preparava un'accusa penale contro il conte Guerchy per il tentato avvelenamento messo in atto dal servitore di questi. A questo fine, stava raccogliendo ogni prova che potesse avallare la sua accusa, e un aiuto inaspettato giunse un giorno a bussare alla porta di Whitehall. La sua ospite, madame Eddowes, gli annunciò la visita di un individuo che si era presentato come Treyssac de Vergy. Sì, proprio lui! Il pavido che aveva inutilmente tentato di sfidare il nostro cavaliere si presentava a d'Éon sotto tutt'altra veste e con ben altro scopo: si trasformò in un prezioso alleato. La confessione del miserabile fu completa e la riprendiamo da ciò che pubblicò egli stesso, a Londra, presso W. Nicoll, a St. Paul's Churchyard, in un piccolo opuscolo intitolato *Lettre aux Français par M. Treyssac de Vergy, servant à la justification de M. d'Éon*:

«Volevano servirsi di me, Signor cavaliere, per rovinarvi, come speravano di rovinare, attraverso voi, M. de Broglie, perché era questo il duplice piano dei vostri nemici. Fu con questo scopo che fecero di me in successione uno schermidore, uno strumento di scandalo, un libellista . . . Speculavano sulla mia miseria per impormi questi differenti ruoli, che io ebbi la debolezza di interpretare per qualche tempo. Ma le esigenze dell'ambasciatore si erano accresciute con la mia compiacenza e i vostri trionfi. Dopo aver usato tutto inutilmente nei vostri confronti, tutto! Sino al veleno! Perché voi siete stato avvelenato con l'oppio, Signore, l'ho saputo dall'ambasciatore stesso! Mi hanno proposto di assassinarvi! Scelsero per farmi questa infame proposta il momento in cui, avendo esaurito tutti i miei anticipi e non avendo ancora ricevuto niente dall'ambasciatore, avevo il più grande bisogno di denaro . . . Le cambiali che avevo sottoscritto al mio albergatore erano scadute e necessitavano di un immediato pagamento, correvo il rischio di essere imprigionato. Il conte Guerchy lo sapeva e mi tendeva una borsa da una mano ma un pugnale dall'altra! Ho respinto sia la borsa sia il pugnale, perché sono un cattivo soggetto, anche un miserabile, se volete, ma non sono un assassino! Poco tempo dopo fui incarcerato per debiti. Invano ho reclamato gli aiuti di colui che mi aveva fatto lasciare la Francia. Non mi rispose. Preghiere e minacce furono inutili. Ha respinto le une perché, credendo di impadronirsi a colpo sicuro della vostra persona, con gli «esonerati» di M. de Sartine[128], non potevo più essergli utile. Ha disprezzato le altre perché ero prigioniero e non potevo più nuocergli. Ma se avevo perso la libertà di andare e di parlare, mi restava quella di scrivere. Avendo appreso del processo che vi hanno intentato, redigevo, nella mia prigione una «let-

---

[128] Luogotenente generale di polizia dal 1759 al 1774.

tera ai francesi» per essere utile alla vostra discolpa. Lo stampatore Haber-Korn, a Grafton Street, l'aveva stampata in segreto, quando un prigioniero mi tradì. Il mio manoscritto era stato tolto dalla pressa dello stampatore . . . e subito il carceriere venne ad annunciarmi che in virtù di un ordine speciale, stavo per essere trasferito a Newgate, prigione di ladri e assassini; ma le mie grida di disperazione furono udite dai miei familiari e dai miei amici. Grazie al loro aiuto, la mia libertà fu riscattata e il primo uso che ne ho voluto fare è stato per voi. Il conte Guerchy ha rotto gli impegni d'onore che lo legavano a me e mi ha liberato dai miei. Sua Eccellenza ha osato portarvi davanti alla giustizia, usate, Signore cavaliere, le mie rivelazioni come meglio vi sembrerà . . . sono pronto a confermarle davanti a Dio e davanti agli uomini, a firmarle di mio pugno, a sigillarle con il mio sangue.»

Un Vergy esacerbato e vendicativo, che confessava ciò che d'Éon, poco prima, cercava di provare con qualche difficoltà, era più che mai utile, ma poneva comunque il problema della credibilità e, soprattutto, della sua affidabilità. Fu superato anche questo con una pubblica confessione avvenuta qualche giorno dopo in una «Lettera aperta a M. de Choiseul[129]». Il cavaliere non perse tempo e subito scrisse a Broglie che «l'orribile complotto è finalmente scoperto . . . Il Re non può non vedere la verità . . . [130]», ma il conte non rispose. Taceva perché, in realtà, non sapeva più come comportarsi né con questo personaggio, che sempre più pareva ondeggiare tra la mitomania e un irrefrenabile desiderio di vendetta, né con il re che certo non forniva un maggiore esempio di coerenza, promettendo un giorno e minacciando un altro. L'unica possibilità, pensava, era andare di persona a Londra e per ottenerne il permesso scrisse, il 19 novembre, un promemoria al monarca nel quale indicava in 150.000 *livre* la cifra per tacitare definitivamente il cavaliere e farsi consegnare le sospirate carte. Il re rifiutò, adducendo come giustificazione il fatto che il duca di Praslin non avrebbe mai accettato di far uscire dalle casse dello Stato una tale cifra senza una plausibile giustificazione, che non gli si poteva dare senza rivelare l'esistenza del *Secret*. Broglie ebbe allora l'idea di un'altra transazione: sarebbe andato egli stesso a Londra per recuperare le car-

---

[129] Archivi di Tonnerre. Stampata a Liegi, 1764.
[130] D'Éon al conte Broglie, 2 novembre 1764, in Boutaric, *op. cit.*, t. I, p. 332.

te, promettendo al cavaliere una pensione di 12.000 *livre* versate sul tesoro reale e propose al re di prendere in pegno i beni di sua proprietà e quelli della contessa sua moglie. Il re accettò e lo fece anche d'Éon, ma si presentò un ulteriore problema e cioè quello di come giustificare la partenza per l'Inghilterra del conte Broglie. Non mancarono le discussioni, e alla fine la spuntò il preoccupato conte il cui viaggio fu programmato per il mese di marzo del 1765.

Nel frattempo, a Londra, il 27 novembre 1764, davanti al Banco del re, Treyssac de Vergy fece la sua deposizione, composta da ben centoundici paragrafi, che terminò con il giuramento di aver deposto senza alcun interesse personale e di sua spontanea volontà. Nella parte iniziale di questa deposizione, troviamo la spiegazione di come Vergy si sia ritrovato a Londra a combattere contro d'Éon. Avvocato al tribunale di Bordeaux, egli aveva dilapidato il suo patrimonio e aveva poi tentato, senza alcun successo, la carriera letteraria. Nelle sue frequentazioni parigine era riuscito ad attirarsi la simpatia di un personaggio famoso, il conte d'Argental[131], che l'aveva raccomandato a Guerchy poco prima della sua partenza per Londra. Quest'ultimo gli aveva promesso il posto di segretario all'ambasciata, una volta che d'Éon fosse stato richiamato in patria. La condizione posta fu la totale obbedienza e sottomissione agli ordini dell'ambasciatore.

Nello stesso giorno seguirono altre deposizioni e precisamente quelle di Richard Kirvan e Jaques Dupré, due scudieri, di Jaques Braillard, sarto, di d'Éon de Mouloize, cugino del cavaliere e luogotenente di cavalleria del reggimento del principe de Conti, e di Louis La Peyre, chirurgo, tutte concordi nell'avallare quanto dichiarato da Vergy.

Si stava preparando il colpo fatale per il conte Guerchy, che pensava di poter controbattere alle accuse di d'Éon unicamente con il peso della sua carica di ambasciatore e la sua fama. Poco aveva capito dei tribunali e dei giudici inglesi che davanti a un'accusa di tentato omicidio non riconoscevano certo i privilegi diplomatici.

---

[131] Charles-Augustin de Ferriol conte d'Argental (1700-1788) fu ambasciatore di Francia a Costantinopoli, intendente a Santo Domingo e poi ambasciatore a Parma e a Piacenza. Deve la sua fama soprattutto alla fitta corrispondenza che ebbe con Voltaire, che chiamava il conte e sua moglie «i miei divini angeli».

Si chiuse così il 1764 e i primi giorni dell'anno successivo videro un incidente che doveva mutare, ancora una volta, l'andamento di questa vicenda, in cui nulla poteva dirsi scontato.

Il 10 gennaio 1765, a Calais, fu fermato e arrestato certo Hugonnet, cameriere di d'Éon e corriere della corrispondenza segreta. Gli furono trovati indosso alcuni dispacci «in chiaro», il cui autore fu velocemente individuato nel segretario del conte Broglie, tale Drouet. Questo arresto non fu certo casuale, Hugonnet era sorvegliato da più di sei mesi dalla polizia e i suoi spostamenti tra Londra e Parigi non passavano inosservati. I due furono immediatamente tradotti alla Bastiglia, sotto la responsabilità del capo della polizia Antoine de Sartine[132]. La situazione stava assumendo contorni alquanto compromettenti per il re e per tutti i componenti del *Secret*, che rischiavano di essere scoperti. La prima preoccupazione fu impedire che il duca di Praslin fosse presente alla lettura della carte sequestrate. C'era solo un modo per porre rimedio al peggio: avvicinare de Sartine e convincerlo a sottrarre le carte compromettenti, ma non solo, era anche necessario istruire i due accusati su come rispondere nel corso dell'interrogatorio. Bisognava evitare che si lasciassero sfuggire qualcosa di compromettente o che dessero risposte contraddittorie. Era indispensabile un intervento diretto del monarca e Luigi convocò Sartine per convincerlo a fare quanto la situazione richiedeva per non far scoppiare uno scandalo. Il luogotenente di polizia fu colpito dalla fiducia che gli accordava il sovrano in persona, il quale si «era aperto e confidato a lui[133]». Si mise a disposizione, ma non senza un certo timore di essere scoperto, ben sapendo che in tal caso il re non avrebbe potuto intervenire in sua difesa. Fu deciso che il conte Broglie e Sartine si sarebbero occupati sia di fare la cernita dei documenti, eliminando quelli che potevano creare sospetti, sia di preparare gli incarcerati agli interrogatori. A questo fine furono quindi introdotti segretamente alla Bastiglia. L'esame dei documenti fu accurato e si poté constatare che il nome di Broglie non

---

[132] Antoine de Sartine (1729-1801) fu responsabile della polizia con Luigi XV e, successivamente, sottosegretario di Stato della Marina Reale con Luigi XVI. Allo scoppio della Rivoluzione andò in esilio in Spagna (era nato a Barcellona da padre francese e madre spagnola) e non rientrò più in Francia.

[133] Luigi XV a Tercier, il 17 gennaio 1765, in Boutaric, *op. cit.*, t. I, p. 336.

era mai citato e solo sporadicamente vi era quello di Tercier. Apparivano talvolta alcune parole che erano chiaramente in codice, come «l'avvocato» e «il sostituto» e furono fatti sparire anche questi riferimenti che potevano essere sospetti. Restava solo la preparazione agli interrogatori e per fare questo fu necessario coinvolgere una terza persona, il governatore della Bastiglia, certo Jumilhac, il quale fortunatamente acconsentì a mettere in contatto i prigionieri anche con Tercier, il quale era anch'egli incaricato di istruirli. Broglie e Tercier si diedero da fare per quindici giorni di fila e quando giunse il momento fatidico Praslin, che volle essere presente al primo interrogatorio, comprese immediatamente di essere stato beffato. «Queste persone – disse – si fanno beffa di me», e per ripicca tenne in galera per trenta mesi il povero Hugonnet, mentre Drouet, che aveva minacciato apertamente di rivelare tutto se fosse rimasto ancora alla Bastiglia, fu presto liberato.

Hugonnet, nel settembre successivo, fu chiamato in causa da una certa Dufour, donna di facili costumi frequentatrice di loschi ambienti, la quale, fuggita da Londra per debiti, si rifugiò presso il conte Guerchy, in quel periodo in congedo in Francia. Essendo andata a letto in numerose occasioni, almeno così diceva, con Hugonnet, affermava di essere a conoscenza di molte cose che riguardavano d'Éon e, tra queste, dava per certo che egli ricevesse in modo continuativo della corrispondenza e del denaro dal conte Broglie. La donna non si limitò a questo, disse anche che aveva ospitato e nascosto d'Éon, travestito da donna, per parecchi giorni in casa propria, nel periodo che era intercorso tra la condanna di questi e la denuncia nei confronti di Guerchy. Come ovvio, tutte queste informazioni resero un po' di fiducia al conte Guerchy che informò immediatamente Praslin. Anche quest'ultimo pensò di avere finalmente la chiave per aprire le vie di quel *Secret* che gli era stato fino a quel momento precluso. Chiamò Sartine e gli disse di organizzare un confronto tra la donna e il buon Hugonnet, che ancora stava rinchiuso. Il luogotenente di polizia avvertì sia Broglie sia Tercier del nuovo pericolo, che non li contrariava meno della viltà del re che non poneva fine a questa continua inquisizione da parte di suoi ministri. Sarebbe stata sufficiente una sua parola per porre termine a questa manfrina che ormai durava da troppo tempo e che non aveva più alcun senso. «Ebbene, – scrisse Broglie a Tercier, in un momento di collera – quando domani M. de Choiseul saprà che noi intratteniamo una corrispondenza con d'Éon, quando saprà che ho redatto, per ordine del re, un piano di invasione dell'Inghilterra, che cosa potrebbe succedere se non che Sua Maestà proibirà loro di parlarne?» Tercier gli rispose che «sospettava fortemente che il re si divertisse della situazione». A salvare la situazione, ancora una volta, fu l'abile Sartine che convinse il ministro Praslin che era fuori luogo prendere in considerazione le dichiarazioni «di una baldracca», per chiamare in causa personaggi del calibro del conte e del maresciallo Broglie, per i quali sarebbe stato necessario un esplicito ordine del re. Praslin si fece più prudente, ma volle in ogni caso mettere a confronto Hugonnet e la Dufour. Non ottenne nulla di quanto sperato, Hugonnet negò di conoscerla e «hanno pianto e si sono detti delle ingiurie», riferì Tercier.

Comunque, già con gli interrogatori di Hugonnet e di Drouet, del gennaio precedente, Praslin e Choiseul furono perfettamente consci di essere stati giocati, ma anche il re, Broglie e Tercier furono consapevoli che a un futuro incidente non sarebbe stato possibile porre riparo. Sfumò così anche il progetto del viaggio a Londra del conte Broglie, che era stato programmato per il mese di marzo.

E scoccò l'ora del giudizio. Il 1° marzo 1765 i diciassette giudici del Gran Giurì di Londra emisero il loro giudizio (*Indictment*) sul caso d'Éon contro Guerchy. Fu una sentenza che meravigliò tutti poiché, con durezza, dichiarava che: «Claude-Louis-François-Régnier, conte di Guerchy, essendo un uomo dall'animo crudele, non avendo timore di Dio, ma seguendo l'istigazione del demonio, aveva contro di lui testimonianze abbastanza gravi da rendere opportuno perseguirlo per aver con cattiveria sollecitato e cercato di indurre il nominato Pierre-Henry Treyssac de Vergy ad assassinare e uccidere Charles-Geneviève-Louis-Auguste-André-Timothée d'Éon de Beaumont.» La formulazione del giudizio non lasciava spazio ad alcun dubbio, faceva di Guerchy il mandante di un mancato omicidio. A Londra come a Parigi, tutti erano stupiti e pareva impossibile che si osasse arrestare l'ambasciatore di una potenza straniera. Guerchy si ritrovò praticamente da solo nel palazzo dell'ambasciata. Chazal, il maggiordomo, era fuggito terrorizzato dall'Inghilterra, alla vigilia del matrimonio, abbandonando la promessa sposa senza una parola di spiegazione. Lo stesso Guerchy si trovava in stato confusionale e temeva che da un momento all'altro venissero a prelevarlo per metterlo sul banco degli accusati. Walpole non lo rassicurava più di tanto e con il suo consueto sarcasmo gli diceva che l'accusa poteva essere facilmente confutata basandosi su un teste di ben poca credibilità. E poi vi era sempre il fatto che si trattava di un diplomatico di una nazione straniera, ma su questo punto la giurisprudenza non era del tutto rassicurante, poiché si trattava di un reato comune di carattere penale e la discussione se valesse l'immunità era più che aperta. Si citava come precedente, non proprio favorevole al povero Guerchy, la sentenza pronunciata sotto Cromwell contro un fratello dell'ambasciatore portoghese, che faceva parte della sua legazione, il quale fu condannato a morte e giustiziato per un reato comune, malgrado le proteste del suo governo.

Quanto a d'Éon si sentiva vincitore e così scriveva a Broglie: «Nella situazione cui sono giunte le cose, bisogna assolutamente che l'accomodamento che mi avete proposto [si riferisce alla pensione] sia concluso quanto prima e che voi arriviate quanto prima... Questa è l'ultima lettera che ho l'onore di scrivervi in merito all'avvelenatore e allo scellerato Guerchy, che sarà spezzato vivo in Francia, se vi è della giustizia. Ma, grazie a Dio, sarà solo appeso in Inghilterra, come lo fu il conte Sea sotto il regno di Cromwell... Tutta la potenza intrigante della Francia non potrà prevalere in favore di Guerchy contro la potenza delle leggi inglesi, quando la loro esecuzione sarà affidata a degli arbitri liberi... Vi do la mia parola d'onore che tra poco il Guerchy sarà all'uscita da corte e condotto nella prigione dei criminali della città di Londra. Il suo amico Praslin, verrà a tirarlo fuori, se potrà; verosimilmente l'amico che lo tirerà fuori sarà il boia.[134]»

In Francia, la decisione del Gran Giurì fece scalpore e divenne l'argomento del giorno in tutte le conversazioni. David Hume[135], che proprio in quel periodo si trovava in viaggio nella patria di Guerchy e d'Éon, era conteso in tutti i salotti più famosi per dare delucidazioni

---

[134] D'Éon al conte Broglie, il 1° aprile 1765, riportato in *Le secret du roi*, il duca di Broglie, vol. II, p. 193-194, Calmann Levi, 1878.

[135] David Hume (1711-1776) filosofo e storico fu tra le figure più rilevanti dell'illuminismo scozzese.

sulle leggi e sulla procedura inglese, che prevedeva, come avviene anche oggi nei nostri tribunali, un'udienza preliminare per giudicare l'ammissibilità o meno del rinvio a giudizio di un accusato di un reato penale.

Il governo inglese era consapevole che le conseguenze di una simile situazione avrebbero potuto essere sproporzionate al fatto in sé e, nei meandri della legislazione, si cercò un modo per uscirne. Guerchy aveva fatto appello a ogni sua conoscenza ministeriale, ma aveva ricevuto unicamente risposte evasive, nessuno smaniava per frapporsi tra l'ambasciatore e la legge. Finalmente fu trovata una soluzione sufficientemente coerente con la giurisprudenza e gli usi da poter essere praticata. Il gabinetto britannico fece appello contro il verdetto del Gran Giurì in virtù di un *writ d'error* o *certiorari*, cioè contestando alla corte che aveva emesso il giudizio la facoltà di poterlo fare, eccedendo le sue competenze. La corte del Banco del re, che svolgeva la funzione della nostra Cassazione, proibì quindi all'*attorney* generale di andare oltre nel procedimento che il Gran Giurì aveva aperto (*noli prosequi*). Non fu indicato nessun altro organo competente per il proseguimento del giudizio e quindi fu raggiunto l'obiettivo di arenare il caso. L'Inghilterra era però paese dove le diverse competenze degli organi dello stato erano già all'epoca definite in modo abbastanza netto e questo intervento dell'autorità ministeriale in materia giudiziaria, per quanto potesse essere giustificato ed anche ragionevole, suscitò l'indignazione dell'opinione pubblica, per la quale il gabinetto aveva ceduto alle pressione di una potenza estera e non era stato capace di difendere le leggi inglesi dalle ingerenze esterne. Non bisogna, inoltre, dimenticare che per l'opinione pubblica d'Éon era una vittima dell'arroganza e della prepotenza del suo governo. Lo stesso lord Chesterfield[136] scrivendo a suo figlio, Philip Stanhope, esprimeva dubbi sulla legittimità dell'azione del re d'Inghilterra che aveva sottratto Guerchy ai suoi giudici: «Sapere se la legge può accordare un *noli prosequi* e se il diritto delle genti [all'epoca di definiva così il diritto internazionale] si estende ai casi di crimine ordinario, sono due punti che occupano tutti i nostri politici e tutto il corpo diplomatico.

---

[136] Philip Dormer Stanhope, IV conte di Chesterfield (1694-1773) membro della Camera dei Comuni.

In una parola, per servirsi di un'espressione alquanto volgare: c'è della m . . . . in fondo al bastone.[137]»

La vita londinese di Guerchy e della sua famiglia divenne insopportabile, non poteva più uscire da casa, i giornali dell'opposizione erano pieni di invettive contro di lui, che definivano un criminale. I tribunali non offrivano più alcun riparo contro le ingiurie e le calunnie che gli arrivavano da ogni parte e il suo unico desiderio era ormai quello di ritornare in patria. Chiese un lungo congedo dall'inizio dell'estate sino ad autunno inoltrato, ma in effetti non fece più ritorno nel palazzo dell'ambasciata londinese, se non per un brevissimo soggiorno, per organizzare il trasferimento delle proprie cose, prima di ritornare definitivamente in patria. D'Éon rimase padrone incontrastato del terreno.

Mentre a Londra il cavaliere godeva della sua vittoria, in Francia, a Tonnerre, la madre, quasi ottuagenaria, viveva quelli che furono i giorni peggiori della sua esistenza. Inopinatamente, la povera donna divenne bersaglio di una serie di vessazioni che risultano incomprensibili se non attribuite a una vendetta trasversale nei confronti del figlio. Le vennero aumentate a dismisura le imposte, tolti privilegi sulle terre che risalivano alla notte dei tempi e così, nel breve arco di pochi mesi, la madre di d'Éon fu ridotta nella più brutale miseria. Il cavaliere non ebbe dubbi sulla provenienza di questa infame persecuzione e si apprestò a vendicarsi alla sua maniera, cioè con la penna. Si dedicò alla redazione della *Dernière lettre à M. de Guerchy*, un opuscolo nel quale mise tutto il fiele possibile contro il suo nemico, che però ebbe un mortale incidente. Guerchy, per ironia della sorte, morì il 17 settembre 1767, a seguito di un calcio ricevuto da un cavallo, in quelle nobili parti che sono particolarmente care alla virilità e che furono accurato oggetto d'indagine sul corpo del cavaliere[138]. Così scriveva il cognato O'Gorman a d'Éon: «Sapete probabilmente dai giornali della fatale morte e della sepoltura del vostro amico Guerchy. Egli ha dichiarato, dicono, che la sua malattia proveniva da un calcio ricevuto da un cavallo nella parti nobili, ma la critica vuole che si sia trattato di un calcio di d'Éon . . . »

---

[137] Jacques de Broglie, *Le secret du roi*, p. 196, *op. cit.*
[138] Cfr. Michel de Decker, *op. cit.*, p.140.

Alla notizia della morte dell'ex ambasciatore lo stampatore olandese scrisse a d'Éon se doveva portare a termine il lavoro e ne ricevette questa risposta: «Sono stato informato quasi subito come voi della morte di M. de Guerchy. Poiché è morto, Dio voglia avere pietà della sua anima! Ma io sono vivo e devo, al re mio padrone, alla mia patria, a me, alla mia famiglia, ai miei cari e al carattere del quale sono stato rivestito in Inghilterra, la mia piena e completa giustificazione. Così Signore, sia che il mio nemico sia morto o vivo, continuate di grazia ciò che avete incominciato. Il mio nemico è disgraziatamente morto senza riparare il male che mi ha fatto. Non si deve turbare la cenere di un morto e ricordare la sua memoria solamente per rintracciare la sua vergogna: è il colmo della barbarie, lo so. Ma se il male che ha fatto ha talmente influito sulla disgrazia di qualcuno che sopravvive, che le sue ossa disseccate sembrano ancora perpetuarlo dal fondo del suo sepolcro, l'interesse personale, che è la prima legge della natura, ordina, benché con dispiacere, di citare il cadavere al tribunale pubblico, non per diffamarlo, ma per giustificarsi del biasimo che ha gettato su colui che gli sopravvive. Gli egiziani, questo popolo così rispettoso dei morti, non li citano, non li giudicano non condannano i mani dei loro stessi sovrani? Che si iscriva quindi alla necessità tutto ciò che si fa contro M. de Guerchy morto. Anche nella tomba egli è colpevole dei mali che vi sono. Se li avesse riparati, si rispetterebbe la sua morte nonostante l'obbligo di aborrire i suoi giorni!»

L'odio era evidentemente inestinguibile.

L'aneddotica vuole che l'adolescente figlio del conte Guerchy a questa ultima provocazione di d'Éon contro il padre defunto, si precipitò a sollevare la spada paterna, che era appesa sopra il feretro. Il giovane era ancora acerbo e l'arma troppo pesante, così la rimise al suo posto, abbassando gli occhi e mormorando tra le lacrime: «Più tardi, più tardi, padre mio, ti vendicherò!»

CAPITOLO VIII

Un po' di quiete

Dopo la definitiva rinuncia del conte Guerchy alla sua missione diplomatica a Londra, dove non volle più tornare, al suo posto non fu nominato un successore, ma un rimpiazzo provvisorio con il titolo di ministro plenipotenziario, cioè con quella qualifica che aveva dato origine a ogni discussione. D'Éon aveva chiesto che fosse il conte Broglie a raggiungerlo nella capitale inglese, ma Choiseul designò invece Durand, il vecchio residente a Varsavia, che il cavaliere ben conosceva e che faceva egli stesso parte del *Secret*, con il nome in codice de «*il presidente*».

Con i buoni uffici di Durand, d'Éon fece una piccola concessione alle preghiere di Broglie, restituendo al re un documento alquanto compromettente, vale a dire una lettera, a firma di Luigi XV, nella quale il monarca aveva chiesto, in vista del famoso sbarco, «di effettuare delle ricognizioni in Inghilterra, sia sulle coste, sia all'interno del paese», chiedendo di essere informato «sulle mire che il regno di Giorgio III poteva avere sia in rapporto alla Russia e alla Polonia sia nel nord e in tutta la Germania ...».

La consegna della lettera fu verbalizzata in modo pressoché ufficiale, in data 11 luglio 1766: «In conseguenza degli ordini del Re – recitava il verbale redatto da Durand – M. d'Éon, ex ministro plenipotenziario in questa corte, ha oggi rimesso nelle mie mani l'ordine particolare e segreto del re, scritto di suo pugno in data 3 giugno 1763, indirizzato al signor d'Éon. Certifico, inoltre, che il suddetto ordine mi è stato dato in buono stato, coperto da una doppia pergamena all'indirizzo di Sua Maestà e che mi è stato presentato chiuso e sigillato, in un mattone fatto apposta per questo scopo, preso dalle fondamenta delle mura della cantina e rimesso al suo posto in seguito.[139]» Si tratta della cantina del 38 di Brewer Street e non si può dire che d'Éon non avesse preso le sue precauzioni nel nascondere i documenti.

---

[139] Jacques de Broglie, *op. cit.*, p. 203.

Una tale concessione, se così vogliamo definirla visto che in realtà si trattava di un unico documento, mentre il cavaliere ne tratteneva come assicurazione molti altri, ricevette, comunque, quello che avrebbe dovuto essere al tempo stesso un compenso e un riconoscimento. Sempre a firma di Luigi XV fu consegnato nelle mani del cavaliere il seguente documento:

«A ricompensa dei servizi che il signor d'Éon mi ha reso tanto in Russia, che nelle mie armate e in altri incarichi che gli ho dato, gli voglio assicurare uno stipendio annuale di 12.000 *livre*, che gli farò pagare esattamente ogni tre mesi in qualunque paese egli sia, salvo in tempo di guerra in territorio nemico, e questo fino a quando non giudicherò opportuno dargli qualche incarico i cui stipendi saranno più considerevoli del presente trattamento.

Luigi.»

In fondo, Durand aggiunse:

«Io sottoscritto, ministro plenipotenziario del Re, in questa corte, certifico sul mio onore e giuramento che la promessa qui sopra è veramente scritta e firmata dalla mano del Re, mio padrone, e che egli mi ha dato ordine di rimetterla a M. d'Éon.

Durand.»

Con questo riconoscimento, d'Éon poteva dirsi più che soddisfatto, poiché, anche se in modo indiretto, venivano riconosciute la sua innocenza e la correttezza del suo comportamento. Un po' meno salva era la linearità dei comportamenti del re, ma già sappiamo che la coerenza, come la dote del coraggio, non facevano parte delle qualità di Luigi XV. Il conte Broglie approfittò dell'occasione per scrivere una suadente lettera al cavaliere e, in questo modo, saggiare la possibilità di indurlo a ulteriori passi avanti nella consegna del materiale in suo possesso e, nello stesso tempo, farlo proseguire nella sua missione di corrispondente del *Secret*.

«... Avrete modo di vedere che la prova che Sua Maestà si è compiaciuto di darvi e che resterà nelle vostre mani, sarà un titolo per sempre glorioso per voi. Vi deve colmare di riconoscenza e dissipare tutte le nuvole dalle quali il vostro animo è agitato ormai da tanto tempo. Quando sarete sereno e il rumore che avete fatto e ancora fate nel mondo sarà assopito, prepareremo un piano di condotta coerente per voi, per rendervi sempre più utile alla vostra patria e al migliore di tutti i padroni . . . D'ora in avanti comportatevi con modestia e saggezza . . . non siate più né ministro né capitano dei dragoni; abbandonate il romanzesco; assumete l'atteggiamento e il proponimento di un uomo tranquillo e sensato; con tutto ciò e con un po' di tempo ci si ricorderà delle vostre capacità: i vostri vecchi amici potranno riavvicinarsi a voi, i vostri nemici vi dimenticheranno e il vostro padrone ritroverà un suddito degno di servirlo . . . Quando uno ha il cuore retto e l'animo coraggioso, ma non feroce né violento, si può sperare di trascinarlo via dall'odio e dall'invidia di tutto l'universo!»

Il cavaliere ringraziò dei segni di affetto e dei buoni consigli ma, probabilmente, non li seguì proprio alla lettera visto che l'anno seguente Luigi XV scriveva al conte Broglie che «d'Éon è folle e forse pericoloso, ma con i folli non c'è niente di meglio da fare che rinchiuderli, e sicuramente in Inghilterra egli è riconosciuto come tale e gli inglesi possono servirsene solo per divertirsi e farsi beffe di M. de Guerchy . . . Odio mortalmente i folli . . . [140]». Preoccupazione, quella di Luigi, che pochi mesi dopo divenne superflua per la morte di Guerchy e, d'altro canto, egli stesso dimenticò questo eccesso di nervosismo e riprese a servirsi degli uffici del nostro cavaliere con una corrispondenza che si prolungò ancora per sette anni.

Il 21 gennaio 1767, a sessantatré anni, morì Tercier, stroncato da un attacco cardiaco. Forse, le bizze di d'Éon e i pericoli che per anni accompagnarono la complicata gestione del *Secret* lo avevano logorato anzitempo o, forse anche, il *Secret* non portava decisamente fortuna ai devoti servitori del re. Lo stesso d'Éon e il conte Broglie ne potevano essere una testimonianza. Quando ricevette la notizia della morte di Tercier, il conte si trovava a Ruffec e la notizia ci mise due giorni ad arrivare[141]. Ventiquattro ore dopo il conte Broglie era al domicilio del defunto, pronto a mettere al sicuro la corrispondenza reale. Solo il 26 gennaio, tuttavia, ricevette l'ordine di far procedere Sartines, in segreto, al prelevamento delle carte. Il tempo trascorso avrebbe di certo dato modo a Choiseul di impossessarsi di quanto voleva e svelare così il

---

[140] *Archives Nationales*: K. 157, Luigi XV a Broglie, 12 febbraio 1767. Cfr. P. Pinsseau, *op. cit.*, p.127.

[141] Da Parigi e Ruffec vi sono circa 400 km.

tormento del *Secret*. Perché non lo fece? Secondo quanto afferma Jacques de Broglie[142], il motivo è molto semplice: «questa misteriosa corrispondenza che l'aveva tanto inquietato fino a poco prima, gli sembrava ormai solo *"l'inoffensivo divertimento di un vecchio e la sterile conconsolazione di un ambasciatore in disgrazia"*. E allora, perché mettere le mani sulla corrispondenza reale? Sarebbe stato mettere «in torto» inutilmente il sovrano. Quale sarebbe stato l'interesse di questo gesto?» Quando Durand ritornò a mani vuote dall'Inghilterra, il ministro si congedò da lui alzando le spalle e dicendo tranquillamente: «Qualcuno si è alzato prima di noi . . . ecco che cosa prova tutto ciò!», e girò sui tacchi.

La posizione di diplomatico prima e le battaglie con Guerchy poi, avevano portato a d'Éon una notorietà che oggi definiremmo «trasversale». Era conosciuto a corte e nella migliore società come nei bassifondi del porto e nelle bettole. Era certo la situazione migliore per svolgere la sua attività di agente informatore, un po' meno per essere definito «segreto», soprattutto se si tiene conto che non rivestiva più alcuna carica ufficiale. Si trattava, in ogni caso, di una posizione privilegiata che gli permetteva di avere spunti utili e interessanti da ogni classe sociale. Come sappiamo, d'Éon aveva una penna facile e feconda, talvolta eccessivamente fantasiosa, ma che ben rendeva quanto lo circondava e le sue *Lettres politiques*, denominazione con la quale riunì le sue diverse comunicazioni al re, che venivano fatte sia in cifra sia in chiaro, sotto lo pseudonimo di William Wolff, sono il primo esempio di quello che al giorno d'oggi definiremmo *reportage politico*. Infatti, esse abbracciano tutti gli argomenti, la politica interna ed estera, le finanze, la guerra, la giustizia, gli intrighi e le liti parlamentari, le manovre diplomatiche.

Tra le informazioni che il cavaliere fu in grado di fornire ricordiamo, ad esempio, che da lui Versailles e l'ambasciatore di Spagna, il principe Masserano, seppero dei preparativi di rivoluzione che si stavano tramando in Messico e in Perù. Una delle fonti più prolifiche era una monaco spretato, che gli faceva anche da segretario e consigliere giuridico, che si chiamava Vignoles[143]. Uomo spregiudicato, dal passa-

---

[142] Jacque de Broglie, *Le vainqueur de Bergen et "le secrete du Roi"*, p. 245.
[143] La fonte relativa a Vignoles è Evelyne e Maurice Lever, *op. cit.*

to non proprio limpido, dopo aver lasciato l'abazia di Joyenval, si era rifugiato in Olanda, dove si era maritato e aveva intrapreso un'attività commerciale. Alla vigilia della bancarotta si rifugiò in Inghilterra. D'Éon, che per gli uomini aveva intuito, capì che quell'uomo poteva essergli utile per la sua capacità a introdursi negli ambienti più diversi. Era affiliato alla massoneria inglese, poiché forse era precedentemente affiliato a una loggia olandese, la qual cosa gli aveva aperto l'integrazione alla loggia de «l'Immortalità dell'Ordine», dove aveva il grado di Maestro. Probabilmente fu lui che fece associare d'Éon all'ordine massonico il 16 giugno 1766. Da allora il cavaliere pagò regolarmente l'annuale iscrizione e, nel 1769, vi è la nota della spesa di 4 *livre* per la sua ammissione al terzo grado dell'ordine massonico. Dobbiamo ricordare che all'epoca l'appartenenza alla massoneria per le persone di un certo ceto e di posizione sociale elevata era cosa assolutamente normale e non rivestiva alcuna segretezza. Vi è, inoltre, da rimarcare che se vi fosse stato il minimo dubbio o sospetto sul sesso di d'Éon l'iniziazione all'ordine massonico non sarebbe stata nemmeno presa in considerazione.

Vignoles aveva fatto conoscenza con un certo Guillaume d'Aubarède, conte di Laval, detto il marchese d'Aubarède, ma che si faceva chiamare Cafaro. Costui, dopo aver condotto una carriera onorevole nell'armata, dove aveva raggiunto il grado di colonnello, fu degradato nel 1762 e imprigionato alla Bastiglia, a causa di non chiari affari di costume e di ricatti. In carcere rimase solo poco meno di un anno e quando uscì pensò di raggiungere in Spagna un suo lontano cugino, il duca di Crillon[144], militare francese che si era posto al servizio della Spagna, presso il quale pensava di trovare appoggio. L'accoglienza non fu quella che si aspettava l'ex colonnello che, per una sorta di vendetta, si lanciò in una cospirazione che aveva lo scopo di liberare il Messico dalla dominazione spagnola. L'impresa richiedeva l'aiuto dell'Inghilterra, dove Cafaro si era recato per sondare il terreno. Attraverso Vignoles ottenne un'udienza con sir Maclaene, sottosegretario di Stato al dipartimento del Sud, che si limitò ad ascoltarlo senza fare alcuna promessa.

---

[144] Louis des Balbes de Berton de Crillon (1717-1796).

Vignoles riferì il tutto a d'Éon il quale avvertì Durand – Francia e Spagna erano alleate – che, a sua volta, consigliò il cavaliere di avvertire il principe Masserano, ambasciatore spagnolo. In realtà, Durand auspicava una sorta di intermediazione da parte di Masserano, che era amico di Guerchy, e il cavaliere per porre fine alla lite tra i due. Non avvenne nulla di tutto ciò. Il principe prese buona nota di quanto gli comunicò d'Éon e questi rimase deluso perché si aspettava un compenso «in moneta» sonante per le sue informazioni. Non solo, il cavaliere sperava che questo principe facesse da intermediario con Luigi XV per «monetizzare» le carte ancora in suo possesso. Ognuno si aspettava dagli altri ciò che era impossibile e tutti furono delusi nelle loro aspettative.

La generale delusione rappresentò però motivo di preoccupazione per il conte Broglie, che sempre temeva le bizzarrie del carattere di d'Éon. Il conte aveva appena saputo, infatti, che il banchiere Van Eyck, creditore di d'Éon, reclamava da questi la bella somma di 20.000 *livre*, che, inutile dirlo, il cavaliere non possedeva. Il rischio era quello di qualche alzata d'ingegno che ponesse le famose carte come mezzo per reperire la somma e questo rendeva urgente l'invio di denaro a d'Éon da parte della corte. Luigi XV comprese il pericolo ed anche se con una certa riluttanza accondiscese alle richieste del conte.

Le frequentazioni londinesi del cavaliere erano soprattutto rivolte ai membri dell'opposizione. Si legò particolarmente all'uomo d'affari, sostenitore del partito whig, Humphrey Cotes, che lo ospitava a casa sua e che lo aveva aiutato finanziariamente anticipandogli del denaro. D'Éon, nel salotto di Cotes, incontrava, tra gli altri, il cugino del padrone di casa, quel lord ammiraglio Ferrers, che nella fervente fantasia di Gaillardet si era innamorato del cavaliere travestito da donna, il quale lo aveva punito delle avance trascorrendo una notte di passione con la moglie. Immaginazione dell'esuberante biografo di Tonnerre.

Nell'inverno del 1766-67 si rischiò uno scandalo politico che avrebbe portato il nome di d'Éon alla ribalta, ancora una volta. Uno stampatore londinese voleva pubblicare con il suo nome un testo in cui si pretendeva di svelare i segreti dei negoziati relativi al trattato di pace di Parigi. La pubblicazione venne evitata, ma nel 1769 lo scandalo scoppiò comunque, fomentato da un certo dottor Musgrave, il quale accusò, in Parlamento, alcuni esponenti del governo e dell'aristocrazia di essersi venduti alla Francia al momento del trattato di Parigi. I nomi erano tali da fare scalpore: la principessa del Galles, il duca di Bedford, i lord Bute, Halifax, Egremont e qualcun altro. Il maldestro e precipitoso Musgrave pensava di poter contare sulla testimonianza di d'Éon, ormai separato dalla corte di Versailles, almeno ufficialmente, ma non fu così, anzi. Fu, infatti, proprio d'Éon a smentirlo pubblicamente:

«Attesto qui, sulla mia parola d'onore e pubblicamente, che non posso esservi di alcuna utilità, che non ho mai intrapreso alcun mercato per la vendita delle mie carte e che non ho mai, né per me, né per alcun agente autorizzato da parte mia, proposto di far vedere che la pace era stata venduta alla Francia.»

L'incidente, che riportò d'Éon agli onori della cronaca, si chiuse velocemente, ma non per questo Parigi non aveva da temere qualche altra mossa del nostro cavaliere, sempre corteggiato dal governo e dall'opposizione della corte di San Giacomo, che avevano per le carte che ancora erano nelle sue mani un interesse altrettanto vivo quanto il desiderio di Versailles di riaverle.

Ai primi del 1768, giunse a Londra il nuovo ambasciatore, il conte Châtelet[145], che con d'Éon ebbe un buon rapporto e con il quale ebbe anche modo di collaborare per alcuni servizi che gli furono richiesti. La situazione così rasserenata spinse il conte Broglie a ulteriori pressioni nei confronti del cavaliere perché questi restituisse le carte in suo possesso e un'occasione favorevole parve la visita a Londra, nella primavera del 1768, del barone Breteuil, cugino dello stesso Châtelet. Breteuil era stato ambasciatore in Russia, in Svezia e in Olanda ed era anch'egli membro del *Secret*. Ancora una volta, fu la promessa di denaro, del quale d'Éon aveva sempre bisogno, a convincerlo a consegnare la corrispondenza ufficiale del suo ufficio a Châtelet e quella della sua attività segreta a Breteuil. Il cavaliere, però, sapeva perfettamente che la sua vita e la continuazione della sua collaborazione dipendevano in buona parte dalla capacità di «ricatto» che manteneva nelle sue mani, e così conservò ancora numerosi fascicoli riservati, che

---

[145] Louis Marie Florent de Lomon d'Haraucourt du Châtelet (1727-1793) fu ambasciatore a Vienna e poi a Londra. Morì ghigliottinato.

sarebbero stati eventualmente utili successivamente. I suoi servizi, d'altro canto, erano più che mai utili in un momento che vedeva le relazioni tra i due paesi in una fase di rinnovata tensione a causa della Corsica, che Genova, in maggio, aveva ceduto alla Francia e dove Choiseul aveva inviato delle truppe. L'Inghilterra non aveva mire sull'isola, da anni ingovernabile e in rivolta, ma temeva che questa, in mano ai francesi, potesse costituire una minaccia per il suo predominio navale nel Mediterraneo.

Le tentazioni di lasciare il servizio della Francia per altri lidi economicamente più vantaggiosi giunsero anche dalla Polonia, dove si era insediato sul trono una vecchia conoscenza di d'Éon, Stanislao Poniatowski[146]. Il cavaliere aveva conosciuto il nuovo monarca polacco nel corso della sua permanenza a Mosca, quando questi faceva parte della piccola corte di Caterina, non ancora imperatrice, della quale, per essere più precisi, era divenuto l'amante. D'Éon intravide l'opportunità di ritornare alla professione diplomatica, che amava più di ogni altra cosa e che valorizzava le sue capacità, e fu egli stesso a proporsi al vecchio amico che sembra avergli risposto favorevolmente. La Polonia era l'amica e la tradizionale alleata della Francia, servirla era come continuare ad essere al servizio della Francia. Bisognava però superare l'ostacolo di ottenere l'autorizzazione di Versailles e in questa occasione il conte Broglie non si fece scrupoli nel disilludere il

---

[146] Stanislao II Augusto Poniatowski (1732-1798), ultimo re di Polonia, all'età di vent'anni faceva parte della Dieta (Sejm) e, per accrescere le sue possibilità di carriera, si appoggiò alla potente famiglia dello zio, gli Czartoryski. Nel 1755, fu inviato in Russia con l'ambasciatore inglese Hanbury Williams e qui, sostenuto dal cancelliere Bestužev-Rjumin, fu accreditato come ambasciatore della corte russa in Sassonia. Con il colpo di stato polacco del 1764, supportato dalle truppe russe e organizzato dalla famiglia Czartoryski, Poniatowski venne eletto re della Confederazione Polacco Lituana. Spodestato nel 1770 dalla Confederazione di Bar, venne imprigionato ed estradato da Varsavia. Nel 1791 si oppose alla nuova costituzione, insieme al partito dei Sejm, e si alleò con la Russia le cui truppe invasero il paese, dando avvio alla guerra russo polacca. Dopo alcuni scontri Poniatowski aderì alla Confederazione. Al termine di questo conflitto la Polonia venne nuovamente smembrata. Con la terza spartizione del Paese Stanislao, nel 1795, fu costretto ad abdicare e si rifugiò a San Pietroburgo, dove morì.

cavaliere, anche se lo fece con una lettera particolarmente adulatoria e suadente:

«Parigi, 11 maggio 1772.
«... Non sono meravigliato che il Re di Polonia abbia avuto la bontà di farvi dire delle cortesie dal suo ciambellano. Questo principe vi ha conosciuto, ha sentito parlare di voi vantaggiosamente in Prussia e sa come potreste essergli utile; ma dovete anche capire che non vi è nessun luogo dove possiate servire il re più utilmente che a Londra, soprattutto nelle attuali circostanze. Ugualmente non vi è alcun altro luogo dove potete essere più sicuro che a Londra, contro le cattiverie dei vostri nemici. Continuate quindi la vostra corrispondenza con me e Sua Maestà; è il desiderio del Re, che vi raccomanda di non lasciare l'Inghilterra senza i suoi ordini. Ma Sua Maestà approva la corrispondenza che voi avete proposto di intrattenere con il re di Polonia. Non vi è alcun pericolo nel formularla. Sua Maestà essendo ben sicuro del vostro attaccamento e della vostra fedeltà, mi autorizza a darvi ogni sorta di libertà a questo riguardo. Mi limiterei, del resto, a raccomandarvi tutto ciò che può interessare Sua Maestà e ad assicurarvi che mi occuperò con piacere di far valere, in questa occasione come in tutte le altre, i servizi che voi renderete al re, e a darvi delle prove dei sentimenti con i quali non cesserò mai di essere, ... etc.

Il conte de Broglie»

Più in basso di pugno del re:
«Approvato»[147]

Luigi XV e Broglie volevano tenere il loro corrispondente a Londra, dove, se si fa eccezione per le ricorrenti difficoltà finanziarie, d'Éon conduceva una vita più che brillante. Era ricevuto ovunque, aveva stretto amicizia con persone influenti, fra cui l'ammiraglio Ferrers, con le quali si incontrava spesso e dalle quali riceveva piena ospitalità. Inoltre, poteva dedicarsi alla scrittura, la sua prima passione che non lo abbandonò mai, e allo studio nella biblioteca, che si era creato nel corso della sua permanenza, ricca di oltre tremila volumi.

---

[147] Riportata da Gaillardet, *op. cit.*

La biblioteca londinese del cavaliere merita un cenno più particolareggiato perché, oltre alla sua notevole ricchezza, soprattutto se si tiene conto del costo dei libri all'epoca, comprende titoli che possono dare qualche indicazione sul carattere e sugli interessi del personaggio[148]. Nel catalogo, redatto nel 1791 dallo stesso cavaliere nella prospettiva di una vendita all'asta da Christie's a Londra nello stesso anno, possiamo notare un insieme di manoscritti e di opere a stampa degne dei più grandi collezionisti di ogni tempo. Vi sono, ad esempio, nove grandi portafogli in folio contenenti l'insieme dei manoscritti del maresciallo di Vauban[149] con i piani disegnati di sua mano, le sue note, le sue istruzioni sulle fortificazioni e altre annotazioni di carattere militare. Non mancano opere di giurisprudenza, non dimentichiamo che d'Éon era avvocato, relative sia al diritto civile sia a quello penale francese, con alcuni esemplari risalenti al XV secolo; una collezione di libri rari in lingue orientali; manoscritti sulle finanze francesi, di storia, di politica, d'arte e di scienze, sia in francese sia in inglese e molti in latino. Esemplari di bibbie scritte in ebraico, in caldeo, in siriaco, in talmudico, in arabo, in persiano, in turco, in gotico, in georgiano, in greco e in latino. Ovviamente, vi sono anche i relativi dizionari di queste lingue. Molti libri sono contemporanei, ma se troviamo le opere complete di Rousseau, nell'edizione del 1769, Voltaire compare una sola volta con *Le Tableau philosophique de l'Esprit*.

Vi è poi una serie di volumi che è un po' sorprendente trovare in questa biblioteca, pur così vasta, per la tematica non proprio di usuale interesse per un cavaliere dell'epoca: la condizione e le problematiche femminili. Troviamo ad esempio il *Traité des maladies des femmes grosses e de celles qui sont accouchées* di Moriceau; *L'Honnête femme* di R.P. du Bosc; l'*Histoire des Vestales* e un *Traité du luxe des dames romaines*; *Le Nouvel Ami des femmes ou la philosophie du sexe*; *Les Vies des femmes illustres de la France*; *Les Femmes des douze César* di M. de Servies; *Recherches sur les habillements des femmes et des enfants ou Examen de la manière dont il faut vêtir l'un et l'autre sexe* di M.A. Le Roi; *Apologie*

---

[148] Le informazioni sulla biblioteca di d'Éon sono tratte da Evelyne et Maurice Lever, *op. cit.*, p. 137-139.

[149] Sébastien Le Prestre, marchese di Vauban (1633-1707) fu il maggiore urbanista, ingegnere e architetto militare del suo secolo.

des dames appuyée sur l'Histoire; Histoire des Amazones anciennes et modernes dell'abate Guyon; *Essai sur le caractère, les mœurs et l'esprit des femmes dans les différents siècles* di M. Thomas dell'Académie française.

L'elenco potrebbe continuare, ma ciò che colpisce e, alla luce del personaggio, ha una qualche rilevanza, è l'interesse che d'Éon riservava a un tale argomento. Interesse che ai nostri giorni sarebbe più che normale, ma che nel XVIII secolo non era certamente tra i più comuni.

D'Éon aveva ormai molto tempo libero e poté quindi dedicarsi alla redazione di quella che è stata la sua opera letteraria più impegnativa, se non altro per la mole, e cioè *Les Loisirs du chevalier d'Éon de Beaumont sur divers sujets d'administration*, dove affronta ogni tema possibile: la politica della Polonia, l'amministrazione dell'Inghilterra, la politica coloniale, il commercio, la legislazione russa, le finanze della Francia e molto altro ancora. Un lavoro imponente che vedrà la luce nel 1774 e che dedicò al suo amico, il duca di Choiseul. È significativa questa dedica al suo vecchio protettore che, con l'avvento della du Barry[150] nei favori di Luigi XV, aveva dovuto lasciare il suo posto e la sua influenza, ma che nel momento dello scontro con Guerchy non si era fatto scrupolo di abbandonare il cavaliere al suo destino. Nel momento della disgrazia del primo ministro, d'Éon volle essergli generosamente vicino e gli indirizzò una lettera che merita di essere riportata perché è espressione di un altro aspetto del carattere del cavaliere, quella fedeltà e quella riconoscenza che ne fecero anche la disgrazia:

«Londra, 6 gennaio 1771.

«Signor duca,
Voi mi avete per lungo tempo onorato della vostra benevolenza e della vostra manifesta protezione. Questa si è ritratta da me unicamente per condiscendenza nei confronti del duca di Praslin, mio nemico e vostro parente, vostro collega. Mi sono sempre rallegrato della vostra benevolenza e non mi sono mai lamentato del vostro abbandono. Nell'ora in cui i cortigiani della vostra fortuna vi rinnegano, signor duca, e si allontanano dalla vostra disgrazia, io mi avvicino a voi e metto ai vostri piedi l'omaggio della mia devozione e della mia rico-

---

[150] Jeanne Bécu de Cantigny divenuta per matrimonio contessa du Barry (1743-1793) fu l'ultima favorita di Luigi XV. Morì ghigliottinata.

noscenza che non finiranno se non con la mia vita. Degnatevi di accettarle e credetemi vostro umile e obbediente servitore.

Cavaliere d'Éon»

Bisogna dare atto al nostro cavaliere che non apparteneva alla categoria di coloro che abbandonano chi è in disgrazia per salire sul carro del vincitore appena arrivato e di aver avuto fortemente il senso della dignità dei sentimenti.

L'opera di d'Éon riscosse qualche successo a Londra e fu particolarmente apprezzata da Federico II, il quale fece mettere immediatamente in cantiere alcune riforme suggerite dal cavaliere, almeno secondo quanto venne riportato dal *London Evening Post* del 21-23 luglio 1774. Tutt'altra sorte ebbe in Francia, proprio per la dedica che il cavaliere aveva voluto fare a Choiseul, ormai estromesso dal potere. Sartines, il luogotenente di polizia, sapeva benissimo fare il suo mestiere e sapeva che il primo merito di un buon poliziotto è piacere ai personaggi importanti della corte. Così fu vietata la vendita dell'opera, benché ne circolasse qualche esemplare clandestino e alcune copie di un'edizione contraffatta stampata da un libraio di Lione.

Questi contrattempi non favorirono la diffusione dell'opera e l'editore di Amsterdam, Rey, nel dicembre del 1774, se ne lamentava amaramente con l'autore. Secondo le sue indicazioni su una tiratura di 2.200 esemplari ne aveva venduti solo 500 e, quindi, ne restavano 1.700 in magazzino. L'operazione commerciale gli era costata 14.000 fiorini olandesi, cioè 30.000 *livre* francesi e gli lasciava una perdita di circa 20.000 *livre*. Tutto questo nonostante avesse fatto un'abbondante pubblicità sulle Gazzette di Amsterdam, Utrecht, Leida e L'Aya. Il cavaliere ha conservato il contratto d'edizione da cui sappiamo che la stampa ebbe inizio nel 1771 a spese del libraio Rey. L'autore si era impegnato a fornire i manoscritti a gruppi di quattro volumi, dietro compenso di trecento *livre* per volume, vale a dire 12.000 *livre* ad ogni consegna. I dodici volumi resero, pertanto, al cavaliere 36.000 *livre* (il tredicesimo volume era rappresentato dalle tavole e quindi al di fuori del compenso), cui bisogna aggiungere venticinque copie dell'opera completa[151].

---

[151] Le informazioni sulla stampa dei *Loisirs* sono tratte da P. Pinsseau, *op. cit.*

Come era accaduto per le altre opere, d'Éon fece omaggio della sua fatica a numerose personalità, avendo cura di graduare il valore dell'edizione in base al destinatario. Alle personalità di maggiore rilevanza i tredici volumi rilegati in pelle con iscrizioni dorate sul dorso, ad altri edizioni con rilegature meno preziose o semplicemente in brossura. Tra i destinatari troviamo il maresciallo Belle-Isle, l'abate Bernis, il conte Bestužev, il suo amico marchese L'Hôpital, Tercier, il cavaliere Douglas e numerosi altri, tra cui sua madre. Le *Loisirs* non portarono a d'Éon quella fama e quella fortuna che aveva sperate. La fortuna che inseguì per tutta la vita, che in alcuni momenti parve arridergli ma che alla fine lo vide rassegnato scrivere: «Ho sempre creduto di aver colto la Fortuna per i capelli e mi sono sempre accorto che essa non aveva che una parrucca.»

Nello stesso periodo, d'Éon pubblicò anche due opere «minori», un *Traité statistique concernant les royaumes de Naples et de Sicilie* e un altro *Traité* dello stesso genere relativo alla Russia.

Il cavaliere si era fatto un'idea precisa sugli inglesi e, più in generale, sul paese che lo ospitava, e non era certo un'opinione lusinghiera quella che possiamo cogliere in un passaggio di una lettera, del 1777, indirizzata a suo cugino, de Vaulavré, che si trovava a Parigi:

«Se voi avete di che vivere, in modo autonomo, con filosofia, potete soddisfare il vostro desiderio di vedere l'Inghilterra. Ma se voi vi venite senza denaro e unicamente con i talenti dello spirito, vi avverto che anche qualora aveste quelli di Voltaire, vi morirete di fame, e che dopo esservi giunto in carrozza, sarete felice di potervene andare a piedi. Se voi foste un commerciante o un parruccaio, un cuoco, un buon ballerino o un buon musicista ... sarebbe altra cosa. Altrimenti, qui non avrete che insuccessi e delusioni.»

Qualche tempo dopo avrebbe detto: «È il paese di *My lord Sterling* e di *My lady Ghinea!*».

Regnava già allora il dio denaro, ma in modo diverso dallo sfarzo che faceva di Versailles e di Parigi, in generale, il punto di riferimento del bel mondo e della moda. Ecco come d'Éon descrive l'andamento della corte di re Giorgio III:

«Benché il re d'Inghilterra abbia centoventimila lire sterline di reddito, so tuttavia da Temple, che lo sa da suo fratello, ex primo pagatore della tesoreria, che l'ha verificato, che è indebitato personalmente, da quando è sul trono, per oltre mezzo milione di lire sterline, a forza di aver distribuito del denaro per i consigli di lord Bute, per avere delle voci in Parlamento e instaurare l'autorità reale; il che gli è riuscito molto male. Sono questi debiti, il desiderio di corrompere, tanto quanto l'educazione economica che gli ha dato la principessa del Galles, che lo obbligano a vivere a Londra e a Richmond con una lesina indegna della regalità. Non c'è mai una provvista di alcun genere; manda ad acquistare perfino sei bottiglie di vino alla volta e una bottiglia di rhum per fare il punch; il che gli attira le battute di ogni colore di tutti i commercianti della città, che sono dei grandi mangiatori, dei grandi bevitori e le cui battute sono leggere come i loro roastbeef. In merito sono stati fatti numerosi pamphlet, stampe e delle buffonerie in teatro.

Il re prende come sue guardie del corpo un distaccamento di venticinque uomini di truppe leggere d'Elist o dei borghesi, nelle sue corse pressoché giornaliere da Londra a Richmond e da pochi giorni è stato arrestato un distaccamento di queste pretese guardie che si divertivano a rapinare sulle strade principali, pistola alla mano. Giudicate in quali mani è la sicurezza del re e della famiglia reale!»

Il quadro non è certo dei migliori, ma per certi versi rispecchia quella parsimonia tutta inglese che spesso si nasconde dietro suntuose facciate di ricche dimore.

Nella corrispondenza di d'Éon al conte Broglie abbondano anche i semplici pettegolezzi, che ne fanno talvolta una lettura divertente per il quadro che ne esce della corte e della classe politica inglese dell'epoca.

«Da qualche giorno il duca di York, poco difficile in amore, essendo stato sorpreso, alla sera, con una donna dal marito della stessa, che è un capitano, ne è stato ferito leggermente a una spalla con un colpo di spada, che l'ha obbligato a rimanere nel suo appartamento per qualche giorno; ma questa disavventura è stata soffocata per il rango della sua nascita. Suo fratello, duca di Gloucester, si è follemente innamorato della giovane vedova milady Walegrave. Poiché temono che il suo amore lo porti a un matrimonio segreto, presto dovrà fare un viaggio nei paesi stranieri con il duca di Brunswick[152], che ritornerà

---

[152] Carlo Guglielmo Ferdinando di Brunswick-Wolfenbüttel (1735-1806) sposò, nel

in Inghilterra per cercare la sua sposa per poi ritornare in Germania. Questo duca, da parte sua, non vive in buona armonia con la principessa Augusta, sua moglie, che però è gelosa di suo marito. Persone all'interno del palazzo hanno assicurato al mio amico che il poco amore del principe deriva dal cauterio che ha scoperto sulla gamba di sua moglie e dal fatto che i due figli che ha avuto sono già presi dal male reale d'Inghilterra, vale e dire l'*umore freddo*[153], del quale il giovane fratello del re è recentemente morto.»

Nel 1770, al posto di Le Châtelet, fu nominato ambasciatore a Londra il duca di Guines[154], le cui singolari vicende furono seguite con attenzione da d'Éon. Nell'aprile del 1771, infatti, il suo segretario, tale Barthélemy Tort, si impossessa delle carte riservate dell'ambasciatore e, insieme a un domestico, si imbarca per la Francia, con destinazione Parigi. Il duca di Guines, informato della permanenza di Tort nella capitale francese, ne chiede l'arresto, ma invano, perché, con sua grande sorpresa, le sue richieste rimangono inspiegabilmente inascoltate. In realtà, Tort è protetto dal nuovo segretario di Stato agli Affari esteri, il duca d'Aiguillon[155], che è creatura della du Barry. Dopo molte insistenze, Tort viene portato, con tutti i riguardi, alla Bastiglia dove, però, resta pochissimo e quando esce si fa egli stesso accusatore di Guines, affermando che aveva operato su suo mandato. La vicenda, di

---

gennaio del 1764, la più anziana delle sorelle di Giorgio III, Augusta Federica di Hannover (1737-1813), la quale, contrariamente a quanto scritto da d'Éon, si dimostrò insensibile alle relazioni extraconiugali del marito. Dal matrimonio nacquero sette figli.

[153] Quello che veniva all'epoca chiamato *umore freddo* è la scrofolosi.

[154] Adrien Louis de Bonnières, conte di Souastre, poi duca di Guines (1735-1806) per la sua amicizia con Federico II fu nominato ambasciatore a Berlino nel 1768, dove però rimase solo un anno. Ambasciatore a Londra dal 1770 al 1776, fu successivamente governatore dell'Artois.

[155] Emmanuel-Armand de Vignerot du Plessis-Richelieu duca d'Aiguillon (1720-1788) dopo una breve carriera militare fu nominato comandante in capo in Bretagna, dove difese vittoriosamente Saint-Malo dagli inglesi nel 1758. Non tardò però a rendersi impopolare e ad entrare in conflitto con il Parlamento bretone. Nel 1770, per evitarne l'arresto, a seguito di una condanna per indegnità, intervenne direttamente il sovrano che, a seguito delle pressione della du Barry, lo nominò nel 1771 segretario di Stato agli Affari esteri. Emarginato con la salita al trono di Luigi XVI fu inviato in esilio.

per sé poco chiara, appare la ripetizione del complotto per impadronirsi delle carte del cavaliere d'Éon, con la differenza che in questo caso la missione riesce. Probabilmente, anche il duca di Guines era sospettato di far parte del *Secret*, e la du Barry, come la Pompadour precedentemente, era ansiosa di saperne di più per poter indirizzare i suoi protetti e influenzare il sovrano.

Il duca di Guines, soprannominato dai londinesi «il magnifico» in contrapposizione al suo predecessore, Le Châtelet, che era «il litigioso», fu anche protagonista della cronaca rosa della capitale. D'Éon informa, con un certo benevolo sarcasmo, il conte Broglie delle disavventure amorose dell'ambasciatore perdutamente invaghito di una nobildonna sposata:

«11 maggio 1773.

La notizia che fa maggior rumore in questo momento a Londra è ancora una storia del conte Guines con Milady e Milord Crëwen. Questa signora, che è giovane e bella, e che era la regina di tutti i balli del galante ambasciatore, è accusata da suo marito di aver avuto una «conversazione criminale» con il conte Guines.

Di conseguenza, suo marito, indignato e di natura collerico, ha fatto un grande scalpore. Ha portato sua moglie nel suo castello dove, dicono, l'ha rinchiusa per tre anni e ha inviato, stando a ciò che assicurano in pubblico, una sfida all'ambasciatore, che avrà luogo solo dopo la sua ambasciata.

Vi terrò al corrente.

Gli ambasciatori di Francia sono poco fortunati in quest'isola; ma non si può che convenire che essi siano i principali autori di tutti gli incidenti e disgrazie che capitano loro. Presumono di poter fare impunemente qui tutte le manovre che eseguono facilmente a Parigi.

William Wolff.»

Poco meno di un mese dopo d'Éon ritorna sull'argomento di questa vicenda amorosa i cui sviluppi sono degni della trama di un romanzo d'appendice.

Londra 9 giugno 1773.

Signor conte,

La città e la corte sono qui nello stupore, l'ammirazione, la stupefazione, lo spavento spinto sino al brivido e il riso fino alle lacrime. Che cosa provoca nello stesso tempo sensazioni così differenti? Un solo uomo, il conte Guines. È appena sfuggito al vespaio dove era caduto per uno dei suoi colpi dei quali non si sa che cosa ammirare di più, se la profonda astuzia che lo ha concepito, o la profonda devozione che ha potuto eseguirlo. È un vero tratto da spartano, e che lascerà, se non mi sbaglio, al suo autore il soprannome di Leonida o di Decio della galanteria. Giudicate, piuttosto.

Guines, vedendo l'onore della giovane e bella milady Crëwen trascinato sulla strada da suo marito, che calpestava sotto i piedi la reputazione di sua moglie, senza pensare che la vergogna che ne spremeva gli schizzasse in fronte, decise di vendicare questa fredda e stupida implacabilità. Aveva provocato il male, giurò di ripararlo e di lavare la sposa agli occhi del mondo, rigettando il fango di cui era coperta sullo sposo privo di misericordia, più colpevole per la sua crudeltà di quanto lo fosse la peccatrice per la sua mancanza. Dio non ha fatto del perdono delle offese uno dei suoi precetti? Non ha detto che preferisce il peccatore pentito al giusto orgoglioso di non aver sbagliato? Armato di questa sentenza del sovrano giudice, il conte Guines decise di punire colui che l'aveva infranta, e di mettere sotto accusa a sua volta il boia che era stato senza pietà per la vittima.

Milord Crëwen, così feroce sui costumi della sua metà, non lo era altrettanto rigido per i suoi. È pressoché il caso di tutti i mariti. Sono tutti di quella specie di portatori di bisaccia, di cui parla La Fontaine, che portano gli altrui difetti davanti e i propri dietro; vedono una paglia negli occhi delle loro mogli e non si accorgono di una trave nei loro. Sono dei direttori fanatici e intolleranti per le loro pecorelle, facili e disinibiti per loro stessi, che dicono: fate ciò che esigo e non ciò che faccio. Despoti domestici che conducono i loro schiavi davanti al fuoco di una morale che uscendo lasciano accovacciata dietro la porta, salvo riprenderla rientrando. Dunque, e per terminare la mia virtuosa filippica contro la categoria dei mariti, *della quale non faccio parte*, milord Crëwen aveva pubblicamente come amante una di quelle ragazze, mercanti del loro corpo, e che tengono il loro fascino a disposizione del migliore offerente e dell'ultimo offerente. Il conte Guines sapeva tutto ciò e non era assolutamente conosciuto da quella ragazza. Si reca in un convento, della specie di quelli dove lei doveva aver fatto il suo noviziato e vi sceglie una suora reclusa messa in regime di penitenza, e condannata a cantare certi versetti penosi dei salmi di re David... Dopo aver impiegato tanta cura ad assicurarsi del suo stato di dannazione quanto un altro lo avrebbe fatto del suo stato di grazia, non meno coraggioso del marito della bella *Ferronnière*[156], e sacrificando la sua salute per la salvezza di una donna, come l'altro la sua vita per la rovina di un re, sfida volontariamente un veleno che, fortunatamente non è più mortale. Si consegna all'infezione, si inocula il pus contagioso. Poi, quando il virus è penetrato nel suo sangue, portando la sua vendetta nella vene, va diritto a casa dell'amante di milord Crëwen e compra una notte a prezzo d'oro...

Qualche giorno dopo, un biglietto, trasmesso da un servitore prezzolato, annuncia alla sposa prigioniera che ha modo di ritorcere arditamente contro suo marito l'accusa di adulterio diretta contro di lei, aggiungendovi quella dell'odiosa impurità. Nello stesso tempo, il conte Guines pubblica che milord Crëwen ha rinchiuso sua moglie, non per punirla, ma per soffocare le sue rimostranze. Con lo scopo di spandere questa voce, e come completamento del suo stratagemma, scrive a suo zio, il comandante Guines, la seguente lettera, comunicata qui in anticipo, e che contiene dei precetti del tutto nuovi, a uso dei giovani ambasciatori.

Il conte Guines al comandante Guines, a Parigi.

---

[156] Il riferimento è al famoso Ritratto di dama (noto anche come Belle Ferronnière) di Leonardo da Vinci. La denominazione francese del dipinto (la bella moglie di un mercante di ferramenta) è frutto di un errore di catalogazione del XVIII secolo. Ferronnière fa riferimento al nastro o catenella con gioiello che cinge la fronte del soggetto e che era ornamento tipico dell'epoca (usato anche per nascondere i segni della sifilide) che prese il nome da Madame Ferron, amante di Francesco I di Francia.

Londra, il 1° giugno 1773.

Ho appena ricevuto, mio caro zio, la vostra lettera da M. de Thée. Io vi ho scritto ieri per un'opportunità.

Sono un po' bestie a Parigi, giudicando tutto ciò che vi si dice e che si crede. Vi assicuro che potrei avere tutte le donne dell'Inghilterra, della Scozia e dell'Irlanda, senza che vi fosse alcun inconveniente per la mia reputazione. Forse questo sarebbe un motivo in più d'invidia per i miei nemici, ecco tutto ciò che ne scaturirebbe. È quello che vi prego di dire a coloro che non lo sono e ai quali, ve lo confesso, non ho scritto né scriverei su tali pochezze. Hanno del buon tempo, veramente, a preoccuparsi di ciò che farò o non farò. Non sono, grazie a Dio, né pazzo, né imbecille e, in verità, credo che le persone che mi amano possono lasciarmi fare, e quelli che non mi amano, fare la stessa cosa. È quello che consiglio loro. Per quanto riguarda voi, mio caro zio, siate tranquillo e sicuro che il re sarà sempre servito al meglio; che non sarò né cosi ingrato, né, mi vanto, così maldestro da metterlo nella condizione di rimproverarmi personalmente della mia condotta. Non è questione di sapere se sono stato innamorato o meno di una donna, se la rimpiango, se suo marito è contento o irritato. Tutto questo mi riguarda, e non bisogna immaginarsi un ambasciatore a Londra come un ministro di Ratisbona, sempre a cavallo dell'etichetta e nella condizione di far piangere tutti per la noia. Nessuno, al di fuori degli affari, è mai stato qui meno ambasciatore di me, e nessuno, credo, ha saputo meglio ciò che è necessario per riuscirvi. Quando questo non sarà più vero, avrò torto, ma non siamo ancora a quel punto.

Quanto al fatto, eccolo: un uomo brutale e geloso ha condotto, un bel giorno, sua moglie in campagna e ve l'ha rinchiusa. Qualche scribacchino, quello sgherro di Tort[157], (poiché sono andato alla fonte), ha detto in giro che ero innamorato di questa donna, che l'avevo posseduta e che ero stato sorpreso con lei, che suo marito voleva battersi con me, farmi un processo. È risaputo qui che la verità è che è un uomo che ha fatto del male alla donna più bella e interessante, poiché l'ha sottratta alla società per impedirle di lamentarsi e cerca di far apparire in una diversa luce una decisione bestiale e disonesta, come

---

[157] Il segretario che era fuggito con le sue carte.

quella che ha preso in un primo impeto di collera, di concerto con il fratello e la madre di sua moglie, che sono diventati, come giusto, oggetto del pubblico disprezzo. Quanto a me, non v'è altra parte se non quella che prendo contro un'atroce tirannia di cui hanno voluto farmi pretesto, e trovano che mi comporti in questa circostanza in modo corretto. Avrebbe potuto forse creare imbarazzo al conte Guerchy, ma non imbarazza me, poiché mi addolora per la necessità di comportarmi, come ambasciatore, con la sensibilità e le tentazioni alle quali sarebbe permesso soccombere a chi non lo fosse.

Addio, caro zio. Avvertitemi del ricevimento di questa lettera e leggetela con la prudenza di cui siete capace a tutte le persone che hanno della bontà per me. Non potranno che approvarmi, interessarsi alla mia situazione, ed essere toccati da quella di milady Crëwen.

Il conte di Guines.»

«La metà di Versailles e di Parigi non tarderà a essere a conoscenza, se già non lo è, di questa lettera che deve essere letta *con prudenza a tutti*.

La prigioniera, da parte sua, assecondò meravigliosamente la manovra del suo amante. Articola coraggiosamente contro il suo persecutore, in presenza della famiglia riunita, la terribile accusa di infezione e lo addita all'indignazione della sua parentela come affetto dalla malattia descritta al capitolo IV del Candido[158]. L'inglese si confonde, (aveva visto la sua amante e già era preso dal contagio), balbettando si proclama innocente. Ma la ragione si fa strada e l'accusato, convinto dalle stesse evidenze del delitto, è dichiarato colpevole di fornicazione

---

[158] Candido di Voltaire. Nel cap. IV Candido incontra Pangloss, malato di sifilide. Esemplare la descrizione di come la malattia fosse giunta sino a lui: «Mio caro Candido! tu hai conosciuto Pasquetta, la graziosa cameriera della nostra augusta baronessa, nelle sue braccia ho gustato le delizie del paradiso, che hanno prodotto i tormenti d'inferno da cui mi vedi divorato; ne era impestata, forse ne è morta. Pasquetta doveva questo regalo a un dottissimo frate francescano, che era risalito alla fonte, perché l'aveva avuto da una vecchia contessa, che l'aveva ricevuto da un capitano di cavalleria, che lo doveva a una marchesa, che l'aveva avuto da un paggio, che l'aveva ricevuto da un gesuita, il quale, da novizio, l'aveva avuto direttamente da un compagno di Cristoforo Colombo. Quanto a me, non lo darò a nessuno, perché muoio.»

e di offesa alla fede coniugale, da cui conseguono danno e pregiudizio. Gridarono anatemi sul capo del lebbroso: riparazione generale fu fatta alla sposa oltraggiata, calunniata, la sua giustificazione fu proclamata ovunque e il povero marito, basito, vi perse la testa e non capì più nulla, si ritirò cornuto, battuto, respinto ... ma non del tutto scontento.

Assicurano che appena libera, milady Crëwen è andata a trovare il conte Guines e che, gettandosi tra le sue braccia, ha reclamato in nome dell'onore e dell'amore, la metà del suo eroico male, volendo vivere o morire con colui che si era esposto alla morte per lei. Ecco dell'inglese, del romantico, del cavalleresco al supremo grado, in cui io non mi riconosco!

Scusate ciò che vi è di troppo libero e crudo nel mio aneddoto, e credetemi, signor conte, vostro devoto, etc.

William Wolff.[159]»

Strano modo di vendicare l'onore di una donna da parte del duca di Guines che, peraltro, era cognato del conte Broglie e aveva due figlie, ad una delle quali, abile arpista, Mozart avrebbe dedicato, qualche anno dopo, nel 1778, il concerto KV299 per flauto, arpa e orchestra. Il duca, comunque, sopravvisse lungamente a questa pericolosa e poco assennata esperienza, morendo nel suo letto a Parigi nel 1806.

I servizi richiesti a d'Éon dal conte Broglie erano soprattutto di quel genere che non poteva passare per i canali ufficiali né, tantomeno, doveva lasciare traccia nei documenti del ministero.

Dal 1770 viveva a Londra un transfugo francese, di nome Théveneau de Morande[160], che si manteneva scrivendo pamphlet e libelli,

---

[159] F. Gaillardet, *op. cit.*

[160] Charles Théveneau de Morande (1741-1805) laureatosi in diritto all'Università di Digione rifiutò la professione del padre (procuratore e notaio reale) e per questo venne condotto tra i ranghi del reggimento dei dragoni di Bauffremont, dove rimase tra il 1759 e il 1763. Dopo essere sfuggito alla galera per la sua attività di libellista, trovò rifugio a Londra per ventuno anni e fece ritorno a Parigi nel 1791, dove iniziò a pubblicare l'*Argus patriotique*, giornale dove difendeva la fede monarchica. Arrestato per questo nell'agosto del 1792, sfuggì alla ghigliottina e si rifugiò nel suo paese natale dove, sotto il Direttorio, svolse la funzione di giudice di pace. Per una biogra-

con i quali ricattava i principali personaggi della corte di Versailles e non solo. Aveva anche fondato una specie di giornale, *Le Gazetier cuirassé*, attraverso il quale diffondeva le sue ingiurie e che vide la luce nel mese di maggio del 1771. Théveneau, che avremo modo di incontrare anche più avanti come compartecipe delle trattative di Beaumarchais con il cavaliere d'Éon, fu una personalità inquieta, per molti aspetti specchio dei suoi tempi. Considerarlo un semplice libellista ricattatore sarebbe fargli un torto, perché non fu solo quello nei suoi scritti e perché il comportamento che ebbe nella seconda parte della sua vita, in un certo senso, riscattò gli eccessi giovanili che lo portarono a sfiorare la carezza del boia e alla fuga londinese. Théveneau avrebbe potuto condurre una vita tranquilla e agiata ad Arnay-le-Duc, sua città natale in Borgogna, esercitando la professione forense, come il padre, ma ebbe sin dagli anni giovanili il desiderio di mantenersi e di avere successo con la sua penna, che fu anche di polemista e di censore dei costumi della nobiltà, della quale scavò le debolezze e mise in luce i vizi. Il percorso fu meno che lineare poiché dalla carriera militare, alla quale fu obbligato dalla famiglia, passò alla letteratura clandestina, da lì allo spionaggio e poi al giornalismo, per concludere la sua esistenza come giudice di pace nella cittadina che lo aveva visto nascere.

Morande, inseguito dai debiti e dalla polizia di Sartine, che lo aveva definito «un libertino abbietto, donnaiolo e pessimo elemento», dovette lasciare la Francia a seguito della pubblicazione di un suo pamphlet dal titolo *La Gazette noir, par un homme qui n'est pas blanc ..., Mémoires confus sur des matières fort claires; Le Philosophe ...*, dove «le peggiori ingiurie si affiancavano alle più volgari diffamazioni»[161]. Giunto a Londra, fece conoscenza dei coniugi De Courcelle, una coppia di francesi che, a quanto pare, fu anche l'ispiratrice de *Le Gazetier*

---

fia di Théveneau de Morande vedi di Paul Robiquet, *Théveneau de Morande- Étude sur le XVIIIe siècle*, Paris, A. Quantin, Imprimeur-Éditeur, 1882.

[161] P. Pinsseau, *op. cit.*, p. 136, nota 30, dove si aggiunge che il marchese de Villette, al quale Morande aveva scritto per sollecitarlo a pagare, così rispose: «Signor pezzente, voi mi chiedete cinquanta luigi per non pubblicare certi aneddoti che mi riguardano; se volete darmene cento, vi fornirò molti altri aneddoti ancora più curiosi e segreti che voi potrete aggiungere al vostro manoscritto. Attendo la risposta.»

cuirassé. D'Éon ben conosce questi francesi emigrati, al punto che, secondo quanto riportato da Gaillardet, che non perde mai la minima occasione per attribuire al suo eroe solide qualità virili, quando si sparse la voce della rinuncia del cavaliere agli abiti maschili, madame de Courcelle gli scrisse una lettera di questo tono:

Londra 10 settembre 1771.

Mio caro amico,
ma è straordinario! Voi dunque volete seriamente e in modo definitivo abdicare alla vostra qualità di uomo? E voi credete che mia figlia ed io non ci opponiamo, quando perdiamo in un sol colpo io un amico e lei un marito? Ah, avete fatto i conti senza l'oste, mio caro cavaliere, e da parte mia non abbandonerò i miei diritti! La mia piccola Costance è ancora una bambina, e se non si trattasse di lei, non direi una parola, perché non dispererei di vedervi ridiventato uomo, all'età in cui sarà pronta per il matrimonio. Ciò vi sarà più facile, sicuramente, di quanto non lo sia stato diventare donna. Ma se aspetto, non sarò più capace di alcunché. Ella ha l'avvenire ed io non ho che il presente. Mi tengo, quindi, con due mani.

Ascoltate, tuttavia acconsento a non denunciarvi, sebbene se volessi parlare . . . ! È vero che mi sarebbe necessario dire dove ho pescato le mie prove, il che sarebbe giocare uno scherzo a me stessa, del quale mio marito non riderebbe per nulla. Il pericolo del complice ha sempre fatto la salvezza del colpevole. Avete contato su questo, vero? Starò quindi zitta, nonostante la voglia che ho di parlare. Se almeno potessi, come il barbiere del re Mida, alleviarmi dal segreto che mi soffoca, dicendo alla terra: «La *cavaliera* d'Éon ha delle orecchie . . . da uomo?» Ma la terra non ha abbastanza spirito per produrre dei giunchi che parlano; conserverebbe fedelmente e sciocamente la mia confidenza. Passiamo oltre, quindi, mio caro cavaliere. Mi rassegnerò a che voi perdiate *il titolo*, ma promettetemi di conservare *la cosa*. Che mi rimanga qualche risarcimento! In questo modo voi sarete contento, ed io anche.

De Courcelle.»

Gaillardet ironizza anche sul marito De Courcelle che, a quanto afferma, sarebbe stato un grande scommettitore sul sesso femminile di d'Éon. Difficile stabilire se questa missiva nasce dalla fantasia del cavaliere o da quella del suo primo biografo, perché non ne viene riportata la fonte, né compare nei documenti dell'archivio di Tonnerre.

Comunque sia, la notizia dell'uscita del *Gazetier cuirassé* raggiunse Parigi molto velocemente e fu cura della polizia individuarne in breve tempo l'autore in Théveneau de Morande «poco tempo fa imbroglione a Parigi e che ora non lo è meno a Londra – recitava il verbale – poiché appare certo che abbia avuto mille ghinee per la vendita di questo testo ... ». Aggiungiamo che il pamphlet, che circolò clandestinamente nelle librerie parigine, fu un vero successo della letteratura clandestina del XVIII secolo.

In questo clima, il conte Broglie aveva appreso, probabilmente dallo stesso d'Éon, che Théveneau de Morande stava lavorando a un libello intitolato *Mémoires secrets d'une fille publique*, nel quale la nuova favorita di Luigi XV, madame du Barry era al centro di pesanti rivelazioni, o presunte tali, di giudizi non proprio lusinghieri e non veniva risparmiato neanche lo stesso monarca. Il conte Broglie era fermamente deciso a impedire la pubblicazione di questo pamphlet, che avrebbe portato ulteriore discredito alla corte, e chiese l'intervento del cavaliere per mediare con Morande. Con una lettera del 13 luglio 1773, d'Éon rispondeva al conte, informandolo di conoscere perfettamente il soggetto in questione:

«M. Morande è del mio paese; si gloria di essere stato legato con una parte della mia famiglia, in Borgogna; dal suo arrivo a Londra, tre anni fa, la sua prima premura fu di scrivermi che era mio compatriota, che desiderava vedermi e legarsi a me. Per due mesi rifiutai intenzionalmente di conoscerlo. Poi, ha così frequentemente bussato alla mia porta che l'ho lasciato entrare in casa mia, talvolta, per non inimicarmi un giovane uomo il cui spirito è dei più turbolenti e dei più impetuosi, che non conosce né limiti né misura, e non rispetta né il sacro né il profano. Ecco chi è questo individuo ... *Fenum habet in cornu, tu, Romane, caveto*[162]. È per questo che lo tengo a una certa distanza. Ha spo-

---

[162] Proverbio di Orazio: «C'è del fieno nelle corna, diffida!». Nell'antica Roma si attaccava un ciuffo di fieno alle corna dei tori ribelli.

sato la figlia[163] della sua locandiera, che faceva e disfaceva il suo letto con lui. Ha due figli e vive bene con lei ... È un uomo che induce ad accomodamenti numerose persone ricche di Parigi per il timore della sua penna ... Nessuno è in grado più del sottoscritto di negoziare con Morande. Penso che se gli si offrissero ottocento ghinee sarebbe molto contento. So che al momento ha bisogno di denaro; farò ogni sforzo per negoziare a una cifra minore. Ma, a dirvi il vero, Signore, sarei contento che il denaro gli venisse dato da altra mano della mia, affinché da una parte e dall'altra, non si possa pensare che io abbia guadagnato una sola ghinea su un simile mercato.»

Anche in questa occasione emerge la preoccupazione del cavaliere di evitare che si possa pensare a un minimo interessamento venale da parte sua. È lo stesso atteggiamento che ebbe quando, a Londra, infuriarono le scommesse sul suo sesso, che all'epoca di questa missiva già occupavano le pagine dei giornali.

In breve tempo, d'Éon portò a termine le trattative con Morande che si impegnò con una promessa scritta di suo pugno a consegnare al cavaliere il manoscritto e tutte le copie del libello, a fronte della somma di ottocento lire sterline. Inoltre, per garantire la sua promessa, doveva fare sottomissione, davanti al tribunale, di pagare mille sterline ai poveri della parrocchia, se fosse stato convinto a pubblicare qualunque cosa contro il re, le sue amanti o i suoi ministri. Il conte Broglie, felice di questo risultato, ne informò il sovrano, il 29 luglio, pregandolo di non tralasciare nulla per impedire che un tale scandalo sporcasse la Maestà Reale. Broglie aveva sottovalutato la «Reale presunzione», che si credeva al di sopra di tutte le infamie e che così rispose alle sollecitazioni del conte: «Non è la prima volta che si dice male di me, in questa maniera; sono padroni di farlo; io non mi nascondo; non possono che ripetere ciò che è già stato detto della famiglia du Barry; sta a loro vedere cosa vogliono fare, io li asseconderò.»

Posto di fronte a un simile atteggiamento, il 26 agosto, il conte Broglie informò d'Éon, con una lettera approvata dal re, di sospendere ogni trattativa, ma di continuare a sorvegliare Morande. Il conte du Barry, fratello della favorita, e il nuovo primo ministro, il duca d'Aiguillon, avevano concepito un piano meno costoso per mettere a

---

[163] Elisabeth Saint-Clair.

tacere l'inopportuno Théveneau: rapirlo e rinchiuderlo nelle patrie galere. Inviarono a Londra un certo de Lormoy accompagnato da altri tre o quattro agenti. La spedizione, come già era avvenuto per quella che doveva riportare in Francia d'Éon, finì con un totale fallimento, poiché Morande non cadde nell'agguato che gli era stato preparato. Lo scacco ebbe come conseguenza la disponibilità del conte du Barry a riprendere le trattative interrotte attraverso un nuovo negoziatore. Entrò così in scena un altro originale personaggio: Pierre-Augustin Caron de Beaumarchais[164].

Beaumarchais era il tipico figlio di quel secolo. Di origini modeste, era figlio di un orologiaio, era salito nella scala sociale grazie alle sue capacità letterarie, alla scaltrezza negli affari, ma anche per due matrimoni con donne facoltose. Anch'egli pericoloso libellista, non aveva ancora raggiunto la notorietà per le sue opere letterarie, ma era cono-

---

[164] Pierre-Augustin Caron de Beaumarchais (1732-1799) fu uomo d'affari, drammaturgo, polemista e scrittore ed è soprattutto ricordato per opere quali *Il barbiere di Siviglia* (1775), musicato prima da Paisiello e poi da Gioachino Rossini, e *Il matrimonio di Figaro* (1784) che ispirò *Le nozze di Figaro* di Mozart. Figlio di un orologiaio aggiunse al proprio cognome Caron quello della prima moglie, de Beaumarchais, per dare l'impressione di una certa nobiltà. La moglie, Madeleine-Catherine Aubertin, vedova Franquer, dotata di un buon patrimonio, aveva dieci anni più di Caron, che la sposò nel 1756, e morì l'anno seguente. Caron fu sospettato di averla uccisa e dovette affrontare il primo di una serie di processi che costelleranno la sua esistenza. De Beaumarchais abile negli affari e nel tessere relazioni importanti, diventò un protetto del principe Conti. Si rimaritò nel 1768 con una ricca vedova, la quale morì due anni dopo, a trentanove anni, lasciandogli un'importante patrimonio. Anche questa volta, Caron finì davanti a un tribunale, accusato di aver distratto parte dell'eredità della moglie. Nel 1777 gli venne affidata, dal segretario di stato francese, una grossa somma per sostenere i ribelli americani contro l'Inghilterra e, unitamente a questo, gli venne inoltre concessa l'autorizzazione a commerciare in polveri e munizioni. Sempre in quest'anno, fondò la Società degli autori e compositori drammatici che, successivamente, otterrà il riconoscimento del diritto d'autore. Nel 1786, si risposò, per la terza volta, con Marie-Thérèse Willermaulaz, la quale, nata nel 1751, aveva diciannove anni meno di lui e gli sopravvisse, morendo all'inizio della Restaurazione, nel 1816. Dopo una prima adesione alla Rivoluzione, Caron lasciò gli affari pubblici per dedicarsi alle speculazioni, che questa volta furono meno fruttuose. Diventò sospetto nel periodo della Convenzione e, con il Terrore, venne imprigionato. Riuscì a fuggire e si nascose per qualche anno ad Amburgo, per ritornare in Francia solo nel 1796. Per una biografia esaustiva del personaggio vedi di Maurice Lever, *Pierre-Augustin Caron de Beaumarchais*, 1999-2004, 3 vol., Paris, Fayard.

sciuto dalle cronache per i suoi scontri con il giurista e agente diplomatico Goëzman[165], a seguito delle contestazioni, fatte dal conte de La Blâche[166], per il testamento del finanziere e socio di Caron, Joseph Pâris Duverney[167]. In qualità di legatario del testamento, La Blâche, che era figlio di un pronipote del *de cuius*, contestava a Beaumarchais il fatto che gran parte dell'eredità fosse destinata a lui. La questione si trascinò per otto anni, dal 1770 al 1778, e la vittima principale fu proprio Goëzman, che era stato nominato giudice relatore al processo. Beaumarchais, che certo non era uomo da farsi scrupoli morali pur di ottenere un risultato per lui positivo, pensò di ingraziarsi la moglie di Goëzman con centoquindici luigi, dei quali quindici erano destinati al segretario del giudice, Louis Valentin. Non si fermò qui e aggiunse, per madame Gabrielle Julie Goëzman, un orologio tempestato di diamanti. C'è da aggiungere che questi regali ai giudici erano cosa abbastanza normale nell'Ancien Régime, tanto da avere un termine preciso che li definiva: *épices* o *pot-de-vin*. All'accettazione dei regali, con la promessa di restituzione in caso di esito negativo, non corrispose però il risultato voluto. Non è escluso che madame Goëzman si sia «dimenticata» di informare il marito circa quanto ricevuto o che non abbia saputo portarlo a considerazioni meno negative per Caron. Fatto sta che, il 6 aprile 1773, il giudice espose una relazione a lui estremamente sfavorevole e lo accusò di falso in scrittura, proprio nel momento in cui si trovava già rinchiuso in carcere per un'altra incresciosa faccenda avuta con il duca de Chaulnes[168], che lo accusava di avergli rapito l'attrice mademoiselle Ménard, sua amante. Beaumarchais ricevette la restituzione dei suoi *pot-de-vin*, ad eccezione dei quindici luigi destinati al segretario. Nel mese di giugno l'affare ritornò alla ribalta quando Goëzman citò a sua volta Caron, che ricevette un mandato di comparizione per il mese successivo. La situazione si era fatta difficile e Beaumarchais, animato dall'energia della disperazione, chiese di riprendere la procedura e fece pubblicare, tra settembre e dicembre, tre «memorie» satiriche su Goëzman, la moglie e il segretario. Nel feb-

---

[165] Louis-Valentin Goëzman de Thurn (1729-1794).
[166] Laurent Alexandre Joseph Falcoz de La Blâche (1739-1799).
[167] Joseph Pâris Duverney (1684-1770).
[168] Marie Joseph Louis d'Albert d'Ailly duca di Chaulnes (1741-1792).

braio del 1774, la pubblicazione di una quarta «memoria» fece particolarmente scandalo e il Parlamento parigino condannò l'autore e madame Goëzman con una nota di biasimo e un'ammenda, ordinò inoltre che le «memorie» fossero bruciate e che fossero restituiti i quindici luigi, destinati al segretario, per essere utilizzati per il pane dei prigionieri della *Conciergerie*. Goëzman si dimise dalla sua carica e Beaumarchais perse i diritti civili, ma subito si adoperò per riguadagnare i favori di quella corte dove Luigi XV aveva vietato la rappresentazione della sua ultima opera, *Il barbiere di Siviglia*.

Quanto all'avventura londinese, possiamo seguire il racconto di come iniziò e si svolse fatto dallo stesso d'Éon:

«Il signor Caron de Beaumarchais, condannato dal Parlamento di Parigi, sul punto di essere afferrato per l'esecuzione della sentenza, si rifugia nel guardaroba del re, asilo degno di un tale personaggio. Il signor de la Borde, valletto di camera del re, confida al signor de Beaumarchais, nelle tenebre del guardaroba, che il cuore del re è rattristato per il volgare libello che compone, a Londra, il villano Morande, sugli amori dell'affascinante du Barry. Immediatamente il cuore romantico e grande del signor Caron si gonfia e si riempie delle idee più chimeriche; la sua ambizione si alza tanto in alto quanto le onde del mare che deve attraversare. Concepisce la speranza di riuscire nel disegno di lusingare gli amori del suo padrone, di abbassare i suoi nemici e di innalzare la sua fortuna. Comunica a La Borde il suo progetto di andare a Londra e di comprare segretamente con l'oro il corrotto Morande: il progetto è comunicato da La Borde a Luigi XV, che si degna di approvarlo andando al guardaroba e *cacando supra nasum negociatorum*.

Di conseguenza, il signor Caron de Beaumarchais arriva a Londra in *incognito*, scortato dal conte di Lauraguais[169] *in pubblico*. Il giorno del loro arrivo, il signor Morande viene a casa d'Éon a dirgli che due signori francesi sono andati alla mattina da lui, le tasche piene d'oro, per impegnarlo a distruggere le sue memorie contro madame la contessa du Barry, ma che non volendo concludere nulla senza il parere di d'Éon, poiché per primo aveva trattato questo affare, questi due si-

---

[169] Louis-Léon Félicité de Brancas, duca di Lauraguais (1733-1824) letterato francese che amò l'Inghilterra dove si recò spesso e, per questo, fu anche utilizzato dalla diplomazia francese.

gnori erano nella loro carrozza all'angolo della strada dove stava d'Éon e desideravano conferire con lui, prima di concludere con Morande. Il cavaliere d'Éon chiede a Morande i nomi di questi signori francesi che attendono nella loro carrozza nella strada, e se avevano delle lettere di persone in vista a Versailles o a Parigi per lui. Il signor Morande dichiara che quei signori vogliono conservare l'incognito. Allora d'Éon risponde che non vuole conferire con dei signori o persone sconosciute; che poteva trattarsi di emissari della polizia che avrebbero fatto dire ciò che non voleva né dire né pensare; che la materia degli amori del re era alquanto delicata per tutti; che del resto il pubblico si sarebbe burlato di lui, d'Éon, se, dopo essere stato per lungo tempo segretario d'ambasciata, poi ministro plenipotenziario, avesse negoziato con degli sconosciuti che potevano essere degli spioni o degli avventurieri, che il solo consiglio che poteva dare al signor Morande, sapendo che aveva a carico una moglie, un figlio, dei domestici e dei debiti in un paese caro come Londra, e conoscendo il pericolo del suo mestiere che paragonò a quello di un ladro di strada, era di far rendere la vettura più dorata che trovava sulla sua strada; che la sua vettura, di d'Éon, non portava che 800 sterline per il sacrificio del suo libello, che se la vettura dei signori sconosciuti, che aspettavano nella strada, era più carica d'oro, poteva fare ciò che gli sembrava meglio in un paese libero, purché non violasse pubblicamente la legge di questo paese.

Pochi giorni dopo, d'Éon apprende che quei due signori sconosciuti erano il signor sconosciuto Caron de Beaumarchais e l'illustrissimo e molto conosciuto Louis-François Brancas, conte di Lauraguais e che a nome di Luigi XV avevano concluso un contratto con il signor Charles Théveneau de Morande per la soppressione del suo libello, mediante una somma di 1.500 luigi in contanti, 4.000 franchi di pensione a vita per Morande e, in caso di sua morte, *duemila lire di pensione* a vita a sua moglie. D'Éon lodò molto la Provvidenza e Morande per questa buona avventura e gli disse, scherzando, che era una bestia a non aver richiesto una pensione sulla vita dei suoi figli legittimi e illegittimi, sul suo cane e sul suo gatto.

I grandi negoziatori erano alquanto in imbarazzo nel capire come avrebbero potuto distruggere seimila esemplari del libello di Morande contro la contessa du Barry, e terrorizzati dal fuoco che aveva per poco mancato di prendere le case di Lincoln's Inn, bruciando nel cortile di un avvocato un altro libello che Morande aveva composto contro il conte di Lauraguais, sotto il nome di conte di Bras-Cassé, per cui Morande andò a consultarsi con d'Éon su come doveva comportarsi. D'Éon gli consigliò di affittare, per una notte, un forno in mattoni a un miglio da Londra; ciò è stato fatto e vi è stato un magnifico fuoco per la gioia dei vicini inconsapevoli. M. de Beaumarchais e il conte Lauraguais sono partiti trionfanti da Londra, e sono giunti a Parigi pochi giorni prima della morte del re, la quale ha messo fine al loro innocente trionfo.»

Luigi XV morì di vaiolo il 10 maggio 1774 e questo fu l'ultimo negoziato che d'Éon condusse per la corona. Con il nuovo monarca dovette trattare in primo luogo per se stesso. Per lui si aprivano gli anni più bui.

CAPITOLO IX

Dragone o dragonessa?

Abbiamo detto che gli equivoci e le perplessità sul sesso di d'Éon vennero alla luce con lui, ma quando il dubbio divenne pubblico, perché fu argomento delle cronache dell'epoca, quale fu lo spunto per le scommesse che imperversarono alla Borsa londinese?

La risposta, con ogni probabilità, sta negli atteggiamenti e nelle abitudini dello stesso d'Éon. Paradossalmente i maggiori dubbi sul suo sesso si manifestarono quando aveva passato quarant'anni, e cioè aveva perso quei tratti efebici ed effeminati che gli furono caratteristici in gioventù. Si trattava ormai di un signore un po' appesantito dall'età, pur sempre glabro, dalle mani fini e dalla voce dolce, ma certo non dalle movenze e dagli atteggiamenti femminei. All'epoca delle sue battaglie con Guerchy, i libellisti assoldati dall'ambasciatore, Goudard e de Vergy, avevano lanciato l'insinuazione che fosse un ermafrodito e il pubblico si era subito interessato a questo nuovo mistero, ma il fatto che d'Éon avesse ignorato l'affermazione, senza opporre alcuna risposta e non dandole alcun peso, quietò gli animi dei curiosi.

Ora, bisogna sempre tener ben presente che si parla di sesso, inteso come genere, e non di sessualità, perché in tutto il periodo londinese del cavaliere non gli venne attribuita alcuna relazione, né femminile né maschile, con buona pace di Gaillardet, sul racconto del quale torneremo più avanti. Non erano mancate le proposte di matrimonio con ottimi partiti dell'alta società, che erano state regolarmente rifiutate, anche se l'unione con una donna benestante avrebbe potuto rappresentare la soluzione di gran parte dei suoi problemi, visto che era pressoché costantemente a corto di denaro.

Un notevole contributo alle voci che volevano d'Éon donna lo diede, come abbiamo già accennato, la principessa Dachkov, che giunse a Londra nel 1771 e che, con ogni probabilità, aveva il ricordo di qualche travestimento femminile di d'Éon ai famosi balli a parti invertite di Elisabetta.

Già l'anno precedente, Luigi XV aveva scritto, in una lettera, del 28 ottobre 1770, al generale Monnet: «Sapete che M. du Châtelet è persuaso che d'Éon sia una donna?», e così anche madame du Deffand e madame d'Épinay si affrettano a informare la cerchia dei frequentatori dei loro salotti. Il torrentello della diceria stava diventando un fiume impetuoso al quale era impossibile porre un argine. La stampa britannica, sempre alla ricerca di piccanti storie per lettori avidi di pettegolezzi, si impadronì della vicenda lanciando diverse ipotesi sull'origine di questa sensazionale novità. Prove non ce ne sono per affermare qualcosa di certo, ma ipotesi tante. Per alcuni giornalisti la voce si era sparsa per l'indiscrezione di un amico intimo del cavaliere; per altri la causa andava ricercata in una lettera del duca di Nivernais indirizzata alla «cara cavaliera». Le fantasie ebbero libero sfogo e trovarono ogni tipo di palcoscenico, dai salotti ai pub.

Con le fantasie e le ipotesi si scatenarono anche le scommesse, che facevano parte del costume londinese e che riguardavano, già all'epoca, ogni argomento, ad eccezione della vita e della salute dei componenti la casa reale. Possiamo approssimativamente fissare il loro inizio ai primi di marzo del 1771 e da quel momento il loro valore non fece che crescere di migliaia di sterline, al punto che i pub e le taverne esponevano le quote, mentre furono creati alcuni uffici con sede al *Brook's*[170] a al *White's Clubs* offrivano delle incredibili polizze assicurative.

La «questione» d'Éon era spunto per i caricaturisti, per i giornalisti, per gli autori di canzoni e anche per la letteratura. L'eco giunse forte anche a Parigi e alla data del 23 settembre 1771 nelle *Mémoires secret* di Bachaumont[171] possiamo leggere: «Le voci accreditate da parecchi mesi che il signor d'Éon, questo focoso personaggio, così celebre per le sue bizze, non è che una donna vestita da uomo, l'affidamento che attribuiscono in Inghilterra a questa diceria, al punto che le scommesse

---

[170] Club di Londra che ha sede in St. James's Street.
[171] Louis Petit de Bachaumont (1690-1771) fu l'autore delle voluminose *Mémoires secret pour servir à l'histoire de la République des Lettres en France depuis 1762 jusqu'à nos jours*, pubblicate anonime e che, alla sua morte, furono proseguite da Mathieu-François Pidansat de Mairobert (1727-1779), al quale è da attribuire la citazione riportata. Vol. V, edizione John Adamson, Londra, 1784, p. 322 e segg.

pro e contro ammontano attualmente a più di centomila lire sterline, hanno risvegliato a Parigi l'attenzione su quest'uomo singolare, e coloro che hanno studiato con lui e l'hanno conosciuto nell'età dell'adolescenza, si sono ricordati tutto ciò che può favorire o distruggere una tale congettura, ed ecco cosa raccontano.

«In effetti, non si ricordano di avere mai avuto durante i corsi in classe, e anche fuori dal collegio, alcuna prova testimoniale della sua virilità: non hanno alcuna idea di ragazze che abbiano avuto a che fare con lui, di avergli conosciuto alcuna inclinazione a piaceri di questo genere e di avergli mai visto delle amanti. Tuttavia, egli ha sempre avuto la figura abbastanza mascolina; si è dedicato agli esercizi che più caratterizzano il nostro sesso; amava con molta passione quello delle armi e vi si è così perfezionato che è diventato l'origine della sua fortuna. »

Come sempre, Gaillardet a parte, non troviamo alcuna chiara attribuzione di sessualità al cavaliere d'Éon, che sembra passare per il mondo senza cedere ad alcuna tentazione, almeno all'apparenza, anche se rimane sullo sfondo la sua passione per il travestimento.

Gli uomini scommettevano, mentre le donne erano sempre più incuriosite e disponibili a tutto pur di scoprire la verità. La giovane signorina Wilkes, figlia del famoso tribuno, che in quel momento era sindaco di Londra, gli aveva spedito quest'invito più che eloquente: «Mademoiselle Wilkes porge i suoi rispetti al Signor Cavaliere d'Éon e vorrebbe ardentemente sapere se egli è veramente una donna, come qualcuno assicura, o un uomo. Il Signor cavaliere d'Éon sarà così cortese di informare della verità mademoiselle Wilkes che lo prega con tutto il suo cuore; sarà ancora più cortese se volesse venire e pranzare con lei e suo padre oggi o domani, o al più presto possibile.» Non sappiamo quale sia stata la risposta di d'Éon.

Tutta questa curiosità e questo clamore, a dire il vero, non dispiacevano del tutto a d'Éon, perché, quietati i clamori della vicenda con l'ambasciatore Guerchy, tutto questo lo riportava sulla ribalta della cronaca gratificando la sua inesauribile vanità. Sì, era vanesio e tutto ciò che lo rendeva famoso viziava il suo inesauribile ego, ma aveva anche un carattere ombroso e, col passare del tempo, si rese conto che tutto ciò avrebbe potuto mettere a rischio la sua stessa incolumità e stava trasformandosi in una sorta di questione d'onore. Le prime avvisaglie del nervosismo che lo stava prendendo si possono rilevare da questo biglietto che inviò al suo padrone di casa, il signor Lautem: «Vi informo che questa mattina ho fatto assicurare, al caffè Loyd, vicino alla Borsa, il mio bastone per duemila sterline, da Caffarena Broker, e che domani a mezzogiorno mi recherò di persona al sopraddetto caffè, per pagare i premi sulle spalle di coloro che vorranno parlare contro di me, in merito all'oggetto in questione. Spetterà a voi decidere se essere spettatore.[172]»

Lautem commerciava in vino e non era quella che si può definire una persona discreta, con questo biglietto il cavaliere raggiunse il suo scopo e all'indomani si recò alla Borsa e nei vicini caffè dove si diede la pena di «istruire» gli scommettitori. Non dimentichiamo, infatti, che d'Éon aveva fama di essere uno dei migliori spadaccini d'Europa e che certo non gli faceva difetto il coraggio.

Abbiamo il racconto fatto dallo stesso d'Éon di questa specie di missione punitiva, in una lettera inviata, con il codice cifrato, al conte Broglie:

Londra, 25 marzo 1771.

«Signore,

Non posso che ringraziarvi sempre di tutte le gentilezze che avete avuto per me e del vivo interesse che prendete alla mia sorte che è da compatire da molto tempo.

Le nuove grazie che il re vi ha accordato, così come a M. il maresciallo, vostro fratello, sono le sole capaci di sostenere la mia speranza. Piacesse a Dio che tutti i signori della corte di Versailles fossero della tempra dei Broglie! Il re sarebbe servito come merita.

Dalla disgrazia del duca di Praslin[173], ho il dispiacere di conoscere e anche di leggere, fino nelle carte inglesi, tutti i rapporti straordinari

---

[172] Riportato da P. Pinsseau, *op. cit.*, p. 146, nota 7: *British Museum*, MS. 11339, f° 186, Note del conte de Bastard.

[173] Il 24 dicembre del 1770, César Gabriel de Choiseul-Chevigny, duca di Praslin (1712-1785) dovette lasciare la carica di segretario di stato di Luigi XV, per essere sostituito dal duca d'Aiguillon. La stessa carica era stata ricoperta dal cugino Étienne-François, conte di Choiseul che fu primo ministro di fatto, poiché non ne ebbe mai il titolo ufficialmente, dal 1758 al 1770.

che giungono da Parigi, da Londra e anche da San Pietroburgo, sull'incertezza del mio sesso, e che si confermano in un paese di appassionati come questo, a tal punto che hanno pubblicamente aperto alla corte e nella città delle polizze di assicurazione su una materia così indecente, per somme considerevoli.

Sono stato parecchio senza dire alcunché. Il mio silenzio non ha fatto che aumentare i sospetti e le assicurazioni, così alla fine, sabato scorso, sono stato alla Borsa e nei diversi caffè vicini, dove sono stati fatti contratti e aggiotaggi di ogni colore. Là, in uniforme, con il mio bastone, mi sono fatto chiedere scusa dal banchiere Bird, che per primo ha acceso un contratto così impertinente. Ho sfidato il più incredulo, o il più coraggioso, o il più insolente di tutta l'assemblea, che era composta da più di mille persone, a combattere contro di me con l'arma che voleva scegliere. Tutti mi hanno fatto delle grandi carinerie e nello stupore generale non uno solo di questi maschi avversari di questa grande città ha osato né scommettere contro il mio bastone, né combattere contro di me, benché sia rimasto fino alle due del pomeriggio nella loro assemblea, per dare loro tutto il tempo di decidersi. Ho finito col lasciare loro pubblicamente il mio indirizzo, nel caso ci ripensassero.

Ecco come bisogna assolutamente trattare questa gente per farla tacere. Si permettono ogni sorta di insolenza verso i più grandi della corte e a maggior ragione nei miei confronti, semplice privato, che vedono isolato dalla Francia e qui esiliato. Il banchiere Bird mi ha dichiarato, malgrado le sue scuse, che lui e i suoi confratelli possono fare le più straordinarie assicurazioni o scommesse, anche sulla famiglia reale, con l'unica eccezione della vita del re, della regina e dei loro bambini, in base a un atto del parlamento, e che era autorizzato da una grande *dama*, che non ha voluto nominarmi, a fare tale *assicurazione* sul mio sesso.

d'Éon.»

Questo non fermò l'intraprendenza e la sfacciataggine degli scommettitori e così:

«Al conte Broglie. Cifrato.

Londra, 16 aprile 1771.

Vi prego, signore, di non essere irritato verso il vostro vecchio aiutante di campo, se apprendete dalla *Gazette*, o in altro modo, che il 7 di questo mese ho rotto il mio bastone sul corpo di due inglesi insolenti nei miei confronti. Ho ricevuto l'approvazione da tutti i militari e le persone sensibili all'onore.

Dopo la mia spedizione alla City e questa, nessuno, né in città né a corte, osa più fare delle scommesse pubbliche sull'*incertezza* del mio sesso, che ho impresso in modo alquanto maschio sulla faccia dei miei due impertinenti.»

L'iniziativa del cavaliere non pose però fine alle scommesse ed egli iniziò a temere che per porre termine alla questione qualcuno pensasse di costringerlo a una umiliante verifica, e per far questo organizzasse un'aggressione in piena regola. Egli stesso ne espose il timore in una lettera cifrata, sempre a Broglie:

«Londra, 7 maggio 1771.

Signore,

Affinché non abbiate preoccupazione nei miei confronti, ho l'onore di informarvi che degli amici prudenti mi hanno consigliato di lasciare, senza dire nulla ad alcuno, il soggiorno di Londra per uno o due mesi, e di andare a viaggiare in Irlanda sotto un altro nome, dove non sarei conosciuto. Malgrado le minacce e i colpi che ho distribuito, e tutto quello che ho fatto nella mia vita, un furore inconcepibile si sta rinnovando nella City per fare delle considerevoli assicurazioni sull'incertezza del mio sesso, e sono informato da tutte le parti che molta gente ricca ha concepito il progetto di farmi sequestrare con l'astuzia, con la forza o con la destrezza per visitarmi mio malgrado. Non voglio soffrire e ciò mi metterebbe nella crudele necessità, in un simile caso, di uccidere qualcuno.

La mia scomparsa da questa capitale porrà rimedio a tutto e farà cadere nel nulla le loro assicurazioni e i loro progetti contro di me. Posso significarvi, signore, sul mio onore, che non sono interessato neanche per un soldo a queste scommesse e assicurazioni; posso giurarlo in tutti i tribunali d'Europa. *Sono abbastanza mortificato di essere ancora come natura mi ha fatto, e che la calma del mio temperamento natura-*

le non avendomi mai portato ai piaceri, abbia dato modo all'innocenza dei miei amici di immaginare, tanto in Francia che in Russia e in Inghilterra, che fossi di genere femminile. La malizia dei miei nemici ha rafforzato il to[174], *dopo le mie disgrazie, che io non ho minimamente meritato, e di cui dovrei essere liberato da molto tempo.*

Lascio il tutto alla naturale bontà del cuore del re, alla vostra e alla provvidenza e prego Dio tutti i giorni di liberarmi da questa vita e dai cattivi.»

Questa lettera viene riportata da Gaillardet in entrambe le edizioni delle sue *Mémoires*, ed è difficile capire come il solerte biografo abbia comunque potuto attribuire al suo eroe diversi amori in Francia, in Russia, in Germania e in Inghilterra.

Il viaggio fu breve ed è sempre d'Éon che spiega le motivazioni del suo rientro a Londra, in *Brewer Street, Golden Square*, al suo abituale corrispondente:

«Londra, 5 luglio 1771.

Non ho avuto il tempo di percorrere che il Nord dell'Inghilterra e una parte della Scozia. Due principali ragioni mi hanno impedito di passare in Irlanda, come mi proponevo:
1°. Perché non avevo abbastanza denaro.
2°. Perché, viaggiando, ho visto dai giornali inglesi quanto il pubblico, geloso della libertà, fosse allarmato e i miei amici in particolare in una grande afflizione circa il mio preteso rapimento e che essi avevano fatto mettere i sigilli sulle porte di tutte le camere di casa mia. Sono subito ritornato, tanto per rassicurare il pubblico e i miei amici, che al fine di provvedere ai miei affari domestici. Quanto ai cifrari e alle carte del re, vi avevo provveduto prima della mia partenza, come sapevate in anticipo, in modo che fossero introvabili, a meno di non demolire la casa.

Con la posta di martedì scorso, vi ho inviato il *Public Advertiser*, che contiene la dichiarazione, sotto giuramento, che ho fatto davanti al lord sindaco di Londra, che non sono interessato neanche per uno

---

[174] Il corsivo è nostro.

scellino, né direttamente né indirettamente, nelle polizze di assicurazione che sono state fatte sulla mia persona. Non è una mia mancanza se il furore delle scommesse di ogni sorta di oggetto è una malattia nazionale tra gli inglesi, che li porta sovente a giocare più della loro fortuna su una sola corsa di un cavallo. Me ne infischio di tutte le loro polizze di assicurazione e anche di loro, e loro non lo ignorano. Ho loro provato e proverò, tanto che essi vedranno, che io sono non solo un uomo, ma un capitano dei dragoni, armi alla mano. Non è una mia mancanza se la corte di Russia, e notoriamente la principessa Dachkov, durante il suo soggiorno qui, ha assicurato la corte d'Inghilterra che io era donna. Non è mia mancanza se il duca di Praslin ha redatto e fatto redigere in Francia delle informazioni segrete e pressoché pubbliche per provare, mentre il suo amico Guerchy informava segretamente questa corte, che ero ermafrodito! Infine, non è mia mancanza se sono come la natura mi ha fatto; bene o male formato, ho sempre e con tutto il mio cuore e tutta la mia anima, fedelmente servito il re nella sua politica e all'armata. Sono nella condizione di farlo meglio che mai, e sarò sempre pronto a volare, per il suo servizio, ovunque mi manderà.»

Ancora una volta, neanche la dichiarazione davanti al sindaco della capitale riuscì a frenare gli scommettitori e così d'Éon accettò l'invito di lord Ferrers di andare a soggiornare nella sua magnifica proprietà di Staunton Harold.

Fu all'inizio dell'anno successivo, il 1772, che il cavaliere ricevette la proposta del re di Polonia, Poniatowski, di diventare suo consigliere. Come abbiamo già detto la tentazione di accettare l'offerta, che lo avrebbe tratto dall'incresciosa situazione, anche economica, in cui si trovava, fu forte, ma dovette rifiutare per l'opposizione del conte Broglie e dello stesso Luigi XV. Ad ogni buon conto, pensando a una futura possibilità, d'Éon inviò a Poniatowski, che doveva rimanere re solo per alcuni mesi ancora, perché già Prussia, Austria e Russia avevano deciso la spartizione del paese, una lettera adulatoria di questo tono: «C'è sul trono di Polonia un re che parla da uomo [...] che ama la verità come Socrate e gli uomini come Tito, se il mio corpo non può essere al vostro servizio, il mio spirito sarà sempre nel novero dei vostri sudditi[175].»

D'Éon desiderava andarsene dalla capitale londinese per porre fine a quel chiasso ma, come gli fu negata l'autorizzazione a recarsi in Polonia, stessa sorte ebbe la sua richiesta di rientrare in patria.

Aveva, inoltre, forti preoccupazioni finanziarie ed era, cosa per lui non nuova, fortemente indebitato, soprattutto nei confronti dell'ammiraglio Ferrers, divenuto suo amico e confidente. Dalle cospicue somme di denaro che circolavano nelle scommesse e nelle assicurazioni sulla sua sessualità non aveva tratto alcun profitto e ne respingeva il solo pensiero, anche se dovette richiedere l'assistenza di più di un avvocato per difendere il proprio nome dalla curiosità del pubblico. Non mancarono i processi tra gli stessi scommettitori, dei quali possiamo trovare traccia presso la *British Library* di Londra. La giustizia dovette pronunciarsi su una tale quantità di processi che, ad un certo punto, la corte inglese dovette dichiarare che questa specie di scommesse era contro la legge. Si disse che questa decisione risparmiò alle casse inglesi più di 75.000 sterline che, senza di essa, sarebbero passate dalle tasche degli scommettitori inglesi a quelle delle loro controparti francesi.

D'Éon aveva sperato di poter accumulare riconoscimenti e pensioni tali da poter vivere largamente ma, al contrario, era sempre senza denaro. La stessa pensione di 12.000 *livre,* che il re gli aveva promesso con la garanzia del conte Broglie, gli giungeva in modo irregolare, ma soprattutto sporadico. Questo, tuttavia, non frenava il suo tenore di vita e così non perdeva occasione di lamentare la sua situazione finanziaria a Broglie e al re, che facevano finta di non sentire. D'altro canto, la situazione delle casse reali nel 1770 non era molto differente da quella delle tasche del nostro cavaliere. Il nuovo controllore generale delle finanze, l'abate Terray[176], così descrive lo stato finanziario del regno: «Non c'è più un soldo in cassa e bisogna trovare, per quest'anno, 220 milioni! Sono spaventato dal pericolo imminente nel

---

[175] Riportata da Evelyn e Maurice Lever, *op. cit.* : A.A.E. M.D. Francia, d'Éon al re di Polonia, f. 165-166.
[176] Joseph Marie Terray (1715-1778) fu controllore generale delle finanze dal 1769 al 1774.

quale si trova lo Stato.» Terray, che fece parte di quello che venne chiamato il «Triunvirato» con Maupeou[177] e d'Aiguillon, prese diversi provvedimenti, come sempre accade in queste occasioni non proprio popolari, tra cui ridurre le pensioni superiori alle 600 *livre* dal 15 al 30% e mise mano a una drastica revisione delle spese statali. Chi non dovette preoccuparsi della situazione finanziaria fu la reale amante, contessa du Barry. Le sue mensilità erano di circa 300.000 *livre*, senza contare i regali, i capricci e quant'altro che soddisfaceva attingendo direttamente dal tesoro reale.

La lotta contro le scommesse e la mancanza di denaro non facevano tralasciare a d'Éon il suo lavoro di agente segreto. Nel marzo del 1772, informò il conte Broglie di una nascente cospirazione per rovesciare la dinastia degli Hannover e rimpiazzarla con quella dei cattolici Stuart. L'ipotesi era alquanto improbabile poiché il «Giovane Pretendente»[178] era già stato sconfitto, nell'aprile 1746, nella battaglia di Culloden nel suo tentativo di riprendersi il trono ed aveva fatto ritorno in Italia, dove era nato.

«Volete avere una sedizione al rientro del Parlamento alle prossime elezioni?» - Scriveva d'Éon a Broglie - «Sarà necessario tanto per Wilkes e tanto per gli altri. Wilkes ci costa molto caro, ma gli inglesi hanno il corso Paoli[179], che hanno accolto da loro e che nutrono contro di

---

[177] René Nicolas Charles Augustin de Maupeou (1714-1792) fu l'ultimo cancelliere della monarchia e rimase in carica dal 1768 al 1790.

[178] Carlo Edoardo Luigi Giovanni Casimiro Silvestro Maria Stuart (1720-1788) si autoproclamò re di Scozia con il nome di Giacomo VIII di Scozia dal 1745 al 1746 e fu anche detto Carlo III di Inghilterra e Scozia. Dopo la sconfitta (aprile 1746) subita nel tentativo di invasione dell'Inghilterra, rientrò in Italia e non fece più ritorno sul suolo inglese. Nel 1772 sposò, a Roma, Luisa di Stolberg-Gedern (1752-1824), più giovane di trentadue anni, per trasferirsi a Firenze dopo due anni. Divenne violento e dedito all'alcol e, nel 1780, la moglie, che aveva intrecciato una relazione con Vittorio Alfieri, lo abbandonò per ottenere la separazione legale, anche con l'aiuto del cognato cardinale, Enrico Benedetto Stuart (1725-1807).

[179] Filippo Antonio Pasquale de Paoli (1725-1807). Patriota corso, Paoli ebbe alterne fortune nelle sue lotte per l'indipendenza della Corsica. Quando nel 1755, al suo rientro da un lungo esilio nel regno di Napoli, divenne comandante delle forze ribelli dell'isola e, quando venne proclamata l'indipendenza, attaccò con successo in tutta l'isola i genovesi che, ad eccezione di alcune cittadine costiere, dovettero cedere. Conquistò anche l'isola di Capraia che però i genovesi furono costretti a cedere alla Francia per la loro situazione di crisi economica. L'intenzione di farne un possedi-

noi. È una bomba che conservano ben carica per gettarla in mezzo a noi al primo incendio. Conserviamo bomba contro bomba.» Il cavaliere tentò di approfittare dell'occasione e propose di recarsi egli stesso in Francia per esporre la situazione, ovviamente a patto che la sua libertà fosse assicurata. Il suo tentativo, probabilmente un po' troppo scoperto, fallì, perché Luigi XV non ebbe alcuna intenzione di seguirlo sulla strada di una cospirazione che non aveva alcuna possibilità e ribadì a Broglie che d'Éon «non doveva andare da nessuna parte» e rimanere là dove era. Il re, tuttavia, pensò fosse opportuno inviare a Londra una persona fidata, in grado di rendersi conto di quale fosse la reale situazione in cui si trovava d'Éon e anche di condurre un'indagine «diretta» sul sesso del cavaliere.

Drouet, l'abile e fidato segretario del conte Broglie, del quale abbiamo già fatto conoscenza all'epoca del suo arresto nel 1765, fu incaricato della delicata missione che, a ben guardare, aveva del surreale. Il cavaliere non aveva proprio un carattere facile e l'argomento era dei più spinosi, Drouet doveva scegliere il momento e le parole giuste. Non è da escludere che d'Éon avesse intuito lo scopo della visita e si mostrò disponibile e condiscendente più di quanto ci si potesse aspettare. A un Drouet stupito, e anche un po' imbarazzato, raccontò che erano stati ingannati alla sua nascita da apparenze sessuali dubbie e, desiderando ardentemente un erede maschio, come sempre accadeva nelle famiglie nobili, l'aveva allevato come se fosse un uomo. Il cavaliere non si fermò qui e, presa la mano del suo interlocutore, gli fece constatare con una «palpazione» le sue parti intime. Sicuramente si trattò di un gesto preparato, perché pregò Drouet di conservare sotto giuramento questo suo segreto, ben sapendo che così non sarebbe stato, né avrebbe potuto essere.

---

mento personale di Luigi XV diede avvio a nuovi scontri che terminarono nel 1769 con la sconfitta di Paoli, che si rifugiò in Gran Bretagna. Rientrò a Parigi nel 1789 e fu rimandato in Corsica con il grado di generale, ma nel 1793, disgustato dagli orrori della Rivoluzione e accusato di tradimento dalla Convenzione, dichiarò la separazione dell'isola dalla Francia e cercò sostegno dall'Inghilterra, alla quale ne offrì la sovranità. I suoi propositi fallirono e dovette nuovamente andare in esilio in Inghilterra, dove morì.

Drouet rientrò in Francia e si affrettò a riferire al conte Broglie, il quale a sua volta scrisse a Luigi XV: «Ho l'onore di informare Vostra Maestà che i sospetti che sono stati sollevati l'ultimo anno sul sesso di questo straordinario personaggio sono alquanto fondati. Il signor Drouet, al quale avevo raccomandato di fare del suo meglio per verificarli, mi ha assicurato al suo ritorno che era effettivamente giunto e che poteva certificarmi, dopo aver esaminato e palpato con molta attenzione, che il predetto signor d'Éon era una donna e non altro che una donna; che ne aveva tutti gli attributi e tutti i regolari disturbi. Ciò che vi è solo di singolare e che egli assicura di non aver mai avuto il minimo desiderio, né la minima attrazione per il piacere, benché nella conversazione egli si permetta tutte le libertà che i suoi abbigliamenti autorizzano. Bisogna convenire che manca solo questo aneddoto alla sua storia. Il signor Drouet ha saputo che è la principessa Dachkov, alla quale aveva confidato il suo sesso a San Pietroburgo, che ha avuto l'indiscrezione di rivelarlo a Londra ed è ciò che ha dato luogo alle voci che sono corse e alle considerevoli scommesse che ne sono state il seguito. Egli ha pregato il signor Drouet di conservare il segreto, osservando a ragione, che se fosse stato scoperto il suo ruolo sarebbe finito. Oso supplicare Vostra Maestà di permettere che la sua fiducia nel suo amico non sia tradita e che egli non debba rimpiangerla.[180]»

Fu con questa strana e inaspettata confessione a Drouet che ebbe inizio la metamorfosi del cavaliere d'Éon. Perché egli decise di farsi passare per donna? Che cosa lo spinse a un tale passo, che doveva rivelarsi definitivo?

Possiamo dare a quella decisione motivazioni di ordine psicologico, ma anche di carattere pratico nell'immediatezza. Iniziamo da queste ultime. D'Éon, dopo aver trascorso anni in Inghilterra, voleva fortemente ritornare al suo paese natale, a Tonnerre dove ancora aveva il suo piccolo patrimonio da curare, che in quel momento era affidato al cognato, O'Gorman. Da oltre dieci anni non vedeva la madre, che stava invecchiando, che era stata sottoposta a vessazioni di ogni genere, in primo luogo di carattere finanziario. La Francia, tuttavia, non era per lui una terra amica. I suoi vecchi amici erano morti o l'avevano

---

[180] Broglie a Luigi XV, 12 luglio 1772.

abbandonato, né poteva contare su Luigi XV, ormai debole per imporre la propria volontà e che, comunque, non vedeva di buon occhio il ritorno di un simile personaggio, che tanti problemi aveva creato. Conosceva troppi segreti, aveva fatto scandalo con le sue liti con Guerchy, il cui figlio aveva giurato di vendicare l'onore umiliato del padre, tutto questo faceva del cavaliere un probabile candidato alla Bastiglia più che il vezzeggiato eroe che aveva sognato di essere. Aveva più di quarant'anni e con un simile pregresso nessun governo francese gli avrebbe più affidato un incarico o una missione ufficiale. Il massimo cui poteva aspirare era di continuare a giocare l'ambiguo e oscuro ruolo di agente segreto. Luigi XV, pur con le sue contraddizioni e le sue debolezze, lo aveva sostenuto, ma così avrebbe potuto non essere con il suo successore, anche perché il *Secret* non aveva più ragione di esistere. Quella strana rete parallela creata da Luigi XV era ormai di dominio pubblico e il suo stesso creatore se ne disinteressava. Infatti, trascorrevano i mesi senza che da Versailles e dal conte Broglie, che il monarca aveva esiliato nel suo castello di Ruffec, si avessero disposizioni o incarichi di alcun genere.

D'Éon si rese conto che su di lui stava per cadere l'oblio, il che rappresentava più della morte per il suo incontenibile ego e così la sua inesauribile fantasia escogitò il modo per risollevarsi dall'abisso in cui stava precipitando, mettendo a frutto il suo vezzo più bizzarro, cioè il travestimento. Un'abitudine che presumibilmente non aveva mai tralasciata se seguiamo, ad esempio, le intestazioni delle lettere che gli inviava il cognato O'Gorman, che a partire dal 1766 divenne il corrispondente dalla Francia del cavaliere. Proprio nel 1766 e nel 1767, O'Gorman scrisse a d'Éon indirizzando la corrispondenza allo pseudonimo di Miss Loghlin o Longhlin e le lettere, che esordivano con «mia cara amica» o «mia cara cugina», venivano firmate dallo scrivente stesso come Loghlin o Longhlin. Questi cambiamenti di sesso nella corrispondenza si accompagnarono a tre indirizzi: « To Humphy Cotes, Esq. In St. Martins Lane; «To Mrs. Humphry, next door to Mrs. Byfeld's, in Petty France, Westminster; «per M. Augé a Warwick Street. » Tra il 1768 e il 1774 O'Gorman abbandonò gli pseudonimi per sé e per d'Éon e tutto apparve normalizzarsi. Nuovo cambiamento nel 1775, quando il cavaliere diventa Mistress Duval o, in alternativa Mistress Woulfe. Gli anni 1776 e 1777 rividero in auge, con una lieve trasformazione Miss Lochlin, Miss o Mistress Terry, o ancora Miss Woulfe e l'intestazione da «mio caro amico» divenne «mia cara cugina», ma solo per Miss Terry[181]. Siamo ancora davanti a un piccolo mistero della vita di d'Éon. Perché questi nomi femminili: esigenze del *Secret*, misure di sicurezza, ordine del banco del re d'Inghilterra, come certi testi fanno supporre, gusti personali al travestimento? Non possiamo dare una risposta certa, basata su riscontri documentali o anche testimonianze dirette.

La trasformazione dell'ex brillante diplomatico e capitano dei dragoni in una donna avrebbe posto tutta la sua attività e la sua stessa vita in una luce completamente diversa e unica. D'Éon capì che da uomo, non solo gli sarebbe stato alquanto difficile ottenere il permesso di rientrare in Francia, ma non sarebbe certo entrato nella storia, nulla nella sua esistenza meritava di essere conservato alla memoria dei posteri, al di là di qualche fugace citazione per specialisti. La sua psicologia, il suo desiderio di occupare un palcoscenico e di lasciare traccia di sé non potevano concepire le tenebre dell'oblio. La trasformazione in donna, inoltre, avrebbe impedito la sfida a battersi in duello che pubblicamente gli era stata lanciata dal figlio del conte Guerchy, che nello scontro avrebbe certamente perso la vita.

La decisione di dichiararsi donna fu un'iniziativa di d'Éon, presa sia per poter rientrare in Francia sia, non è da escludere, per accondiscendere pubblicamente a una sua naturale propensione al travestitismo. Con ogni probabilità non soppesò nel dovuto modo quali potessero essere le conseguenze di questa sua nuova alzata d'ingegno. Ebbe modo di pentirsene, ma non poté tornare indietro.

---

[181] Le informazioni sui diversi pseudonimi utilizzati nella corrispondenza tra O'Gorman e d'Éon sono tratte da A. Frank, *op. cit.*, p. 137-138.

CAPITOLO X

Luigi XVI e Beaumarchais

Scomparso Luigi XV, il successore ricevette dal conte Broglie un lungo rapporto sulle attività del *Secret*, con la preghiera di far recuperare tutti i documenti che ancora erano nelle mani delle diverse persone che facevano parte dell'organizzazione, e tra queste vi era inevitabilmente il cavaliere d'Éon. In questa lunga lettera del 30 maggio 1774[182], facendo riferimento a quanto scritto precedentemente in relazione al *Secret*, Broglie così descrive il cavaliere:

« […] Comincerei con quanto riguarda il signor d'Éon. Immagino che sia possibile che Vostra Maestà ne abbia sentito parlare male e che quindi sia meravigliato di trovarlo nel novero delle persone onorate dalla fiducia del defunto Re. Non posso quindi dispensarmi di osservare che era stato iniziato alla corrispondenza segreta dal tempo in cui il principe Conti la dirigeva. Egli fu inviato dal principe a Pietroburgo nel 1756. Poi fu scelto dai duchi di Praslin e di Nivernais per il negoziato della pace a Londra nel 1762; e allora il defunto Re, avendo delle importanti mire sull'Inghilterra gli ordinò di rendergli conto direttamente. Fu fatto, in seguito, ministro plenipotenziario in Inghilterra nell'intervallo intercorso tra il duca di Nivernais e l'arrivo del conte Guerchy.

È evidente che fu questo segno di fiducia particolare che gli fece sperare che sarebbe stato appoggiato nelle sue dispute fuori luogo con questo ambasciatore che, da parte sua, vi mise dapprima della foga e in seguito un po' di incapacità; ma questo non scusa i torti del signor d'Éon, la cui estrema asprezza lo portò oltre misura e provocò degli scandali poco decenti tra due persone dai caratteri onorevoli dei quali si erano rispettivamente rivestiti. Il duca di Praslin usò, in questa occasione, un'eccessiva severità che non fece tornare in sé il signor d'Éon; e giunse il momento in cui quest'ultimo, non potendo più ri-

---

[182] Riportata da Boutaric, *op. cit.*, Tomo II, pp. 392-403.

tornare in Francia, si lasciò andare alla disperazione e si trovò in difficoltà tali, da poter fargli venir meno la fedeltà che doveva a Sua Maestà e forse di divulgare il segreto che gli era stato affidato; il che avrebbe compromesso in modo alquanto scandaloso, soprattutto in un paese come l'Inghilterra, il sacro nome del defunto Re. Fui per lungo tempo angosciato a questo riguardo. Chiesi a Sua Maestà i suoi ordini, e mi presi la libertà di fargli presente che tutto era preferibile piuttosto che lasciar conoscere in Inghilterra l'oggetto della corrispondenza segreta. Ebbi, di conseguenza l'ordine di inviare il mio segretario a Londra. Egli conosceva il signor d'Éon; lo condusse un po' alla ragione e infine si convinse a rimanere a Londra incaricato di fornire notizie; ma fu necessario assicurargli, di pugno proprio da parte del defunto Re, uno stipendio di mille *livre* al mese, di cui gode da allora.

Questo essere singolare (*poiché il signor d'Éon è una donna*[183]) è, più di ogni altro, un insieme di buone qualità e di difetti, ed egli spinge gli uni e gli altri sino all'eccesso. Sarà necessario che io abbia l'onore di entrare, in merito a questo, nei maggiori dettagli personalmente con Vostra Maestà, quando ella avrà preso una decisione definitiva sulla corrispondenza segreta. Nell'attesa, oso prendermi la libertà di supplicarla di non decidersi completamente sul suo conto, senza aver permesso che io metta sotto i suoi occhi le mie rispettose osservazioni in merito. Non posso finire l'articolo del signor d'Éon senza avere l'onore di osservare che egli scrive talvolta delle lettere in chiaro firmate *William Wolff*. È, a quanto pare, una di queste lettere che Vostra Maestà avrà trovato non cifrata. Mi sembra che non vi sia che lui e il signor Des Rivaux, console a Ragusa, che siano nella condizione di non cifrare tutte le loro lettere. [...] »

Luigi XVI, che pur non brillò per sensibilità politica, comprese che tutta quell'impalcatura del *Secret* era ormai inutile, obsoleta e anche, per certi aspetti, pericolosa. Decise quindi, in accordo con il nuovo ministro agli Affari esteri, Vergennes, di smantellare tutta l'organizzazione e di riportare a Versailles tutte le carte che potevano essere compromettenti per la corona e dannose per la politica della Francia.

---

[183] Il corsivo è nostro.

Il conte Broglie, ancora una volta, si impegnò perché il suo protetto ricevesse un trattamento tale da consentirgli di vivere e di rientrare in Francia, senza provocare ulteriore pericolo e arrecare danni al governo di Versailles e al nuovo re. D'Éon, da parte sua, non mancava di sollecitarlo per la soluzione del suo caso e così gli scriveva il 7 luglio:

« [...] Non vi annoierò con dettagli più lunghi sulle numerose testimonianze di approvazione che vi siete degnato di darmi da parte di Sua Maestà sul mio zelo a informarvi e a scoprire numerosi interessanti avvenimenti passati, presenti e a venire.

Mi accontenterei di dirvi che è tempo, dopo la dolorosa perdita che abbiamo subito dell'avvocato generale[184] a Versailles, che tra la propria corte aveva meno potere di un avvocato del Re allo Châtelet[185]; il quale per una debolezza incredibile ha sempre lasciato i suoi servitori infedeli trionfare sui suoi fedeli servitori segreti, e ha sempre fatto più del bene ai suoi nemici dichiarati che ai suoi veri nemici; è tempo, dico, che voi informiate il nuovo Re, che ama la verità e che mi hanno detto avere tanta fermezza quanto il suo illustre ne aveva poca; è tempo, per voi e per me, che voi informiate questo giovane monarca che da vent'anni a questa parte voi eravate il ministro segreto di Luigi XV, ed io il vice ministro sotto i suoi ordini e i vostri; che da dodici anni ho sacrificato in Inghilterra tutta la mia fortuna e la mia promozione per aver voluto obbedire rigorosamente al suo ordine segreto del 3 giugno 1763, e alle relative istruzioni segrete; che per ragioni particolari conosciute unicamente dal defunto Re, egli ha creduto dovermi sacrificare in pubblico al furore del suo ambasciatore Guerchy, e a quello dei suoi ministri e ai vapori isterici della Pompadour; ma che la sua giustizia e il suo buon cuore non gli hanno mai permesso di abbandonarmi in segreto, e che, al contrario, mi ha dato per scritto, di suo pugno, la sua reale promessa di ricompensarmi e di giustificarmi un giorno a venire. [...] »

La situazione di d'Éon continuava a preoccupare la diplomazia di Versailles ed era sempre all'ordine del giorno, stando a quanto scriveva il ministro Vergennes a Luigi XVI il successivo 22 agosto 1774:

---

[184] Luigi XV.
[185] Châtelet era il carcere fortezza a Parigi.

«Sire,

ricevo la corrispondenza intercettata del Re di Prussia che vostra Maestà mi ha mandato e la lettera cifrata del signor d'Éon. Questi vi si manifesta per quel che è, una testa calda, esaltata ed estremamente pericolosa; ha superato ogni misura nella sua conversazione con Wilkes.

Il signor de Muy[186] ed io abbiamo già visto tutta la corrispondenza che il conte Broglie ha intrattenuto con il signor d'Éon da quando è stato bloccato il suo ritorno in patria; stiamo lavorando al rapporto da far esaminare da Vostra Maestà, e approntremo quello da sottoporgli con le modalità per il richiamo di un uomo che non sarebbe senza inconvenienti lasciare in Inghilterra. [...]. »

D'Éon era ancora in possesso delle carte più compromettenti e il suo rientro in patria richiedeva la loro consegna e la certezza che la vicenda avesse una fine definitiva e non lasciasse strascichi di alcun genere, ma neutralizzare il cavaliere non era notoriamente cosa facile. Bisogna aggiungere che, ad opinione di alcuni, Vergennes, che non aveva mai digerito il trattato di Parigi, stava covando idee bellicose e desiderava fortemente prendere visione della documentazione relativa al famoso sbarco sulle coste britanniche. Tutto era però ben custodito a Londra, nei muri della cantina del 38 di Brewer Street, a casa del nostro cavaliere.

I buoni uffici del conte Broglie nei confronti di Vergennes e del re riuscirono a strappare la promessa che, una volta consegnate le carte e rientrato in patria, d'Éon avrebbe goduto pienamente della pensione di 12.000 *livre* che gli era stata concessa dal defunto monarca. Le condizioni del suo rientro prevedevano anche di non fare mai più alcuna allusione ai suoi litigi con il conte Guerchy e con il duca di Praslin e di condurre una vita tranquilla per il resto dei suoi giorni. Come sempre, fu Broglie a informare d'Éon di queste decisioni e della prossima visita di un inviato di fiducia al quale avrebbe dovuto consegnare quanto richiesto.

Fu scelto per andare a Londra a negoziare il marchese di Pruvenaux, capitano nel reggimento di Bourgogne-Cavalerie, che doveva

---

[186] Louis Nicolas Victor de Félix d'Ollières, conte di Muy (1711-1775) fu segretario di Stato alla Guerra.

consegnare al cavaliere un salvacondotto, unitamente a una missiva del conte Broglie nella quale lo esortava a sottomettersi ai voleri del nuovo re e ad accogliere quanto gli si stava proponendo.

«Il conte Broglie al cavaliere d'Éon[187].
10 settembre 1774.

Ho ricevuto, Signore, la lettera che vi siete dato la pena di scrivermi in data ... di questo mese. Vi ho trovato con piacere le assicurazioni che mi date della vostra sottomissione a tutto ciò che potrà essere gradito a Sua Maestà. Ho rimesso la lettera al conte di Vergennes per metterla sotto gli occhi di Sua Maestà e ho approfittato di questa occasione per supplicarla di permettervi di ritornare in Francia e avere l'assicurazione che continuerete a godere dello stipendio di dodicimila *livre* all'anno, che avete concordato con il defunto Re. Sua Maestà si è degnato di accogliere questa domanda e voi sarete informato più in dettaglio da una lettera del conte Vergennes che vi sarà rimessa, assieme a questa, da una persona sicura che questo ministro invia a Londra. Egli mi ha confidato che l'intenzione del Re era che ricevendo l'assicurazione che Sua Maestà si degna di prendersi la pena di darvi di sua mano questo stipendio, come il salvacondotto nella migliore forma per ritornare in Francia e godervi della vostra libertà, voi portiate con voi le carte sia ministeriali sia quelle della corrispondenza segreta, per rimetterle al conte di Vergennes. La volontà è anche che voi rinunciate per sempre a fare qualunque menzione di ciò che può avere rapporto con le dispute intercorse con il conte Guerchy e con il duca di Praslin, e che voi abbiate per l'avvenire una condotta misurata, propria a far dimenticare i torti che vi sono stati rimproverati, e tale da far ricordare unicamente lo zelo e l'utilità con i quali avete avuto l'onore e la fortuna di servire il Re.

Non ho avuto alcun dubbio, Signore, ad assicurare al conte di Vergennes che vi farete un piacere e un dovere di sottomettervi in tutto alle volontà del Re, di rendervi degno con questo dei favori che vi vuole fare e di meritare personalmente le cortesie di questo ministro.

---

[187] Riportata da Boutaric, *op. cit.*, Vol. II., p. 437, con l'indicazione *Minuta con l'approvazione di Luigi XVI. Arch. de l'Emp. K.159.*

E in particolare io, sono felice di aver contribuito a procurarvi una pensione agiata e onorevole nella vostra patria e di avervi dato questa nuova prova dei sentimenti con i quali, etc... .»

In fondo, di suo pugno Luigi XVI aveva scritto *Approvato*.

Il cavaliere d'Éon accolse amabilmente il negoziatore Pruvenaux, ma fu solo un momento di formale cortesia. Informato delle richieste e delle proposte che gli venivano fatte non seppe contenere la sua rabbia, fomentata dal suo orgoglio smisurato, dalla sua megalomania e anche dal pensiero dei consistenti debiti che lo opprimevano. Al marchese Pruvenaux parve incontentabile e non ebbe, sin dal primo momento, alcuna speranza di ricondurre il suo interlocutore a un esame più obiettivo di ciò che gli veniva offerto. Il cavaliere oppose due precise richieste:

1) Che fosse solennemente giustificato dalle imputazioni calunniose dirette contro di lui dal duca di Praslin e dal conte Guerchy, e reintegrato nei suoi impieghi e titoli politici, come lo era appena stato il famoso La Chalotais[188];

2) Che gli fossero pagate tutte le somme, indennità e anticipi che gli erano dovuti da ventuno anni, e il totale delle quali era di non meno di 13.933 lire sterline o 318.477 *livre* e 16 soldi.[189]

---

[188] Louis-René de Caradeuc de la Chalotais (1701-1785) fu un magistrato e procuratore generale del parlamento bretone acerrimo nemico del duca d'Aiguillon, allora governatore della provincia. Arrestato per la sua opposizione alla richiesta di imposte straordinarie, ma con la scusa di aver scritto due lettere anonime, venne esiliato. Rientrò alla morte di Luigi XV e fu reintegrato nelle sue funzioni.

[189] F. Gaillardet, *op. cit.*, versione del 1866, edizione Chez Jean de Bonnot, 2000, p.264. Gaillardet riporta anche una sorta di inventario di questi debiti che compare nelle studio di de Loménie, *Beaumarchais et son temps*. In questo elenco compare anche un diamante del valore di 6.000 *livre* che sarebbe stato regalato a d'Éon, nel novembre del 1757, da Poniatowski per essere informato su quanto accadeva a San Pietroburgo. D'Éon consegnò la pietra a L'Hôpital che, a sua volta, la restituì a Poniatowski.

Vi è da aggiungere che in un elenco, approvato da Luigi XVI, delle pensioni accordate agli appartenenti al *Secret*, se si esclude il generale polacco Mokronosky, al quale furono assegnate 20.000 *livre* annue, il cavaliere d'Éon, con 12.000 *livre*, era quello destinato a percepire la pensione maggiore[190].

Pruvenaux, nel dicembre del 1774, compì un nuovo tentativo e con sua sorpresa trovò un d'Éon estremamente remissivo che lo colmò di confidenze sulla vicenda della sua sessualità. D'Éon tornò a ribadire di essere femmina e che fu per il padre, desideroso di avere un figlio maschio, che fu costretto ad assumere le vesti e la personalità di un sesso che non gli (*le*) apparteneva. Ora, in base ad alcune testimonianze riportate da Gaillardet, che possiamo anche prendere con beneficio di inventario, ma che con ogni probabilità hanno un fondo veritiero proprio perché vanno in senso opposto a quelle affermazioni di virilità che il biografo non perde occasione di attribuire al suo eroe, fu vero l'esatto contrario: fino all'età di dieci, dodici anni la madre del cavaliere si divertiva a vestirlo da donna, e forse proprio qui c'è l'origine della sua passione per il travestitismo.

Il marchese Pruvenaux informò, con una lettera del 4 dicembre 1774, il conte Broglie delle confidenze che gli erano state fatte da d'Éon. Il conte trasmise l'informazione a Luigi XVI, che iniziava a spazientirsi di questo ex diplomatico dalla sessualità mutevole e incerta.

Ma non ci fu nulla da fare, il cavaliere ribadì comunque le sue pretese e a Pruvenaux non restò che avvertire Vergennes della situazione. Il ministro, esasperato, chiese, ancora una volta, l'aiuto del conte Broglie, appena rientrato dalla sua proprietà di Ruffec.

Il conte Broglie a d'Éon:

«18 gennaio 1775.

---

[190] Boutaric, *op. cit.*, Vol. II, p. 440. Nella nota si aggiunge che la lista riportata fu redatta con le minute approvate dal Re e indirizzate da Broglie agli agenti della corrispondenza segreta per annunciare loro la fine di tale corrispondenza e il favore che il re faceva loro di conservare lo stipendio. Queste pensioni furono pagate ogni sei mesi con ordini particolari del ministro degli Affari esteri a partire dal 1° settembre 1774. Il Re ordinò a ciascuno di questo agenti di osservare il più assoluto silenzio.

Al mio arrivo qui da Ruffec, Signore, apprendo con il più grande stupore che voi non avete accettato le proposte che vi sono state fatte dal conte Vergennes e che avete misconosciuto il prezzo delle cortesie che il Re voleva avere per voi conservandovi lo stesso trattamento che il defunto Re si era compiaciuto di accordarvi. Vi confesso che non posso concepire su quale fondamento voi fondiate una simile resistenza. Il conte di Vergennes, il quale non lo concepisce al pari di me, mi ha detto che voi lo avreste assicurato che vi siete stato incoraggiato da qui. Ho qualche difficoltà a crederci, ma in tal caso possono essere solo persone alquanto male intenzionate nei vostri confronti, e mi fareste cosa gradita a indicarmele. Per me, non posso che ripetervi ciò che vi ho scritto nella mia lettera del 10 settembre scorso, che il conte Vergennes vi ha trasmesso, e alla quale non avete ancora risposto [...].

Ai tempi in cui eravate persuaso che avevate qualcosa da temere in questo paese, il rifiuto che avreste posto sarebbe stato perdonabile; ma oggi che le garanzie che vi sono state offerte da un ministro quale il conte di Vergennes, autorizzato da Sua Maestà stessa, distruggono persino l'ombra dei motivi di sospetto, ogni sfiducia da parte vostra sarebbe assolutamente inescusabile. Il desiderio espresso di rientrare nella vostra patria, che voi avete significato al signor Drouet nel 1772, nel suo viaggio a Londra, non mi permette di dubitare che voi non approfittiate delle facilitazioni che vi vengono date. Desidero dunque che voi ascoltiate la voce della ragione, del dovere e anche del vostro interesse, e che ripariate con una pronta obbedienza ai torti che una più lunga resistenza aggraverebbe in maniera irreparabile. »

Pochi giorni dopo, il 26 gennaio, Vergennes scrisse a Luigi XVI informandolo delle astronomiche pretese di d'Éon. «Il signor d'Éon pone a un così alto prezzo la rimessa delle carte di cui è depositario, che bisogna, per il presente, rinunciare a ritirarle», questa la posizione che assunse il ministro degli Affari esteri nei confronti delle richieste del cavaliere anche se, per prudenza, propose di lasciare invariato il trattamento che gli era stato accordato dal defunto monarca, al fine di non portarlo ad uno stato di pericolosa necessità. Vergennes, inoltre, suggerì di consentire a d'Éon di lasciare Londra per qualsiasi destinazione ad eccezione della Francia, perché «nella misura in cui si allontanerà, non potrà che diventare indifferente, e l'abuso sarà meno da temere».

Luigi XVI rispose a Vergennes nella stessa giornata con una lettera dal tono infastidito per le pretese del cavaliere e avallando le indicazioni del ministro, il quale tuttavia non era del tutto tranquillo sul comportamento che avrebbe tenuto l'ex plenipotenziario. Inoltre, Vergennes voleva prendere possesso delle carte con le indicazioni relative al progetto di un ipotetico sbarco sulle coste inglesi. Vergennes e il sottosegretario alla Guerra, Muy, non sapevano rinunciare alla speranza di una futura rivalsa che avrebbe dovuto riscattare la disonorevole pace di Parigi, e così inserirono in una *Memoria fatta per ordine del Re sulla condotta del conte Broglie relativamente alla corrispondenza segreta*[191], datata 3 febbraio 1775, un invito a Luigi a leggere con attenzione particolare la memoria numero 2, della documentazione presentata dal conte Broglie, che «contiene un piano ben articolato dello sbarco in Inghilterra». Con una certa malizia, aggiunsero all'invito l'affermazione che: «Noi speriamo che Vostra Maestà non sia mai nella condizione di farne uso, ma nel bisogno potrebbe essere di grande utilità. È a questo scopo che, benché Vostra Maestà ci abbia ordinato di bruciare tutta la montagna della corrispondenza segreta, la supplichiamo molto umilmente di permetterci di fare un'accezione per questo lavoro del quale non si può ritenere che l'applicazione non potrà essere indispensabile, forse nel momento in cui meno ce lo si aspetterà.»

Nel frattempo, d'Éon non tralasciava la sua attività di informatore sulla politica inglese e su tutto ciò che poteva interessare Versailles. Lo stesso ambasciatore francese a Londra, il duca di Guines[192], si rivolgeva a lui per avere notizie e informazioni che solo l'ormai lunga esperienza di d'Éon e le sue amicizie potevano fornire con una buona attendibilità.

---

[191] *Mémoire de MM. De Vergennes et du Muy à Louis XVI sur l'examen qu'ils avaient fait par ordre du Roi de la conduite du comte de Broglie à la correspondance secrète*. Minute Arch. de l'Emp. K.164, Boutaric, *op. cit.*, p. 446-447.
[192] Adrien Louis de Bonnières, conte di Soustre poi duca di Guines (1735-1806) fu ambasciatore per breve tempo a Berlino e successivamente a Londra (1770) dove venne soprannominato «*Guines il magnifico*».

Vergennes, anche se apprezzava il fatto che d'Éon continuasse a svolgere la sua attività di agente più o meno segreto, era comunque consapevole che la sua situazione finanziaria era più che precaria. D'Éon era fortemente indebitato e la sua megalomania non si ridimensionava certo di fronte alla continua emorragia di denaro preso a prestito da fonti inglesi. Era questo un giustificato motivo di preoccupazione per il ministro degli esteri: la tentazione di saldare qualche debito a fronte della consegna di alcuni documenti poteva essere forte, tanto più che le offerte di entrare al servizio dell'Inghilterra non erano cessate. L'unico passo che fece fu chiedere un prestito di 100.000 sterline a lord Ferrers per saldare i debiti più pressanti. Con il senno di poi possiamo dire che la preoccupazione di un «cedimento» era infondata, perché mai d'Éon avrebbe tradito la sua patria. Era troppo orgoglioso per farlo e troppo gli piaceva recitare la parte del martire, ma era anche onesto e incorruttibile, questo bisogna riconoscerglielo al di là di ogni altro giudizio.

Vergennes decise di inviare a Londra un altro emissario e scelse un certo Pommereux, il quale, per le sue trovate, dovette divertire non poco il nostro cavaliere. Pommereux, infatti, pensò bene di dichiararsi innamorato di d'Éon sin dal primo momento e chiese di sposarlo, promettendo una dote da parte di Luigi XVI di centomila scudi se avesse acconsentito al matrimonio. Il cavaliere, al quale non mancava né il sarcasmo né il gusto della commedia, rispose che avrebbe acconsentito solo se il re avesse portato la sua *dote* a trecentocinquantamila *livre*![193] Il buon Pommereux dovette mestamente fare rientro in Francia.

Si imponeva un'altra soluzione e un altro emissario.

Rientrò così in scena Pierre-Augustin Caron de Beaumarchais, che già aveva condotto con successo la trattativa con Morande.

Per aver modo di immaginare quanto possano essere stati teatrali e pieni di reciproche finzioni gli incontri tra d'Éon e Caron de Beaumarchais, è necessario inquadrare, seppur fugacemente, la personalità di quest'ultimo: modesto scrittore, abile uomo d'affari, appassionato sostenitore della causa dei coloni americani e formidabile mentitore. C'è

---

[193] Cfr. E. e M. Lever, *op. cit.*, p. 177.

un episodio, temporalmente posto tra la trattativa con Morande e quella con d'Éon, che può darci un'idea della natura di Beaumarchais.

Come abbiamo visto, Luigi XV morì nel maggio del 1774, cioè quando Caron rientrò a Parigi per raccogliere i frutti della brillante trattativa condotta con Morande per il suo libello sulla du Barry. La morte del re, con la conseguente «disgrazia» della sua favorita ebbero come diretta conseguenza l'ormai palese marginalità della missione compiuta per la nuova corte di Luigi XVI. Beaumarchais, che non era certo carente di risorse, non si rassegnò alla perdita dei crediti che riteneva di aver acquisito e così si lanciò alla ricerca di un altro pamphlet e del suo presunto autore, l'ebreo italiano Guglielmo Angelucci, che in Inghilterra aveva assunto il nome di William Hatkinson. Titolo dell'opera incriminata era *Avis à la branche espagnole sur ses droits à la couronne de France, à défaut d'héritiers*, e in realtà si trattava di un attacco alla regina Maria Antonietta. Per svolgere quest'incarico Beaumarchais, ritenne necessario avere un ordine scritto da parte di Luigi XVI, che invece era renitente a concederglielo per timore che ne abusasse. Caron partì lo stesso, ma non rinunciò alla sua richiesta che continuò a reiterare nella corrispondenza che intratteneva con Sartines. Abile quanto caparbio, ottenne quanto desiderava esattamente nei termini che egli stesso aveva redatto e inviato al ministro di polizia:

«Il signor Beaumarchais, incaricato dei miei ordini segreti, partirà per la sua destinazione il più presto possibile; la solerzia e la discrezione che metterà nella loro esecuzione sono la prova più gradevole che egli possa darmi del suo zelo per il mio servizio.

Luigi.

Marly, il 10 luglio 1774.»

Beaumarchais custodirà il biglietto con quest'ordine in una piccola scatola d'oro che terrà al collo, e così scrisse al re: «Un innamorato porta al collo il ritratto della sua amante; un avaro vi attacca le sue chiavi, un devoto il suo reliquiario; io ho fatto fare una scatola ovale, grande piatta, a forma di lenticchia, nella quale ho rinchiuso l'ordine di Vostra Maestà, che ho attaccato con una catenella d'oro al mio collo, come la cosa più necessaria al mio lavoro e la più preziosa per me.»

Motivato da questa investitura ufficiale partì per Londra alla ricerca di Angelucci, alias Hatkinson, il quale, di fronte all'offerta di 1.400 sterline sembrò rinunciare alla sua speculazione e il manoscritto e 4.000 esemplari furono bruciati. I due si recarono poi ad Amsterdam per distruggere l'edizione olandese, ma l'italiano partì in fuga per Norimberga, con il denaro ricevuto e un esemplare del libello che voleva fare ristampare in francese e in italiano. Beaumarchais si sentì beffato e rincorse Angelucci per tutta la Germania e lo raggiunse proprio nei pressi di Norimberga, all'entrata della foresta di Neustadt. Il francese si lanciò all'inseguimento fino a quando la preda non fu costretta a fermarsi e a consegnargli l'esemplare del libro che aveva con sé. Beaumarchais riuscì a dominare la sua collera e non lo uccise, lasciandogli anche una parte del denaro. Mentre Caron riattraversava la foresta per raggiungere la sua vettura, venne però assalito da due briganti con i quali ingaggiò una feroce colluttazione. Uno dei malviventi, armato di coltello, tentò di colpirlo al petto, ma il coltello scivolò sulla famosa scatola contenente l'ordine del re e lo prese di striscio al mento. Beaumarchais fu salvato dal sopraggiungere del suo cameriere e dal suono del corno del postiglione che mise in fuga i banditi. Ferito e febbricitante il nostro l'eroe del momento proseguì per Vienna, dove però non riuscì a convincere Maria Teresa che non credette alla sua storia e, in attesa di chiarimenti da Parigi, lo fece mettere in un posto sicuro, cioè in galera. Riacquistata la libertà, Beaumarchais ritrovò Angelucci distrusse le ultime copie del pamphlet e fece rientro a Parigi dal suo amico Sartines. Tutto questo, anche nei suoi aspetti romanzati che appartengono al gusto dell'epoca, potrebbe passare per una rocambolesca avventura, se non fosse per il fatto che tutti gli indizi portano a pensare che Angelucci e il suo libello furono una pura invenzione di Beaumarchais, che si procurò con il suo stesso rasoio le ferite da mostrare. Un complicato artificio maturato per avere credito presso il nuovo monarca. Questo era il personaggio con il quale d'Éon stava per confrontarsi.

Con queste premesse, appare ovvio che il racconto dell'incontro tra d'Éon e Beaumarchais, che rappresentavano per certi versi l'immagine romanzesca del loro secolo, ci sia stata trasmessa in modo essenzialmente differente dalle parti in causa. E non poteva essere altrimenti.

D'Éon, in una lettera a Vergennes del 26 maggio 1776, fa la cronistoria di quelle che definisce nel titolo le «*Campagne del signor Caron de Beaumarchais in Inghilterra, negli anni 1774-1775-1776*»[194], e vi sintetizza l'attività di Beaumarchais a Londra e anche le motivazioni del loro primo incontro. Dopo aver racchiuso in diversi punti le motivazioni e gli eventi del primo viaggio di Beaumarchais, in relazione al libello di Morande sulla du Barry, d'Éon così conclude il suo *excursus*: [...]

«21°. Morande non cessò di assillare d'Éon con le sue visite importune e portò quest'ultimo a dirgli che sarebbe stato curioso di conoscere un uomo come Beaumarchais, poiché le *Mémoires* che aveva pubblicato gli facevano supporre, giudicandone l'audacia di stile e di pensiero, che a Parigi c'era ancora un uomo.

22°. Non potei fare la sua conoscenza nel corso di quel viaggio, ma Morande lo portò da me nel suo terzo viaggio che fece a Londra, e noi così vedemmo tutti e due, portati probabilmente dalla naturale curiosità che hanno gli animali straordinari ad incontrarsi.

23°. Nel maggio 1775, vidi questo libertino, che potrei anche chiamare, senza calunnia, con il nome di quell'animale che, gli occhi in aria e il grugno in terra, cerca i tartufi al mio paese. Dopo qualche visita e colloquio, venne a conoscenza di una parte della mia posizione politica e *fisica*.

24°. Mi fece le più grandi offerte di servizi a Versailles, che accettai. Simile a un annegato che il defunto re e il suo ministro segreto, con le ragione di una sublime politica, hanno, per così dire, abbandonato alla corrente di un fiume avvelenato, mi sono appeso un istante alla barca di Caron come alla barra di un ferro arroventato. Benché avessi preso la precauzione di coprire la mia mano con dei guanti, per non avere in seguito le dita bruciate, così come avrei potuto avere i piedi bruciati se per caso mi avessero portato sul Vesuvio o sull'Etna, mentre scendeva la lava bollente.»

Tra le curiosità di questa sorta di relazione vi è da rilevare l'alternanza dell'uso della terza e della prima persona, che è tipica di un certo atteggiamento di d'Éon che talvolta *è* sulla scena e tal altra si *vede* sulla scena, cioè immagina la propria vita come un romanzo o una commedia.

---

[194] Cfr. F. Gaillardet, *op. cit.*

Ben diverso il racconto che fa Caron che così scrive nelle sue *Mémoires*: «Mentre lavoravo giorno e notte a Londra, quello sventurato, avendo saputo che vi ero, è accorso a casa mia. Io non cercavo né la sua amicizia né la sua fiducia. È venuto a pregarmi di accettare l'una forzandomi ad essere depositario dell'altra. Quando l'ho assicurato che non avevo alcuna missione che avesse rapporto con lui, si è profondamente afflitto per il fatto che non fossi stato incaricato di negoziare con lui il suo ritorno in Francia. «Da molto tempo – mi ha detto – avrei dovuto essere restituito alla mia patria e il Re avrebbe dovuto ricevere tutte le carte importanti relative alla fiducia di Luigi XV, e che non devono rimanere in Inghilterra.» Mi ha fatto vedere la sua corrispondenza con il conte Broglie e con Vergennes e, non avendo più limiti la sua fiducia, mi ha pregato di perorare la sua causa con il principe Conti e di impegnare questo principe nel portarla a Vostra Maestà ... »[195]

Tra i due ebbe inizio una commedia con un gioco delle parti che ha veramente il sapore di un romanzo. Non ci è dato di sapere se il cinico e navigato Beaumarchais abbia dato credito alla recita del cavaliere, che volle farsi passare per donna e che ormai aveva come unico obiettivo il suo rientro in Francia, ma tutto lo fa supporre quando scrive a Luigi XVI: «Per quanto riguarda d'Éon, oso assicurarvi, Sire, che prendendo questa strana creatura con abilità e dolcezza, benché inasprita da dodici anni di disgrazie, la si porterà facilmente a rientrare sotto il giogo e a rimettere tutte le carte relative al defunto Re a condizioni ragionevoli. Questa sfortunata donna mi ha fatto una vera compassione, poiché ha creduto di offendermi facendomi solo una mezza confidenza. Se bisogna crederle, il re d'Inghilterra le ha assicurato, nei giorni scorsi, che appoggerebbe la domanda che ha fatto di prendere congedo come plenipotenziario. Le ho fatto osservare che la decenza politica mi sembrava un ostacolo invincibile a questa pretesa e che, dovendo rinunciare per sempre alla carriera virile, le doveva essere sufficiente essere perfettamente giustificata di tutti i torti che le erano stati imputati, per rientrare in Francia, con gli abiti del suo sesso. Dal

---

[195] Guidin de La Brunellerie, *Histoire de Beaumarchais, Mémoires inédits publiés sur les manuscrits originaux par Maurice Tourneux*, Librairie Plon, 1888, Paris, p. 166-169.

modo con cui mi ha ascoltato, ho intravisto che il successo dipende assolutamente dall'abilità del negoziatore che verrà.»[196] E questa abilità di negoziatore Beaumarchais la dispiegò tutta nella missione di riportare a Versailles le carte di d'Éon.

Il cavaliere, infatti, non ebbe alcun ritegno a impegnarsi nel recitare la parte che si era scelto: quella di una donna che voleva ritornare nella propria patria, senza essere possibile vittima di qualche persecuzione.

Beaumarchais rientrò a Parigi nel giugno 1775, per rendere conto a Vergennes della sua missione, che questa volta riguardava un pamphlet contro la regina Maria Antonietta. Nel colloquio con il ministro affrontò anche la questione d'Éon, dicendosi certo di poter raggiungere un accordo. Vergennes si disse d'accordo sul dare assicurazioni al cavaliere per quanto concerneva la sua pensione di 12.000 livre e anche per convertirla in rendita vitalizia, ma si rifiutò di rimborsare i considerevoli debiti e, quindi, di soddisfare in alcun modo le pretese avanzate. La posizione del ministro degli esteri è compiutamente esposta in questa lettera indirizzata all'attenzione di Beaumarchais:

«Ho sotto gli occhi, Signore, il rapporto che voi avete fatto a M. de Sartine della nostra conversazione relativa a d'Éon; esso è della più grande esattezza; ha preso di conseguenza gli ordini del re; Sua Maestà vi autorizza a concordare tutte le ragionevoli sicurezze che M. d'Éon potrà chiedere per il regolare pagamento della pensione di 12.000 *livre,* ben inteso che egli non pretenderà che gli si costituisca un fondo per l'annualità di questa somma al di fuori della Francia; i capitali che dovrebbero essere impiegati per tale creazione non sono in mio potere e incontrerei i più grandi ostacoli nel procurarmeli; ma è facile convertire la suddetta pensione in rendita vitalizia della quale potremmo rilasciare il titolo.

Il capitolo del pagamento dei debiti sarà più difficile; le pretese del signor d'Éon sono ben alte a questo riguardo; bisogna che si riducano, e considerevolmente, affinché noi possiamo aggiustarci. Poiché voi, Signore, non dovete apparire avere alcuna missione presso di lui, avrete il vantaggio di vederlo venire e, di conseguenza di poterlo

---

[196] *Ibid.*

combattere con superiorità. M. d'Éon ha il carattere violento, ma gli credo un animo onesto e gli rendo sufficiente giustizia da essere persuaso che è incapace di tradimento.

È impossibile che d'Éon prenda congedo dal re d'Inghilterra; *la rivelazione del suo sesso non lo permette più; sarebbe ridicolo per le due corti.* L'attestazione da rendere è delicata; tuttavia si può accordarla, purché si accontenti degli elogi che meritano il suo zelo, la sua intelligenza e la sua fedeltà; ma noi non possiamo lodare né la sua moderazione né la sua sottomissione e, in nessun caso, deve esserci questione sulle scene che ha avuto con M. de Guerchy.

Voi siete colto e prudente, conoscete gli uomini e io non sono preoccupato che voi non trarrete buon partito da M. d'Éon. Se l'impresa fallisce nelle vostre mani, bisognerà dare per scontato che non può più riuscire, e rassegnarsi a tutto ciò che potrà derivarne. La prima sensazione potrà essere per noi sgradevole, ma il seguito sarà terribile per d'Éon: è un ruolo ben umiliante quello di un espatriato che ha la parvenza del tradimento; il disprezzo è il suo destino.

Sono molto sensibile, Signore, agli elogi che voi avete voluto accordarmi nella lettera a M. de Sartine. Spero di meritarli e li ricevo come un pegno della vostra stima che mi incoraggerà in ogni tempo. Contate, vi prego, sulla mia, e su tutti i sentimenti con i quali ho l'onore di essere sinceramente, Signore, vostro umile ...

De Vergennes

Versailles, il 21 giugno 1775.»[197]

Questa lettera di Vergennes conferma che fino a questo momento nessuno pensava di imporre a d'Éon gli abiti femminili, ma prova nello stesso tempo che il suo sesso femminile veniva dato come fatto certo. La sola condizione che si esigeva per il suo rientro in Francia era, quindi, la consegna delle famose carte relative alle corrispondenza con Luigi XV.

C'è un'altra missiva indirizzata a Beaumarchais, posteriore di due mesi e datata 26 agosto 1775, in cui Vergennes spiegava la questione

---

[197] Loménie, *op. cit.*, T. I, p.419-420.

degli abiti femminili e lo faceva in questi termini: «Benché abbia desiderio di vedere, di conoscere e di ascoltare M. d'Éon, non vi nasconderò, Signore, un'inquietudine che mi assale. I suoi nemici vegliano e difficilmente gli perdoneranno tutto quello che ha detto di loro. Se viene qui, per quanto saggio e circospetto possa essere, essi potranno attribuirgli dei propositi contrari al silenzio che il re gli impone; i dinieghi e le giustificazioni sono sempre imbarazzanti per gli animi onesti. *Se M. d'Éon volesse travestirsi, tutto sarà detto: è un proponimento che lui solo può darsi*; ma l'interesse della sua tranquillità gli consiglia di evitare, almeno per qualche anno, il soggiorno in Francia, e necessariamente quello a Parigi. Farete di questa osservazione l'uso che riterrete opportuno.»

Loménie, che riporta nella sua opera questi due documenti, osserva giustamente che può esservi una contraddizione tra la prima lettera, che cita la *rivelazione* del sesso di d'Éon, e la seconda dove invece si parla di *travestirsi*, quasi sottintendendo che si tratta di un uomo che prende gli abiti femminili. In realtà, la contraddizione è solo apparente e propendiamo per l'ipotesi che fa l'autore, nell'attribuire a quel *travestirsi*, unicamente un'espressione impropria sfuggita al ministro che vorrebbe dire: «Benché M. d'Éon si è sempre fatto passare per uomo e poiché è oggi riconosciuto come donna, dovrebbe vestirsi da donna».

Nella seconda metà d'agosto 1775, Beaumarchais fece ritorno a Londra munito di un formale ordine del re, controfirmato da Vergennes:

«Per volere del Re,

Sua Maestà essendo informata che nelle mani del signor d'Éon de Beaumont vi sono numerose carte relative a negoziati e corrispondenze segrete, sia con il defunto re, suo onorevole avo, sia con alcuni dei suoi ministri di Stato, e Sua Maestà volendo far ritirare i suddetti documenti, ha, a questo scopo, dato potere e commissione con la presente al signor Pierre-Augustin Caron de Beaumarchais di recarsi a Londra, per trattarvi della ricerca di tutte le pezze e le carte di cui si tratta, di ritirarle dalle mani o dai depositi dove potranno essere, farsene carico, trasportarle in Francia e rimetterle in potere di Sua Maestà; Sua Maestà autorizza il signor Caron de Beaumarchais a prendere in merito a questo gli accordi e a compiere tutti gli atti che ritiene necessari, al fine di imporre, per la completa esecuzione della sua commissione, tutte le condizioni che la sua prudenza gli suggerirà; Sua Maestà volendo a questo proposito fare affidamento alle sue delucidazioni e al suo zelo. E per assicurazione della sua volontà, Sua Maestà ha firmato di suo pugno il presente ordine, che ha fatto controfirmare da me, consigliere segretario di Stato e dei suoi comandamenti e finanze.

A Versailles, il 25 agosto 1775
                                                  Firmato: Luigi
E più in basso, con il sigillo delle Armi di Francia:
                                      Firmato: Gravier de Vergennes.»[198]

A quest'ordine si accompagnavano due fogli di pergamena, dei quali uno conteneva un'*ingiunzione a Mademoiselle d'Éon de Beaumont* a riprendere gli abiti del suo sesso, e l'altro era un salvacondotto che assicurava il rientro in Francia in assoluta sicurezza. Entrambi avevano la stessa data del 25 agosto. È di interesse riportare il testo dell'*ingiunzione*, perché in un certo modo rappresenta l'atto formale con il quale il cavaliere di Tonnerre lascia definitivamente il suo stato maschile. Tuttavia, bisogna tenere presente che di detto ordine non esiste l'originale, ma unicamente una copia conservata nella carte di d'Éon e questo fa pensare che, almeno in alcune parti, possa essere apocrifo. Nel riprodurlo adottiamo le stessa accortezza di Pinsseau[199], che ha messo in corsivo la parte che gli sembrava un'arbitraria aggiunta del cavaliere:

«Per volere del Re
Si ordina alla signorina Charles-Geneviève-Louise-Auguste-Andrée-Thimotée d'Éon de Beaumont, donna maggiorenne, conosciuta fino ad oggi con il nome di cavaliere d'Éon, ex capitano dei dragoni, etc... , di riprendere quanto prima gli abiti del suo sesso, di non lasciarli più *come l'ha precedentemente richiesto il servizio del defunto Re, mio antenato*, proibendole, sotto pena di disobbedienza, di riapparire

---

[198] Riportato in nota da Pinsseau, *op. cit.*, p. 177-178.
[199] *Ibid.*

in Francia, in altro modo che con abiti femminili. Solamente a questa condizione e altre ampiamente spiegate nel salvacondotto personale che noi le abbiamo oggi accordato, ella può in tutta sicurezza e con la mia reale parola ritornare nella sua patria, qui gioirvi della libertà, degli onori, dei favori e dei benefici che le sono stati accordati dal nostro illustre e molto onorevole antenato, come da noi, in considerazione dei suoi servizi militari e politici, senza avere il timore di essere disturbata nella sua persona, nel suo onore e nei suoi beni, dai miei ministri passati, presenti e futuri e da alcun'altra persona di tale rango e titolo che sia. E Sua Maestà, volendo per un favore particolare riconoscere i servizi pubblici e segreti, tanto in guerra che in politica, che la suddetta signorina d'Éon de Beaumont ha avuto l'onore di rendere per più di vent'anni consecutivi al defunto Re, vuole che la croce del suo Ordine Reale e Militare di San Luigi, che la suddetta signorina d'Éon de Beaumont ha acquisito con pericolo della sua vita nei combattimenti, negli assedi e nelle battaglie dove era presente, dove è stata ferita e impiegata tanto come aiutante di campo del generale che come capitano dei dragoni e dei volontari dell'armata di Broglie, con un coraggio attestato da tutti i generali sotto i quali ha servito, non le sia mai tolta, e che il diritto di portarla sui suoi abiti da donna le sia preservato sino alla morte. E per assicurazione della sua autentica volontà, a questo riguardo, Sua Maestà ha firmato di suo pugno il presente ordine che ha fatto controfirmare e rilasciare alla suddetta signorina d'Éon de Beaumont, affinché non vi sia nulla da pretendere per ignoranza, dal mio consigliere segretario di Stato al dipartimento degli Affari esteri e dei comandamenti e finanze.

A Versailles, il 25 agosto 1775.

Firmato: Luigi
Più in basso: Gravier de Vergennes. »

La certezza che direttamente deriva da quest'ordine è che d'Éon era riuscito nell'intento di convincere Luigi XVI, i suoi ministri e i suoi inviati di essere donna. Sarà un punto di non ritorno sancito da quanto gli farà firmare Beaumarchais nel famoso contratto di più pagine che andò sotto il nome di *Transazione* e che ha tutta la parvenza di una commedia.

Le schermaglie tra l'inviato del re e l'ex ministro plenipotenziario, entrambi dotati di indubbie capacità di negoziazione e di una buona dose di furbizia, si concentrarono sul denaro che doveva corrispondere alla consegna dei documenti. Delle oltre 318.000 *livre* richieste da d'Éon come rimborso di quanto dovuto in arretrato, non era neanche il caso di parlare, ma Beaumarchais aveva avuto l'autorizzazione a trattare per una cifra tra i 100 e i 150.000 franchi, riservandosi di versarli poco alla volta, in funzione dei documenti consegnati. Non si trattava certo di un atteggiamento di fiducia nei confronti del cavaliere, ma i precedenti consigliavano un tale approccio, soprattutto perché d'Éon era consapevole che quelle carte rappresentavano la sua ultima arma per ottenere quanto desiderava. Il cavaliere iniziò con l'esibire un baule di ferro ben chiuso con un lucchetto e depositato presso l'amico, ammiraglio Ferrers, dichiarando che conteneva tutta la corrispondenza segreta, che aveva dato in pegno all'inglese per un debito di 5.000 sterline (100.000 *livre*). Beaumarchais non era però autorizzato a constatare di persona il contenuto delle carte segrete e, quindi, non era in grado di sapere se esse veramente valevano quello che il cavaliere richiedeva. Caron non aveva alcuna intenzione di cadere in un eventuale beffa del suo interlocutore – un mistificatore deve essere diffidente per natura – e quindi rientrò a Parigi per chiedere l'autorizzazione a procedere ad un inventario delle carte. Riguadagnata la capitale inglese, Beaumarchais doveva scoprire che lord Ferrers, reale o presunto creditore che fosse, aveva ricevuto in pegno del suo prestito carte pressoché irrilevanti. Il contenuto di quel pesante baule di ferro era cosa di poco conto, in un contenitore che voleva far apparire il contrario. D'Éon, imbarazzato, dovette confessare che le carte importanti erano nascoste sotto il pavimento della sua camera.

«Mi condusse a casa sua – scrisse Beaumarchais al ministro – ed estrasse da sotto il pavimento cinque cartoni ben nascosti, etichettati: *Papiers secrets à remettre au roi seul*, che mi assicurò contenere tutta la corrispondenza segreta e l'intera quantità delle carte che erano in suo possesso. Incominciai a farne l'inventario e a siglarle tutte, affinché non se ne potesse sottrarne qualcuna; ma per assicurarmi ancora meglio che l'intera serie vi era contenuta, mentre ella scriveva l'inventario, io le scorrevo rapidamente.»

Solo dopo quest'inventario e la consegna del baule, questa volta pieno di documenti significativi e importanti, Beaumarchais provvide a versare il dovuto a lord Ferrers, il quale, a titolo di ricevuta, restituì una serie di biglietti firmati da d'Éon per la somma corrispondente. Questa transazione ebbe luogo il 5 ottobre 1775 e questa data verrà posta anche alla *Transazione*, che in realtà fu firmata successivamente, perché quella del compleanno di d'Éon, che con quell'atto che gli imponeva gli abiti femminili, che in teoria avrebbe sempre dovuto portare, *nasceva a nuova vita*.

Come prevedibile, la somma pagata per le carte non parve poi così alta al nostro d'Éon che non mancò di lamentarsi, soprattutto perché, oltre al denaro, insufficiente a suo giudizio, lo si obbligava a portare per sempre gli abiti femminili e al silenzio su tutta la questione avuta con Guerchy. Beaumarchais fu pronto a tranquillizzare la *mademoiselle*:

«Ho assicurato questa signorina – scrisse a Vergennes prima di ripartire per Parigi – che se era saggia, modesta, silenziosa e se si comportava bene, avrei reso un così buon conto al ministro del Re, ed anche a Sua Maestà, che speravo di ottenerle ancora qualche nuovo vantaggio. Feci volentieri questa promessa tanto più che avevo ancora nelle mie mani circa 41.000 tornesi con i quali contavo di ricompensare ogni atto di sottomissione e di saggezza con delle generosità ottenute presumibilmente e successivamente dal re a da voi, Signor conte, ma unicamente a titolo di liberalità e non di pagamento; era con questo segreto che speravo di dominare ancora, domare questa creatura focosa e astuta.[200]»

Giunto a Versailles con il baule di ferro, Beaumarchais ricevette i complimenti di Vergennes, che gli inviò un certificato dove si dichiarava che «Sua Maestà era molto soddisfatta dello zelo che ha dimostrato in questa occasione, come dell'intelligenza e dell'abilità con le quali ha assolto l'incarico affidatogli da Sua Maestà». Beaumarchais aveva ottenuto quella visibilità che da tempo rincorreva e un credito da parte di Luigi XVI che in seguito saprà ben utilizzare; ma per fare

---

[200] Loménie, *op. cit.*, T. I, p. 426

questo ritenne necessario spingersi oltre, ottenendo una corrispondenza diretta con il monarca. In questo momento, Beaumarchais era ancora privo dei diritti civili per una condanna penale e il rapporto diretto con Luigi XVI gli era indispensabile per riacquistare credibilità e fiducia sociale. Fu abile a cogliere l'opportunità di questo frangente e prima di ripartire per Londra inviò al re queste domande scritte, le cui risposte furono poste a margine di pugno da Luigi:

«Punti essenziali che supplico il conte di Vergennes di presentare alla decisione del Re, prima della mia partenza per Londra, questo 13 dicembre 1775, per avere una risposta a margine:

Il Re accorda alla signorina d'Éon il permesso di portare la croce di San Luigi sui suoi abiti femminili?

Risposta del re: Solamente in provincia.

Sua Maestà approva la gratifica di 2.000 scudi che ho dato a questa signorina per il suo corredo da donna?

Risposta del re: Sì.

Le concede l'intera disponibilità, in questo caso, di tutti i suoi abiti maschili?

Risposta del re: Bisogna che li venda.

Poiché i suoi favori devono essere subordinati a certe disposizioni di spirito alle quali desidero sottomettere per sempre la signorina d'Éon, Sua Maestà mi concede di essere padrone di accordare o di rifiutare, secondo quanto io crederò utile o positivo per il suo servizio?

Risposta del re: Sì.

Il Re non potendo rifiutarsi di farmi dare dal suo ministro degli Affari esteri un riconoscimento formale di tutte le carte che gli ho portato dall'Inghilterra, ho pregato il conte di Vergennes di supplicare Sua Maestà di voler aggiungere, *di suo pugno*, in basso a questo riconoscimento qualche parola di soddisfazione sul modo in cui ho compiuto la mia missione. Questa ricompensa, la più cara al mio cuore, può inoltre venirmi un giorno di grande utilità. Se qualche nemico potente pretenderà mai di chiedermi conto della mia condotta in questo affare, con una mano mostrerei l'ordine del Re, dall'altra offrirei l'attestato del mio padrone che ho compiuto i suoi ordini secondo la sua volontà. Tutte le operazioni intermediarie diventeranno allora un fossato profondo che ciascuno riaprirà secondo il suo desiderio, senza che io sia obbligato a parlare né che abbia mai imbarazzo di ciò che si potrà dire in merito.

Risposta del re: Bene.

Le prime domande, come si vede, sono solo lo strumento che Beaumarchais utilizza per giungere alle successive che riguardano i rapporti tra la Francia e l'Inghilterra e la sua relazione con il conte di Rochford[201] in relazione agli sviluppi della situazione americana.

Ritorniamo ora alla famosa *Transazione*, l'atto con il quale d'Éon rinunciò in modo definitivo e irrevocabile al suo sesso maschile. La prosa è quella dell'autore del *Barbiere di Siviglia*, con qualche inserzione del cavaliere, ed è un misto di ampollosità verbosa e forzata ufficialità che non può non far sorridere.

Transazione

Noi sottoscritti, Pierre-Augustin Caron de Beaumarchais, incaricato speciale degli ordini particolari del re di Francia, in data di Versailles, 25 agosto 1775, trasmessi al cavaliere d'Éon a Londra e la cui copia da me certificata sarà annessa al presente atto, da una parte;

e demoiselle Charles-Geneviève-Louise-Auguste-André-Thimothée d'Éon de Beaumont, *donna* maggiorenne, conosciuta fino a questo giorno sotto il nome del cavaliere d'Éon, scudiero, anziano capitano dei dragoni, cavaliere dell'ordine reale e militare di San Luigi, aiutante di campo del maresciallo duca e conte di Broglie, ministro plenipotenziario di Francia presso il re della Gran Bretagna, dottore in diritto civile e in diritto canonico, avvocato al parlamento di Parigi, censore reale per la storia e le belle lettere, inviato in Russia con il cavaliere Douglas per la riunione delle due corti, segretario d'ambasciata del marchese L'Hôpital, ambasciatore plenipotenziario di Francia presso

---

[201] William Henry de Nassau Zuylestein, quarto conte di Rochford (1717-1781) fu diplomatico e segretario di Stato. Proprio nel novembre del 1775 fu costretto a lasciare la carica di segretario di Stato sia per ragioni di salute sia per una vicenda legata all'arresto del banchiere americano Stephen Sayre. Con Beaumarchais, per conto di Giorgio III, condusse trattative segrete per cercare di interrompere l'invio di armi ai ribelli americani.

sua maestà imperiale di tutte le Russie e segretario d'ambasciata del duca di Nivernais, ambasciatore straordinario e plenipotenziario di Francia in Inghilterra per la conclusione dell'ultima pace; hanno convenuto ciò che segue e l'hanno sottoscritto:

Art. 1°. Che io, Caron de Beaumarchais, esigo, in nome del re, che tutte le carte, pubbliche e segrete che hanno rapporto con i diversi negoziati politici di cui il cavaliere d'Éon è stato incaricato in Inghilterra, in particolare per ciò che concerne la pace del 1763, corrispondenze, minute, copie di lettere, cifrari, etc., attualmente in deposito da lord Ferrers, conte, pari e ammiraglio d'Inghilterra, *in upper Seymour, Portman Square*, a Londra, sempre amico del suddetto cavaliere d'Éon nel corso delle vicissitudini e dei processi in Inghilterra, e le suddette carte, chiuse in un grande baule di ferro di cui io ho la chiave, mi siano rimesse dopo aver tutto siglato di mia mano e da quella del detto cavaliere d'Éon, e il cui inventario sarà unito e allegato al presente atto, per provare la fedeltà della intera rimessa di dette carte.

Art. 2°. Che tutte le carte della corrispondenza segreta tra il cavaliere d'Éon, il defunto re e le diverse persone incaricate da sua maestà di seguire e intrattenere quella corrispondenza, designate nelle lettere sotto i nomi[202] di *sostituto*, di p*rocuratore*, come la persona di suddetta maestà vi era designata sotto quello di *l'Avocat*, etc., la quale corrispondenza segreta era nascosta sotto il pavimento della camera da letto del cavaliere d'Éon, da dove è stata estratta da lui il 5 ottobre del presente anno, in mia sola presenza, e si è trovata ben sigillata sotto l'indirizzo: *Unicamente al re a Versailles*, su ogni cartone o volume in quarto; che tutte le copie di dette lettere, minute, cifrari, etc., mi saranno rimesse con la stessa precauzione di sigle e con un inventario esatto, la suddetta corrispondenza segreta essendo composta da cinque cartoni o grossi volumi in quarto.

Art. 3°. Che il suddetto cavaliere d'Éon rinuncia ad ogni sorta di azione, giuridica o personale, contro la memoria del defunto conte di

---

[202] L'Avvocato che significa il re; Substitut, il conte Broglie; Procureur, Tercier, segretario privato di sua maestà; Prudent, Durand, ammesso alla suddetta corrispondenza; Mielleux, il duca di Nivernais; L'amer, il duca di Praslin; Lion rouge o Porcelaine, il duca di Choiseul; Novice, Bélier o Mouton cornu, il conte Guerchy; l'Intrépide o Tête de Dragon, il cavaliere d'Éon.

Guerchy, suo avversario, i successori del suo nome, le persone della sua famiglia, etc., e si impegna a non riprendere mai quelle azioni sotto qualsivoglia forma, a meno che forzato dalla provocazione giuridica o personale di qualche parente, amico, socio di quella famiglia, ciò che non è da temere attualmente, essendo sufficiente la saggezza di sua maestà purché, del resto, quegli scandalosi litigi non si rinnovino più né da una parte né dall'altra.

Art. 4°. E affinché una barriera insormontabile sia posta tra i contendenti, e trattenga per sempre lo spirito di processo, di lite personale, da qualunque parte possa riprodursi, esigo, in nome di sua maestà, che il travestimento che ha nascosto fino a oggi la persona di una ragazza sotto l'apparenza del cavaliere d'Éon, cessi completamente. E senza cercare di fare un torto a Charles-Geneviève-Louise-Auguste-André-Timothée d'Éon de Beaumont di un travestimento di stato e di sesso, la cui colpa è interamente dei suoi parenti[203], rendendo anche giustizia alla condotta saggia, onesta e riservata, benché maschile e vigorosa, che ella ha tenuto sotto i suoi abiti di adozione, esigo assolutamente che l'equivoco del suo sesso, che è stato sino ad oggi oggetto inesauribile di discorsi, di indecenti scommesse, di pessimi scherzi che potrebbero ripetersi, soprattutto in Francia, e che la fierezza del suo carattere non sopporterebbe, il che trascinerebbe nuove liti che non servirebbero forse che da pretesto a coprire le vecchie e a rinnovarle, esigo assolutamente, ripeto, in nome del re, che il fantasma del cavaliere d'Éon scompaia completamente e che una dichiarazione pubblica, netta, precisa e senza equivoci del vero sesso di Charles-Geneviève-Louise-Auguste-André-Timothée d'Éon de Beaumont, prima del suo arrivo in Francia, e la ripresa dei suoi abiti femminili, fissi per sempre le idee del pubblico sul suo conto; ciò che oggi ella deve ancor meno rifiutare[204] è che non sembrerà più interessante agli occhi dei due sessi che la sua vita, il suo coraggio e le sue capacità hanno in eguale misura onorato. A queste condizioni, le darò il salvacondotto in pergamena, firmato dal re e dal suo ministro degli affari

---

[203] Di suo padre e di suo zio.
[204] Che il suo sesso è stato provato da testimoni, medici, chirurghi, matrone e pezze giuridiche. (*Frase aggiunta in margine dal cavaliere d'Éon, poi cancellata da Beaumarchais*)

esteri, che le permette di ritornare in Francia e di restarvi, sotto la salvaguardia speciale e immediata di sua maestà, la quale le accorda non solamente protezione e sicurezza sotto la sua promessa reale, ma ha la bontà di cambiare la pensione annuale di dodicimila lire, che il defunto re le aveva accordato nel 1766, e che le è stata pagata fino ad oggi, in un contratto di rendita vitalizia di eguale somma, con riconoscimento che i fondi del suddetto contratto sono stati forniti e anticipati dal suddetto cavaliere d'Éon per gli affari del defunto re, *così come più ingenti somme, il cui montante le sarà rimesso da me per il pagamento dei suoi debiti in Inghilterra*, con la spedizione in pergamena e in buona forma del contratto della suddetta rendita di dodicimila tornesi, in data 28 settembre 1775.

Ed io, Charles-Geneviève-Louise-Auguste-André-Timothée d'Éon de Beaumont, donna maggiorenne; conosciuta sino ad oggi sotto il nome di cavaliere d'Éon e sotto le suddette qualità, mi sottometto a tutte le condizioni imposte qui sopra in nome del re, unicamente per dare a sua maestà le più grandi testimonianze possibili del mio rispetto e della mia sottomissione; benché mi sarebbe stato più gradevole che si fosse degnato di impiegarmi nuovamente nelle sue armate o nella politica, secondo le mie vive sollecitazioni e in base al mio rango di anzianità. E quanto a qualche vivacità, che una legittima e naturale difesa, e il più giusto risentimento, rendono in qualche modo scusabili, sua maestà ben vuole riconoscere che io mi sono sempre comportato come bravo uomo come ufficiale e come suddito laborioso, intelligente e discreto come agente politico.

Io mi sottometto a dichiarare pubblicamente il mio sesso, a lasciare il mio stato al di fuori di ogni equivoco, a riprendere e portare fino alla morte i miei abiti da donna[205], a meno che in favore della vecchia abitudine che ho di vestire il mio abito militare, e solo per tolleranza, sua maestà non consenta di lasciarmi riprendere quelli da uomo; se mi è impossibile sostenere il disagio degli altri, dopo aver provato ad abituarmici all'abbazia reale delle dame bernardine di Saint-Antoine-des-Champs, a Parigi, o ad altro convento femminile che vorrò scegliere, e dove desidero ritirarmi per qualche mese arrivando in Francia.

---

[205] Che ho già portato in diverse occasioni conosciute da sua maestà. (*Tagliato da Beaumarchais*).

Fornisco la mia intera rinuncia a ogni azione giuridica o personale contro la memoria del defunto conte Guerchy e i suoi aventi causa, promettendo di non rinnovarle mai, a meno che non vi sia forzato da una provocazione giuridica, come è detto più sopra.

Do, inoltre, la mia parola che rimetterò a Caron de Beaumarchais tutte le carte pubbliche e segrete, sia d'ambasciata sia della corrispondenza segreta sopra citata, senza riservarne o trattenerne una sola, *alle seguenti condizioni,* per le quali supplico sua maestà che siano sottoscritte a suo nome.

I. Che riconoscendo che la lettera del defunto re, mio molto onorevole signore e capo, del 1° aprile 1766, con la quale mi assicurava 12.000 lire di *pensione* annuale, nell'attesa che mi ponesse in una posizione più vantaggiosa, non può più servirmi da titolo per avere la suddetta pensione, che è stata cambiata molto vantaggiosamente per me dal re, suo successore, in un contratto vitalizio di pari somma, l'originale di detta lettera resterà in mio possesso, come testimonianza onorevole che il defunto re si è degnato di rendere alla mia fedeltà, alla mia innocenza e alla mia condotta irreprensibile in tutte le disgrazie e in tutti gli affari che si è degnato di affidarmi, tanto in Russia che nell'armata e in Inghilterra;

II. Che l'originale della riconoscenza che il signor Durand, ministro plenipotenziario in Inghilterra, mi ha dato a Londra, l'11 luglio 1766, della rimessa volontaria, fedele e intatta, fatta da me nelle sue mani, dell'ordine segreto del defunto re, in data di Versailles del 3 giugno 1763, resterà nelle mia mani, come una testimonianza autentica della sottomissione completa con la quale io mi sono privata di un ordine segreto di pugno del mio padrone, che era la sola giustificazione della mia condotta in Inghilterra, che i miei nemici hanno tanto chiamato ostinata e che, nella loro ignoranza della mia posizione straordinaria nei confronti del defunto re, hanno osato qualificarmi come traditore dello stato;

III. Che sua maestà, con una grazia particolare, si degnerà, così come faceva il defunto re, di farsi informare, ogni sei mesi, del luogo dove abito e della mia esistenza, affinché i miei nemici non siano mai tentati di riprendere qualcosa di nuovo contro il mio onore, la mia libertà, la mia persona e la mia vita;

IV. Che la croce di San Luigi, che ho guadagnato con il pericolo della vita nei combattimenti, assedi e battaglie alle quali ho partecipato, dove sono stato ferito e impegnato, tanto come aiutante di campo del generale che come capitano dei dragoni e dei volontari dell'armata di Broglie, con un coraggio attestato da tutti i generali sotto i quali ho servito, non mi sarà mai tolta, e che il diritto di portarla, su qualunque abito adotti, mi sarà conservato fino alla morte.

E se mi è permesso aggiungere una richiesta rispettosa a queste condizioni, oserei far osservare che nel momento in cui obbedisco a sua maestà, sottomettendomi a lasciare per sempre i miei abiti da uomo, vado ad essere denudato di tutto, biancheria, abiti, tutto ciò che si conviene al mio sesso; e che non ho denaro per procurarmi solamente le cose più necessarie, sapendo bene Beaumarchais a chi deve passare tutto ciò che egli destina al pagamento dei miei debiti, di cui io non voglio toccare neanche solo un soldo. Di conseguenza, e benché non abbia diritto a nuove munificenze di sua maestà, non mancherò di sollecitare presso di lei, la gratificazione di una somma qualunque per acquistare il mio corredo da donna; questa spesa immediata, straordinaria e obbligata non venendo da mia causa, ma unicamente dalla mia obbedienza ai suoi ordini.

Ed io, Caron de Beaumarchais, sempre nella qualità sopra indicata, lascio alla suddetta signorina d'Éon de Beaumont l'originale della lettera così onorevole che il defunto re le ha scritto da Versailles, il 1° aprile 1776, accordandogli una pensione di dodicimila lire, in riconoscenza della sua fedeltà e dei suoi servizi.

Le lascio inoltre l'originale di Durand, i cui documenti non potrebbero essere tolti da parte mia, senza una durezza che male risponderebbe alle intenzioni piene di bontà e di giustizia che sua maestà mostra oggi per la persona della suddetta signorina Charles, etc., etc., d'Éon de Beaumont. Quanto alla croce di San Luigi, che ella desidera conservare con il diritto di portarla sugli abiti femminili, confesso che, malgrado l'eccesso di bontà con il quale sua maestà si è degnato di confidare alla mia prudenza, al mio zelo e ai miei lumi, temo di oltrepassare in questa circostanza i limiti dei miei poteri, decidendo su una questione così importante.

D'altra parte, considerando che la croce dell'ordine reale e militare di San Luigi è sempre stata guardata come la prova e la ricompensa del valore guerriero e che numerosi ufficiali, dopo essere stati decorati, pur avendo lasciato l'abito e lo stato militare per prendere quello di prete o di magistrato, hanno conservato sui vestiti del loro nuovo stato quella prova onorevole che avevano degnamente fatta loro compiendo il loro dovere in un mestiere più pericoloso, non credo ci siano inconvenienti a lasciare la stessa libertà a una donna valorosa che, essendo stata allevata dai suoi familiari sotto gli abiti virili, e avendo coraggiosamente compiuto tutti i pericolosi doveri che il mestiere delle armi impone, non ha potuto conoscere l'abito e lo stato abusivo sotto i quali l'hanno obbligata a vivere, se non quando era troppo tardi per cambiarlo, e non è per nulla colpevole per non averlo fatto sino ad oggi.

Riflettendo ancora che il raro esempio di questa donna straordinaria sarà poco imitato dalle persone del suo sesso, si possono trarre alcune conseguenze; che se Giovanna d'Arco, che salvò il trono e lo stato di Carlo VII, combattendo sotto gli abiti da uomo, avesse, durante la guerra, ottenuto, come la suddetta signorina d'Éon de Beaumont, qualche grazia o decorazione militare, come la croce di San Luigi, non c'è ragione di credere che, terminati i suoi compiti, il re, invitandola a prendere gli abiti del suo sesso, l'avrebbe spogliata e privata dell'onorevole prezzo del suo valore, né che qualche galante cavaliere francese avrebbe creduto quell'ornamento profanato, perché ornava il seno e gli abiti di una donna che, nel campo dell'onore, si era sempre mostrata degna di essere un uomo.

Oso quindi farmi carico, non in qualità di ministro di un potere di cui credo di abusare, ma come uomo persuaso della verità dei principi che ho appena detti; mi faccio carico, dico, di lasciare la croce di San Luigi e la libertà di portarla sugli abiti da donna alla signorina Charles-Geneviève-Louise-Auguste-André-Timothée d'Éon de Beaumont, senza che intenda legare sua maestà a questo atto, se disapprovasse questa mia condotta promettendo solamente, in caso di difficoltà, alla suddetta signorina d'Éon, di essere il suo avvocato presso sua maestà e di ristabilire, se necessario, il suo diritto a questo riguardo, che io credo legittimo, con una richiesta dove farei valere la mia penna più incisiva e il meglio del mio cuore.

Quanto alla richiesta, che la suddetta signorina d'Éon de Beaumont fa al re, di una somma per l'acquisto del suo corredo da donna, benché questo oggetto non sia entrato nella mie istruzioni, non tralascerei di prenderlo in considerazione, poiché effettivamente questa spesa è una conseguenza necessaria degli ordini che le porto di riprendere gli abiti del suo sesso. Le assegno quindi, per l'acquisto del suo corredo femminile, una somma di duemila scudi, a condizione che non porti da Londra alcuno degli abiti, armi e abbigliamento da uomo, affinché il desiderio di riprenderli non sia costantemente sollecitato dalla loro presenza; consentendo unicamente che conservi una uniforme completa del reggimento dove ha servito, l'elmetto, la sciabola, le pistole e il fucile con la sua baionetta, come ricordo della sua vita passata o come si conservano le care spoglie di un oggetto amato che non esiste più. Tutto il resto mi sarà dato a Londra per essere venduto e il denaro impiegato secondo il desiderio e gli ordini di sua maestà.

Questo atto è stato fatto in duplice copia tra noi Pierre-Augustin Caron de Beaumarchais e Charles-Geneviève-Louise-Auguste-André-Timothée d'Éon de Beaumont, privatamente sottoscritto, attribuendogli da ciascuna parte tutta la forza e il consenso di cui è suscettibile e vi abbiamo apposto il sigillo delle nostre armi, a Londra, il 5° giorno del mese di ottobre 1775[206].

Firmato: Caron de Beaumarchais.
d'Éon de Beaumont.»[207]

Il testo di questo documento contiene di tutto: dalla politica segreta di una nazione alle liti personali, dalla trasformazione di un uomo in donna alla relativa richiesta per un corredo femminile, preceduta da

---

[206] Questa *transazione* non fu realmente firmata che il *4 novembre* dopo il ritorno di Beaumarchais, che portò da Parigi le pezze e le necessarie autorizzazioni. Ma d'Éon era nato il 5 ottobre 1728 e, poiché la suddetta transazione gli dava una nuova esistenza conforme al suo reale sesso, Beaumarchais volle fare a mademoiselle d'Éon la galanteria di dare a questo documento, che era per lei una specie di nuovo atto di battesimo, la stessa data della sua nascita.

[207] Il testo riportato è quello che si trova in Gaillardet, *op. cit.*

un esaltante paragone con Giovanna d'Arco, certamente opera di Caron.

Beaumarchais eseguì alla lettera quanto gli era stato chiesto e, versando i duemila scudi per il corredo, impose a d'Éon di lasciare a Londra ogni altro abito maschile, consentendogli unicamente di tenere, come ricordo, un'uniforme completa del reggimento dove aveva servito, l'elmetto, la sciabola, la pistola e il fucile completo di baionetta.

La trasformazione era completata, anche se per qualche tempo si ostinò a portare abiti maschili, fu lo stesso d'Éon che si prese la cura di darne la sorprendente comunicazione ai suoi amici. Cosi scrisse al conte Broglie: «Signor conte, è tempo che voi vi disilludiate. Voi non avete avuto per capitano dei dragoni e aiutante di campo, in guerra e i politica, che l'apparenza di un uomo. Non sono che una donna che avrebbe perfettamente sostenuto il proprio ruolo fino alla morte, se la politica e i vostri nemici non mi avessero reso la più disgraziata delle femmine ... Voi apprenderete, dalla facilità che avrò nello staccarmi dal mondo, che non vi rimanevo che per voi; e poiché non posso più lavorare né combattere sotto i vostri ordini e quelli del Signor Maresciallo, vostro fratello, rinuncerò senza dispiacere a questo mondo ingannevole, che tuttavia non mi ha sedotto che nella mia giovinezza così tristemente trascorsa ... »[208]

Un capolavoro di finzione che convinse il conte Broglie, che da questo momento considerò come donna il cavaliere.

D'Éon prese gusto a questa commedia, tanto da farsi prendere la mano nei rapporti con Beaumarchais. Ecco alcuni brani di una sua lettera all'autore del *Barbiere di Siviglia*:

«Vi confesso, Signore, vi confesso che una donna si trova talvolta in situazioni così sfortunate, che la necessità delle circostanze la obbliga ad approfittare dei servizi dei quali sente per prima tutto il ridicolo poiché ne influenza lo scopo. Più l'uomo che la vuole obbligare è abile e delicato, più il pericolo è grande per lei. Ma quali ricordi mi riportano alla mente queste riflessioni! Mi rammentano che, per una fiducia cieca in voi e nelle vostre promesse, vi ho svelato il mistero del mio

---

[208] P. Pinsseau, *op. cit.*, p. 156.

sesso, che per riconoscenza vi ho regalato il mio ritratto e che per stima voi mi avete promesso il vostro.

Non vi sono mai stati altri impegni tra noi; tutto ciò che avete a portato avanti sul nostro prossimo matrimonio, secondo quanto mi è stato scritto da Parigi, non può essere guardato da me che come una canzonatura da parte vostra. Se avete preso seriamente questo semplice pegno per ricordo e per gratitudine, la vostra condotta è pietosa. È là un vero disprezzo e una infedeltà che una donna di Parigi per abituata che sia ai costumi alla moda non potrebbe perdonare; a maggior ragione una figliola[209] la cui virtù è così ritrosa come la mia e il cui spirito è così altero quando si ferisce la buona fede e la sensibilità del suo cuore. Perché mai non mi sono ricordata che gli uomini sono sulla terra solo per ingannare la credulità delle fanciulle e delle donne! ... Credevo di rendere ancora giustizia al vostro merito, ammirare i vostri talenti; forse vi amavo già; ma quella situazione era così nuova per me, che ero bel lontana dal credere che l'amore potesse nascere in mezzo al tumulto e al dolore.»

Beaumarchais è lontano dal sospettare un inganno, e nelle sue certezze lo aiuta anche la presunzione, al punto da scrivere a Vergennes: «Tutti mi dicono che questa donna è folle di me. Crede che l'abbia disprezzata e le donne non perdonano una simile offesa. Sono lontano dal disprezzarla; ma chi diavolo si sarebbe immaginato che, per servire bene il re in questa faccenda, mi sarebbe stato necessario diventare un cavaliere galante attorno a un capitano dei dragoni? L'avventura mi pare così ridicola che faccio fatica a stare serio per concludere in modo conveniente questa memoria.»

Le voci dell'ipotesi di questo strano connubio tra l'autore del *Barbiere di Siviglia* e l'ex plenipotenziario di Versailles, rivelatosi femmina, giungono velocemente a Parigi per la gioia dei salotti e delle gazzette mondane. Dall'*Espion anglais*[210] al *Courrier de l'Europe* non mancarono, con toni diversi, i dileggi e l'ironia. Il redattore dell'*Espion anglais*, nella Lettera I del volume IX, sottolineava che gli autori di quella buffo-

---

[209] Si noti come d'Éon non risparmi la più corriva civetteria femminile, visto che all'epoca aveva quarantasette anni.
[210] *L'Espion anglais ou Correspondance secrète entre Milord All'Eye et Milord All'Ear*, Londra, John Adamson, 1784-1785, 10 vol.

nata avevano parecchi punti in comune, ma ancora di più erano quelli che li separavano, e nell'elencarli Beaumarchais ne usciva letteralmente a pezzi al punto che «bisogna sperare per la signorina che questa unione non si faccia». Secondo il giornalista: «... mentre d'Éon ha della cattiveria solo nello spirito, il signor de Beaumarchais l'ha nel cuore. La prima ha avuto successo solo per suo merito, per i suoi talenti, per la sua buona condotta, per la sua riservatezza, per la sua saggezza; il secondo, poco schizzinoso sui modi di agire, ha impiegato ogni sorta di bassezza e di infamia: gli si rimproverano anche delle truffe e dei crimini.» L'articolo prosegue con questo tono contro Beaumarchais che, indubbiamente, non godeva di buona fama presso la stampa, che non perdeva occasione di ricordare quelli che apparivano i suoi caratteri peggiori: «... costui [Beaumarchais], più avido di fama che di stima, non guarda le persone perbene che come buone per essere vittime; egli sfida il pubblico disprezzo. Che cosa gli importa di ciò che si pensa di lui? Ciò che gli dicono dietro? Purché lo si accolga, lo si festeggi in società, che lo si lodi in suo presenza ...».

Persino il *Courrier de l'Europe* non perde occasione di schernire Caron, cioè uno dei suoi fondatori e redattori di maggiore fama, e il suo presunto matrimonio con mademoiselle d'Éon: «... La persona che da lungo tempo riempie l'Inghilterra di incertezza sulla natura della sua esistenza fisica, sta per passare nelle braccia di un agente della corte di Francia, più celebre per i suoi successi nella sua prima negoziazione con il cavalier Morande che per le capacità che ha dimostrato in ultimo nella conclusione del suo trattato con l'illustre cavaliera. Assicurano che malgrado tutto ciò che l'Europa ammira di delicato e di brillante nello spirito del negoziatore, la sottile Amazzone l'ha giocato come uno scolaro, ed è per ristabilire, a questo riguardo, il livello tra lei e lui che si è determinato a sposarla, ... [211]»

La commedia era destinata a proseguire.

---

[211] Riportato da E. M. Lever, *op. cit.*, (*Courrier de l'Europe*, n° 4 del 9 luglio 1776)

CAPITOLO XI

La lotta con Beaumarchais

Le schermaglie tra i due non si esaurirono così facilmente come il finto idillio e la firma della *Transazione* avrebbero potuto far supporre. D'Éon non era del tutto soddisfatto di quanto ricevuto in denaro e avanzò nuove richieste millantando il possesso di qualche carta ancora. Beaumarchais non si fece ingannare su questo fronte ma, lasciando Londra per Parigi, incaricò il solito Morande di pubblicare sui principali giornali il seguente annuncio:

«Estratto del Morning Post e del Daily Advertiser di venerdì 10 novembre 1775, n° 949.

È assolutamente certo che il cavaliere d'Éon è richiamato nella sua patria per espresso ordine del re suo padrone, che si propone di colmare di onori questo militare o piuttosto *questa signora*, poiché è adesso dimostrato che questo prodigio è di sesso femminile. Persone di primo rango, in questo paese, sono estremamente curiose di conoscere le meravigliose circostanze di questo affare e di saperne i motivi. Sia quel che sia, è certo che *qualche cosa di straordinario sarà manifestato* in qualche giorno, quando questa eroina si imbarcherà, la prossima settimana, per il suo paese natale, dove tutta la corte di Francia è impaziente di riceverla.»

«*Altro estratto del Morning Post di sabato 11 novembre 1775, n° 950.*

Preparano alla City una nuova polizza sul sesso del cavaliere d'Éon. Le scommesse sono di 7 a 4 per donna contro uomo, e un signore ben conosciuto in questa specie di affari *si è impegnato a fare chiaramente decidere su questa questione*, prima di quindici giorni.»

Possiamo immaginare l'eccesso d'ira che prese d'Éon alla lettura di simili «annunci», che andavano a riaccendere il fuoco delle scommesse sul suo sesso. La replica fu immediata e si manifestò con un *Avviso al pubblico,* inviato al Morning Post e ad altri giornali, nel quale, dopo aver riconosciuto che in effetti il «*re di Francia aveva appena reso una eclatante giustizia ai suoi servizi e alla sua posizione straordinaria nei confronti del defunto re, sconosciuta da tutti i suoi ministri e ambasciatori,* disapprovava lo spirito e i termini dell'articolo del Morning Post, che non poteva che attribuire alle manovre di un'immorale cupidigia, o meglio alla malizia di *certi grandi signori che cercano di esercitare contro la sua tranquillità un residuo di vendetta impotente*». L'*Avviso* aggiungeva che «*non avrebbe reso pubblico il suo sesso fino a quando non si sarebbe smesso di indagare, e che se questo fosse stato impossibile, sarebbe stato obbligato a lasciare di nascosto il paese che considerava come una sua seconda patria*». Questo *Avviso* fu pubblicato per due giorni di seguito, il 13 e il 14 novembre 1775[212].

D'Éon temeva di essere rapito e spogliato affinché si potesse accertare *de visu* la sua identità sessuale. Era un pericolo che aveva già corso quando iniziarono ad imperversare le scommesse e le assicurazioni su di lui, che era riuscito a schivare per la sua fama di abilissimo schermitore e per la rete di informatori di ogni classe sociale che aveva organizzato all'epoca dei suoi litigi con Guerchy, ma altra faccenda era avere a che fare con un personaggio come Beaumarchais, nel quale aveva riconosciuto quell'anonimo «ben conosciuto signore» che, come riportava il *Morning Post* dell'11 novembre, «si era impegnato a fare chiarezza su questa questione prima dello scadere di quindici giorni».

Non mancava altro perché il cavaliere andasse su tutte le furie e indicasse Morande di essere il fomentatore, anche per conto di Beaumarchais, di quel ritorno delle scommesse sul suo sesso. D'Éon aveva centrato nel segno al punto che esiste una «*Dichiarazione che comprova che i signori Morande e Beaumarchais hanno tentato, malgrado il cavaliere d'Éon, di creare delle speculazioni sul suo sesso*», fatta a Londra, in data 8 maggio 1776, e che riporta quanto affermato da Morande nel corso di una cena, svoltasi l'11 aprile precedente, a casa dello stesso d'Éon[213].

---

[212] Gaillardet, *op. cit.*
[213] La suddetta dichiarazione viene riportata integralmente in E. e M. Lever, *op.*

In sintesi, d'Éon costrinse Morande a dichiarare, davanti a testimoni, che insieme a Beaumarchais, nel novembre del 1775, avevano tentato di «riaccendere il fuoco delle scommesse sul sesso del cavaliere», volendo anche coinvolgere l'interesse dello stesso nei futuri possibili guadagni. Morande, messo alle strette dal cavaliere, confessò anche che nonostante il netto rifiuto dell'interessato, egli e Beaumarchais avevano comunque provato a fare speculazioni sul suo sesso, che avevano interrotto solo perché gli avvocati che avevano interpellato affermarono che la legge non avrebbe permesso di forzare il pagamento da parte dei perdenti.

Reazione e controreazione, ormai lo sappiamo, sono la regola in questa vicenda e così non mancò la stizzosa replica da parte di Beaumarchais all'annuncio che d'Éon aveva fatto pubblicare sui giornali.

Come avvenne lo scontro lo riferisce lo stesso cavaliere:

««Il 29 dicembre - dice d'Éon nel suo racconto *Campagnes* indirizzato al conte Vergennes - Beaumarchais arriva a Londra senza dirmi nulla e passa la giornata a casa del suo confidente Morande. All'indomani 30, invia il suo cameriere, verso le undici del mattino, a dirmi che il signor Caron de Beaumarchais è arrivato molto stanco dai suoi viaggi. Io, che da due mesi, per malattia, non ero uscito realmente che due volte dalla mia camera, mi vesto per andarlo a trovare a casa sua e gli invio l'ospite di casa mia per sapere se viene a pranzare da me. Mi ha fatto rispondere di no, che pranzava a casa del suo amico Morande, e che era necessario che fossi presente a quel pranzo. Accetto per compiacenza. Arrivo da Beaumarchais, lo trovo allegro, che scherza con i due fratelli Morande. Mi felicito con lui per il suo bel colorito del viso che ha portato da Parigi, in confronto con quello che aveva a Londra, in novembre. Mi risponde che il suo male *non era al viso e che era poco pericoloso per gli uomini*. Ho fatto finta di non comprendere la villania del suo discorso *nella mia posizione*. Un istante dopo, il suo cameriere, come il fratello minore del signor Morande, escono: il maggiore rimane solo con Caron e me.

Immediatamente il signor Beaumarchais mi canta una canzone che ha composto, disse, a Parigi espressamente per me e lui, nella quale

---

cit., p. 194 nota 1, tratta da BM. Di Tonnerre: R. 18 bis e British Museum: Ms. ii. 341.

lui interpreta il ruolo di femmina ed io quello dell'uomo; ruoli che, tra parentesi, ci si addicono perfettamente.

Poco tempo dopo, fece cadere la conversazione sull'*avviso al pubblico* che avevo fatto inserire nel Morning Post del 13 e del 14 novembre scorsi. Gli dissi che non avrei mai fatto dare al pubblico quegli avvisi se alcune persone, *che conosceva bene,* non avessero con precedenti pubblicazioni cercato di accendere nuovamente il fuoco degli investigatori sul mio sesso, fuoco che tendeva unicamente a farmi morire di dispiacere.

Subito il famoso Beaumarchais, con una collera e un atteggiamento da ambasciatore molto straordinario, si è alzato, cappello sulla testa, per dirmi, con un tono di collera e un atteggiamento capace di intimidire tutte le persone del mio sesso, che il mio avviso inserito nel Morning Post dell'ultimo 13 novembre, era mal scritto, senza spirito, senza forma, pessimo, stupido e impertinente, dall'inizio sino alla fine; che del resto io avevo mancato alla mia parola d'onore. Immediatamente mi sono alzato dalla sedia, in collera, ho messo il mio cappello sulla testa e ho dichiarato, in buon francese, al signor Beaumarchais, che le negoziazioni e i negoziatori, come lui, potevano *andare a farsi f...* e gli ho chiesto se Caron avesse qualcosa da rispondere a tutto ciò. Poiché è rimasto interdetto e non ha risposto che con sciocchezze, l'ho lasciato a casa sua e, all'indomani mattina, ho preso un postale per andare da lord Ferrers, nella contea di Leicester, dove sono rimasto nei mesi di gennaio e febbraio di quest'anno.[214]»

La guerra era dichiarata tra Beaumarchais e il cavaliere d'Éon e questa guerra, avvelenata da discussioni di interesse, stava per chiedere, a poco a poco, al carattere irascibile e pungente dei due antagonisti, un grado di violenza tale, che i risultati della *Transazione* si trovarono nuovamente in sospeso e il loro adempimento pressoché interamente compromesso.

D'Éon aveva firmato la *Transazione* avendo ottenuto la promessa formale e scritta che gli sarebbero stati finalmente pagati tutti gli arretrati che aveva accumulato in vent'anni al servizio di Luigi XV e ciò gli era necessario per pagare i debiti che aveva contratto nel corso degli ultimi quattordici anni, quando aveva vissuto a Londra pratica-

---
[214] Gaillardet, *op. cit.*

mente in una sorta di esilio forzato e in condizioni di miseria. Aveva consegnato a Beaumarchais la nota del suo credito, ammontante a 13.933 sterline, e quella dei suoi debiti, che erano di 8.223 sterline. Tra i creditori del cavaliere figurava l'ammiraglio Ferrers per la somma di 5.000 sterline, a garanzia della quale aveva ricevuto il famoso baule contenente documenti. A Beaumarchais non faceva difetto l'astuzia e una subdola capacità nel condurre gli affari, così nella *Transazione* non aveva voluto indicare con precisione alcuna somma, né a debito né a credito, ma aveva impegnato la corte di Francia al pagamento della pensione al cavaliere e al rimborso «delle più forti somme il cui montante gli sarà rimesso per il pagamento dei suoi debiti». Una simile formulazione si prestava a un'interpretazione che lasciava spazio a ogni discrezionalità a scapito del contraente che avrebbe dovuto percepire le somme del rimborso. Inoltre, la prima cosa che aveva fatto Beaumarchais, firmata la *Transazione*, era stata di ritirare, con una precisione quasi oltraggiosa nella sua sollecitudine, il baule di ferro depositato tra le mani di milord Ferrers; poi, tolte le carte a questi, che le aveva consegnate prima del perfezionamento del suo pagamento, non tardarono ad accendersi discussioni sulle differenti posizioni finanziarie.

D'Éon prese coscienza di quale fosse la pasta di cui era fatto il suo interlocutore che così descrisse:

« Beaumarchais parlava sempre del suo disinteresse e, a crederlo, non voleva mai niente, neanche l'obolo di Caron (*Caronte*) il suo omonimo. Tuttavia io avevo a Londra una bella vergine in miniatura dello stile del Correggio. Beaumarchais mi disse che amava molto le vergini e io donai la mia a quel caro Caron. Avevo una Venere nello stile di Carracci, Beaumarchais mi disse che amava anche le Veneri, donai la mia al quel caro Caron. Avevo una grande e magnifica cassapanca di ferro con delle meravigliose serrature segrete per mettere la mia corrispondenza, Beaumarchais mi disse che amava molto le casseforti, donai la mia a quel caro Caron. Avevo un superbo medaglione arricchito di perle, Beaumarchais mi disse che amava molto i medaglioni e le perle, donai il mio a quel caro Caron. Me ne promise un altro in cambio, ma . . . non mi donò alcunché. Avevo un magnifico paio di carabine turche, Beaumarchais mi disse che amava molto le carabine turche, ma anch'io le amo e so servirmene, questa volta non donai nulla a quel caro Caron. Avevo ancora un gran numero di altre belle armi, fucili, pistole e sciabole, Beaumarchais mi disse che amava molto le armi, ma anch'io le amo e non le diedi più a quel caro Caron, benché non sia come lui luogotenente generale della garenna e comandante in capo di un'armata di cani, lepri, conigli, pernici, fagiani, beccacce, beccaccini e altri animali da caccia.

Non tardai ad accorgermi, per questi fatti e molti altri, che Beaumarchais era un uomo affascinante in società, ma che era di un'avidità estrema e che diventava intrattabile e un vero arabo, quando si aveva il minimo conto da regolare con lui. Il conte Bourbon-Busset e milord Ferrers, che hanno viaggiato un po' con Beaumarchais, potrebbero certificare che dopo avere rallegrato tutta la compagnia a tavola, diventava furioso appena portavano il conto della spesa. *Naturam expellas furca* - mi dico da solo - *tamen usque recurret.*»

Subito dopo la cena del 29 dicembre, d'Éon partì per la tenuta di lord Ferrers, a Staunton-Harold, e non ebbe modo di ricevere la lettera che gli inviò Beaumarchais nella quale, secondo quanto riferisce il cavaliere, si diceva «tutto commosso della viva e femminile collera» che aveva mostrato e del «virile addio» con il quale li aveva salutati. Della lettera non vi è traccia negli archivi né di Tonnerre né del ministero degli Affari esteri, ma quanto riferito da d'Éon è credibile, poiché l'obiettivo di Beaumarchais era unicamente recuperare quelle carte che riteneva ancora in possesso del cavaliere.

Per questo, scriveva ancora:

«*Alla signorina cavaliera d'Éon*

A Londra, il 9 gennaio 1776.

In qualunque angolo dell'Inghilterra voi siate, voi avete avuto più tempo di quanto necessario per rispondere alla mia lettera del 31 dicembre scorso. Poiché non l'avete fatto, giudico che conveniate che noi ridiventiamo estranei l'uno per l'altro, come in passato. Sono troppo gentile per avere in questo un parere diverso dal vostro. Così, dopo avervi scritto amichevolmente nella mia ultima: *Cercate, ragazzo mio, chi vi adula e dissimula con voi per debolezza o per interesse; oggi vi scrivo: io non ne ho né il tempo né la volontà.*

Solo vi invito a comportarvi saggiamente, se volete essere felice. La clemenza, la bontà, la generosità del re, grazie alle mie cure, hanno oltrepassato la vostra speranza. Che la vostra ingratitudine per me, ragazzo mio, non si estenda fino a quel buon padrone! È il miglior consiglio che vi posso dare.

Ricordatevi che vi ho imposto per conto suo il più profondo silenzio sui vostri vecchi litigi con quelli che chiamate vostri nemici. Ho promesso per voi che sarete fedele; guardatevi dal non esserlo anche leggermente! Che la rabbia di pubblicare non vi trascini in qualche disobbedienza! E, soprattutto, non venite meno ad alcuna delle condizioni alle quali siete obbligato dal contratto con me! Oggi, non sareste scusabile. Questo terribile torto darebbe al passato la più triste luce e, da quel momento, la vostra felicità e il vostro onore sarebbero distrutti.

Non mancate di farmi avere, il più presto possibile, i seguenti pezzi, che alla verifica delle carte tra i documenti e gli inventari, non sono state trovate nel portafoglio, messo in ordine da Vergennes e da me.

Vi saluto,

Caron de Beaumarchais.»

Possiamo immaginare quale fu la reazione di d'Éon nel vedersi trattare come una fanciulla capricciosa e viziata, tanto più che la studiata sfrontatezza di Beaumarchais giunse a chiedere una quietanza definitiva a lord Ferrers, che ancora attendeva il pagamento completo dei suoi crediti.

«*Al lord conte Ferrers.*

Londra, 8 gennaio 1776.

Milord,
Sono desolato che gli affari che mi trattengono a Londra, e il poco soggiorno che io vi debbo ancora fare, mi privano della speranza di venire a Staunton-Harold e richiamarmi alla vostra benevolenza.

Ho l'onore di inviarvi qui allegata la nota esatta degli effetti che vi ho rimborsato a scarico della signorina d'Éon; vi prego di firmare la ricevuta generale che ho scritto in basso al borderò qui unito, e di inviarmelo a stretto giro. Le ricevute particolari che voi avete messo in fondo a ciascun biglietto pagato, non dicono che lo siete stato da me, il che è necessario specificare per l'esattezza dei miei affari.

La mia intenzione era di farvi fare questa preghiera da d'Éon, ma al momento del mio arrivo a Londra, su qualche rimprovero di indiscrezione e di leggerezza che mi sono creduto in diritto di fargli, è scomparso come uno storno, senza che sappia dove sia andato a nidificare. Che Dio conservi gagliardo lui e i suoi progetti! Mi è scivolato come un'anguilla tra le dita; spero molto per lui che non sia una biscia di ingratitudine. Dico che lo spero per lui, poiché per me, milord, ho troppo vissuto e conosciuto troppo gli uomini per contare sulla riconoscenza di qualcuno e preoccuparmi di vedere mancare coloro che dovrebbero essere i più grati. Ho l'onore di presentare i miei omaggi a milady, e vi prego di credermi, con l'attaccamento più rispettoso, milord,

Vostro umilissimo e ubbidientissimo servitore,

Beaumarchais.»

La risposta di lord Ferrers non si fece attendere:

« *A Beaumarchais, a Londra.*

Staunton-Harold, il 13 gennaio 1776.

Signore,

Ricevo la vostra lettera nel momento in cui la posta sta partendo, vi risponderò lunedì prossimo. Tutto ciò che posso dirvi attualmente è che d'Éon è arrivato il 2 di questo mese a Staunton, molto ammalato, e lo è ancora. Malgrado questo, lo vedo molto occupato a inviarvi una lunga lettera lunedì prossimo. *Non mi accorgo che egli manchi di riconoscenza verso di voi;* trovo solamente *che non ha denaro* per pagarmi il resto di ciò che mi è dovuto. Mi ha solamente detto che ha avuto qualche difficoltà con voi, in riferimento a una frase nella gazzetta, nell'articolo *sulle indagini sul suo sesso*, e spero che non vi sarà alcuna nebbia tra voi per una simile cosa. Sono con sincerità vostro servitore,

Ferrers.»

La lunga lettera che d'Éon era intento a scrivere a Beaumarchais era una replica di ben trentotto pagine, che portava la data del 9 gennaio 1776, nella quale il cavaliere criticava il comportamento dell'inviato di Versailles sia nella forma sia nella sostanza. Il tono era canzonatorio e sferzante:

« ... Posso giurare con certezza, che nel corso di tutta la mia vita e nei miei viaggi ... non ho mai trovato un uomo più allegro, più istruito, più poliedrico e più affascinante di M. de Beaumarchais in società ... (ma se noi parliamo di denaro) ... vi confesserò, mio caro e carissimo Beaumarchais, che dopo il duca di Praslin e il suo amico, defunto conte di Guerchy, non ho trovato nessuno più attaccato al denaro di voi ... Voi usate (con me) lo stesso spirito, gli stessi tormenti, le stesse astuzie e destrezze, come se si trattasse di liquidare la memoria del conte de La Blache con il denaro di Beaumarchais[215]. Giudicate voi stesso, vi prego, i vostri atteggiamenti nei miei confronti! Mi direte, probabilmente, signore, che nella transazione voi avete avuto la generosità di precisare voi stesso, a nome del re, in 2.000 scudi il mio guardaroba da donna, vale a dire in 250 ghinee, e credete di aver fatto uno sforzo di generosità sorprendente!

Vi risponderò che non sono stato io a chiedere questa metamorfosi, è il defunto re e il duca d'Aiguillon, è il giovane re e il conte di Vergennes; siete voi stesso in virtù dei vostri poteri; è la famiglia di Guerchy, che tremò al solo nome di uomo che ancora mi resta per il mio battesimo! Che mi si renda il posto politico che mi è stato ingiusta-

---

[215] L'allusione è alla vicenda giudiziaria che oppose Beaumarchais al conte La Blache, legatario universale del ricco banchiere Pâris-Duverney. Questi, prima di morire, aveva firmato a Beaumarchais un riconoscimento di debiti di 15.000 *livre* e lo rendeva libero di un vecchio debito di 139.000 *livre*. La Blache affermava che i documenti esibiti da Beaumarchais erano falsi. La questione divenne pubblica e si politicizzò, fino a quando Beaumarchais non fu condannato a versare a La Blache una consistente somma.

mente tolto agli occhi dell'Europa; che mi si lasci percorrere la mia carriera militare, io non chiedo altro; sarei contento. Mi credo più sicuro sotto un abito da capitano dei dragoni che con una gonna, perché non sarei esposto a tutti i discorsi che normalmente si fanno alle donne. [...]

Penso che questo buon re [Luigi XV] sarebbe stato cento volte più prodigo del generoso Beaumarchais verso una persona che è stata figliola, uomo, femmina, soldato, politico, segretario, ministro, autore, seguendo l'esigenza e la necessità del servizio pubblico o segreto del suo padrone e che, sotto tutte queste diverse forme, è sempre riuscita nei suoi incarichi, è sempre stata conosciuta e rispettata come un bravo e onesto uomo anche i tra le più grandi disgrazie e in mezzo ai suoi nemici!»

La lettera proseguiva con questo tono e d'Éon non tralasciò di aggiungere che si aspettava di essere promosso al grado di colonnello, essendo il capitano più anziano del regno, e di vedere saldati i suoi debiti londinesi. Il cavaliere, inoltre, affermò di essere ancora in possesso di documenti che non figuravano nell'inventario fatto il 4 novembre 1775, minacciando di consegnarli solo dopo aver avuto quanto richiedeva. Il cavaliere era, come ben sappiamo, anche un abile commediante e non rinunciò ad esserlo anche in questa corrispondenza, che terminò pregando il suo amico di scusare «la sua viva e femminile collera», poiché : «Il mio cuore, che fino a oggi si è chiuso con tanta premura al resto degli uomini, si apre naturalmente in vostra presenza, come un fiore sboccia alla luce del sole del quale non attende che il dolce influsso! ... Sarò sempre la vostra tenera e fedele amica: le espressioni rendono sempre solo a metà i sentimenti del cuore ...»

Beaumarchais, punto sul vivo, rispose, il 18 gennaio con una lettera nella quale contestò punto per punto le accuse di d'Éon. Ebbe facile gioco nel rimproverargli di aver trattenuto dei documenti segreti, di aver imbrogliato per una cifra di centoventimila *livre* e lo minacciò di formare in Parlamento un gruppo di opposizione alla concessione della rendita vitalizia che gli era stata accordata. Aggiunse una dose di subdolo vittimismo che avrebbe dovuto far sentire in colpa il cavaliere: «... se inviassi la vostra miserabile lettera in Francia, essa non sarebbe che motivo di afflizione per i vostri amici; tutti i vostri avversari ne trionferebbero giustamente. Eccola, direbbero, tale come l'abbiamo sempre dipinta. Non è più contro i suoi pretesi nemici che esercita oggi le sue folle e detestabili furberie; è contro il suo unico amico, quello che ha chiamato il suo sostegno, il suo liberatore e suo padre! Eccola!» Nel *post scriptum* colmò la misura: «Ho appena riletto la mia lettera ... Essa è piena dell'amarezza con la quale voi avete soffocato il mio animo con la vostra. Non vi è nulla da cambiare, perché tutto è condizionato. Ma stanco come sono dei processi per scritto, vi prego di non rispondere una sola parola, se non siete interamente concorde con le sue disposizioni ...[216]»

Nel stesso tempo, l'ineffabile Beaumarchais, che quanto a sotterfugi non lasciava nulla di intentato, cercò di creare inimicizia tra il cavaliere e lord Ferrers, al quale scrisse una lettera di questo tono: «La signorina d'Éon, che noi chiamavamo allora il cavaliere d'Éon, mi aveva detto che tutti i suoi documenti erano chiusi in un baule, del quale vi aveva reso depositario per la garanzia delle vostre anticipazioni; ma all'esame scrupoloso che ne ho fatto da voi, milord, si è riscontrato che questo baule non conteneva che una piccola parte e la meno importante di tutto. Allora posso concludere due cose, o che la vostra fiducia in questa signorina era *illusoria*, o che ella abbia abusato della vostra fiducia in lei per sottrarvi considerevoli somme, con l'esca di darvi, per sicurezza di questo credito, la custodia di importanti documenti che realmente non vi ha lasciato. Mi confessò che, in effetti, vi aveva ingannato e mi condusse da lei, dove mi mostrò le carte di cui voi vi credevate depositario per la garanzia del vostro credito. Questa condotta nei vostri riguardi, milord, mi ha portato a serie riflessioni sulle precauzioni che dovevo prendere io stesso contro una persona così sveglia.[217]»

Lord Ferrers – che ancora aspettava il saldo del suo credito – non cadde nella grossolana trappola e rispose: « Sono spiacente, signore, di vedere i vostri tentativi di farmi litigare con il mio amico cavaliere d'Éon. Io non mi preoccupo molto di quale sesso *egli* o *lei* sia, non ho

---

[216] Beaumarchais a d'Éon il 18 gennaio 1776. (B.M. di Tonnerre: R. 16 bis; in Pinsseau, *op. cit.*)
[217] Gaillardet, *op. cit.*

mai considerato che il suo cuore, la sua anima e le sue azioni. Essendo sicuro che non ve ne siano di migliori al mondo, nessuno mi farà litigare con lui.

Non ho riscontrato alcun *inganno*, come voi dite, nel deposito dei documenti del baule di ferro, che mi ha detto essere i documenti *della corte*. E, al momento, sono più convinto che mai della sua bontà di cuore e della verità di ciò che mi ha detto, avendo visto con i miei occhi l'inventario dei suddetti documenti, firmato di vostro pugno, e che era tutto ciò che desideravo per la mia sicurezza, sapendo che se il mio amico fosse morto (e se l'avessi voluto), la corte di Francia e, al suo rifiuto, la corte d'Inghilterra, mi avrebbero dato *dieci volte la somma che mi doveva, per impedirne la pubblicazione!*

Mi sembra ben sorprendente e alquanto disonorevole per la corte di Francia, ve lo confesso, che i suoi ministri non mettano una onorevole fine al pagamento e agli stipendi di una persona così straordinaria come il cavaliere d'Éon, che ha reso tanti servizi alla sua patria, e che è stato maltrattato da così tanto tempo.

Ho l'onore di essere, etc. »

L'autore del *Barbiere di Siviglia* poté solo prendere atto dello smacco subito con Ferrers e della tagliente risposta che gli inviò d'Éon alla data del 30 gennaio: «... Mio caro e carissimo Beaumarchais, non risponderò ai rimproveri e alle invettive fuori luogo che voi mi prodigate nella vostra aspra e mascolina collera ... Guardo tutto ciò come i primi effetti del cattivo umore della scimmia più abile e più gradevole che abbia mai incontrato in vita mia, che è *sempre la stessa*, e che si arrabbia unicamente quando si tratta di stabilire e saldare un conto ...» D'Éon ritornava poi sulla mancata esecuzione del pagamento delle *più forti somme*, che era contemplata nella *Transazione* e non risparmiava alla sua controparte alcun imbarazzo: «Perché, durante il vostro ultimo soggiorno a Londra vi siete guadagnato una malattia venerea che è stata conosciuta da tutta Parigi, al punto che, per divertirvi, probabilmente a mie spese, o per rendermi ridicolo, facevate intendere nei circoli dei vostri elegantoni che dovevate sposarmi dopo che fossi rimasta qualche mese all'abazia delle dame di Saint-Antoine? Vi confesso, Signore, che una donna si trova talvolta in situazioni così disgraziate che la necessità delle circostanze la obbliga ad approfittare dei servizi dei quali ella sente per prima il ridicolo, perché ne influenza l'oggetto. Più l'uomo che la vuole obbligare è abile e delicato, più per lei è grande il pericolo ... Ma quale ricordo mi richiamano queste riflessioni! Mi dice solamente che per una cieca fiducia in voi e nelle vostre promesse, vi ho svelato il mistero del mio sesso, che per riconoscenza vi ho regalato il mio ritratto e che per stima voi mi avete promesso il vostro ... Non vi è mai stato altro impegno tra noi. Tutto ciò che avete portato oltre, stando a ciò che mi è stato scritto da Parigi, non può essere da me considerato che come una canzonatura da parte vostra[218]. Se avete preso seriamente quel pegno di ricordo e di gratitudine, *la vostra condotta è tanto pietosa quanto la vostra malattia*[219]...»

La lettera prosegue con questo tono altalenante tra il vittimismo di una donna che si sente tradita e il rimprovero a un cinico uomo che l'ha ingannata. Il finale è un «crescendo» che merita di essere riportato: «... Cessate, Signore, di abusare del mio stato e di voler approfittare della mia disgrazia, per rendermi così ridicola quanto voi. Voi! Per il quale avevo concepito tanta stima, che guardavo come il più virtuoso di tutti gli uomini; voi! Che mi avevate saputo persuadere che avevate qualche rispetto per la mia posizione fuori dal comune, siete voi stesso che mi coprite d'obbrobrio e scavate sotto i miei passi un abisso ancor più pericoloso per me perché ne nascondete la profondità ai miei occhi. Per quale fatalità voi mi avete scelta come disgraziata vittima del delirio del vostro spirito ...» Non c'è bisogno di alcun commento a questa recita, si può solo aggiungere che d'Éon, nello scrivere, alterna il maschile e il femminile, chiaramente non ancora abituato alla sua nuova condizione.

Beaumarchais rimase indifferente e non diede alcuna risposta a quest'ultima lettera di d'Éon, ben altri impegni, riguardanti i suoi rapporti di affari con i ribelli americani, lo spinsero a lasciare Londra per rientrare a Parigi. Scese il silenzio e, cioè, ciò che maggiormente temeva il cavaliere, che si vedeva emarginato sia nelle sue richieste sia dalla più generale scena pubblica. Poteva sopportare molto, ma non di essere irrilevante, perché questo feriva mortalmente il suo orgoglio, ed anche la sua megalomania. Trascorse qualche mese e con il passare

---

[218] Si riferisce al matrimonio di Beaumarchais con d'Éon.
[219] Sottolineato nel testo originale.

del tempo crebbe anche l'astio di d'Éon nei confronti di Beaumarchais, contro il quale voleva vendicarsi. Lo fece alla sua maniera, scrivendo a Vergennes una lunga lettera, datata 27 maggio, nella quale iniettò tutto il fiele accumulato[220]. Il cavaliere dopo una lunga relazione sui suoi rapporti con Beaumarchais e con Morande (allegò anche la documentazione relativa alla *Dichiarazione di Morande, fatta davanti a testimoni, che stabiliva che lui e Beaumarchais avevano tentato, malgrado il cavaliere d'Éon, di speculare fraudolentemente, utilizzando polizze fatte sul suo sesso*) e aver dettagliatamente descritto la licenziosa condotta della vita privata dell'autore del *Matrimonio di Figaro*, chiedeva che gli fosse inviato un negoziatore più *onesto*, che potesse puntellare e non compromettere la reputazione di «*una ragazza virtuosa, la cui condotta e costumi sono, in ogni tempo e in ogni luogo, al di sopra del sospetto!*»

Anche lord Ferrers pensò di scrivere a Vergennes, sempre a fine maggio del 1776, per lamentarsi del comportamento poco corretto del negoziatore inviato dalla corte: «Beaumarchais si è presentato, a nome del re di Francia, per trattare con me come un giudeo. Non posso dissimulare a vostra eccellenza che mi è impossibile credere che la condotta straordinaria del suo inviato sia una conseguenza degli ordini particolari che ha ricevuto da una corte come quella di Francia. Amo di più credere che non è che la conseguenza della condotta naturale e particolare di Beaumarchais, e che voi ne sarete scandalizzato quanto me.»

Tutte queste accuse, meritate o ingiuste che fossero, lasciarono indifferente il navigato Beaumarchais: «È una donna – disse a Vergennes – e così terribilmente circondata, che le perdono tutto di cuore; è donna, questa parola dice tutto». Questa bonaria freddezza nascondeva però il piano di una vendetta consumata in altro modo e attraverso il solito Théveneau de Morande, sempre pronto a vendere la sua penna per gli scopi più bassi e, per l'occasione, a rivalersi contro chi gli aveva impedito qualche buon profitto con le scommesse sul suo sesso. In breve, un libello di trentotto pagine contro d'Éon fu pronto, ma questa volta Morande, in un eccesso di fiducia nelle proprie possibilità, commise un'imprudenza e inviò al cavaliere copia del manoscritto,

---

[220] Parte della lettera viene riportata di Pinsseau, *op. cit.*, p. 201, con un errore di stampa nella data: 1775 anziché 1776.

prima di darlo alle stampe, chiedendogli nello stesso tempo un incontro per stabilire le condizioni definitive della pace o della guerra. La risposta non fu esattamente quella attesa dal libellista.

«Risposta del cavaliere d'Éon al libello di trentotto pagine in-folio, che il signor Morande gli ha indirizzato il 3 agosto 1776, dopo mezzogiorno, sotto il nome di madame d'Éon.

Brewer Street Golden Square, questo 3 agosto 1776, alla sera.

Mademoiselle d'Éon ha letto, questa sera, con tanto disgusto quanto disprezzo, la miserabile lettera di trentotto pagine in-folio, che il miserabile autore del *Gazetier cuirassé*, cioè il signor Théveneau de Morande, si è preso la pena, sudando per sei settimane come un bue, di forgiare, di scrivere, di trascrivere e di inviargli oggi pomeriggio. Può farne l'uso che vorrà.

Mademoiselle d'Éon si accontenta della testimonianza della sua coscienza e di quella della gente onesta, e non teme più il fiele della lingua dei cattivi, come il tagliente delle loro spade.

Tutta l'Europa sa che il signor Morande vive a Londra unicamente con il fango dei suoi libelli, a spese del marchese di Marigny, della contessa du Barry e anche di Luigi XV. Dopo aver fatto stampare un ammasso confuso di calunnie sul suo re e sui più grandi signori e dame della corte, il signor Morande può certo fare dei vani sforzi per cercare di vivere a spese di mademoiselle o del cavaliere d'Éon. Nessuno al mondo sarà meravigliato di questo atroce modo di comportarsi, ma può essere sicuro che non ne ricaverà che il disprezzo e che l'amicizia che offre è guardata come un fardello cento volte più oneroso dell'odio che minaccia.

Mademoiselle d'Éon, come ella ha già detto allo stesso signor Morande, in *King Street Covent Garden*, il 9 del mese scorso, non può che accordargli udienza in *Hyde Park; ella* vi si troverà con il *cavaliere* d'Éon che da molto tempo, in ogni paese, in pace come in guerra, si è sempre fatto carico di vendicare l'onore di sua sorella. Nell'attesa, *ella* si unisce al *cavaliere* per pregare insistentemente il signor Morande o di stare tranquillo o di *andare a farsi fottere, in buon francese.*

È molto irritata di arrivare a questo estremo, a causa di madame Morande che ha sempre amato, stimato e rispettato. La compiange molto sinceramente di avere per marito un uomo così corrotto, così spavaldo e così focoso, che non è pericoloso che per le donne e i bambini, ma certamente non per il cavaliere d'Éon.

P. S. La prima cameriera di *mademoiselle d'Éon*, con il vecchio maresciallo d'alloggio del *cavaliere d'Éon*, sono incaricati di consegnare, domani mattina di buonora, questa lettera nelle vostre mani, affinché voi non dubitiate che non si è data risposta alla vostra mortale e soporifera lettera.»

Morande non era certo ansioso di scontrarsi con una delle lame più famose e capaci d'Europa ed ebbe una buona scusa nell'affermare che non si sarebbe mai battuto contro una donna. Il cavaliere non era disponibile a lasciar correre e gli inviò il cognato, O'Gorman, e il cavaliere Piennes, suo amico, per chiedergli ragione, cioè per fissare il giorno, l'ora e le armi del duello. Morande, che era tutto fuorché uomo d'azione e d'onore, prese la via che in simili frangenti viene sempre in aiuto di chi non è in grado di affrontare le conseguenze della propria sconsiderata audacia: si rifugiò sotto l'ombrello della legge. D'Éon fu convocato da lord Mansfield e si vide reclamare una cauzione di seicento sterline a garanzia della sua promessa di non affrontare il libellista. Obbedì, ma ebbe valide argomentazioni per portare Morande davanti al tribunale per il suo scritto calunnioso. Pentimento e condanna, come è noto, viaggiano il più delle volte in parallelo e così, davanti alla prospettiva di soccombere con certezza davanti ai giudici, il pavido Morande ritornò frettolosamente sui suoi passi chiedendo scusa al cavaliere. Non volendo tralasciare ogni opportunità nell'opera di riconciliazione, gli inviò anche la moglie, con la quale d'Éon era sempre rimasto in buoni rapporti, che riuscì nell'impresa di farlo desistere dal proseguire nel processo.

La situazione pareva giunta a un punto di stallo, i problemi erano irrisolti e d'Éon non sapeva quali prospettive lo attendessero, anche perché non aveva più alcuna notizia dal negoziatore ufficiale che preferì assistere in silenzio a questa schermaglia. Era necessario muovere le acque e farlo là dove direttamente si prendevano le decisioni.

Fu deciso di inviare O'Gorman a Versailles, per trattare in modo diretto con il ministro Vergennes. Il cognato del cavaliere lasciò le sponde inglesi il 1° giugno del 1776, portando con sé la lunga lettera che abbiamo già citato e le speranze del cavaliere di portare a termine la sua battaglia emarginando Beaumarchais. O'Gorman giunse a Versailles, dove fu ricevuto dal ministro[221] al quale espone il desiderio di d'Éon di non avere più a che fare con Beaumarchais e il contestuale impegno a versare le rimanenti carte e di essere fedele al suo re e alla sua patria «sia in qualità di uomo, sia in qualità di donna», se ottiene un salvacondotto e il rimborso di quanto richiesto. Il latore aggiunge che il cavaliere preferirebbe fare rientro in patria con gli abiti maschili. Questa richiesta viene fermamente respinta da Vergennes, il quale oppone soprattutto motivi di sicurezza personale, perché questo risveglierebbe il desiderio di vendetta dei suoi nemici e cioè i Guerchy, i Choiseul ed anche la parentela del duca di Nivernais. Il ministro era però consapevole di «quale disagio gli abiti da donna potevano creargli» e disse che non vi era alcuna preclusione che portasse quelli maschili qualora avesse deciso di vivere fuori dalla Francia, in Olanda o in Svizzera o in Inghilterra. Nessuna risposta fu data dal ministro alle richieste finanziarie, per le quali si trincerò dietro l'autorizzazione reale. Vergennes congedò O'Gorman con l'impegno di un altro incontro fissato per una decina di giorni dopo.

Nel frattempo, come era inevitabile in un salotto di spie e delatori, Morande era venuto a conoscenza della missione di O'Gorman e si era premurato ad avvertire Caron de Beaumarchais, che si precipitò dal ministro per esporre la sua difesa contro le affermazioni di d'Éon. È probabile che non gli fu difficile confutarle mettendo in risalto i lati stravaganti del personaggio e i suoi sbalzi d'umore. Il 7 luglio, rientrato O'Gorman da Tonnerre, ebbe luogo il secondo incontro con il ministro che gli comunicò di poter accordare a d'Éon solo la pensione, già promessa, di 12.000 *livre* annuali. Per il resto, il cavaliere poteva rive-

---

[221] E. e M. Lever, *op. cit.*, p. 217. Lettera di O'Gorman a d'Éon del 14 giugno 1776, A.A.E., fol. 60-62.

stirsi da donna[222]. Un ultimo incontro fu convocato dal ministro una settimana dopo, il 15 luglio, nel corso del quale mise a confronto Beaumarchais e O'Gorman, li pregò di riporre le loro contese, precisando inoltre che il negoziato con d'Éon doveva essere condotto a termine dallo stesso Beaumarchais. Le condizioni erano immutate: dovevano essere consegnate tutte le carte; d'Éon doveva prendere gli abiti del suo sesso, cioè quelli femminili, e così, solo così, avrebbe potuto ottenere il salvacondotto per la Francia. «Tutti e due – scrisse O'Gorman al cavaliere – mi hanno pregato insistentemente di disporvi a questo fine. Gliel'ho promesso, senza tuttavia osare di promettere loro il successo.[223]»

O'Gorman rientrò ai primi di agosto in Inghilterra, dove restavano presenti e incombenti i pericoli legati al desiderio degli scommettitori di stabilire, una volta per tutte, quale fosse la realtà. Più volte vi erano stati tentativi di forzare le porte della casa del cavaliere, e la possibilità che qualcuno decidesse di prenderlo con la violenza non era poi così remota. D'Éon decise di scrivere, ancora una volta, a Vergennes accettando di prendere gli abiti femminili, a condizione che questo mutamento gli fosse imposto da un ordine formale del re, con la proibizione di lasciarli, *come l'aveva richiesto precedentemente il servizio del defunto re*. Scopo del cavaliere era di accreditare la versione che era stato per ordine di Luigi XV e per il suo servizio che egli si era trasformato da donna in ragazzo, cioè l'esatto contrario di ciò che era avvenuto. L'ipotesi era inaccettabile per il ministro reale, convinto che d'Éon fosse donna, che considerava come un'ingiuria alla memoria di Luigi XV il pensiero che questi avesse dato un simile ordine. Della risposta fu incaricato Beaumarchais:

«Parigi, 18 agosto 1776.

Vorrei, mio caro d'Éon, potervi scrivere sempre solo cose gradevoli. Anche in questo momento, dimenticando tutto ciò che la vostra

---

[222] E. e M. Lever, *op. cit.*, p. 218. Lettera di O'Gorman a d'Éon del 7 luglio 1776, A.A.E., fol. 60-62.

[223] E. e M. Lever, *op. cit.*, p. 218. Lettera di O'Gorman a d'Éon del 18 luglio 1776, A.A.E., fol. 60-62.

condotta ha d'ingiusto e di oltraggioso per me, vorrei che il conte di Vergennes avesse scelto per rispondervi qualcuno il cui ministero vi fosse meno odioso. Vorrei soprattutto aver strappato a questo ministro i punti essenziali ai quali voi sembrate tanto attaccato. Ma indipendentemente dal peso che il suo carattere imprime alle sue ragioni, esse mi appaiono di per sé ineccepibili e senza replica.

Il re di Francia, mi dice questo ministro, può accordare a una donna un salvacondotto che fa riferimento allo stato di un ufficiale? Chi dunque ha servito il re? È mademoiselle o monsieur d'Éon? Se S.M., apprendendo a cose fatte l'errore che i suoi parenti hanno commesso nella sua persona contro la decenza dei costumi e il rispetto delle leggi, vuole giustamente dimenticarlo e non imputargli come un torto quello di averlo continuato sulla stessa in conoscenza di causa, bisogna forse che l'indulgenza del re giunga sino a caricare il defunto re del ridicolo del suo indecente travestimento, impiegando questa frase che proprio lei ha la convinzione di inviarci: ordine di non più lasciare gli abiti del suo sesso, come precedentemente richiesto da servizio del re, mio antenato, etc.? Mai il servizio del re ha richiesto che una donna usurpasse il nome d'uomo e l'abito da ufficiale e lo stato di Emissario. È moltiplicando così le sue temerarie pretese che questa donna è arrivata a sfinire la pazienza del re, la mia e la buona volontà di tutti i suoi partigiani. Che resti in Inghilterra o che vada altrove, voi sapete bene che non abbiamo in questo il minimo interesse. Circa il suo estremo desiderio di ritornare in Francia, le faccio dire attraverso voi che l'intenzione del re era che vi non rientrasse che sotto gli abiti del suo sesso e che vi conducesse la vita silenziosa, modesta e riservata che non avrebbe mai dovuto abbandonare. A questo non aggiungo una parola.

Da parte mia, mia cara, ho ben riflettuto. In verità, come il ministro non capisco di quale utilità possa esservi il nuovo tentativo che fate sulla sua cortesia. Se il vostro ritorno in Francia vi è indifferente, perché non state tranquillo dove siete con ciò che il re vi ha dato, senza ritornare incessantemente su delle cose fatte e senza rinnovare sempre delle richieste che non possono essere accolte? Se il vostro disegno è veramente di rientrarvi, che cosa vuol dire tutto questo punzecchiamento? Sperate in un tempo più opportuno, in un re più magnanimo, in un ministro più equanime, in un sollecitatore più zelante, in migliori condizioni? La vita si consuma e voi languite espatriato.

Buongiorno mia cara.

Beaumarchais.»

Questa lettera rappresentava la conferma di quanto riferito da O'Gorman e poneva fine a ogni ulteriore possibilità di trattativa sia con il ministro sia con il re. D'Éon, consapevole di essere giunto a un punto di non ritorno, attese molto tempo prima di rispondere. Aveva ragione nel ritenere che la sua vicenda fosse ormai al capolinea, se si pensa che già a marzo del 1776 Vergennes aveva scritto con questo tono all'incaricato d'affari francese a Londra: «Vorrei molto che M. de Beaumarchais potesse finire con *l'amazzone d'Éon, non per saperla qui, cosa di cui mi preoccupo poco, ma per non dovermi più occupare di un'avventura che proprio non mi diverte ...*[224]»

Il cavaliere prese la penna in mano per rispondere a Beaumarchais con il consueto tono di rimprovero per i suoi rapporti con Morande:

«*A Caron de Beaumarchais.*

Londra, il 12 novembre 1776.

Prego M. de La Chèvre, che parte questa notte per Parigi, di portarvi, signore, questa lettera con le sue mani e di assicurarvi che ero tanto afflitto dalla morte del signor principe Conti[225], vostro amico personale e mio vecchio protettore, che gioì nel vedervi ristabilito dal

---

[224] De Lomenie, *op. cit.*, p. 424 in nota.

[225] Un piccolo aneddoto sul principe de Conti. Qualche giorno prima della sua morte fece portare la sua bara, vi si mise dentro, e si lamentò che ci si trovava stretto. Un giorno, il suo intendente gli dichiarò che non c'era più fieno e avena per i cavalli di sua eccellenza, né denaro per comprarne. «Quali sono - disse - quei miei fornitori che ancora resistono e consentono a fare credito?» «Signore, il panettiere rifiuta, il macellaio rifiuta, il mercante di vini, il salumiere, il confettiere e il rosticciere rifiutano. È rimasto solo il pasticcere.» «Bene! - rispose il principe - Ebbene che si diano delle paste e delle brioche ai miei cavalli!»

parlamento nei vostri diritti di cittadino[226]. Prego anche de La Chèvre di dichiararvi chiaramente, da parte mia, che non ho risposto alla lettera che voi vi siete preso la pena di scrivermi il 18 del mese di agosto scorso, poiché, *mentre mi scrivevate delle sdolcinature* per riprendere il nostro piccolo negoziato, scrivevate nello stesso tempo al vostro bel protetto Morande, in modo da scuotere la fiala, o piuttosto, la brocca di veleno che egli porta sempre nel suo cuore. Questo non mi è parso né leale né senza ipocrisia. Inoltre, lo spingevate a scrivere contro di me dei libelli pubblici. Non solamente l'ha detto, ma ha fatto vedere i differenti articoli della vostre lettere, in merito a questo, a diverse persone di mia conoscenza. Ha anche avuto la stupidità di scrivermi nella foga dei suoi furori, quando pressato da me, poi da mio cognato, a battersi si è rifugiato nella sua poltroneria e nella necessità di conservare i suoi giorni preziosi per sua moglie, i suoi bambini e la fine corrispondenza di piatti di menzogne che intratteneva con voi. Ho guardato ben al di sopra e come indegno di me rispondere, in documenti pubblici, a tutte le impertinenze e calunnie di questo scampato a Bicêtre. Ho preferito il silenzio e ho atteso con pazienza che il tribunale del re fosse aperto per portarvi questo infame libellista; è lì tutt'ora e tutte le persone oneste pensano che questo calunniatore del defunto re, di principi, di principesse, signori e dame della corte, non ne uscirà se non lasciando le sue orecchie alla berlina.

Mai *la vostra persona mi è stata odiosa, come dite voi*, signore, nella vostra ultima lettera; di odioso vi è stato ai miei occhi la vostra condotta, le vostre azioni, i vostri discorsi, le vostre lettere a lord Ferrers e a me; infine, la vostra ostinazione a servirvi, malgrado me, del vostro Morande, nelle nostre trattative che dovevano essere segrete e che, dal suo canale, sono diventate pubbliche, come presumevo in anticipo. La vostra cieca costanza nel seguire i suoi perfidi e interessati consigli, nelle scommesse sul mio sesso, nel rovinare e corrompere tutto ciò che dovevamo eseguire, seguendo la transazione che avete firmato il 5 ottobre 1775, come incaricato degli ordini del re.

---

[226] Beaumarchais aveva perso i diritti civili per l'accusa e il processo che ne scaturì di essersi impossessato fraudolentemente dell'eredità del finanziere Joseph Paris Duverney (1684-1770), suo socio in affari.

Quando andrete a vedere vostra sorella all'abbazia di Sant'Antonio, presentatele i miei rispetti così come alla madre badessa; e benché abbia servito in Germania sotto gli ordini del principe di Beauvau, fratello di quest'ultima, non le dite che ho voluto battermi due o tre volte in duello dal mese scorso, perché queste dame non mi vorrebbero nel loro convento. Dite loro, al contrario, che sono molto dolce, quando mi si lascia dormire tranquilla e che non mi si venga a tirare le orecchie a sproposito.

Buonasera, signore e troppo caro Beaumarchais; sono le due del mattino, sono molto stanca e vado a coricarmi, pensando e giurando contro tutti gli uomini che mi hanno maltrattata, e soprattutto voi che amo e stimo veramente e che avete irritato il mio cuore all'eccesso, voi stesso e il vostro Jean-f... Morande!

Il cavaliere d'Éon.»

Ancora una volta bisogna notare come d'Éon parli di sé al femminile nel testo della lettera, per poi firmare al maschile. La missiva cadde, comunque, nel vuoto: a corte avevano cose ben più importanti cui pensare e Beaumarchais considerava terminata la sua missione. Come ormai sappiamo, per il cavaliere l'indifferenza e l'oblio colpivano il suo amor proprio più di ogni altro affronto, così riprese la penna per scrivere a Vergennes, il 1° gennaio 1777, annunciandogli l'intenzione di recarsi in Francia per perorare la sua causa e definire definitivamente la sua posizione. Vergennes rispose personalmente pochi giorni dopo:

«*A mademoiselle la cavaliera d'Éon, a Londra.*

Versailles, il 12 gennaio 1777.

Ho ricevuto, mademoiselle, la lettera che mi avete fatto l'onore di scrivermi il 1° di questo mese. Se non vi foste lasciato andare a sensazioni di sfiducia, che sono persuaso che non avete attinto dai vostri intimi sentimenti, da molto tempo gioireste nella vostra patria della tranquillità che deve oggi, più che mai, essere l'oggetto dei vostri desideri. Se seriamente pensate di ritornarvi, le porte vi saranno ancora aperte. Voi conoscete le condizioni che vi sono state poste: *il silenzio più assoluto per il passato*; evitate di incontrarvi con le persone che ritenete causa delle vostre disgrazie; e, infine, di riprendere gli abiti *del vostro sesso*. Il clamore che vi è stato dato in Inghilterra non vi permette di esitare. Voi non ignorate, probabilmente, che le nostre leggi non sono tolleranti su questa sorte di travestimenti. Mi resta da aggiungere che se, dopo aver sperimentato il soggiorno in Francia, non vi piacesse, non ci opporremo a che voi vi ritiriate dove vorrete.

È per ordine del re che vi invio quanto sopra. Aggiungo che il *salvacondotto* che vi è stato dato, vi è *sufficiente*; pertanto, nulla si oppone alla decisione che vi converrà prendere. Se vi fermate alla più opportuna, ne sarò felice, altrimenti, non potrò che compiangervi per non aver corrisposto alla bontà del vostro padrone che vi tende la mano. *Siate senza inquietudine*. Una volta in Francia, vi potrete rivolgere direttamente a me, senza il ricorso di alcun intermediario.

Ho l'onore di essere con una assoluta considerazione, mademoiselle, vostro umile e ubbidientissimo servitore.

Vergennes.»[227]

Questa comunicazione convinse d'Éon che era giunto il tempo di lasciare l'Inghilterra e ritornare in Francia, almeno per il tempo necessario a incontrare l'anziana madre e i vecchi amici. A Londra affidò la sua vastissima biblioteca di oltre ottomila volumi, oltre ai manoscritti, a Lautem, il proprietario della casa che aveva in affitto a Golden Square, al quale continuò a pagare la pigione.

---

[227] F. Gaillardet, *op. cit.*

CAPITOLO XII

Il ritorno in Francia

Alle prime ore del 14 agosto 1777 il cavaliere d'Éon lasciò Londra, accompagnato dall'amico Le Sesne de La Chèvre, per sbarcare a Boulogne alla sera dell'indomani. Non calpestava il suolo della madre patria da quattordici anni e ben diverse erano state le speranze che avevano accompagnato la sua partenza. Era appesantito, invecchiato e, soprattutto, privo di qualunque prospettiva in quella carriera che tanto gli era stata a cuore un tempo, ma non ancora del tutto piegato ai voleri del nuovo re.

La prima tappa francese fu la visita al convento di Saint Denis, dove incontrò il priore Boudier che lo ricevette con grande amabilità e lo condusse nella parte femminile del convento per fare colazione[228]. Al termine del pranzo, il priore accompagnò d'Éon al parlatorio, ansioso di presentare all'ospite Madame Louise, figlia minore di Luigi XV, che si era ritirata in convento «per espiare le colpe del padre con le sue preghiere». La clausura le impose di stare nascosta dietro a una griglia del parlatorio e il colloquio, così come lo riporta d'Éon, ebbe qualcosa di surreale. Madame Louise chiese come era vestita mademoiselle d'Éon e alla risposta che, per affrontare il viaggio, portava ancora gli abiti da capitano dei dragoni, la principessa *la* pregò di ritornare quando avesse ripreso i suoi abiti femminili, poi fece passare d'Éon nella stanza adiacente per parlare da sola con Boudier. Il cavaliere uscì a passeggiare nel giardino del chiostro e, poco dopo, vide arrivare il priore Boudier con padre Tabourin, il confessore della principessa. Quest'ultimo esortò, con una certa veemenza, d'Éon a «cambiare il suo abito rosso con un vestito femminile di satin bianco puro e senza macchia», e lo avvertì che Madame Louise avrebbe scritto, la sera stessa, al re per chiedergli di porre fine allo scandalo di quel travestimento. Le raccomandazioni di padre Tabourin non terminarono qui, infat-

---

[228] Queste informazioni, riportate in E. e M. Lever, *op. cit.*, p. 232 in nota, sono tratte dal manoscritto autobiografico di d'Éon, ULBC, box 1, fila I, cap. III, n° 3, 4, 5, 6, 7, 8, 9, 10, 11, 12.

ti, proibì a d'Éon di incontrare Voltaire che, gli disse, «vi pervertirà; è la Chiesa che voi dovete consultare; fuori dalla Chiesa non vi è alcuna salvezza». Il cavaliere fu un po' sconcertato da tutte queste «raccomandazioni» e quando don Boudier lo ricondusse nell'ala femminile per la cena non poté fare a meno di rivolgersi al priore con queste parole: «Sono felice delle vostre gentilezze e della vostra bontà, ma sono molto tentato di far preparare i cavalli di posta per ritornare a Londra, perché dopo quello che vedo qui, non ho alcun desiderio di vedere il resto a Versailles, perché se non fossi donna, avrei paura di essere mandata all'abbazia riformata di La Trappe[229].»

«Dio vi guardi da un tale disegno. – esclamò don Boudier – Probabilmente ignorate che da Boulogne, dove siete sbarcato, vi seguono e sareste subito arrestato se tornaste indietro. È l'abito da uomo che offusca il vostro spirito. Riprendete il vostro vestito, vi libererà dalle vostre tentazioni. Vi farà trovare la grazia davanti a Dio, al re, alla regina. Creerà un grande interesse per voi nel cuore della nostra pia Madame Louise e quello del nostro arcivescovo. Ritornerete una donna cristiana. Il Signore sarà con voi e vi colmerà di doni e di gloria, ecco che cosa vi predico.»

D'Éon fu insistentemente invitato a trascorre la notte a Saint-Denis e si ritirò, tra lo stupore dei frati che lo videro in abiti maschili, in una delle camere riservate alle visitatrici femminili. All'indomani riprese la strada con l'amico La Chèvre.

Il 17 giunse a Versailles, prese alloggio presso il suo amico avvocato Falconet, e pensò bene di presentarsi al conte Vergennes nella sua uniforme di capitano dei dragoni. Il ministro, che non aveva mai visto d'Éon e che un tempo aveva fatto anch'egli parte del *Secret*, fu cordiale ma irremovibile nel chiedergli di indossare, come da accordi, gli abiti «del suo sesso», cioè quelli femminili. Nessuna argomentazione

---

[229] L'abbazia di Notre-Dame de la Trappe fu fondata a Soligny-la-Trappe nel 1140 da Rotrudo III, conte di Perche, in memoria della defunta moglie Matilde, figlia naturale di Enrico I d'Inghilterra. Nel 1664, l'abate Armand Jean Le Bouthillier de Rancé (1626-1700) vi ristabilì numerose regole originali dei cistercensi e introdusse nuovi regolamenti particolarmente rigidi, dando così origine ai cistercensi della Stretta Osservanza, detti Trappisti.

contraria, portata dal cavaliere, fece breccia e, il 27 agosto, d'Éon ricevette il seguente, perentorio, ordine:

«*Ordine del re, consegnato il 27 agosto 1777, al signor cavaliere d'Éon stesso, a Versailles.*

Per il re,
Si ordina a Charles - Geneviève - *Louise* - Auguste - André - Timothée d'Éon de Beaumont di lasciare l'uniforme dei dragoni che è uso portare e di *riprendere* l'abbigliamento del suo sesso, con la proibizione di comparire nel regno sotto altri abbigliamenti di quelli che si convengono alle donne.

Fatto a Versailles, il 27 agosto 1777.

Firmato: Luigi XVI.
Gravier de Vergennes.»

Si noti come l'intestazione «*al signor cavaliere d'Éon*» sia in perfetta contraddizione con quanto affermato e richiesto successivamente.

D'Éon obiettò che non aveva alcun abito femminile e vi fu, a indiretta dimostrazione della notorietà che aveva raggiunto il suo caso, l'intervento della regina Maria Antonietta che se ne fece carico, facendo intervenire la propria sarta, mademoiselle Bertin[230]. Per rendere meno penosa la trasformazione, la regina fece consegnare a d'Éon un ventaglio unitamente a 24.000 *livre* in biglietti di cassa. «Ditegli – aveva detto all'intermediario che doveva portare il regalo – che per rimpiazzare la sua spada la armo di un ventaglio e la faccio cavaliera.[231]»

Il momento della resa parve ormai giunto e d'Éon annunciò in questi termini la sottomissione:

---

[230] Gaillardet, che non seppe mai resistere alla tentazione dell'intrigo amoroso per il suo favorito, aggiunge anche che «... dopo aver avuto un incontro per curiosità con il dragone *di cui stava per invaghirsi* e dopo avergli raccomandato, ridendo, di essere molto dolce e molto saggia, fece venire la propria sarta».

[231] L'aneddoto è riportato da Pinsseau, *op. cit.*, che a sua volta lo trae da Ch. Moiset, *Le chevalier Éon de Beaumont*, p. 92, nel «*Bulletin de la Société des Sciences historiques et naturelles de l'Yonne*, t. XLVI, 1892.

«*Al signor conte Vergennes.*

Parigi, 29 agosto 1777.

Signore,
Per obbedire più prontamente agli ordini del re, che voi mi avete significati, così come il signor conte Maurepas, ho ritardato di qualche giorno il mio viaggio in Borgogna. I pochi stracci che mi restano non possono servirmi per presentarmi a Versailles, mi erano necessari dei nuovi e mademoiselle Bertin, addetta al servizio della regina, avrà l'onore di dirvi domani, signore, che si incarica, non solo di farmeli fare in mia assenza, ma anche di fare di me una ragazza passabilmente modesta e obbediente.

Quanto alla saggezza, che è altrettanto necessaria a una ragazza come a un capitano dei dragoni, il cielo e la necessità, nelle diverse circostanze della mia vita, così lungamente e crudelmente agitata, me ne hanno data una così vecchia abitudine, che essa non mi costa più nulla. Sarà cento volte più facile essere saggia che modesta e obbediente.

Non c'è come il desiderio estremo che ho di essere irreprensibile agli occhi del re, come a quelli dei conti di Vergennes e di Maurepas, che possa darmi la forza necessaria per vincere me stesso e assumere quel carattere di dolcezza conforme alla nuova esistenza *che mi hanno obbligato a prendere.* Il ruolo di leone mi sarebbe più facile da recitare che quello di pecora e quello di capitano dei volontari dell'armata che quello di ragazza dolce e obbediente.

Dopo il cielo, il re e i suoi ministri, mademoiselle Bertin avrà il maggior merito alla mia conversione miracolosa.

Con profondo rispetto,
Signore, vostro umile e ubbidientissimo servitore,

Il cavaliere d'Éon.
Per poco tempo ancora.»

Allo stesso tempo, mentre gli veniva confezionato il guardaroba femminile, chiese il permesso di poter andare a Tonnerre, a trovare l'anziana madre, gli amici e a sistemare gli affari del suo patrimonio.

Gli fu concessa l'autorizzazione e così, il 2 settembre, senza perdere tempo, prese la prima vettura a disposizione per raggiungere la Borgogna.

L'accoglienza fu trionfale, d'Éon era divenuto la personalità più famosa della piccola cittadina, con la quale, a dire il vero, non aveva mai perso i contatti attraverso le diverse corrispondenze che vi teneva. Secondo il racconto che ne fa egli stesso, gli vennero incontro più di milleduecento concittadini, cioè più di un quarto dell'intera popolazione del paese. L'anziana madre, che pure era stata preavvertita del suo arrivo, nel vederlo svenne e la nutrice, alla quale come sappiamo d'Éon aveva da sempre riconosciuto un piccolo vitalizio annuale a titolo di riconoscenza, si profuse in lacrime. Ripresasi dallo svenimento, la madre gli confessò che temeva che lo arrestassero, ritenendo che il suo viaggio a Tonnerre fosse frutto di un colpo di testa. D'Éon la rassicurò e i festeggiamenti proseguirono per tutta la serata anche in assenza dell'eroe, che si ritirò abbastanza presto nella sua stanza, stanco del viaggio.

A questo punto, se diamo credito al racconto di d'Éon, avvenne un dialogo tra la madre e il figlio che ha dell'incredibile[232]. La madre, al capezzale del cavaliere, così gli parlò: «D'Éon se voi credete di essere qualcosa, benché non siate niente, voi vi seducete da solo. Pensate a ciò che siete e che presto vi ritroverete qui come la mia cara figliola che vostro padre ed io abbiamo nascosto dalla vostra infanzia con tanta pena e cura. Ma oggi tutto quello è inutile; il mistero nascosto è più che svelato perché è manifesto. Tutti qui credevano e dicevano che al vostro ritorno in Francia, sareste stato obbligato a riprendere i vostri abiti da donna.» D'Éon, sempre stando a ciò che egli stesso riferisce, aggiunse che dopo «essere passato tra le mani delle arpie di Londra e di Versailles non poteva più esistere, nel mondo e in un chiostro, che come donna, al punto tale che la regina aveva la generosità di accordargli i servizi del «suo ministro della moda», mademoiselle Bertin. Aggiunse che, tuttavia, era disperato di dover essere presentato in quella tenuta al re a alla regina. Madame d'Éon incoraggiò il figlio a spogliarsi degli abiti maschili e a riprendere quelli da donna, che non avrebbe mai dovuto lasciare.

---

[232] Riprendiamo le informazioni da E. e M. Lever, *op. cit.*

Ci fermiamo qui in questo strano resoconto che è certamente frutto di una fantasia posteriore di d'Éon, che lo scrisse ben otto anni più tardi, e che appare come una giustificazione alla sua trasformazione. Ben diverso è, peraltro, il racconto dell'irriducibile ammiratore del cavaliere, il fantasioso Gaillardet, che riassume la situazione del viaggio a Tonnerre in modo abbastanza sbrigativo e sotto tutt'altro segno:

«... Che si pensi quali dovevano essere il dolore e lo stupore di quella povera donna, apprendendo il cambiamento che stava per fare nella composizione della sua famiglia! Stava per aver due figlie e nessun maschio! A quella notizia, singhiozzò. E questo si capisce, poiché in un simile scambio non vi sarebbe compensazione nel cuore di alcuna madre. Il figlio della famiglia è un re che niente rimpiazza. Cadendo lui, la casa perde il suo diadema.»

L'esatto contrario di quanto scritto dal cavaliere.

D'Éon parve non avere alcuna fretta di ritornare anche perché aveva visto le sue proprietà in uno stato alquanto precario.

«Ho trovato in una dolorosa rovina il mio patrimonio che consiste principalmente in vigneti; – scrisse a Vergennes – si crederebbe che gli ussari se ne siano impadroniti, come anche della mia casa, che attualmente sembra il castello del barone Tundertrumtrum ... ; sono rimaste solo le porte e le finestre e il fiume dell'Armançon nei giardini.»

In verità questa lamentela gli serviva, abbastanza scopertamente, soprattutto per prolungare il suo soggiorno e rimandare il suo rientro a Versailles, dove lo attendeva inesorabile la sua metamorfosi. Infatti, aggiungeva:

«Se qualche cosa può rendermi attaccato alla vita, è la gioia della pura amicizia che i miei compatrioti tanto della cittadina che delle campagne vicine, dai più grandi ai più piccoli, mi hanno testimoniato; proprio loro mi hanno reso gli onori che sarebbero dovuti solo a voi e al conte Maurepas, se passaste per Tonnerre per andare voi nelle vostre terre ed egli nella sua contea di Saint-Florentin ... [233]»

Conservava la speranza di poter indossare ancora gli abiti maschili, ma fu ben presto disilluso da una lettera che gli inviò il suo vecchio amico conte Broglie, nella quale gli diceva perentoriamente che Luigi

---

[233] Pinsseau, *op. cit.*, Archives des Affaires Étrangères. D'Éon a Vergennes 2 ottobre 1777.

XVI non poteva permettergli di conservare la sua uniforme. Il rumore che la sua condizione aveva fatto a Londra aveva spinto Lord Mansfield, *Chief justice* della Corte Suprema, che ben conosceva d'Éon, a scrivere a lord Stormont[234], ambasciatore d'Inghilterra in Francia, che se non fosse stata rispettata la sentenza del più alto tribunale inglese, il fatto sarebbe stato interpretato come un'offesa a Sua Maestà britannica.

Il cavaliere riuscì a traccheggiare ancora per qualche giorno, poi dovette ottemperare alla promessa fatta e prese la via per Parigi, dove la sarta Bertin lo attendeva per le ultime prove del suo nuovo guardaroba.

Chi più voleva affrettare il mutamento di d'Éon era, senza dubbio, il conte Maurepas[235], ministro molto vicino al re, personaggio intelligente e capace, ma anche egoista e, a modo suo, frivolo. Aveva in odio i Broglie, che voleva allontanare da corte, ed era anche vittima di un formale moralismo che gli impediva qualsivoglia benevolenza nei confronti del cavaliere. L'epoca del *Secret*, inoltre, era definitivamente chiusa ed era subentrata una non tanto velata volontà di emarginare coloro che ne avevano fatto parte, indipendentemente da chi fossero e da quali contributi avessero dato e quali meriti avessero guadagnato.

Fu così che il cavaliere d'Éon scomparve per sempre e, il 21 ottobre 1777, festa di sant'Orsola, «in memoria di quattromila vergini massacrate in Inghilterra», come egli stesso tenne a sottolineare, fece la sua apparizione in pubblico la cavaliera d'Éon. Per benedire la sua «ritrovata» condizione di donna, d'Éon non mancò di originalità perché si

---

[234] David Murray, 2° conte di Mansfield KT, PC (1727-1796) fu ambasciatore a Vienna e a Parigi.

[235] Jean-Frédérich Phélypeau, conte di Maurepas (1701-1781), uomo intelligente e raffinato, ebbe una lunga e intensa carriera sia con Luigi XV sia con il successore, Luigi XVI. Nel 1723 fu nominato segretario alla Marina, funzione che ricoprì sino al 1749, portando a compimento un'utile e riconosciuta modernizzazione del naviglio e dei porti francesi. Nel 1749 fu vittima di una macchinazione di corte, ad opera dell'amante del re, la Pompadour, e di persone a lei vicine. Esiliato, nel 1756 si vide commutata la pena nel divieto di comparire a Corte. L'emarginazione dalla politica ebbe termine nel 1774, quando Luigi XVI lo nominò ministro di Stato e svolse, senza averne il titolo ufficiale, funzioni di primo ministro sino alla sua morte. Egli stesso si definì il *Mentore* del giovane Luigi XVI.

recò a prendere il sacramento della comunione in numerose chiese della capitale , sperando così «di liberarsi di tutti i difetti e di tutti i pericoli inerenti alla condizione maschile e acquisire, di contro, il carattere di donna e le virtù che sono l'attributo di questo sesso ... »

Non abbiamo alcuna immagine degli abiti che M.lle Bertin confezionò per il cavaliere, ed è un peccato perché la fama della signorina, soprannominata «ministro della moda», era dovuta alla sua originalità e a una certa spregiudicatezza ed eccentricità. D'Éon fece una divertente descrizione della sua vestizione e della consegna del guardaroba in una lettera che inviò al suo compagno d'armi barone de Bon, della quale riportiamo un breve brano[236]:

«I cambiamenti operati su di me da Mlle Bertin sono senza numero e senza fine. Ella ha dapprima provveduto al licenziamento di tutti gli abiti e i mantelli rossi del mio guardaroba, ivi compresi le vesti e i calzoni di camoscio, gli stivali e gli speroni, le pistole, le spade, le sciabole e le carabine. In questo stato, una ragazza ha un bel essere stata capitano dei dragoni, quale difesa può mettere in atto con filo e ago? Un ventaglio è un triste baluardo, una gonna un debole bastione e non è buona che per alzare bandiera bianca, prevenire l'inutile spargimento di sangue umano per ottenere una tregua, una sospensione d'armi che mi accorda gli onori della guerra per una capitolazione onorevole e decorosa nella necessità imperiosa in cui mi trovo ridotta dalla mia stessa forza, vale a dire dalla mia propria debolezza. Contavo su un rinforzo del maresciallo e del conte di Broglie. Malgrado il loro genio, il loro zelo, i loro sforzi e il loro coraggio, non è stato in loro potere rifornire la mia postazione che non si è ancora ripresa dalla sua prima costernazione. Parlano di mettermi in un convento a Versailles per istruirmi sulla nuova tattica che è necessario che apprenda per entrare nella compagnia franca delle damigelle d'onore della nostra Augusta Regina ...»

Il tono di tutta la missiva è scherzoso, ma lascia comunque trasparire qualche preoccupazione per questa metamorfosi che fece grande clamore a Parigi come a Londra. Non è escluso che siano ritornate alla mente di d'Éon le parole con le quali lo aveva lasciato, mentre rientra-

---

[236] La lettera integrale è riportata da E. e M. Lever, *op. cit.*, ULBC, Box 1, fila 1, *La Grande Épître de Mlle d'Éon*, cap. VIII, n° 2.

va a Parigi, il suo amico Bertier de Sauvigny[237]: «Voi siete arrivato al termine della vostra carriera militare e politica. Ma dal giorno in cui cesserete di portare l'abito maschile, la vostra gloria come donna comincerà ad apparire. Acquisirete la benevolenza della corte, il rispetto degli uomini e la stima delle donne; attraverso tutto ciò concilierete la vostra pace e la vostra libertà.»

Il cavaliere era consapevole che il ruolo che l'attendeva richiedeva un cambiamento radicale che non si limitava agli abiti, ma riguardava tutta la sua persona, dal modo di gestire alla camminata, dal tono della voce al linguaggio da usare. Per qualche giorno si ritirò nel suo piccolo appartamento in rue Conti, a Versailles, per familiarizzare con quella che avrebbe dovuto essere la sua nuova personalità. Scrisse a Vergennes per informarlo su tutte le difficoltà che stava incontrando: «Mi sforzo, nel ritiro del mio appartamento ad abituarmi alla mia triste sorte. Da quando ho lasciato la mia uniforme e la mia sciabola, sono confuso come una volpe che abbia perso la sua coda! Cerco di camminare con delle scarpe puntute e dagli alti talloni, ma ho mancato più volte di rompermi il collo; al posto di fare la reverenza, ma mi è accaduto di togliermi la parrucca e la mia guarnitura a triplo ordine, che scambio per il mio cappello o per il mio elmo ... »

Trascorse un mese nel corso del quale la curiosità di tutta Parigi non fece che montare in vista della presentazione ufficiale a corte del «nuovo» d'Éon. Si giunse così alla data fatale, domenica 23 novembre 1777. La vista della «cavaliera» d'Éon suscitò qualche perplessità e si può affermare che non raccolse grande favore di critica e di pubblico.

Un giornale contemporaneo ne diede un ritratto poco lusinghiero: «Ha ancora di più l'aria di essere uomo da quando è femmina ... In effetti, non si può credere di sesso femminile un individuo che si rasa e ha della barba, che è definito e muscoloso, che salta in carrozza e ne discende senza scudiero, che sale gli scalini a quattro per volta, che, per avvicinarsi al fuoco porta avanti la sua poltrona, la mano tra le sue cosce ..., etc ... Del resto, il suono della sua voce, il suo tono, i suoi gesti, le sue maniere, tutto il suo esteriore, smentiscono in lei il suo abbigliamento ... È in abito nero. I capelli sono tagliati in modo rotondo

---

[237] Louis Bénigne François Bertier de Sauvigny (1737-1789) fu un alto funzionario statale e, all'esordio della Rivoluzione nel 1789, intendente di Parigi.

come quelli di un abate, coperti di pomata e di cipria, sormontati da un berretto nero, alla maniera dei devoti. Non essendo abituato ai tacchi stretti e alti delle donne, continua a portarli piatti e rotondi. Dimentica spesso di mettere i suoi guanti, non avendone più l'abitudine, e scopre le sue braccia da ciclope ... [238]»

Così scrisse Bachaumont[239], il cronista dell'epoca, nelle sue *Mémoires secrets pour servir* ...

«Di tutte le donne travestite di cui parla la storia, è la più stupefacente, in ciò che si è distinta allo stesso tempo nelle armi, nella politica e nella letteratura».

Grimm[240], il famoso corrispondente di Caterina II, non fu così tenero nella sua *Correspondance littéraire* : «Per semplice e modesta che sia la sua grande cuffia, è difficile immaginare qualche cosa di più straordinario e, bisogna dirlo, di più indecente, di M.lle d'Éon in gonna.»

Lo stesso Voltaire si interessò dell'«ermafrodito di Versailles», ne scrisse al suo amico d'Argental, il 6 dicembre dello stesso anno:

---

[238] Pinsseau, *op. cit.*, da *L'espion anglais, ou Correspondance secrète entre Mylord All'Eye et Mylord All'Ear*, 4 gennaio 1778.

[239] Louis Petit de Bachaumont (1690-1771) crebbe a corte sotto la protezione del nonno che era medico del principe Conti e poi del Delfino. Ebbe come segretario Mathieu-François Pidansat de Mairobert (1727-1779) al quale si deve un sostanziale contributo alle *Mémoires secrets* ...

[240] Friedrich Melchior von Grimm (1723-1807) dopo aver compiuto gli studi all'Università di Lipsia, giunse a Parigi, come segretario del figlio del barone Schomberg, dove rimase facendosi presto conoscere nell'ambiente letterario soprattutto grazie alla sua satira *Petit Prophète de Boehmisch-Broda*, dove prendeva le difesa dell'opera italiana. Frequentò assiduamente il salone di madame Louise d'Épinay, della quale divenne amante. Con Diderot e l'abate Raynal pubblicò la *Correspondance littéraire*, dal 1747 al 1793, giornale letterario che gli permise di entrare in contatto con le corti dell'epoca e, soprattutto, con la stessa Caterina. Nacque così l'abitudine a uno scambio epistolare, anche di intime confidenze, che si perpetrò negli anni. Grimm, di fatto, divenne una sorta di confidente, segretario distaccato nella capitale francese che aveva anche il compito di svolgere commissioni di vario genere, come l'acquisto di opere d'arte. Caterina lo soprannominò, nella stessa corrispondenza che il che intratteneva con lui, il mio «*souffre-douleur*», zimbello. In effetti, Grimm finì col dedicarsi interamente alla sua augusta corrispondente. Fuggì da Parigi con la Rivoluzione, nel corso della quale gli furono sequestrati tutti i beni, e si recò ad Amburgo come ministro di Caterina II, per poi stabilirsi a Ghota dove morì, pressoché cieco.

«Voglio assolutamente parlarvi di un mostro; di un animale anfibio che non è né uomo né donna ... Non credo che voi siate dei suoi amici se è del vostro sesso, né dei suoi amanti se è dell'altro. Voi siete adatto più di ogni altro a spiegarmi questo mistero. Egli o ella mi aveva fatto dire da un mio amico inglese, che egli o ella verrebbe a Ferney e ne sono alquanto imbarazzato. Vi chiedo di grazia di dirmi il termine di questo enigma. »

D'Éon incontrò, secondo alcune ricostruzioni a Parigi, il patriarca di Ferney, ma con ogni probabilità l'eccessiva curiosità con cui fu accolto non fu proprio di suo gradimento perché si vendicò del filosofo con questo pungente epigramma:

> Voltaire in salute, si fa gloria
> Di non temere nulla
> Di non credere
> Dio, né Demonio
> Ma appena è ammalato
> Il buon uomo teme la grigliata
> Come un tacchino ...

Ai numerosi commenti sulla sua metamorfosi, che furono perlopiù dello stesso tenore poco lusinghiero, si aggiunsero subito le opere caricaturali che raffiguravano il cavaliere prima e dopo la trasformazione, talvolta accostando le due immagini. La vanità di d'Éon si fece avanti ancora una volta e così egli stesso si adoperò per farsi ritrarre, dall'allora famoso Jean-Baptiste Bradel, in divisa di capitano dei dragoni, per farne omaggio ai suoi vecchi camerati. Lo stesso artista lo ritrasse poi in abiti femminili con il corsetto ornato dalla croce di Saint-Louis, e pose la seguente dedica sul quadro: «Alla memoria delle eroine francesi, Jeanne d'Arc, Jeanne Hachette, etc ..., etc ... (*sic*)». C'è da aggiungere che lo stesso interessato si prodigava a diffondere i propri ritratti, che inviava ai potenti del giorno, agli amici, agli scrittori e agli artisti celebri. L'ansia di protagonismo, la necessità di essere sempre e comunque al centro dell'attenzione, la paura di essere dimenticato sono aspetti costanti della personalità di d'Éon, sempre in bilico tra la megalomania e la mitomania. Tra i destinatari dei ritratti vi fu anche il suo vecchio colonnello, il marchese d'Autichamp il quale, in una lettera che gli scrisse per informarlo di aver accolto una sua raccomandazione nel promuovere a ufficiale inferiore un anziano gendarme, così si esprimeva : «Addio, datemi vostre notizie, che mi interesseranno sempre, vi sono stato molto affezionato nella vostra qualità di capitano dei dragoni; la nuova forma che avete preso non è mai stata un torto di fronte a me, e benché mi imponga la legge di rispettarvi molto di più non mi impedisce il piacere di amarvi ed è, ve lo assicuro, con sollecitudine che vi do l'assicurazione di questi due sentimenti.[241]»

Nonostante gli sforzi compiuti dal diretto interessato, la trasformazione non riuscì a convincere pienamente il pubblico, che iniziò a chiedersene le ragioni. La voce corrente fu che la moglie del defunto conte Guerchy fosse intervenuta presso il re o Maurepas per evitare che il figlio, che aveva giurato di vendicare l'onore del padre, si scontrasse in duello con d'Éon, il che avrebbe significato la morte certa per il ragazzo. Questa tesi si scontrava però con il buonsenso di chi sosteneva che il re e i suoi ministri non avrebbero mai tollerato una simile buffonata semplicemente per evitare un duello, pertanto ciò che era stato fatto corrispondeva alla reale situazione del cavaliere. Insomma, i dubbi continuavano e non si era giunti ad alcuna certezza, almeno da parte dell'opinione pubblica.

Oltre alle interminabili dicerie, vi fu un proliferare nei salotti e nei teatri di Parigi di falsi d'Éon che davano vita a parodie e scherzi di ogni livello, che però avevano spesso come bersaglio il rapporto tra la cavaliera e Caron de Beaumarchais. Proprio quest'ultimo, che si era preso la briga di criticare e ironizzare sulla società del tempo, fu infastidito da queste sceneggiate e così prese la penna per lamentarsene direttamente con Vergennes denunciando la condotta ingrata di una donna della quale «aveva perorata la causa, sposati gli interessi e accresciuta la fortuna». Chiese al ministro anche un'attestazione del suo disinteresse, dello zelo e della capacità che aveva profuso[242]. Il ministro gli rispose di stare tranquillo, che nessuno poteva mettere in dub-

---

[241] Octave Homberg, *La carrière militaire du chevalier d'Éon : d'après des documents inédit*, Berger-Levrault & Cie, Éditeur, Paris-Nancy, 1900.
[242] Gaillardet, *op. cit.*

bio la sua buonafede e di non curarsi di quanto si diceva. Beaumarchais non si placò e decise di rivolgersi direttamente, ancora una volta, a d'Éon con questa lettera:

«*Lettera di Beaumarchais a mademoiselle d'Éon.*

A Parigi, questo 13 gennaio 1778.

Un altro avrebbe cercato, mademoiselle, di vendicarsi delle vostre calunnie, in modo da togliervi per sempre la voglia di nuocere ai vostri benefattori; mi è sufficiente togliervi il credito, facendovi conoscere bene. La mia lettera al conte Vergennes e la risposta di questo ministro che vi invio, proveranno a ognuno che la mia giustificazione è il solo oggetto che ho sollecitato.

Che un riguardo così poco meritato vi faccia ritornare in voi stessa o vi renda perlomeno più moderata, poiché i miei servizi fatti non hanno saputo ispirarvi né giustizia, né riconoscenza. Ciò è essenziale alla vostra tranquillità; credete in chi vi parla, ma che rimpiangerebbe infinitamente di avervi conosciuta, se ci si potesse pentire di aver forzato l'ingratitudine stessa.

Ho l'onore di essere, etc.

Caron de Beaumarchais.»

Poiché la questione era, in un certo senso, pubblica, Caron pensò bene di far pubblicare questa lettera, unitamente a quella inviata a Vergennes e la relativa risposta del ministro, sul *Courrier de l'Europe* e come si può facilmente immaginare, questo provocò l'ira incontenibile del cavaliere che così rispose:

«Signore,
Oggi che ho obbedito agli ordini del re riprendendo i miei abiti da donna, il giorno di sant'Orsola, patrona di undicimila vergini e martiri in Inghilterra; oggi che vivo tranquilla e nel silenzio, sotto l'uniforme delle vestali; che ho interamente dimenticato Caron e la sua barca, quale è la mia sorpresa ricevendo una lettera del suddetto signor Ca-

ron alla quale è unita copia, certificata conforme agli originali, di una lettera a voi indirizzata e della vostra risposta.

Benché conosca il mio Beaumarchais a memoria, vi confesso, signore, che la sua impostura e la maniere in cui si accredita mi hanno ancora meravigliata.

Non è Beaumarchais che, non potendo rendermi disonesta e convincermi alle sue vedute di speculazioni sul mio sesso, pubblicò ovunque, a Parigi, che doveva sposarmi, dopo che ero stata sette mesi alla abbazia delle Dames Saint-Antoine; mentre, nel frattempo, non mancava di sposare il mio bastone a Londra?

Tra le mie conoscenze militari e politiche in Europa, ce n'è una sola abbastanza stupida da immaginare che avrei lasciato Pierre-Augustin Caron de Beaumarchais convolare in quarte nozze con me? Ma il suo solo nome è un rimedio contro l'amore nuziale e il suo nome *acherontico* farebbe paura alla dragonessa più determinata ai combattimenti notturni e di postazioni avanzate.

Del resto, vi devo avvertire, signore, che in più di una buona casa, a Parigi, sono state presentate delle false mademoiselle d'Éon con la croce di Saint-Louis. Erano dei buffoni che hanno tenuto gli atteggiamenti più divertenti su tutte le conoscenze della vera cavaliera, principalmente sul gradevole, l'onesto e bravo Pierre-Augustin Caron Beaumarchais; sulla sua trascorsa ambasciata in Inghilterra, presso mademoiselle d'Éon, per chiederle di sposarla; e sulla sua futura ambasciata presso il congresso dell'America, per esportarne del tabacco in proprio per fare starnutire tutto l'uditorio, quando rappresenteranno il suo dramma del *Barbiere di Siviglia*, saccheggiato da lui stesso e da altri. Quella scena della falsa mademoiselle d'Éon, che è stata variata all'infinito, a quanto pare, si è rinnovata, mi dicono, la settimana scorsa in una casa dove c'era madame F* che è stata ingannata dal *pittore Musson*, conosciuto dalla corte e dalla città, che contraffaceva mademoiselle d'Éon; mentre io, solitario e tranquillo, lavoravo e dormivo nel mio eremo, a Petit-Montreuil-lès-Versailles.

Posso io rispondere di tutti i discorsi, di tutti gli scherzi, che tante false mademoiselle d'Éon possono fare a Parigi? Beaumarchais, che è tanto incline a ingannare tutti, vorrebbe, dunque, gioire lui solo di questo esclusivo privilegio?

Non mi comprometterei mai con Beaumarchais, a meno che non ne sia assolutamente obbligato, e allora vedremo se i ridanciani saranno per lui. Egli parla *del suo disinteresse*. Non gli ricorderò la storia di certe vergini, di certe Veneri, di certe carabine, di certe armi e altri oggetti di valore che hanno avuto la fortuna di piacere, nel mio studio, al suo disinteresse. Ma vi dirò, signore, che tutta la probità di quattro ministri, comprendendovi quella dei primi *commi*, non sarebbe capace di fare di Beaumarchais, malgrado tutte le attestazioni del mondo, un uomo onesto nella mia vicenda. Si è così convinti di questo in Inghilterra, che al posto di chiamarlo *Beaumarchais* gli è rimasto il soprannome di *Bon-Marché*.

Egli ha, dice, *accresciuta la mia fortuna*. In effetti, più saggio di Ulisse, che trovò sotto gli abiti di una donna un vendicatore della Grecia afflitta, ha saputo fare di un Achille francese utile al suo paese una donna inutile. È uno sforzo d'ingegno che mette il figlio di Caron al di sopra del figlio di Laerte!

Parla di *ingratitudine*. Sono sempre più convinto che non devo che del disprezzo all'uomo che ha voluto vuotare le tasche degli scommettitori inglesi e fare un'infame fortuna sul mio sesso. E vi protesto che gli pago quel debito in modo da tranquillizzare sulla mia coscienza i più severi casisti.

La perfetta conoscenza che la passata condotta di Beaumarchais mi ha dato della sua persona, mi ha obbligato a metterlo, malgrado me, nella categoria delle persone dalle quali bisogna essere odiati per avere stima di se stessi.»

Non pago di questo, alla lettera fece seguire un originale *Appello di mademoiselle d'Éon ai suoi contemporanei*, così concepito:

«M. de Beaumarchais ha voluto togliermi la considerazione che deve rendere la mia esistenza più tranquilla. Io lo confondo facendomi beffa di lui e della sua impotente collera. È un Tersite che bisogna frustare per aver osato parlare con insolenza di persone che valgono più di lui e che dovrebbe rispettare. Lo denuncio e lo consegno a tutte le donne del mio secolo, come colui che ha voluto elevare il suo credito al di sopra di quello di una donna, ottenere delle ricchezze sull'onore di una donna e, infine, vendicare la sua speranza frustrata schiacciando una donna e quella che ha più a cuore veder trionfare la gloria delle sue simili!»

«N. B. Pierre Caron, detto Beaumarchais, ha certificato e firmato le copie di due lettere che ha pubblicate; io ho fatto certificare e firmare la copia delle mie due da *Barthélemy Pille*, detto *La Grenade*, mio valletto di camera, la cui firma è *sempre valsa,* tanto nella giustizia che al di fuori.»

«Certifico le due presenti lettere conformi agli originali che ho nelle mie mani, questo 2 febbraio 1778.

Firmato: Pille, detto La Grenade.»

È facile immaginare quanto queste pubbliche dispute fossero argomento del pettegolezzo parigino di ogni ceto, e questo appagava l'egocentrismo del nostro cavaliere che in quei giorni riuscì a ottenere un'ulteriore importante vittoria: il Gran Giurì d'Inghilterra, smentendo una sua stessa precedente sentenza, aveva annullato tutte le polizze e le assicurazioni che erano state fatte sul suo sesso. Era questo un altro colpo a sfavore di Beaumarchais, i cui tentativi di speculazione in combutta con Morande non erano certo stati dimenticati da d'Éon, che così annunciò la vittoria:

«*Seconda lettera alle donne.*

Parigi, il 10 febbraio 1778.

Vittoria! Miei contemporanei, vittoria, e quattro pagine di vittoria! Il mio onore, il vostro onore trionfano. Il gran giurì del tribunale d'Inghilterra ha appena cassato e annullato egli stesso, in presenza di dodici grandi giudici d'Inghilterra, le sue stesse sentenze concernenti la validità delle polizze aperte sul mio sesso. Ecco il glorioso effetto della terribile lezione che ho dato a questo tribunale nel momento in cui partivo per la Francia. La sua sentenza definitiva, del 31 gennaio, ha avuto l'opposizione di coloro che avevano sostenuto, a seguito della mia condotta, che ero uomo e che si voleva forzare a pagare i loro scommettitori, in esecuzione di quelle due sentenze. Esso ha avuto il coraggio di pronunciarsi nei termini stessi delle mie pubbliche proteste, in lingua inglese, *che la stessa verifica ferendo la buona creanza e i costumi, e che un terzo senza interesse (sono io, è la cavaliera d'Éon), potendo esserne offeso, la causa doveva essere annullata.* Ha osservato che le corti di giustizia si disonorerebbero servendo le fantasie ridicole di quegli esseri disprezzabili che vengono chiamati *gambler* , che vuol dire giocatori o scommettitori truffaldini, e che i tribunali non devono più ricevere tali cause da simili sfrontati, i quali, senza rispetto umano, turbano la solennità del tribunale, ingiuriano l'onore e la reputazione di mademoiselle d'Éon; che bisogna consegnarli all'infamia, alla pubblica esecrazione, e non occuparsi dei loro malaffari.

Tutti i giudici hanno unito le loro voci all'opinione di lord Mansfield e la sala del tribunale del re ha echeggiato di applausi a Westminster. Ecco l'osservazione dell'editore del *Saint James's Chronicle*, del 3 febbraio, su questa sentenza; è tradotta letteralmente: *Gli scommettitori che si erano impegnati a colpo sicuro si trovano così frustrati della ricca messe che, alla vigilia, si credevano di fare e che avevano lungamente atteso. Questa sentenza fa rimanere in Inghilterra una somma almeno di seicentocinquantamila sterline (circa ottocentomila tornesi) che, senza questa, si sarebbe dovuta mandare a Parigi e M. Panchaud, per lui e per un piccolo numero di amici, che erano stati onestamente ammessi al segreto per ingannare i creduli scommettitori di Londra. Uno di questi, spinto dall'esecuzione dell'ultima sentenza, aveva disgraziatamente pagato il 30 sera.*

O patria mia, mi congratulo con voi per non aver ricevuto tutto quell'oro per una via così infame; voi avete braccia e coraggio pronti a togliere all'audace Inghilterra delle spoglie più ricche e più gloriose!

Magistrati che avete ricevuto i miei giuramenti, ministri che mi avete accreditato, generali che mi avete comandato, compagni che mi avete seguito, ordine reale e militare di Saint-Louis che mi avete onorato, condividete la mia gioia. Ombra di Luigi XV, riconoscete l'essere che la vostra potenza ha creato: *Io ho sottomesso l'Inghilterra alla legge dell'onore!* Donne, accoglietemi nel vostro seno: sono degno di voi.

La cavaliera d'Éon.»

D'Éon, quindi, si era del tutto immedesimato nel nuovo ruolo di femmina e il pubblico parigino iniziò ad accettarlo per tale senza riserve. Recitò così bene la parte che arrivò ad essere il beniamino di confraternite di suore e monache e si esaltò al punto di voler pretendere strette similitudini con Giovanna d'Arco, come la verginità! Lo dimostra in questa lettera indirizzata a una dama di Saint-Cyr:

«*A madame de ***, a Saint-Cyr.*

Non posso rispondere meglio, madame, a tutte le bontà e gentilezze di cui mi avete colmata e volete ancora colmarmi, come la vostra madre superiora e tutta la vostra casa, che dandovi la mia parola di cavaliere che mi farò un onore e un dovere di recarmi a Saint-Cyr, il prossimo lunedì 14, come voi desiderate, e vi sarò all'ora che voi vorrete indicarmi come la migliore per voi. Mi propongo di venirvi sola, al fine di creare il minor disturbo possibile nella casa delle elette dal Signore e al fine di meglio approfittare della santità dei vostri discorsi che sono la viva espressione della pace dei vostri cuori e dell'innocenza dei vostri costumi. Quando paragono la felicità della solitudine di cui godete e che io ho sempre amato senza poterne gioire, alla vita così terribilmente agitata che ho condotto da più di quarant'anni nel mondo, nelle diverse armate e corti d'Europa che ho frequentato, sento quanto il demone della gloria mi abbia allontanato dal Dio dell'umiltà. Comprendo che se avessi fatto per lui la centesima parte di ciò che ho avuto la fortuna di fare per Luigi XV e per me, al posto di portare oggi un nastro rosso, potrei portare un giorno con voi la corona dell'immortalità che Dio ha promesso alle vergini prudenti. Ho corso tutta la vita come una vergine folle dietro l'ombra delle cose, mentre voi, vergini prudenti, avete colto la realtà restando ferme nella casa del Signore e il sentiero della virtù. *Erravi a via justitiæ et sol intelligentiæ non luxit in me.* La sola cosa che mi consola oggi, è che in mezzo al disordine dei campi, degli assedi e delle battaglie, *ho avuto la fortuna di conservare intatto quel fiore di purezza, pegno così prezioso e così fragile, ahimè, dei nostri costumi e della nostra fede!* . . . Ho vissuto nel timore e nell'amore di Dio solo. La sola grazia che gli chiedo oggi è di non lasciarmi morire tra le mani dei medici, dei chirurghi e farmacisti, ma di accordarmi il favore di essere portato via da una palla di cannone, o di morire nella solitudine ... Mi auguro che Dio preservi le persone del nostro sesso, madame, dalla passione della vanagloria e soprattutto da quella delle armi, che è la più solleticante e la più pericolosa. Io sola so ciò che mi è costato elevarmi al di sopra di me stessa. Ahimè! Per qualche giorno brillante e felice, quante brutte notti passate! Il mio esempio, in verità, è meglio da ammirare da lontano, che da imitare da vicino. La mia felicità è del fumo, *fumus*, e riconosco che tutto è vanità delle vanità in questo basso mondo!

In attesa di presentare da voi l'originale, permettete che vi offra la copia della migliore stampa che è stata fatta della mia persona in Inghilterra. Vi sono rappresentata sotto forma di Pallade. Se avessi avuto il tempo ve l'avrei presentata incorniciata. Ne è stata fatta un'altra a Parigi, che è stata appena annunciata dalla *Gazette de France* e che vi sarà da me inviata. Vi prego di far gradire l'omaggio dei miei rispetti a *madame de Montchevreuil* e a tutte le vostre dame in generale e di essere persuasa, in particolare, del rispetto con il quale ho l'onore di essere,

    Madame,
    Vostra umile e ubbidientissima servitrice

        La cavaliera d'Éon.

A Versailles, rue de Noailles, pavillon Marjon, questo 12 settembre 1778.»

Come si vede il cavaliere non poneva alcun limite alla spudoratezza, una volta immedesimatosi nella menzogna.

D'altro canto, poco più di un mese dopo, la suora di Saint-Cyr, de Dufort, scriveva alla cavaliera: «... Quando si ha così coraggio, fermezza, costanza, intrepidezza, valore, in una parola, quando si è grandi come voi, Mademoiselle, non ci vuole che uno sforzo per divenire santa![243]»

---

[243] P. Pinsseau, *op. cit.*

D'Éon non era particolarmente religioso, la sua visita e la sua permanenza, non molto lunga, a Saint-Cyr furono, con ogni probabilità, il primo sintomo di un disagio che, dopo il divertimento, iniziava a impadronirsi del d'Éon travestito.

Per una volta, non mentì e non recitò, le sue condizioni di salute, dopo mesi di abiti femminili, si fecero precarie ed anche l'umore di sempre lo aveva abbandonato, era depresso e dovette prendere atto che quella situazione, nella quale con una certa incoscienza si era egli stesso messo, gli creava problemi fisici di non poco conto. Fece una prima richiesta a Sartine, ministro degli interni, e a Vergennes, di riprendere gli abiti maschili. La richiesta fu respinta. Passò qualche tempo e rinnovò la sua supplica:

«*A M. Sartine.*

Versailles, il 27 giugno 1778.

La mia obbedienza agli ordini del re e a quelli dei conti Vergennes e Maurepas, di riprendere, nel mese scorso di novembre, i miei abiti da donna, quasi mi ha fatto perire.

Durante cinque mesi sono stato pressoché continuamente impedito per metà del mio corpo, con dei dolori tremendi di reumatismo gottoso, che non avevo mai provato prima. Questa malattia mi è venuta per la mancanza dell'esercizio del cavallo, delle armi, della caccia e delle passeggiate, ai quali ero abituato e che non posso più fare con i miei nuovi vestiti, a meno di non far correre tutta Parigi e tutta Versailles dietro di me.

Inoltre, non sono abbastanza ricco per far fronte alle spese che necessariamente comporta il mio nuovo genere di vita. Nello stato attuale in cui sono, mi necessitano dei domestici, una vettura, degli abiti e quant'altro per uscire, al posto della mia vecchia vita militare, quando mi erano sufficienti una sola uniforme, un cavallo e un solo domestico.

Mi prendo dunque la libertà, signore, di supplicarvi di intercedere di grazia per me presso il re e i suoi ministri e di venire in soccorso della mia borsa e della mia salute ugualmente compromessa. Se non potete, signore, convincete il conte di Maurepas a lasciarmi la costante libertà di riprendere gli abiti da uomo, ottenetemi almeno quella di portarli tutti i giorni feriali della settimana, affinché possa riprendere gli esercizi che sono salutari e indispensabili alla mia esistenza. Che sia obbligata a portare il miei abiti da donna solo nelle feste e alla domenica! Signore, ottenete per me questo e vi benedirò!

La cavaliera d'Éon.»

Ancora una volta la sua richiesta fu respinta, ma la situazione politica gli diede una speranza. La guerra tra la Francia e l'Inghilterra era di fatto dichiarata e così, nella speranza di poter porre la sua spada al servizio della patria, anche in ricordo delle virtù di coraggio e capacità di comando che aveva già fornito, scrisse una terza volta:

«A M. de Sartine.

Versailles, 4 agosto 1778.

Signore,
Perdonatemi se mi prendo la libertà di importunarvi ancora. Ma vi dirò che dopo tutto quello che ho fatto da trent'anni, in guerra e in pace, sono vergognoso e ammalato di tristezza nel trovarmi in gonna nel momento in cui si entra in guerra, e in un tempo dove posso servire il mio re e la mia patria con lo zelo, il coraggio e l'esperienza che Dio e il mio lavoro mi hanno dato.

Posso sì, per obbedienza agli ordine del re e dei suoi ministri, rimanere in gonna in tempo di pace, ma in tempo di guerra ciò mi è impossibile. Non ho l'anima né di un monaco, né di un abate, per mangiare senza fare alcunché, mentre tutti i miei compatrioti si batteranno per il loro paese, con la pensione che il defunto re si è degnato di accordarmi. Lasciatemi riprendere la mia uniforme e le mie armi e io sacrifico al servizio dell'augusto nipote di Luigi XV la mia pensione e la mia vita. Aiutatemi, signore, ad uscire dallo stato letargico in cui sono stato buttato, che è l'unica causa della mia malattia e che affligge tutti i miei amici e i miei protettori guerrieri e politici, in particolare il maresciallo Broglie che, alla sua partenza da Parigi, ha avuto la bontà di promettermi di impiegarmi di nuovo nello stato maggiore della sua armata, appena avessi avuto il permesso del re di portare gli abiti da uomo!

Vi supplico insistentemente, signore, di ottenermi dal re, *solo durante la guerra,* questo diritto, del quale ho goduto per tutta la vita. Diritto di cui ho fatto uso per il servizio di sua maestà, in politica e in guerra, che mi è valso il brevetto di capitano dei dragoni e dei volontari dell'armata, da ventuno anni; che mi è costato tre ferite in guerra e, infine, la croce di Saint-Louis per la vicenda di *Osterwick,* nel 1761, dove ero comandante in seconda.

Io, che nella mia giovinezza non ho mai abusato di questo diritto, non ne abuserò certamente oggi, all'età di 50 anni. Non me ne servirò che per il tempo di questa nuova guerra e alla pace mi sottometterò a riprendere i miei abiti femminili. Darò, inoltre, per scritto, la mia parola d'onore a tutti i ministri, di *non attaccare mai alcuno* se non i nemici della Francia. *Voi capite ciò che voglio dire.* Mi riserverò unicamente il naturale diritto, di cui mi sono unicamente servito, di difendermi contro coloro che potranno attaccarmi.

Attendo tremando la vostra risposta e sono vostro umilissimo e rispettoso servitore.

La cavaliera d'Éon.»

È una lettera disperata, dove c'è tutto il disagio che d'Éon stava vivendo e non è escluso che volesse cercare la morte sul campo di battaglia, perché così avrebbe dato maggiore notorietà alla sua gloria e, allo stesso tempo, avrebbe posto termine a quella che ormai viveva come una sofferenza. Ricevette un netto rifiuto, ma non si rassegnò e prese, ancora una volta, la penna per indirizzarsi direttamente al conte Maurepas, presidente del Consiglio dei Ministri:

«Monsignore,

Non vorrei interrompere per un solo istante i preziosi momenti che voi consacrate alla felicità e alla gloria della Francia, ma animato dal desiderio di contribuirvi io stesso nella mia piccola posizione, sono obbligato a significarvi molto umilmente che, essendo interamente trascorso l'anno del mio noviziato da femmina, mi è impossibile passare alla professione. La spesa è troppo elevata per me e il mio reddito è troppo misero. In questo stato, non posso essere utile né al servizio del re, né a me, né alla mia famiglia e la vita troppo sedentaria rovina l'elasticità del mio corpo e del mio spirito. Dalla mia giovinezza, ho sempre condotto una vita molto agitata, sia da militare, sia nella politica; il riposo mi uccide completamente.

Vi rinnovo quest'anno le mie istanze, Monsignore, perché mi facciate accordare dal Re il permesso di continuare il servizio militare e poiché non vi sono guerre in terra, di andare come volontario a servire sulla flotta del conte d'Orvilliers. Ho sì potuto, per obbedienza agli ordini del Re e dei suoi ministri, rimanere in gonna in tempo di pace, ma in tempo di guerra questo mi è impossibile. Sono ammalato di tristezza e vergognoso di trovarmi in tale posizione in un tempo in cui posso servire il mio re e la mia patria con lo zelo, il coraggio e l'esperienza che Dio e il mio lavoro mi hanno dato ... Sono confuso quanto desolato, di mangiarmi tranquillamente a Parigi la pensione che il defunto Re si è degnato di accordarmi. Sono sempre pronto a sacrificare per il suo augusto nipote sia la mia pensione sia la mia vita.[244]»

D'Éon parve giunto a miti consigli più per necessità che per convinzione perché commise l'errore, tipico della sua costante necessità di trovarsi al centro dell'attenzione, di far stampare questa lettera e darle il massimo della pubblicità, inviandola a principi di sangue e dame di corte, richiedendo il loro appoggio. In altri termini, chiedeva che una platea qualificata e influente si facesse carico della sua situazione. Ne è testimonianza il testo della missiva che accompagnò l'invio dello stampato, nel febbraio del 1779:

«Signora Duchessa,

Vi supplico insistentemente di perorare presso i ministri del Re il successo delle mie richieste, enunciate nella copia della lettera qui allegata, al conte di Maurepas, per andare a servire come volontaria sulla flotta del conte d'Orvilliers, prevedendo che non vi saranno in terra guerre quest'anno, come l'anno scorso. Voi portate, Signora, un nome

---

[244] Bachaumont, *Mémoires*, t. XIV. Vedi Pinsseau, *op. cit.*

familiare alla gloria militare; come donna voi amate quelle del nostro sesso. Ho cercato di tenerla desta nel corso dell'ultima guerra in Germania, e negoziando nelle diverse Corti d'Europa, per venticinque anni. Non mi resta che combattere sul mare con la flotta reale; spero di sdebitarmene in modo tale che voi non avrete alcun rimpianto nel proteggere la buona volontà di colei che ha l'onore di essere, con profondo rispetto, etc ...

Firmato: La Cavaliera d'Éon.[245]»

Com'era prevedibile il clamore indotto da questa iniziativa, a dire il vero un po' sconclusionata, irritò alquanto sia Maurepas sia Vergennes che decisero di rendere inoffensiva questa «signorina», sempre pronta a suscitare interesse nei propri confronti.

C'è da dire che nell'ottobre precedente d'Éon aveva chiesto a Vergennes il permesso di andare un'ultima volta a Londra per sistemare quanto aveva lasciato là, in primo luogo la sua biblioteca. Non conosciamo la lettera di richiesta del viaggio, ma abbiamo la risposta di d'Éon al rifiuto opposto dal ministro:

«*A M. Vergennes.*

Versailles, il 21 ottobre 1778.

Signore,
Ho ricevuto la risposta della quale mi avete onorato ieri, notificandomi le intenzioni del Re in relazione al permesso che desideravo ottenere di ritornare in Inghilterra. Non ho altre volontà che quelle del Re e le vostre. Obbedendo, mi accontenterò di farvi osservare che, per essere stato docile all'invito che voi mi avete fatto di ritornare in Francia, io mi trovo per questo ritorno, per la mia metamorfosi, per una lunga malattia, per questa guerra, per la morte pressoché improvvisa di milord Ferrers[246], per il mancato pagamento di ciò che mi resta le-

---

[245] Pinsseau, *op. cit.*, da Grimm, *Correspondance littéraire*, t. IV.
[246] Non abbiamo trovato negli scritti del cavaliere d'Éon dei dettagli sulla morte dell'ammiraglio Ferrers, che fu per così lungo tempo il suo fedele e devoto amico.

gittimamente dovuto, mi trovo, dico, rovinato nella mia salute, nella mia piccola fortuna, nei miei affetti e nella mia biblioteca, quell'amante così cara alla mia borsa e al mio cuore! Credevo che questo potesse richiedere un momento di considerazione da parte di un ministro illustre ed equo come è il conte Vergennes, che mi aveva promesso di rendermi felice al mio ritorno in Francia; *che aveva promesso di lasciarmi andare dove avrei voluto, in base alla sua lettera del 12 luglio 1777*, e in base alla promessa di Luigi XV, scritta di suo pugno, del 1° aprile 1766, e che detto ministro sa che non sono né felice, né libero, nelle circostanze in cui mi trovo.

Non ignoro che voi potete dirmi che la presente guerra cambia le circostanze. A questo risponderò: «Che non vado in Inghilterra per intrigare, ma unicamente per i miei affari personali; che sono conosciuto dal re e dalla regina d'Inghilterra, dai suoi ministri, da milord Bute, suo favorito, e dal pubblico britannico, che mi credono sulla mia semplice parola, mentre i ministri inglesi e altri fanno fatica a guadagnarvi fiducia con tutta la pompa della maestà. Ho per iscritto l'assicurazione che sarò ben ricevuto a Londra, e avrò *quella dello stesso re d'Inghilterra*, quando vorrò; ma non ne farò mai uso se non con quella del Re e la vostra. Conosco troppo bene le leggi inglesi e francesi per non sapere che posso andare a Londra quando vorrò, e che non ci vado unicamente perché voglio obbedire al Re, mio padrone, e al suo ministro.

Sono e sarò sempre, con rispettoso attaccamento,
       Signore,
Vostra umile servitrice,

       La cavaliera d'Éon.»

Non riuscì a prendere atto che qualunque cosa facesse l'unico risultato era irritare ulteriormente i suoi interlocutori, i quali decisero che era giunto il momento di dare una significativa lezione al cavaliere.

Il 2 marzo 1779 gli venne consegnato un ordine del re che lo esiliava a Tonnerre. Impenitente, dopo una formale presa d'atto di quanto disposto dal re e aver dichiarato di volervisi conformare, tracheggia con la scusa di una malattia e a questo aggiunge alcune uscite pubbliche in divisa da dragone. La misura era colma e il 20 dello stesso mese, de Vierville, maggiore delle guardie del re del distaccamento del circondario, seguito dai suoi militi, fece irruzione in casa di d'Éon che, nonostante la disperata e violenta reazione, venne afferrato e messo su un postale diretto in Borgogna. Prima tappa a Joigny, poi Auxerre, dove dormirono nel convento dei bernardini e, ultima meta, Digione dove venne rinchiuso nella prigione di Stato. La condanna del re non precisava la durata dell'internamento che, disponendo di una discreta quantità di denaro, non aveva nulla della durezza del carcere dell'epoca. Prigionieri come d'Éon avevano diritto a ricevere visite degli amici e farsi mandare i pasti da una trattoria. In breve la prigionia si trasformò in una sorta di soggiorno, non privo di mondanità. Il governatore del castello, il conte Changey, dopo pochi giorni era più che preoccupato e il motivo lo conosciamo dal resoconto dello stesso «carcerato»:

«Mi diedero il vecchio alloggio che avevano precedentemente occupato la duchessa di Maine, il marchese di Nesle e il conte di Lauraguais. Non vi sono rimasto che diciannove giorni, perché il conte di Changey, governatore comandante del castello, fece sapere a M. de Maurepas che tutta la nobiltà e i militari di Digione e di venti leghe nel circondario venivano, uomini e donne, a chiedergli di pranzare per avere il piacere di mangiare con me, e che sarebbe stato rovinato se tutto questo fosse continuato per lungo tempo; inoltre, tutti i giorni e soprattutto nelle domeniche e le feste si radunavano quasi duemila persone nella corte del castello per vedermi; ancora, tutti gli ufficiali e i soldati della guarnigione erano più disposti a obbedire a me che non a lui. La sposa di questo comandante veniva pressoché tutti i giorni a pranzare con me. Mi disse, pranzando, che se avessi voluto scrivere un piccola lettera di sottomissione al conte di Maurepas e a M. Amelot, ministro della Real Casa, era certa che sarei stato ben presto rimesso in libertà. Le risposi: «Signora, io mi trovo molto bene nel vostro castello dove sono colmato dalle vostre gentilezze e dalle vostre attenzioni; coloro che mi hanno messo qui dentro mi facciano uscire quando vorranno. La settimana successiva giunse l'ordine di rimettermi in libertà, a condizione che rinnovassi per scritto la mia sottomissione agli ordini del Re di portare per tutta la vita i miei abiti da donna e di ritirarmi a casa mia, vicino a mia madre.»

Del resto, il cavaliere amava avere una tavola ricca e la nota dei pasti raggiunse ben presto le cinquecento *livre*, perché ogni giorno il pranzo comprendeva, dopo la minestra e il bollito, a volte il pesce (trota, anguilla, salmone), talvolta dei gamberi, poi i volatili o della selvaggina (polli, beccacce e beccaccini), diversi legumi e, infine, dei dessert e poi il caffè e l'acquavite, senza contare qualche bottiglia di Bourgogne[247]. Il regime carcerario era più che sopportabile ...

Fu scarcerato anche grazie all'intervento del cognato O'Gorman presso il ministro Amelot e i buoni uffici del marchese di Vergennes, fratello del ministro, e del vescovo di Mâcon. D'Éon non era pericoloso, molto più modestamente i suoi comportamenti e le sue bravate indisponevano da troppo tempo il re e i ministri di Versailles, stanchi ormai di occuparsi di questo stravagante personaggio. C'era il concreto pericolo che, anche per le richieste delle famiglia Guerchy, fosse mandato in un convento e da lì non potesse più sperare di uscire. Fece un altro atto di sottomissione e fu così accompagnato dall'anziana madre a Tonnerre, con la promessa di rimanervi quieto e senza più dare motivo di pettegolezzo.

Il vitalizio di 12.000 *livre* consentì a d'Éon di condurre una vita sufficientemente agiata nel suo paese natale vicino all'amata madre. La cavaliera d'Éon era rimasta per i suoi compaesani quel mito eroico che ogni casa voleva ospitare, ogni visitatore vedere. Incessante fu anche l'attività epistolare: sappiamo che la grafomania fu una delle principali caratteristiche del nostro personaggio. Intrattenne una corrispondenza regolare con numerosi personaggi e non mancava di inviare alle persone più interessate il volume *La Vie militaire politique et privée de demoiselle d'Éon*, di La Fortelle. Come sappiamo, sotto il nome dell'amico d'Éon aveva celato la sua stessa opera, nella quale aveva inserito quanto di bene e di buono pensava di se stesso. Un tratto di vanità non marginale. Diede il via a qualche iniziativa originale come quella di riunire in uno stesso cimitero i resti degli abitanti di Tonnerre morti durante la peste nel 1632 e quelli dei criminali giustiziati nella cittadina nel corso degli anni. Così fece recintare uno spazio dedicato e vi eresse una piccola cappella che dedicò a quei «martiri della natura

---

[247] Cabanès, *Les Énigmes de l'Histoire*, Albin Michel, Paris, s. d. riportato da Pinsseau, *op. cit.*

e della giustizia umana!», operando una quantomeno bizzarra associazione.

La permanenza in provincia non gli diede motivo di annoiarsi: riceveva ed era ricevuto nelle migliori case del vicinato. Il marchese d'Autichamp, suo anziano comandante, continuò a mantenere vivi i rapporti con lui, testimoniandogli stima e affetto: «Datemi – gli scrisse – qualche volta vostre notizie, esse mi interesseranno sempre. Ero molto attaccato a voi come capitano dei dragoni. La nuova forma che avete assunto non è mai stata un torto davanti a me e benché mi imponga di rispettarvi ancora di più, non mi impedisce il piacere di amarvi e vi assicuro con sollecitudine che vi do la certezza di questi due sentimenti.»

Tra i personaggi più illustri che fecero visita al cavaliere deve essere ricordato il fratello di Federico II, re di Prussia, il principe Enrico[248], anch'egli celebre per la sua originalità, che comprendeva una dichiarata predilezione per le compagnie maschili.

Tutti i suoi amici gli rimasero fedeli e questo valse anche per i fratelli della loggia massonica Amici Riuniti di Tonnerre, della quale d'Éon faceva parte. Nella corrispondenza si rivolgevano a lui con un «Mademoiselle e caro fratello», due qualifiche alquanto difficili da conciliare, ma è più che probabile che egli si recasse a trovarli con gli abiti maschili.

Il suo amico Le Sesne, che lo aveva accompagnato nel suo rientro in Francia, si mise in testa di onorarlo costruendo, nel porto di Granville, nel Cotentin, una fregata con 44 cannoni che avrebbe portato il suo nome e il cui finanziamento avrebbe dovuto essere fornito da una pubblica sottoscrizione. «Sarà certamente sufficiente, Mademoiselle, – scrisse l'intrepido e fiducioso armatore – presentare un nome così raccomandabile agli amanti di questa intrapresa, perché ognuno di loro si sforzi di partecipare alla gloria che l'accompagna e si colmi dello

---

[248] Federico Enrico Luigi di Hohenzollern (1726-1802) fu un valente generale e si distinse nel corso della Guerra dei Sette anni (1756-1763). Dal suo matrimonio con la principessa Guglielmina d'Assia-Kassel (1726-1808) non ebbe figli. La sua omosessualità fu nota e tra i suoi favoriti vi furono l'attore Blainville e il conte La Roche-Aymin. Gli fu anche proposto di divenire re o presidente degli Stati Uniti, offerta revocata prima che il principe potesse dare una risposta.

spirito che vi anima per il vantaggio e la felicità dello Stato.» Come voleva l'entusiasmo, chiesero a d'Éon di scegliere il comandante, gli ufficiali ed anche i marinai che avrebbero dovuto condurre in mare la fregata con il suo glorioso nome. La notizia si sparse in un attimo e piovvero da tutto il regno le candidature per salire su questo inesistente vascello. Il progetto rimase tale e la sottoscrizione non diede alcun frutto. L'unico reale vantaggio che poté trarre da questa iniziativa fu potersi recare qualche volta a Parigi e a Versailles, dove poté incontrare sia Vergennes sia Maurepas.

Il ritiro a Tonnerre incominciava a pesargli, soprattutto dopo la morte della madre, e fu più lungo di quanto si fosse augurato. Solo nel 1783 ebbe il permesso di rientrare a Parigi e questa volta lo fece senza suscitare alcun clamore e mantenendosi alle promesse fatte. Le buone frequentazioni ripresero da Madame Campan al cavaliere Bonnard, anch'egli originario della Borgogna, che era il precettore del giovane duca di Valois, figlio primogenito del duca di Orléans e futuro Luigi Filippo, re di Francia[249], che gli consentì di avere accesso al castello di Saint-Cloud, residenza dei principi di Orléans.

Nel 1783, la guerra americana tra Francia e Inghilterra era giunta al termine con la pace di Parigi, firmata il 3 settembre, che aveva sancito la nascita degli Stati Uniti d'America.

D'Éon poté così sperare di ritornare a Londra per sistemare quanto vi aveva lasciato.

---

[249] Luigi Filippo Borbone d'Orléans (1773-1850) fu re di Francia dal 1830 al 1848.

CAPITOLO XIII

Il romanzo di Gaillardet

Prima di affrontare gli ultimi anni di vita londinese del nostro cavaliere, e per meglio comprendere la notorietà che lo accompagnò in Francia dopo la sua morte, dobbiamo fare un'escursione su quanto scritto dal suo primo biografo e appassionato estimatore, Frédéric Gaillardet.

Dopo aver praticato la professione forense, Gaillardet si dedicò alla letteratura e al giornalismo. Scrisse alcune commedie e fra queste quella che maggiormente lo rese noto fu *La Tour de Nesle*, per la quale ebbe uno scontro legale e anche un duello con Alexandre Dumas. Molto banalmente, il direttore del teatro parigino della Porte-Saint-Martin chiese a Dumas di apportare alcune correzioni al copione, mentre Gaillardet si era temporaneamente recato al capezzale del padre morente. Il risultato fu che Dumas si attribuì la paternità dell'opera e da questo nacque una lunga lite legale, con contorno di duello, che, dopo sei giudizi, si concluse con la vittoria di Gaillardet. Fu uno dei primissimi contenziosi su quello che, alcuni anni dopo, sarebbe stato definito il «diritto d'autore».

Nel 1836 diede alle stampe la prima edizione delle *Mémoires du chevalier d'Éon*, ed è l'edizione di cui ci occuperemo in queste pagine, perché, a nostro parere, fu quella che, con le sue divagazioni romanzesche, diede inizio al mito del cavaliere di Tonnerre. A questa prima seguirono due altre edizioni di cui una, quella del 1866, curata dallo stesso Gaillardet e un'altra, del 1935, rimaneggiata dalla figlia, ultraottantenne, che non diede mai precise spiegazioni sul motivo di alcune correzioni.

Nel 1837, Gaillardet partì, insieme ai suoi fratelli, per l'America, dove si stabilì a New Orleans. Erano gli anni in cui le corrispondenze americane avevano ampio spazio sui giornali – l'opera di Alexis di Tocqueville aveva fatto scuola, trovando popolarità e apprezzamento – ed anche Gaillardet praticò questo filone con una serie di lettere sul Texas pubblicate sul *Journal des débats*. La seconda tappa statunitense, nel 1839, fu New York e il *Courier des États-Unis*, al quale Gaillardet, in qualità di direttore e caporedattore, diede un rinnovato impulso. Rientrò in Francia nel 1843 per ricevere la Legion d'onore, ma il ritorno definitivo avvenne qualche anno dopo, nel 1848. Dopo un fallito tentativo di essere eletto all'Assemblea nazionale, ritornò alla professione giornalistica come collaboratore di numerosi giornali. La sua opera principale, *L'aristocratie en Amérique*, vide la luce nel 1883, cioè un anno dopo la sua morte che avvenne a Plessis-Bouchard, piccolo comune dell'Île-de-France, del quale era stato eletto sindaco nel 1869.

Non vi è dubbio che l'opera per la quale viene maggiormente ricordato e citato Gaillardet sono le *Mémoires*, dedicate al suo conterraneo d'Éon, del quale ebbe per primo la possibilità di consultare le carte, messe a disposizione dalla famiglia. Gaillardet non era però uno storico e, nonostante le professioni di veridicità che, come abbiamo già detto, fanno da premessa alla sua fatica, la tentazione del romanzesco e un eccessivo amore verso il suo concittadino partorirono pagine da romanzo d'appendice dell'epoca.

Tra gli amori accreditati al cavaliere nei panni di Lia de Beaumont, nel corso del presunto viaggio in Russia del 1755, dei quali abbiamo fatto cenno più sopra, vi era quello con Sofia Carlotta Meclemburgo-Strelitz, che l'8 settembre 1761 divenne regina di Inghilterra sposando Giorgio III, al quale diede quindici figli. Gaillardet, maneggiando la storia a modo suo e incurante della discordanza delle date, giunge ad attribuire il primo figlio della coppia, cioè colui che diverrà Giorgio IV[250], nato il 12 agosto 1762, a un incontro tra Sofia Carlotta e d'Éon avvenuto proprio mentre il suo eroe era in Germania, cioè a qualche migliaio di chilometri dalla regina. Non vi è alcun dubbio che, dando per veritiera la versione del viaggio in Russia con Douglas, i due si già si conoscevano quando d'Éon fu a Londra come segretario del duca di Nivernais, nel settembre del 1762, ma da questo all'attribuire loro la ripresa di una relazione amorosa vi è un abisso, nel quale Gaillardet fa precipitare l'onorabilità della regina. Tutto sotto la penna del fantasioso commediografo e giornalista diventa romanzo e così all'arrivo dei due diplomatici francesi a Londra la regina fece in modo che il presunto padre del piccolo Giorgio, appena nato, potesse stare vicino a lei

---

[250] Giorgio IV di Hannover (1762-1830) regnò dal 1821 alla morte, avendo però preso la reggenza nel 1810, a causa dell'infermità mentale del padre.

e così «... Usando su Giorgio III tutta l'influenza che possiede una donna amata su un uomo che non ama, l'aveva a poco a poco, senza che egli sospettasse, portato allo scopo dei suoi desideri: fece di suo marito il collaboratore dei suoi desideri d'amante. È un'arte di cui sanno dar prova tutte le donne in simili casi!»

Nel 1771 avvenne il fatto che avrebbe cambiato per sempre la vita del nostro cavaliere e che fu, secondo il suo conterraneo, la causa della sua trasformazione in donna:

«... una sera di quell'anno - dice il cavaliere d'Éon - un biglietto particolare mi fu portato, nel mio alloggio a Londra, da un messaggero venuto dal palazzo di San Giacomo. Questo biglietto mi era inviato dalla regina d'Inghilterra, o piuttosto da M. Cokrell, suo maestro di cerimonia. Poiché la prudenza impediva alla regina di scrivere direttamente e ogni volta che desiderava vedermi o chiedermi qualche cosa, si serviva della mano di questo confidente, che le era molto devoto[251]. Mi avvertiva che avrei dovuto trovarmi la sera stessa, dopo le undici, a San Giacomo, in un angolo dove avevamo l'abitudine di incontrarci, quando *qualcuno* aveva qualche cosa da dirmi. Sapevo che cosa significava quel *qualcuno* e fui puntuale all'appuntamento. In quel periodo il figlio maggiore della regina, il giovane principe del Galles, di otto anni, era ammalato e, benché la sua indisposizione fosse stata di breve durata, aveva provocato nel corso di quella giornata una crisi abbastanza violenta, che aveva allarmato oltre misura sua madre, che temeva per la sua vita. Sofia Carlotta aveva voluto passare la notte vicino al bambino e, di fronte all'ipotesi di trovarsi sola in compagnia di qualche donna, che le era facile allontanare, aveva avuto l'idea di chiamarmi vicino a lei e al giovane principe. Ecco il motivo. Aveva sognato, la notte precedente, che suo figlio stava per morire e che solo la mia presenza poteva salvarlo. Sofia Carlotta è sempre stata un po' superstiziosa, come lo sono quasi tutte le tedesche, e nell'ingenua fiducia della sua fede originaria, aveva voluto fare ciò che sembrava le indicasse il suo sogno. Fui quindi introdotto da Cokrell che subito si ritirò. Trovai la povera madre inginocchiata e pregante al capezzale del principe... Era già da qualche ora che eravamo

---

[251] Gaillardet afferma di avere nelle proprie mani numerosi biglietti di questo confidente che annunciano al cavaliere d'Éon delle *udienze* segrete della *regina*.

soli in una piccola stanza vicino a quella dove dormiva il bambino, e tutto dormiva o sembrava dormire intorno a noi nel palazzo, quando Cokrell, che era rimasto di guardia nella galleria, entra all'improvviso e ci grida con paura, che la porta degli appartamenti del re si era appena aperta, che Giorgio III ne era uscito e che si dirigeva verso la camera dove eravamo noi. Ci fui solo io a non perdere il sangue freddo. Sofia Carlotta era crollata, pressoché svenuta, sulla sua sedia. Cokrell correva da una camera all'altra per trovare un'uscita, ma non esisteva che quella di fronte alla quale avanzava il re. Non c'è mezzo di tornare indietro! La sola via di salvezza è mantenere un buon contegno davanti al nemico. Presi immediatamente la mia decisione. «Coraggio - dico alla regina - o siamo persi.» Prendo Cokrell per la mano e lo metto vicino a noi. Tutto questo fu affare di un secondo.

La porta si apre . . . Vedendo tutti e tre, o piuttosto vedendomi, Giorgio III indietreggia per la sorpresa e getta sulla regina e su Cokrell un terribile colpo d'occhio. La sua figura era diventata pallida come la morte e il suo occhio, al contrario, era come infiammato.

Ma prima di raccontare il seguito, è necessario ricordare una cosa, ed è che dal mio soggiorno in Inghilterra, si era già sparsa la voce che ero di sesso femminile. La freddezza naturale del mio temperamento, mi ha portato solo molto tardi e molto sobriamente verso i piaceri delle donne, e a una certa ridicola castità, che non ho mai potuto vincere. Castità che mi ha sempre tolto la forza di *fare* davanti a un solo amico ciò che avrei osato *dire* davanti a cento persone e che fu la prima causa delle prese in giro e, di conseguenza, dei sospetti sparsi sulla mia natura. I miei amici dicevano che sicuramente ero un dragone nella parte superiore e una signorina in quella inferiore.»

Gaillardet prosegue nel suo racconto, che attribuisce a d'Éon:

« Come aveva promesso, Cokrell risalì verso l'appartamento dove aveva lasciato gli sposi reali. Quando fu sulla soglia della porta si accorse che era rimasta semichiusa. La voce di Giorgio risuonava così violenta, così collerica, che non osò ricomparire davanti al monarca. Si accostò al muro, da dove poteva scorgere tutto quello che accadeva nell'appartamento e, da là, vide e sentì ciò che segue:

«Non mi sono fatto abbindolare dalle sue risposte, non pensatelo, signora. Da tempo sono geloso di quest'uomo. I vostri sguardi per lui mi sono sospetti, le vostre libertà mi indignano. Già numerose volte l'hanno visto uscire da casa vostra a delle ore impossibili. Che cosa ci veniva a fare? Allora, non avevate bambini ammalati da far vedere a questo medico segreto . . . Prendere a pretesto un figlio ammalato per ricevere un uomo, sotto gli occhi di questo figlio e a due passi dal proprio marito! C'è un'immoralità criminale, se non avete, davanti a voi e a Dio, una scusa ancor più criminale!»

«Che cosa volete dire?» Mormorò la regina con voce flebile.

«Voglio dire che siete infame, se ricevete quest'uomo vicino a me ed è vostro amante, e due volte infame se lo ricevete vicino a questo bambino e non è suo padre: ecco cosa voglio dire[252]!»

Sofia Carlotta lanciò un grido. Quel grido risvegliò il bambino, che la discussione violenta, ma sorda, che ringhiava intorno a lui, non aveva risvegliato dal suo sonno letargico. I bambini dormono sempre profondamente.

Al rumore penetrante e inusuale che colpì il suo orecchio, il piccolo si alzò sul suo letto gridando: «Mamma, mamma!» Quel richiamo sfugge istintivamente dal nostro petto a otto anni, come a sessanta il richiamo di Dio. Il fatto è che nostra madre e Dio, e queste due parole riassumono il nostro inizio e la nostra fine, il nostro presente e la nostra speranza a venire! L'uomo compie il suo percorso tra questi due confini e non smette di appoggiarsi all'uno per dirigere i suoi passi e tendere le sue braccia verso l'altro!

Unico Dio presente, suo figlio, Sofia Carlotta si precipitò verso lui e lo strinse al suo seno. Il piccolo vi si gettò come in un rifugio e, girando gli occhi verso Giorgio III: «È lui - disse - che mi fa paura. Stai attenta, mamma, stai attenta!» Il povero bambino era in preda al delirio.

«È tuo . . . padre.» Rispose Carlotta piangendo. Ma la parola si era spenta e aveva come esitato nella sua gola. Era arrossita sotto le lacrime pronunciandola.

«No - fece il bambino - non è papà!»

«Lo sentite, - esclamò Giorgio con un cupo furore - il padre non è più riconosciuto dal figlio, come il figlio dal padre. La natura ha una

---

[252] Gaillardet aggiunge in nota: «Queste parole che qui riporta il cavaliere d'Éon, dopo averci detto che non *rivelerebbe* il suo segreto, ci sembrano una *rivelazione* probabilmente involontaria, ma affatto precisa.»

voce, signora, e da parecchio tempo mi grida che quel sangue non è il mio!»

«Signore!» Fece Carlotta supplicando e mostrando il piccolo. Ma il sonno e la febbre che lo bruciava avevano chiuso i suoi occhi di nuovo. Non vedeva, né sentiva più. Lo rimise nel suo letto poi, portando la mano ai suoi occhi, rimase così in piedi, come se non avesse osato guardare il re in faccia.

«Rispondetemi.» Riprese quest'ultimo avvicinandosi a lei «Da quanto tempo conoscete quest'uomo?»

«L'ho visto per la prima volta nel 1755, al New Strelitz. Era accompagnato da un gentiluomo scozzese e andava, o per meglio dire, *lei* andava alla corte dell'imperatrice Elisabetta, poiché allora era una giovane ragazza.»

«Una giovane ragazza? L'avete visto come una giovane ragazza?»

«Sì, signore, io e tutta la mia famiglia, perché si fermò per qualche tempo al castello.»

«E nessuno sospettò che era un uomo?»

«Nessuno, né a Strelitz, né a San Pietroburgo, dove rimase sei mesi come lettrice intima dell'imperatrice.»

«Lettrice intima . . . ! E voi non sapete la verità sul suo sesso?»

«Vi direi di no, e voi non mi credereste.» Rispose Carlotta, evitando in questo modo una menzogna diretta.

«È strano!» Mormorò Giorgio, che sembrava in preda a una viva agitazione.

Cokrell aveva seguito tutta questa scena con una crescente ansietà. «Mi domandavo - mi ha raccontato successivamente - quale aiuto potevo portare alla regina in questo frangente. E non trovavo niente, quando le ultime parole della conversazione citata mi illuminarono di una luce improvvisa. Lasciai il mio posto di osservazione e indietreggiai a piccoli passi e il più accortamente che potei nella galleria; poi, quando fui abbastanza lontano, mettendomi a tossire rumorosamente, al fine di annunciare il mio arrivo, mi avvicinai audacemente ed entrai nella camera, dicendo al re e alla regina che non avevo voluto rientrare a casa mia senza prendere gli ordini dalle loro maestà. Nello stesso tempo, chiesi loro scusa per essere stato così tanto tempo assente, ma il cavaliere d'Éon, aggiunsi ridendo, è un essere così bizzarro, la sua vita è un mistero così curioso che vi lega con l'attrattiva dei suoi racconti, senza che ci si accorga del cammino che vi fa fare.»

«E che cosa vi raccontava, dunque, di così interessante?» Chiese il re.

«Sire, i dettagli di un gran segreto, che è quello della sua intera esistenza.»

«Qual è, dunque? Non potete confidarcelo?»

«Non c'è niente che non confidi a sua maestà, ma tuttavia devo chiedere dalla sua bontà la promessa di una assoluta discrezione, che è stata imposta anche a me.»

«Vi faccio questa promessa.»

«Ebbene, sire, il cavaliere d'Éon non è un uomo, è una donna.»

«Fosse vero!»

«Da tempo l'avevo sentito dire e non avevo mai voluto crederlo. Invano, avevo sollecitato il cavaliere con domande a questo riguardo, si era mantenuto in un silenzio impenetrabile. Ma ha finito, in un momento di abbandono e di chiacchiera, per confessarmi che, in effetti, era di sesso femminile. Mi ha fatto giurare il segreto su questa confidenza, ma io l'ho rivelato solo a vostra maestà, per un inglese non c'è indiscrezione né con dio né con il suo re.»

«Avete ragione - disse Giorgio - e vi ringrazio . . . È una storia singolare . . . Vorrei conoscerne i dettagli. Mi racconterete tutto ciò di cui verrete a conoscenza, Cokrell. Da parte mia, vado a scrivere al mio ambasciatore a Versailles, affinché sappia la verità da Luigi XV su questo mistero. Oh, è pura curiosità . . . Ma si è fatto tardi. Andiamo, addio, signora. Mi ritiro nel mio appartamento e vi lascio nel vostro. Chiamate le vostre donne e non state ancora sveglia, nuocerebbe alla vostra salute.»

«Disgraziato!» Disse Carlotta al maestro di cerimonia. «Cosa avete fatto? Avete abusato del nome del cavaliere e della fiducia del re.»

«Sì, ma vi ho salvata, signora.»

«Salvata! E cosa dirà il cavaliere?»

«Non ho chiesto il segreto? Non ho detto che il cavaliere d'Éon voleva salvaguardarlo nei confronti di tutti? Se lo interrogassero, il suo negare non proverebbe più alcunché.»

«Ma Giorgio sta per scrivere a Versailles per chiedere la verità al re di Francia!»

«Non possiamo scrivere da parte nostra e impedire che gliela dicano?»

«Ma...»

«Si tratta della vostra tranquillità, del vostro onore, signora, e forse del trono di vostro figlio!»

Qualche giorno dopo questa conversazione, che ho riportato come Cokrell me l'ha riferita, due lettere partirono per Versailles: una di Giorgio III, con la domanda che doveva decidere il mio avvenire, l'altra del confidente di Sofia Carlotta, che implorava e dettava la risposta.

Di tutto ciò io non seppi niente, la regina e Cokrell non osando informarmi, né l'uno né l'altro, di uno stratagemma al quale avrei potuto oppormi. Fu così che fui impegnato, senza sospettarlo, in una via pericolosa, dalla quale coloro che mi avevano spinto non dovevano più potermi togliere.[253]»

Fu questo l'episodio che per Gaillardet decise la futura sorte del cavaliere come donna. A Parigi, in una riunione cui parteciparono la du Barry, nuova amante del re dopo la scomparsa della Pompadour, Luigi XV e il duca d'Aiguillon, fu deciso di rispondere affermativamente alla domanda di Giorgio III.

«Ricevendo le due missive – prosegue Gaillardet con il racconto che attribuisce a d'Éon – dello sposo e della sposa, suo fratello e sorella coronati, Luigi XV si trovò in un grande imbarazzo. La galanteria gli diceva di assecondare il desiderio della regina; ma la verità gli poneva lo scrupolo di mentire al re. Non potendo risolvere da solo questo caso di coscienza, fece parte delle sue perplessità la du Barry, la sua favorita che, a sua volta, consultò il duca d'Aiguillon, il suo favorito, e queste tre persone riunite in un piccolo comitato deliberarono all'incirca così sulla materia:

«Far passare il cavaliere d'Éon per donna?» Disse la du Barry, interloquendo per prima. «Mi sembra un'idea affascinante, che non porta pregiudizio ad alcuno e, al contrario, porta vantaggio a tre persone: all'amante, permettendogli di continuare a vedere la sua amante, e

---
[253] *Ibid.*

sono del parere che non bisogna mai scombussolare gli amori; alla donna, proteggendo la sua reputazione e i suoi piaceri; al marito, mantenendo il suo onore di fronte agli altri e la sua stessa tranquillità. Dovrei aggiungere ai bambini nati o che devono nascere, impedendo che il cuore paterno si allontani da loro con sospetto. Il mio parere è quindi che bisogna rispondere al re nel senso indicato dalla regina.»

«Ma è ingannare il re Giorgio - rispose Luigi XV - e perpetuare lo scandalo nella sua casa.»

«Al contrario. È impedirlo.» Riprese la du Barry. «Quando il male è fatto, ciò che si può fare di meglio è nasconderlo. Peccato ignorato è per metà perdonato, ha detto la Scrittura. Renderlo pubblico è aggiungere un secondo male al primo. Pertanto, se Giorgio III è persuaso che il cavaliere d'Éon è una donna, non penserà di essere . . . , il caro povero uomo; sarà perfettamente felice e contento, perché non c'è che la fede che fa la nostra felicità e la nostra salvezza. Quindi, niente scandalo. Se, al contrario, gli diciamo che il cavaliere d'Éon è un uomo, lo crede l'amante di sua moglie e fa un gran rumore. Da cui, rumore e disgrazia per tutti.»

«Ma se il cavaliere d'Éon mi smentisce?»

«È probabile - osservò il duca d'Aiguillon - che la regina d'Inghilterra e il suo confidente abbiano preso le loro precauzioni a questo riguardo e che si siano assicurati del consenso, o perlomeno della discrezione del cavaliere. È parte troppo interessata nella faccenda per non essere stato consultato.»

«Avete ragione.» Disse Luigi XV. «Faremo come dite voi![254]»

Abbiamo riportato ampi stralci del testo di Gaillardet, edizione del 1836, perché verosimilmente è da questa pagine che nacque la maggiore popolarità del cavaliere d'Éon. La quantomeno precaria sessualità di d'Éon, confessata dallo stesso interessato, e la contraddizione palese che è nelle sue pagine non lo hanno fatto desistere dal desiderio di dare al suo conterraneo qualità che proprio non possedette.

Il solerte biografo giunse a dare una sorta di sigillo al suo racconto concepito in questo modo: « Questi fatti, rimasti sconosciuti fino ad allora per la storia, diventano eloquenti ora che noi abbiamo alzato il velo che ne ricopriva il senso. Parlano chiaramente, e noi crediamo di

---

[254] *Ibid.*

potere, senza temerarietà, riassumerli, dicendo: Giorgio III non credette mai che il principe di Galles fosse suo figlio; IL CAVALIERE D'ÉON NE ERA CONSIDERATO IL PADRE DAL MONARCA ED EGLI STESSO SI CONSIDERAVA COME IL PADRE[255].»

Un'affermazione che non lascia spazio ad alcuna replica o confutazione.

Alla relazione con Sofia Carlotta aggiunse l'amore per la sua cara amica e damigella d'onore di Elisabetta, Nadège Stein, la cui rappresentazione è degna di un romanzo d'appendice.

Dopo aver lasciato la Russia, d'Éon non ebbe più notizie della fanciulla che parve scomparire nel nulla. Le richieste di sue notizie che aveva fatto la stessa Sofia Carlotta a Caterina II, che nel frattempo era salita al trono, erano cadute nel vuoto, nonostante la buona volontà della zarina. Fino a quando un giorno:

«Ero - dice d'Éon - nel mio eremo di Petit-Montreuil-lez-Versailles, e non ne volevo più uscire, poiché avevo preso in orrore gli abiti che portavo. [...] Entrò il mio valletto di camera e mi trasse dalla mia contemplazione di fantasia, dicendo che una donna voleva parlarmi. Pensando che fosse qualcuna delle mie *nuove simili*, che veniva a visitarmi come una curiosità, dissi a Pille di non riceverla e di pregarla di ripassare un altro giorno. Ma dopo pochi minuti rientrò e mi disse che quella dama era una straniera e che chiedeva con insistenza e preghiere di vedermi.

«Una straniera, dici? E di quale paese è?»

«È russa, o perlomeno viene dalla Russia.»

«Dalla Russia!» Esclamai involontariamente. E un pensiero immediato, subitaneo, mi era salito dal cuore alla testa. Il ricordo di Nadège era passato come una fiamma davanti ai miei occhi.

Nei diciassette anni che erano trascorsi da quando l'avevo lasciata, il suo amato nome si era affacciato a me molto spesso nei miei sogni, ma non avendo potuto ottenere alcuna notizia da sedici anni, avevo finito per non credere più alla sua esistenza. Eppure, un segreto istinto combatteva sempre in me la voce del ragionamento sul quale si basava questa convinzione. La pensavo morta e la sentivo viva. Era soprattutto di notte, durante il sonno, che questo sentimento trionfava

---

[255] Il maiuscolo è dello stesso Gaillardet.

sul pensiero contrario. Allora rivedevo sempre Nadège e vicino a lei il suo bambino, perché avevo la convinzione che era madre, e questa maternità era il tema favorito dei miei sogni. [...] Perciò, morta per me durante il giorno, la povera madre e suo figlio risuscitavano per me durante la notte.

Aspettando di sentire pronunciare da Pille, il mio valletto di camera, la parola della donna russa, non pensavo che fosse Nadège, no, ma avevo ammesso un'inconscia possibilità che fosse lei.

«Fate entrare.» Gridai al mio domestico alzandomi con tanta precipitazione che indietreggiò quasi spaventato. Uscì subito, e correndo.

Allora, riflettei e gettai lontano da me il mio primo presentimento, trattandolo come una follia . . . Speravo, tuttavia, che forse stessi per avere sue notizie; che avrei potuto alla fine risolvere quella questione dell'esistenza o della morte, rimasta per me un così doloroso problema. E questo unico pensiero mi fece battere il cuore con una tale violenza che fui obbligato a risedermi.

La porta si aprì . . . Comparve una donna, vestita in abbigliamento straniero che era quello del nord della Russia. Ma i miei occhi non sono là . . . si sono gettati sulla sua figura . . . Felicità! Lancio un grido e più veloce della luce mi lancio nelle sue braccia. Nadège! Era lei! Ho riconosciuto la sua bella e pallida figura, malgrado tutti i cambiamenti che le fatiche e il tempo hanno causato. Eccomi attaccato al suo collo, abbracciandola, coprendola e soffocandola con i miei baci. Accoglie tutte queste espressioni di tenerezza con emozione, ma senza rendermele. Sembrava in qualche modo aver fretta di porre fine alle mie dimostrazioni, malgrado la riconoscenza che manifestava. Mi meraviglio di questa freddezza, e la esamino . . . È distratta. I suoi sguardi si rivolgono alla camera con una sorta di impazienza e di preoccupazione visibile.

«Cos'hai? Che cosa cerchi?» le dico.

«Vostro fratello, - mi risponde con imbarazzo - perché voi siete sua sorella, non è vero? Oh, vi ho riconosciuto dalla sola rassomiglianza, ma lui, dov'è? In nome del cielo, che lo veda!»

Sentendo queste parole mi sono messo a tremare. Un sudore freddo ha percorso le mie membra.

«Ma sono io, - le dico con una sorta di intima vergogna - sono io il cavaliere d'Éon, il tuo amico, il tuo amante . . . colui che cerchi.»

«Voi! Una donna? . . . Questo non è possibile!»

«È la verità, tuttavia. Nadège, mia Nadège, non mi credi? Se non fossi il cavaliere, come ti avrei riconosciuta?»

«È vero.» Rispose ancora esitante. «Ma cos'è questo, un travestimento?»

«Sì, te lo spiegherò.»

«Lui! È lui! Sei tu! Oh, adesso riconosco la voce.» A sua volta eccola gettarsi tra le mia braccia, e lì rimanere ferma senza poter proferire una sola parola, parlandomi solo con il petto, la mano e gli occhi. Invano la sue labbra si muovono; il suo cuore è gonfio, colma il suo petto e non lascia alcun passaggio libero alla sua voce. Ha impegnate tutte le forze del suo essere nel sentire e non ne ha più per esprimersi.

«E tuo figlio?» Esclamai istintivamente e come se avessi saputo con certezza che fosse madre.

«Lo sai, dunque?» Mi dice in un delirio interrotto dai singhiozzi e raggiante di tutte le gioie della follia. «È in Francia con me, a Parigi. Ci aspetta.»

Feci un passo verso la porta per lanciarmi e trascinarla vicino a me, ma le sue forze l'avevano abbandonata. Cadde in ginocchio . . . Corsi da lei, la sollevai e, portandola sul letto per riposare, suonai da rompere i cordoni del campanello chiamando a gran voce il mio valletto e sua moglie.

«Non è niente, non è niente.» Mi disse. «Non chiamare . . . È un momento di debolezza. Una sofferenza per la felicità. Sono stata troppo felice in una volta, questo mi ha fatto male. Comprendo che si possa morire di gioia! Ma adesso sto bene.[256]»

Il tratto del Gaillardet commediografo è facilmente riconoscibile in queste righe dove c'è tutto dall'amore ritrovato al figlio immaginato e divenuto reale, dallo stupore per il travestimento all'immediata accettazione del nuovo stato. Ma non basta perché la spiegazione della scomparsa di Nadège non poteva non essere altrettanto romanzesca:

« Circa un mese dopo il giorno in cui mi lasciasti svenuta per andare in Germania e in Francia a lavorare per la nostra riunione che tante

---
[256] *Ibid.*

fatalità dovevano ritardare, non avevo ricevuto ancora alcuna notizia di te, né di Sofia Carlotta di Meclemburgo-Strelitz, sull'amicizia e sull'aiuto della quale avevo contato. Ero in tutte le angosce dell'attesa, dell'incertezza riunite, quando un mattino fui mandata dall'imperatrice Elisabetta.

Trovai sua maestà in uno stato di collera, o piuttosto di furore che non potrei descrivere. Non ne sapevo il motivo, ma lo intuii subito che vi era qualche disgrazia per me.

Vicino all'imperatrice c'era un personaggio che allora non conoscevo, ma che ho conosciuto troppo bene dopo. Era il governatore di una fortezza[257] costruita sulla riva di un fiume che, probabilmente, non hai mai sentito nominare, e che chiamano il fiume Jaïck. È in una parte remota, oh ben remota della Russia, che si chiama la provincia di Orenburg[258]. Elisabetta aveva davanti a lei, su un tavolo, una lettera aperta e nella mano una lettera che sventolava, come se avesse voluto strapparla. Mi prese tra le braccia, mi portò a lei con violenza, e mi avvicinò bruscamente il pezzo di carta che aveva in mano e sul quale riconobbi subito la tua scrittura.

«Ah! Era il vostro amante!» Disse. «Ah! Vuole sposarvi! È per quello che vi ha fatto richiedere da questa piccola duchessa.» E mi mostrò la lettera di Sofia Carlotta. «Vi voleva togliere dalle mie mani. Il piano era veramente ben congegnato! Ma fortunatamente l'ho scoperto e ciò che posseggo, capitemi, lo tengo stretto.»

«Voi state per partire - proseguì - ma non sarà né per la Germania né per la Francia. State per lasciarmi, ma non sarà per raggiungere il vostro amante! . . . Tutto è pronto?» Disse all'uomo che rimaneva immobile di fianco a noi.

«Tutto è pronto.» Rispose l'uomo.

Si alzò, prese un crocefisso appeso al muro e mettendoglielo davanti: «Giurate su questo Cristo che nessuno al mondo saprà dove voi portate questa donna. Giuratemi che nessuno lo saprà nemmeno dopo la mia morte, che mentre voi vivrete e sarete governatore di Jaïck, lei sarà vostra prigioniera, chiunque la reclami, fosse anche il sovrano

---

[257] La fortezza fu costruita ne 1735 alla confluenza tra i fiumi Ural e Or' (poi Orsk).
[258] Nella Russia asiatica, nel paese dei Tartari Nogaïs, a 450 leghe da San Pietroburgo.

mio successore! Giuratelo e da parte mia manterrò le promesse che vi ho fatto.»

«Lo giuro.» Disse l'uomo mettendo la mano sulla croce.

Terrorizzata da quello spaventoso giuramento che scavava un tomba eterna sulla mia testa, lanciai un grido di orrore e caddi in ginocchio davanti alla zarina, chiedendole la grazia . . . Ma si mise a ridere, di un riso feroce e freddo che mi ghiacciò. Sentii che la mia sorte era irrimediabilmente decisa e, tuttavia, non capivo quella vendetta spietata. Ero dunque colpevole di averti amata? Quell'errore, se errore vi era stato, era senza alcuna remissione? Meritava un supplizio perpetuo?

«Adesso portatela via.» Disse la zarina a colui che avevo appena conosciuto come il mio carceriere.

Sentendo quest'ordine, mi gettai indietro per evitare l'orribile mano che già avanzava verso me. Avrei voluto fuggire . . . ma la forza mi abbandonò e svenni.»

Quale miglior motivo poteva escogitare il commediografo se non la gelosia della vanitosa ed egocentrica zarina Elisabetta?

Nadège, la cui prigionia con il figlio del cavaliere, nato nei primi mesi della permanenza in quel remoto castello, doveva prolungarsi per tredici anni, venne liberata, secondo il «suo» racconto dal generale Bibikov[259] che accompagnava a Pietroburgo il ribelle Pugačëv[260] e che era stato amico e compagno d'armi del padre.

---

[259] Aleksandr Ilyich Bibikov (1729-1774). Morì, poco dopo quest'episodio, ufficialmente di colera, ma secondo altri avvelenato da un agente dei confederati polacchi.

[260] Emel'jan Ivanovič Pugačëv (1742-1775). La Pugačëvtchina, ovvero la rivolta guidata, tra il 1773 e il 1774, da Pugačëv, fu inizialmente sottovalutata da Caterina II e dal suo stesso entourage probabilmente perché la Russia non era nuova nel veder comparire falsi zar o presunti eredi al trono. Pugačëv, analfabeta cosacco del Don e disertore dell'esercito imperiale, si finse Pietro III, sfuggito fortunosamente al destino che gli aveva preparato la moglie, e riuscì a coalizzare intorno a sé, anche con una terroristica campagna di reclutamento di massa, un forte esercito. In breve tempo riuscì a conquistare numerose regioni tra il Volga e gli Urali e la stessa città di Kazan. Solo a questo punto si capì che la rivolta poteva degenerare in qualche cosa di molto pericoloso e si decise di intervenire con durezza e in forze. L'esercito organizzato da Panin riuscì a battere i ribelli nell'agosto del 1774 nei pressi dell'attuale Volgograd e Pugačëv, in fuga, fu catturato dai suoi stessi compagni e consegnato. Fu giustiziato il 10 gennaio 1775. Sulla vicenda vedi di Marco Natalizi, *La rivolta degli*

A questo punto della storia non poteva mancare un altro colpo di scena e di commozione:

«««Ma il nostro bambino, mio figlio, perché non l'hai portato?»

«Ahimè, non ho potuto. Arrivando a Parigi, il povero Charles, prostrato dalle fatiche, è stato preso dalla febbre. Voleva venire qui con me, ma il medico dell'albergo dove siamo scesi si è opposto. Quel medico mi ha tuttavia assicurato che la sua indisposizione era poco grave. Allora ho lasciato Charles alla sua attenzione e sono venuta sola a cercare suo padre e il mio sposo.»

Queste ultime parole mi fecero trasalire. Mi rivelarono un pensiero che non avevo ancora intravisto. Fu un lampo improvviso proiettato sul mio avvenire e su quello di Nadège. La sventurata veniva a cercare l'onore per lei e un nome per il suo bambino, veniva a me come verso uno sposo, un padre! E io non potevo essere né l'uno né l'altro, poiché non ero neanche più un uomo. Afferrai di colpo questo nuovo risultato della mia metamorfosi al quale non avevo mai pensato. Come avrei potuto fare? Da sedici anni non avevo più sentito parlare di Nadège, non avevo potuto scoprire alcuna traccia della sua esistenza. Essa appariva al mio cuore nel passato, ma non nell'avvenire. Era un ricordo e non più una speranza. L'avevo pianta. Perciò per me la sua venuta era una vera resurrezione, una cosa inattesa, la cui probabilità non entrava più nei miei calcoli. Scorgendo l'abisso aperto per sempre tra Nadège, il suo bambino e me, abisso scavato con le mie stesse mani e del quale misuravo l'orribile profondità, fui afferrato da una sorta di vertigine. Portai la mano alla mia fronte, indietreggiando con spavento, involontariamente gridai: «O mio Dio, mio Dio!»

[...] « Quest'abito è diventato il mio e vi sono condannato per sempre. Non mi è permesso spogliarmene, fosse anche per un'ora, perché non sono più un uomo che agli occhi di Dio e della natura. A quelli del mondo e della legge, sono una donna.»

«Sì - continuai - è divenuto necessario a dei re che io sia femmina nella mia vecchiaia, come lo ero stato nella mia giovane età, e mi sono sottomesso a questa necessità. Il mio avvenire è irrevocabilmente deciso. È scritto e l'ho firmato di pugno. Non ti aspettavo, mia povera

---

orfani – La vicenda del ribelle Pugačëv, Donzelli Editore, 2011, Roma.

Nadège. Dio solo sapeva che tu dovevi essermi resa e non ha fermato il mio braccio omicida, non mi ha detto: «Tu consenti di morire e una donna e un bambino vivono ancora per te. La tua esistenza, il tuo nome appartiene a loro, verranno a reclamarli.» Non mi ha detto nulla ed io ho disposto della mia esistenza e del mio nome. Il cielo ha lasciato che mi gettassi nel baratro e quando sono in fondo, mi fa apparire la felicità sulla riva. Oh, è terribile, è terribile! Tu credevi di trovare qui, non è vero, uno sposo per te, un padre per tuo figlio? Tu venivi a chiedermi l'onore che ti avevo tolto . . . Ebbene, non potrò rendertelo, io non sono più niente per te, niente per mio figlio. Ho abdicato, mi sono rinnegato, ho venduto me stesso. Che miserabile fui! Oh, sono ben punito!»

Come sempre, d'Éon rinnovò la sua richiesta di riprendere gli abiti maschili a Vergennes, a Maurepas e a Sartine, come sempre fu tutto inutile: le ragioni del suo travestimento erano irremovibili e «di Stato». Finalmente il cavaliere è vicino al capezzale del figlio ancora febbricitante e così:

« I suoi sguardi si portavano da Nadège a me, chiedendole conto di quel mistero incomprensibile alla sua ragione. Il suo orecchio sentiva bene che ero suo padre, ma i suoi occhi non glielo dicevano. . . In preda a una febbre violenta, si credeva nel delirio e talvolta mi toccava, mi palpava la mano per assicurarsi che non ero un'illusione, un fantasma.

All'indomani la sua febbre salì ancora e Nadège ed io cominciammo ad avere serie preoccupazioni. Ciò fece da diversivo al nostro pensiero principale. Un grande dolore distraeva da un dolore minore. Non pensavamo ad altro che a salvare colui che temevamo di perdere. Ma la Provvidenza aveva deciso che avrei vuotato la coppa sino alla feccia! Per quattordici giorni Nadège ed io non lasciammo il capezzale di nostro figlio, nessuno di noi voleva abbandonare un solo istante l'essere che era comune delle nostre due esistenze. Le nostre cure, le nostre veglie, le nostre preghiere furono inutili. La fatica di un viaggio di mille leghe percorse in un solo tratto, senza riposo, né pausa, aveva spezzato il giovane corpo. Il povero piccolo si era piegato sotto la fatica: qualsiasi sforzo facesse in lui, la natura prostrata non poté risollevarlo. Venuto per me, morì a causa mia.»

D'Éon non ebbe eredi e la vicenda dell'immaginario figlio non poteva avere altro epilogo.

Le vesti indossate da d'Éon permettevano ai due innamorati di stare vicini a Parigi, ma non altrettanto poteva dirsi a Tonnerre, dove il suo vero sesso era conosciuto con certezza, soprattutto in famiglia. Escogitarono un sotterfugio – stiamo sempre seguendo il «romanzo» di Gaillardet – che consentì loro di riunirsi, questa volta per sempre.

Nadège fu fatta passare per la moglie di Pille, il cameriere di d'Éon, e raggiunse il suo amato a Tonnerre, dove si era rifugiato a causa delle malferme condizioni di salute.

« La cavaliera d'Éon e Nadège, *la sua dama di compagnia*, – scrive Gaillardet – rimasero così quasi due anni a Tonnerre. La maldicenza provinciale, quella bestia dalla testa folle che sempre curiosa, non mancò di trovare da mordere sulla loro intimità, della quale i suoi occhi, tuttavia, non avevano penetrato il mistero. Nadège, quella concubina così santa nella sua illegittimità, quella domestica così nobile nella sua umiltà, non cessò di essere guardata come la moglie del valletto Pille. Questa convinzione, e i sospetti che vi si collegarono, sono rimasti nella piccola cittadina e i contemporanei del cavaliere d'Éon ne hanno salvaguardato la maligna memoria.

Tra questi contemporanei esiste ancora a Tonnerre un vegliardo, più che ottuagenario, del quale abbiamo già parlato, e che era il barbiere della cavaliera d'Éon che rasava tutti i giorni. Questo anziano e onesto barbiere si chiama padre Bouquin. Se voi interrogate i suoi ricordi, vi racconterà in quante circostanze vide il cavaliere d'Éon *in naturalibus*, e quali signore dell'epoca ebbero il suo stesso vantaggio. Vi citerà, infine, la risposta conclusiva che davano i vignaioli e gli abitanti della periferia a coloro che chiedevano se la pretesa cavaliera d'Éon fosse una donna: «Ah! Certo sì, - dicevano - piscia tutto diritto contro i muri!»

Insomma, tutti sapevano che il nostro eroe era un uomo, ma la voce non giunse mai, né doveva giungere, alla corte d'Inghilterra, anche se Giorgio III non credette mai alla femminilità di d'Éon. Una matassa ingarbugliata da ogni contraddizione possibile.

Firmata la pace tra Francia e Inghilterra[261] si aprì per d'Éon la possibilità di ritornare a Londra, nella sua casa in *Brewer street Golden square*, dove aveva lasciato le sue cose più preziose. Ottenuto il permesso, si imbarcò con l'amata Nadège e appena giunto nella capitale fece avvertire la regina Sofia Carlotta del suo rientro.

L'incontro tra le due donne, che non si vedevano da ventotto anni, ebbe luogo nella dimora del cavaliere, che la regina raggiunse «travestita da semplice borghese». Il cavaliere, in un raro momento di discrezione, qualità che gli fece difetto nel corso di tutta la vita, lasciò sole le due donne e quando ritornò nella camera dove erano in colloquio:

«Sofia Carlotta stava piangendo in ginocchio davanti a Nadège, che si sforzava di risollevare la onnipotente regina abbassata davanti all'orfanella sfortunata. «Se si trattasse solo di me - diceva Sofia Carlotta - se fossi la sola ad essere esposta, Dio mi è testimone che sacrificherei il mio onore, la mia pace alla vostra comune felicità; ma ho un figlio che Giorgio non ama! Un bambino che il vostro matrimonio può privare non solo del trono (il trono non è niente), ma forse della vita, poiché chi sa fino a dove può arrivare le vendetta di un marito oltraggiato? Non è una regina, non è una moglie che ti implora, è una madre. Comprendi questa parola?»

«Sì, - rispose Nadège, alzando gli occhi al cielo - perché anch'io sono stata madre! Non lo sono più . . . Tu hai un bambino, io ho perduto il mio. Voi siete due, io sono sola. Spetta dunque a me cedere.» «Vieni. - disse indirizzandosi a me - Alla tua presenza e a quella di Dio che prendo a testimone del mio giuramento, giuro a Sofia Carlotta, regina d'Inghilterra, di non accettare mai la tua mano e di vivere e morire come compagna e amica della *cavaliera d'Éon*. Ci sarà a questo titolo abbastanza felicità ancora per me su questa terra.»

«Oh, grazie, grazie!» Esclamò Carlotta, baciando le labbra, il collo, le guance, le mani di Nadège che inondava delle lacrime della sua riconoscenza. «Anche a voi, grazie, - mi disse - perché voi non la smentirete![262]»

---

[261] Il Trattato di Versailles del 1783 che pose fine alla guerra in America.
[262] *Ibid.*

Gaillardet non teme di andare oltre in questa sorta di bizzarro romanzo storico autobiografico, dove si mescolano la megalomania e l'egocentrismo del personaggio e la vena romanzesca del suo biografo, fino ad attribuire la recrudescenza della follia di Giorgio III al ritorno di d'Éon a Londra.

«Il re Giorgio aveva saputo del mio ritorno a Londra e questa notizia aveva prodotto su di lui una tale impressione che i suoi medici ne furono allarmati. Sembrava rifiutare di credere che avessi preso definitivamente i miei abiti femminili. Decisero, quindi, di convincerlo e fui presentato come donna alla corte dove ero stato presentato come uomo ventuno anni prima. Ma il rimedio, al posto di essere benefico al monarca, gli fu fatale. Il male che rodeva il suo cuore da così lungo tempo vi aveva fatto delle devastazioni incurabili; la sua ragione era diventata come un terreno minato, di cui il più leggero tremore provoca il crollo e che frana nel momento in cui lo si vuole sostenere. Quando mi vide, si mise a ridere; era la prima volta, mi hanno detto, da parecchi anni. Qualche giorno dopo aveva luogo il rientro dei parlamentari e William Pitt[263] andò a sottomettergli il discorso reale di apertura. Giorgio III lo lesse e dichiarò che non era soddisfatto. «E perché, dunque, sire?» Chiese il ministro. «Perché non vi è fatta alcuna menzione dei cigni nel mio spettacolo d'acqua.» Pitt guardò il re per vedere se sua maestà non cercava di scherzare, ma Giorgio era serio e dichiarò che non avrebbe pronunciato il discorso se non si fosse parlato dei cigni . . . Grande imbarazzo tra i ministri. A quale proposito e come parlare dei cigni dello spettacolo d'acqua nel discorso di apertura indirizzato ai parlamenti d'Inghilterra sugli affari politici dell'Inghilterra e dell'Europa? Fu necessario, pertanto, soddisfare il capriccio incomprensibile e inesorabile di sua maestà. Pitt si ruppe la testa e, con grande fatica, intercalò, nella sua composizione, una paragone dove era detto: *Come i cigni, etc., etc.* . . . Giorgio III fu contento e pronunciò il discorso. Il pubblico trovò che i cigni di Pitt erano un po' tirati per la coda e qualche giorno dopo la Gran Bretagna e il mondo appresero che il re Giorgio era stato riconosciuto pazzo![264]»

---

[263] William Pitt il Giovane (1759-1806) che, come l'omonimo padre, fu primo ministro d'Inghilterra dal dicembre 1783 al marzo 1801.
[264] *Ibid.*

E fin a questo punto si trattava di un piccolo aneddoto, ma Gaillardet prosegue categorico:

«In appoggio alla rivelazione fatta dal cavaliere d'Éon sulle cause fino ad allora sconosciute della follia di Giorgio III, ricordiamo i fatti seguenti egualmente incompresi, le cui deduzioni si affacceranno molteplici alla mente del lettore.

1° Giorgio divenuto pazzo, i ministri, rispettando nell'insensatezza l'antipatia dell'uomo ragionevole, lo affidarono alla custodia della regina e del duca di York, *suo secondo figlio.*

2° Il re, essendosi ristabilito per le cure del dottor Wilkes, non volle più vedere suo figlio maggiore, dopo la sua follia così come precedentemente; gli dava appena di che vivere e soddisfare i suoi bisogni. Perciò, il principe reale fu obbligato, nel 1787, a vendere *all'asta* i suoi cavalli, i suoi equipaggi e il suo mobilio per pagare i suoi debiti. Abbandonato da suo padre, chiese ufficialmente e di sua iniziativa, *degli aiuti al parlamento.* La Camera dei Comuni accolse la sua domanda e, prendendo in considerazione la sua constatata condizione di penuria, votò un indirizzo al re per pregarlo di aggiungere al trattamento insufficiente del principe una somma di 160.000 sterline, per pagare i suoi debiti, *somma che la Camera si impegnava a fornire.*

3° Più tardi, durante la guerra contro la Francia, il principe di Galles, erede presunto della corona d'Inghilterra, fu nominato da suo padre solo colonnello dei dragoni, mentre suo fratello, il duca di York, era stato comandante in capo e tutti i suoi fratelli erano generali. Umiliato da questo stato di subalternità, i principe sollecitò un grado più elevato e più conforme al rango al quale era destinato. Giorgio III gli fece riferire da Addington[265], ministro di stato, *che non avrebbe più dovuto riparlarne.* Allora, il principe indirizzò una lettera pubblica al re, nella quale tracciò il quadro allarmante della Gran Bretagna minacciata d'invasione da Napoleone, e dichiarò che per non perdere la stima del popolo e dell'armata, persisteva nella sua domanda e la faceva conoscere al paese.

---

[265] Henry Addington, 1° Visconte Sidmouth (1757-1844) parlamentare e presidente della Camera dei Comuni, fu primo ministro dopo Pitt.

Ma il padre, incrollabile nel suo odio, rigettò, per la terza volta, la richiesta del figlio[266], che aveva tradotto alla barra del popolo inglese l'avversione di cui era vittima.»

Le *Mémoires* di Gaillardet si chiudono con questa visione:

«… si videro per Londra due anziane donne, che uscivano e rientravano sempre insieme. L'una piegata per gli anni, che teneva incessantemente la mano su un piccolo bastone con un pomo d'avorio, portava appesa al petto una larga e bella decorazione che un tempo brillava unicamente sul petto dei valorosi. L'altra, meno anziana, conservando un po' di forza, dava il suo braccio amico alla sua compagna ottuagenaria che sembrava appoggiarsi con contentezza. Molti passanti le prendevano per due sorelle, qualche altro per la figlia e la madre, tutti salutavano questa coppia che rappresentava ottant'anni, sostenuti e aiutati da settanta. Talvolta, quando le due anziane stavano rientrando a passi lenti nel loro piccolo alloggio, vedevano una carrozza, con lo stemma delle armi della corte, fermarsi sulla soglia del loro asilo, e Sofia Carlotta di Meclemburgo-Strelitz, regina d'Inghilterra, anche lei al tempo anziana, accompagnata dal principe reale, suo figlio già uomo fatto, scendeva dalla vettura dorata per andare a bussare alla porta del modesto eremo, che si apriva e si richiudeva dietro agli ospiti riuniti.

«… Infine, il 21 maggio 1810, il cavaliere d'Éon morì a Londra, in *New Wilman street*, n° 26, all'età di 83 anni. Era stato l'amante di una favorita, di un'imperatrice, di una regina e, forse, il padre di un re.

«… Quanto alla povera e interessante Nadège, la cui vita tutta abnegazione, amore e fedeltà meritava un'altra fortuna, ignoriamo che cosa sia stato di lei.»

Quale migliore finale si poteva chiedere …

---

[266] Gli rispose o gli fece rispondere, il 7 agosto 1805: «*Mio caro figlio*, benché applauda il vostro zelo e il vostro coraggio, qualità che, penso, non mancano ad alcun membro della mia famiglia, considerando tuttavia le mie reiterate dichiarazioni, relativamente alle vostre anteriori richieste sullo stesso oggetto, mi ero compiaciuto nell'intendere di non parlarne più. Se l'implacabile nemico spinge i suoi successi fino a sbarcare, voi avrete un'occasione per dimostrare il vostro zelo, alla testa del vostro reggimento. In una simile circostanza, sarà obbligo di ciascuno marciare davanti e penso che i miei daranno l'esempio», etc., etc. *Ibid.* in nota.

CAPITOLO XIV

Gli ultimi anni londinesi

D'Éon era ormai da troppo tempo a Tonnerre e la vita di provincia gli pesava sempre di più, anche se non gli mancavano le occasioni mondane e gli inviti in nobili castelli e dimore nelle vicinanze. Desiderava ritornare in Inghilterra dove aveva lasciato la sua preziosa biblioteca e dove sperava di avere una maggiore libertà. Il suo padrone di casa a Londra, Lautem, reclamava già da tempo un pagamento della locazione più regolare di quanto il cavaliere avesse potuto fare fino a quel momento e la minaccia di compensazione sui beni di sua proprietà era sempre presente. Il debito aveva raggiunto la ragguardevole somma di quattrocento sterline.

In un primo tempo, d'Éon aveva provato a chiedere soccorso a Vergennes, ma questi prese come giustificazione al rifiuto di qualsiasi elargizione le enormi spese che le casse dello Stato dovevano sostenere per la guerra americana che, al momento della richiesta, era in pieno svolgimento. Il cavaliere non si rassegnò e così suggerì al suo creditore di rivolgersi egli stesso al ministro: «Al posto di scrivermi tutte le vostre lettere che minacciano la vendita pubblica dei miei mobili, della biblioteca e delle carte di ogni natura che ho lasciato in deposito da voi, dovreste scrivere una lettera ben fatta e onesta a questo proposito al conte di Vergennes; una simile lettera lo deciderebbe a porre fine alla questione più di ogni altra che mi scrivete e che crede concertata tra noi due.[267]»

Lautem comprese al volo e non è escluso che il testo della lettera inviata al ministro sia stato scritto dallo stesso d'Éon, certamente più abile a maneggiare la penna e i ministri. In ogni caso, nel novembre del 1781, Lautem inviò a Vergennes una lettera molto garbata nei modi, ma che conteneva velate allusioni e minacce. In sostanza, si diceva che gli effetti lasciati dal cavaliere non erano in deposito ma costituivano un pegno e fra questi vi erano delle carte di Stato chiuse in un

---

[267] P. Pinsseau *op. cit.*

baule di ferro. Abilmente, Lautem proseguiva affermando che, essendo nato a Bruxelles, suddito di Sua Maestà Imperiale alleato del re di Francia, era esitante nel vendere pubblicamente simili documenti e «non riteneva di divertire gli inglesi a spese del francese che aveva alloggiato da lui». Veniva subito dopo la minaccia, perché se si fosse rifiutato nel modo più assoluto di indennizzarlo, egli si sarebbe visto costretto a mettere in vendita le carte, il che avrebbe potuto mettere in imbarazzo il governo di Parigi ... Come ovvio, ciò non sarebbe avvenuto se gli fosse stato rimborsato il suo credito, perché in tal caso avrebbe immediatamente consegnato le carte di interesse della corte.

Vergennes chiese a d'Éon quale fosse il contenuto di queste carte ancora in suo possesso:

«Comprendono in particolare – rispose il cavaliere – la carte di mio zio che è stato per trent'anni segretario capo della polizia di Parigi e decano dei segretari del duca d'Orléans, cioè le lettere in originale di Luigi XIV, di Luigi XIII, del cardinale Mazarino ... [268]»

La missiva e l'informazione sul contenuto produssero l'effetto sperato e Vergennes, tramite Durival[269], primo segretario agli Affari Esteri, fece rispondere che sarebbero stati corrisposti duecento luigi per le carte in possesso del locatore londinese, anche se era del tutto scontato – aggiunse con malizia – che esse non potevano rivestire una certa rilevanza, visto che d'Éon aveva già consegnato la maggior parte di quanto deteneva in cambio del suo ritorno in Francia. La proposta non accontentò l'inglese e, dopo aver atteso inutilmente un'offerta più vantaggiosa, fece pubblicare sul *Courrier de l'Europe*, del 9 novembre 1784, l'annuncio della vendita all'incanto della biblioteca e delle carte di d'Éon.

Possiamo immaginare che lo sconforto, se non la disperazione, che prese d'Éon nell'apprendere la concreta possibilità di una imminente vendita dei suoi beni. Scongiurò Lautem di ritardare la vendita e finalmente, il 17 novembre del 1785, riuscì a imbarcarsi per l'Inghilterra. Con il permesso di raggiungere Londra, Vergennes, non si sa se preso da generosità o dal desiderio di liberarsi, ancora una vol-

---

[268] A. Frank, *op. cit.*
[269] Jean-Baptiste Luton Durival (1725-1810).

ta, del cavaliere, gli diede seimila *livre*, che gli consentirono di regolarizzare la sua situazione.

Nella capitale sul Tamigi, d'Éon doveva regolare anche un altro affare che lo vedeva, incredibile a dirsi, creditore degli eredi del defunto ammiraglio Ferrers[270]. Al momento della sua partenza per la Francia, infatti, d'Éon aveva dato a lord Ferrers 5.000 sterline, che gli erano state fatte pervenire da Beaumarchais da parte del re. Con una certa spregiudicatezza o forse confidando nell'amicizia che lo legava ormai da anni al cavaliere, l'ammiraglio Ferrers saldò solo una parte dei debiti di d'Éon, per un valore di circa 2.000 sterline, e trattenne per sé il rimanente, che utilizzò per concludere i lavori di ampliamento del suo castello e lo sfruttamento di una miniera di piombo scoperta nel suo parco. D'Éon fu sconcertato e deluso dal comportamento del suo amico e chiese una pronta regolarizzazione di quanto dovuto. Si sa che i nobili, da sempre, sono più portati per le spese che non per i risparmi e, nell'impossibilità di restituire quanto utilizzato per sé, lord Ferrers propose di inviare al cavaliere un'obbligazione per la somma in questione, cioè 3.000 sterline, con un interesse annuo del 5% sino al rimborso totale della somma. Si era al 26 dicembre del 1775 e il rimborso non era possibile sino al 1780. Questo contratto fu trasferito al gioielliere Duval-Seguray, creditore del cavaliere, ma l'interesse concordato fu pagato solo per il 1776, perché intervenne la morte di lord Ferrers e i suoi eredi non onorarono l'impegno. Gli interessi maturati sino al 1785 erano così saliti a 1.250 sterline, oltre al capitale. La vicenda si trascinò per parecchi anni e d'Éon non riuscì mai a rientrare del proprio denaro, anche se il figlio di lord Ferrers non navigava certo in cattive acque, proprio grazie a quella miniera che era stata avviata con i denaro del cavaliere.

D'Éon fece ritorno a Londra come «mademoiselle e cavaliera» e, quindi, in abiti femminili, che con ogni probabilità non gli donavano molto vista l'espressione di commento che ebbe lord Mount Edgecumbe: «Il signor d'Éon è diventato *la sua stessa vedova!*»

Comunque, la vita riprese in modo piacevole, con le sue vecchie frequentazioni e amicizie che comprendevano lo stesso erede al trono, il principe di Galles. Il futuro Giorgio IV, che fece della sua dimora di

---

[270] E. e M. Lever, *op. cit.*

Carlton House un luogo di vivace mondanità, ebbe pessimi rapporti con il padre, le cui crisi di follia – dovute probabilmente ad una malattia ereditaria di nome porfiria – si alternavano a momenti di lucidità. Sarà proprio la residenza di Carlton House il teatro di una delle imprese più famose di d'Éon: una sfida alla sciabola con il cavaliere Saint-George. Quest'ultimo era un personaggio abbastanza singolare per l'epoca. Mulatto, figlio di un ricco piantatore della Guadalupa e di una schiava di colore conosciuta con il nome di Belle Nanou. Il ragazzo era particolarmente portato per le attività fisiche, possedeva un corpo agile, potente e muscoloso e apprese con facilità l'arte di maneggiare le lame. Il padre, che lo prese a ben volere, lo inviò in Francia, a Rouen, da un famoso maestro d'armi con il quale il giovane si confrontò lasciando tutti stupiti per l'abilità che sembrava possedere naturalmente. Alla morte del padre ereditò una discreta fortuna e fu ingaggiato, nel 1779, come luogotenente di caccia dal duca d'Orléans. Alla morte di quest'ultimo, l'anno seguente, decise di trasferirsi a Londra da Angelo, che era all'epoca il più rinomato maestro d'armi d'Inghilterra. La sua fama di schermitore giunse sino al principe di Galles che volle organizzare un'esibizione nella sua dimora di Carlton House. Lo spettacolo entusiasmò anche d'Éon che volle misurarsi con il giovane mulatto. Il cavaliere, quando ebbe luogo l'incontro, il 9 aprile 1787, aveva quasi sessant'anni, soffriva di qualche malanno dell'età e, come d'obbligo, si presentò all'incontro vestito da donna, cioè impedito nei movimenti da indumenti non proprio adatti a una sfida di scherma. Ciò che videro gli spettatori, primo fra tutti il principe, fu un'anziana «signora» che parava tutti i colpi e portava abilissimi e veloci assalti, fino ad avere la meglio sull'avversario e «toccarlo». Come riconoscimento il principe del Galles omaggiò d'Éon di due magnifiche pistole, forse non dando troppo peso al fatto che si trattava, almeno ufficialmente, di una donna. Di quest'incontro esiste un famoso quadro di Charles Jean Robineau, dipinto tra il 1787 e il 1789, probabilmente commissionato dallo stesso principe. Questa esibizione non rappresentò negli anni successivi un'eccezione, ma incontri di questo tipo divennero frequenti perché consentirono a d'Éon, caduto in povertà, di guadagnare qualche ghinea.

Abbiamo un ritratto del figlio di Angelo, Henry, che così descrive il cavaliere:

«Con mia grande sorpresa, vidi una dama corpulenta vestita di seta nera, con un berretto allacciato sormontato da un toupet rosa. Non aveva la minima barba e portava un collier di diamanti, un lungo corsetto e un corpetto alla vecchia moda. Mio padre mi condusse verso questa dama. Ho ricevuto, alla francese, un bacio su ciascuna guancia.[271]»

I primi anni di permanenza londinese furono felici e le buone possibilità economiche consentirono al cavaliere di condurre una vita più che agiata. La parsimonia non rientrava nelle sue caratteristiche caratteriali dove, per contro, prevalevano sempre la megalomania e una buona dose di esibizionismo.

Alla morte di Joseph Lautem acquistò la casa di Brewer Street e subito ne informò, in questi termini, un suo amico parigino: «... ho acquistato i suoi mobili, la sua biancheria e la sua argenteria ... Non solo ho fatto riparare la casa da cima a fondo, ma nel giardino ho fatto costruire due grandi cantine a volta e, sopra, ho costruito una biblioteca a volta, anch'essa con porte e finestre di ferro, capace di contenere trentamila volumi senza la paura del fuoco, frequente a Londra; in questa città non vi è alcuna stanza così grande contro il fuoco, essendo isolata da ogni parte.[272]»

Fece anche progetti di carattere commerciale, che avrebbero dovuto consentirgli di essere al riparo da ogni necessità:

«Poiché ho un gran numero di libri, la mia intenzione è occupare il pianterreno con la biblioteca, di servirmi delle cantine per mettervi e vendere il mio vino di Tonnerre e di essere sistemato con niente affittando il primo, il secondo e il terzo piano, e in un anno o due di cedere l'affitto della mia casa a qualcuno dei miei amici o un parente che venderà qui il suo vino di Tonnerre e il mio.»

Non accadde nulla di tutto ciò, perché dovette vendere la casa quando si presentarono le prime necessità finanziarie.

In questi primi anni, seguendo un'abitudine spiccatamente parigina, il cavaliere intrattenne un affollato «salotto», dove si incontravano

---

[271] A. Frank, *op. cit.*
[272] *Ibid.*

alcuni ospiti di Carlton House: artisti, uomini politici, quasi tutti membri anch'essi della loggia massonica «Nines Muses» alla quale era associato lo stesso d'Éon. Giunse a Londra, in quel periodo, anche il massone e mago ciarlatano Cagliostro[273], che aveva dovuto lasciare la Francia per una «*lettre de cachet*» del re, a seguito dello «scandalo della collana», anche se era stata riconosciuta la sua innocenza nell'organizzazione della truffa ai danni di Maria Antonietta. Nel 1784, a Bordeaux, Cagliostro aveva fondato il proprio «Rito Egizio», una sorta di ordine massonico religioso che, secondo il mago siciliano, era nato da una sua visione avuta in uno stato febbrile. Per un certo periodo l'italiano riuscì ad affascinare il principe del Galles e i suoi amici, ma quando questi si rifiutò di riceverlo, altrettanto fece d'Éon che, invece, subì fortemente l'influsso delle teorie illuministe di Swedenborg[274]. Secondo «la dottrina delle corrispondenze» di questo svedese, figlio di un vescovo, ogni cosa del mondo materiale ha un suo corrispettivo in quello spirituale. I testi di Swedenborg, di cui uno in particolare trattava dell'androginia come origine divina, spinsero d'Éon a interessarsi del cabalismo e a dedicarsi alla redazione di uno strano testo, dal titolo *Collection des découvertes, secrets, médecins*, nel quale mischiò testi di alchimia di Paracelso, Isaac, Hollandius, Tollius e altri, aggiungendo dei commentari su Zohar. Giunse così alla conclusione che le donne erano delle emanazioni dell'essere d'origine, il quale possedeva un doppio sesso. Come è evidente la questione della sessualità rappresentò un punto focale negli interessi scientifici e letterari del cavaliere, che evidentemente era alla ricerca di un suo personale *ubi consistam*.

In questo periodo, il cavaliere non sembrava avere rimpianti per aver lasciato Tonnerre, l'anziana madre, le sue proprietà, forse perché a Londra si sentiva più libero e talvolta poteva ancora indossare gli abiti maschili. Come sua abitudine, aveva un'intensa corrispondenza

---

[273] Giuseppe Giovanni Battista Vincenzo Pietro Antonio Matteo Balsamo, detto Cagliostro (1743-1795).

[274] Emanuel Swedenborg, di nascita Swedberg (1688-1772) fu un personaggio caratteristico dell'epoca perché si può definirlo scienziato, filosofo, mistico, medium e chiaroveggente. È considerato uno dei precursori dello spiritismo ed ha anche influenzato la psicologia del '900.

che gli consentiva di essere informato costantemente su quanto accadeva e un giorno apprese, con non poco stupore, che la sorella, signora O'Gorman, era stata arrestata «per ordine del re», a causa di debiti non pagati e che il marito si rifiutava di saldare. L'anziana madre lo implorò di intercedere presso il barone di Breteuil per perorare la liberazione della figlia, mentre il cognato minacciò di vendere ogni proprietà per far fronte ai debiti dell'imprevedibile e incontrollabile moglie. Le reazioni di d'Éon a questa grana famigliare non ci sono note, ma la madre rimase nell'abitazione di famiglia e la sorella in carcere a Provins, dove morì agli inizi del 1788. La morte della sorella fu comunicata dallo stesso cavaliere al marito:

«Malgrado i disaccordi che ci sono stati, mio caro cognato, tra voi e la mia famiglia, credo di dovervi far pervenire copia della lettera di de Charnoy per annunciarvi un avvenimento così importante come la morte di vostra moglie. Non penso che questa disgrazia vi affligga particolarmente e voi direte volentieri:

«Qui giace mia moglie ah! Stia bene
Per la sua pace e per la mia.»

Adesso eccovi libero e la pace ristabilita nella vostra vita. Non avrete difficoltà a trovare un'altra donna più ricca, ma non ne troverete una migliore! Le devo rendere la giustizia che la sua testa era cattiva ma l'interno del suo cuore non era malvagio. La sua eccessiva vivacità e la sua troppo grande gelosia erano le sue due malattie mortali. Se fosse stata più ricca e se voi foste stato meno amato, sareste stati tutti e due felici.

Vi auguro tutta la felicità possibile per l'avvenire. Se passate da Londra, potete venirmi a trovare ...[275]»

Il 1788 fu un anno travagliato per la corte di San Giacomo, la salute di Giorgio III cedette ai primi sintomi di follia e i comportamenti dell'erede, principe del Galles, non facilitavano l'ipotesi di una reggenza. Giorgio Augusto Federico, oltre a condurre una vita che nulla aveva a che vedere con la morigeratezza, in spregio a ogni ordinamento che regolava la successione al trono, aveva sposato, nel dicembre del 1785, la cattolica Maria Anne Smythe, vedova Fitzherbert,

---

[275] A. Frank, *op. cit.*

unione invalidata dall'applicazione del Royal Marriages Act del 1772[276], ma che comunque in qualche modo era stata consumata.

La situazione che si presentò era affatto nuova e complicata perché il re non era in grado di fare il tradizionale discorso della Corona, in occasione dell'apertura annuale del Parlamento, e questo impediva il regolare avvio dei lavori. Si aprì quindi un dibattito alla Camera dei Comuni, sollecitato da Charles James Fox[277], principale esponente del partito dei Whig, che godeva le simpatie dell'erede al trono ed era odiato da Giorgio III, oppositore del primo ministro William Pitt il Giovane[278]. Le discussioni sulla reggenza del principe Giorgio si prolungarono in modo tale da consentire al re di ristabilirsi e così il problema fu superato. Comunque, la legge sulla Reggenza fu emanata nel febbraio del 1789 e venne applicata anni dopo, quando la salute di Giorgio III fu irrecuperabilmente compromessa e, dichiarato pazzo alla fine del 1811, il principe del Galles fu nominato reggente, carica che mantenne fino alla morte del padre nel gennaio 1820.

Al primo manifestarsi della malattia di Giorgio III si verificò un bizzarro intervento di d'Éon che se ne uscì con una delle sue trovate letterarie, meritevole di essere ricordata perché assolutamente diversa da ogni suo altro scritto e perché è forse una delle espressioni più palesi del disagio esistenziale del cavaliere. Si tratta della *Épître aux Anglais dans les tristes circonstances présentes*, un opuscolo di quarantotto pagine che comparve nel novembre 1788. Lo scritto era una sorta di delirio mistico nel quale d'Éon si scagliava come un fustigatore di costumi ispirato da una religiosità profonda contro una Londra che «ha perso la fede» e nella malattia di Giorgio III vedeva un castigo inviato dal cielo per ammonire gli inglesi. Il popolo doveva «prendere consa-

---

[276] Il Royal Marriages Act del 1772 prevedeva che i matrimoni degli eredi al trono dovessero ricevere l'autorizzazione preventiva del regnante. Inoltre, l'Act of Settlement del 1701 non consentiva all'erede al trono di sposare qualcuno al di fuori della religione protestante.

[277] Charles James Fox (1749-1806) fu uno dei più brillanti oratori del Parlamento inglese, antischiavista e partigiano della guerra di indipendenza degli Stati Uniti. Occupò diversi dicasteri e fu primo segretario al Foreign Office.

[278] William Pitt il Giovane (1759-1806) fu il più giovane Primo Ministro della Gran Bretagna, carica che ricoprì all'età di ventiquattro anni e nella quale rimase dal 1783 al 1801, e poi dal maggio 1804 al gennaio 1806.

pevolezza della propria indegnità perché se non lo avesse fatto il Padre onnipotente avrebbe raddoppiato i suoi colpi poiché niente si compie senza la volontà divina».

«Il Signore infligge delle sventure agli uomini – proseguiva questa filippica degna di Loyola – per ravvivare la loro fede: colui che non ha fiducia nella Provvidenza resta prostrato e senza speranza mentre il credente animato dallo spirito di Dio trova nella sua afflizione dei tratti di rassomiglianza con Gesù Cristo che fanno tutta la sua gioia. Capiamo che tutto ciò che il mondo stima non è che illusione e ombra; che coloro che il secolo guarda come fortunati sono in realtà dei disgraziati; che la vera felicità consiste nel fare affidamento nel Dio solo, nell'adorare la sua giustizia e nel sottomettersi alla sua volontà nelle differenti condizioni dove ci vuole.»

Paragonava Londra a una moderna Babilonia ove non si pensava ad altro che ad adorare il vitello d'oro. Se la prendeva con i commercianti, i finanzieri, con i fornitori delle armate e della marina, con tutti i ricchi che «commettono giornalmente delle nuove ingiustizie per soddisfare il loro lusso, i loro piaceri, le loro mollezze». Metteva all'indice la crudeltà di questi malvagi ricchi il cui cuore «si chiude alle grida ripetute dell'indigente» e suggeriva al primo ministro di tassare i vizi dei suoi concittadini, piuttosto che i loro beni, «come, per esempio, la blasfemia, lo spergiuro, l'usura, il furto, la calunnia, la maldicenza, la litigiosità, i debiti, lo stupro, l'infedeltà coniugale ...; ben presto il tesoro inesauribile dei vostri crimini – affermava – sarà un immenso fondo di ammortamento che pagherà ben al di là del debito nazionale: e questa tassa sarà tanto utile agli uomini quanto gradita a Dio.»

La sua ira non risparmiava – e come avrebbe potuto – le donne impudiche.

La sua *Épître* conteneva anche una lunga invocazione per la guarigione di Giorgio III: «Perché il re è l'uomo alla destra di Dio, che viva per la consolazione della sua famiglia e quella dei suoi sudditi; che vive per la gloria e gli interessi di Dio; che vive per la distruzione dell'ingiustizia, della menzogna e del libertinaggio che sono i suoi nemici.» Proseguiva con la preghiera per la regina, la famiglia reale e, in particolare, per il principe di Galles, al quale indirizzava un panegirico di raro servilismo, perché ai suoi occhi il primogenito reale era dotato di ogni capacità, di un cultura prodigiosa e di larghe vedute politiche. L'erede al trono aveva mostrato grandi qualità ed era già non la speranza, ma il sostegno e la consolazione della famiglia reale e di tutta la nazione.

La chiusura di questo scritto, pressoché delirante, era rappresentata da una preghiera personale di d'Éon a Gesù Cristo:

«Sto morendo dal desiderio di morire nel tuo timore e nel tuo amore. Assente il mio Dio, sempre lontano da ciò che amo, io languisco. Che cosa posso vedere dove non ti vedo? Per vederti muoio dal dispiacere di non poter morire. Senza di te non posso vivere.»

E proseguiva con questo tono tra l'invocazione e l'auto afflizione.

È difficile capire se si trattasse di una reale conversione alla fede o di un momentaneo scoramento che lo portò all'esaltazione. I suoi scritti non furono talvolta esenti dalla retorica, ma non ebbero mai una tale magniloquenza, che appare più come il frutto di un irrisolto travaglio interiore. È comunque strano e originale che lo spunto per una tale esternazione sia stata una crisi politica e che d'Éon abbia totalmente perso il senso della realtà e abbia sentito unicamente l'esigenza di prostrarsi di fronte al principe del Galles, cosa che fece in modo alquanto maldestro e non credibile.

L'opuscolo, per fortuna, passò pressoché inosservato e simile prosa non si ripeté negli scritti successivi.

Per l'amata Francia di d'Éon giunse l'anno 1789, in cui tutto cambiò. Gli Stati Generali, la presa della Bastiglia, il popolo a Versailles sembravano dover aprire un'epoca affatto nuova e relegare per sempre nel passato un anacronistico mondo di privilegi e di dispotismo. Il cavaliere immaginò la Rivoluzione come quella che, nel 1688, aveva visto nascere in Inghilterra un nuovo equilibrio dei poteri. D'Éon pensava a una monarchia costituzionale con una limitazione del potere reale che ponesse fine ad arbitri e abusi.

D'Éon, che qualche anno prima aveva subito una causa per aver cercato di attribuirsi nobili ascendenze che non gli appartenevano, ora si firmava «la cittadina Geneviève Déon».

Applaudì alla presa della Bastiglia, dove peraltro aveva corso il rischio di essere incarcerato, e il 14 luglio 1790, riunì i concittadini francesi più illustri presenti a Londra per festeggiare l'anniversario di questa data simbolo della Rivoluzione e prestare il giuramento civico. Per l'occasione fece anche un discorso che fu ripreso dai giornali londinesi:

«Fratelli, amici, compagni, compatrioti, francesi liberi, tutti membri di una stessa famiglia, soldati, cittadini votati alla difesa della Patria rigenerata, noi dobbiamo come francesi in terra straniera, essere pronti a dare alla nostra cara patria nuove prove di uno zelo che non si spegnerà se non con i nostri giorni.

Giuriamo con esultanza, sull'onore e sull'altare della Patria, in presenza del Dio delle armate, di restare fedeli alla Nazione, alla Legge e al Re dei Francesi; di mantenere con ogni nostro potere la costituzione decretata dall'Assemblea Nazionale e accettata da Sua Maestà. Perisca il perfido che infrangerà questo sacro patto, sia prospero per sempre il suo religioso osservante!

Sì, miei bravi compatrioti, noi dobbiamo, col pericolo della nostra stessa vita, sostenere i decreti emanati dalla saggezza dell'augusto tribunale dell'Assemblea nazionale, che sta elevando su basi incrollabili l'edificio della nostra felicità.

Noi dobbiamo rinnovare l'omaggio rispettoso del nostro amore al tenero padre, al monarca cittadino che mette tutta la sua gloria e la sua felicità in quella del suo popolo.

Per mettere l'ultimo sigillo ai nostri sacri impegni, chiamiamo su di noi la protezione onnipotente del Dio della pace, che dei cuori puri invocano con fiducia per il sostegno di una così santa e giusta causa.

E poiché l'Eterno l'ha naturalmente incisa nel cuore di tutti gli uomini, possano i francesi non perdere mai di vista la sublimità della loro costituzione, considerarla come un dogma nazionale e rimanerle sempre fedeli! Sono le voci ardenti del mio cuore al nome della libertà, per la quale sarebbe bello morire, e senza la quale sarebbe terribile vivere ... [279]»

Gli avvenimenti gli davano occasione di essere, ancora una volta, al centro della scena londinese e così, trascinato dal suo stesso entusiasmo, vero o costruito che fosse, non perse l'attimo per fare un piccolo gesto teatrale. Nella sala di fianco a quella dove si teneva il consesso

---
[279] P. Pinsseau, *op. cit.*

dei francesi emigrati, si stava svolgendo, sotto la presidenza di lord Stanhope[280], una riunione specificatamente britannica che egualmente voleva celebrare l'anniversario della presa della Bastiglia ed esprimeva il voto di «un'alleanza eterna tra le nazioni inglese e francese, per assicurare per sempre la pace, la libertà e la felicità del mondo intero![281]»

Questi erano gli entusiasmi e le illusioni che esaltavano gli animi in quel periodo e d'Éon non ne fu immune, anzi vide l'occasione per rientrare in scena. Si affrettò ad inviare una pietra della demolizione della Bastiglia, accompagnandola con un biglietto dove con passione si dichiara fautore dei principi della Rivoluzione:

«Per farvene un omaggio [della pietra] ho pensato, Milord, di dover attendere il 14 luglio, il giorno e l'ora in cui voi presiedete all'onorevole associazione che celebra oggi l'anniversario della nostra gloriosa Rivoluzione, per la quale ventiquattro milioni di individui sono reintegrati nel primitivo possesso dei loro diritti inalienabili di cittadini! ...L'uomo è restituito alla natura, il cittadino alla patria, il monarca ai suoi sudditi e tutto un grande popolo alle virtù, alle leggi, all'uguaglianza ... »

L'illusione si trasformò ben presto in tragedia, perché la sua pensione fu prontamente soppressa, come il mondo nel quale era nata, e ben altre erano le preoccupazioni di chi governava a Parigi. Gli incontri pubblici di sciabola divennero un mezzo di sostentamento, una specie di esibizione da circo, e d'Éon non poté far altro che ricorrere alla vendita dei suoi beni per procurarsi un minimo di sopravvivenza.

Il sipario stava calando nel peggiore dei modi.

Compilò egli stesso l'inventario della biblioteca, delle armi, dei gioielli e dei beni che «generalmente compongono il guardaroba di un capitano dei dragoni e quello di una dama francese».

La vendita all'asta, fatta da Christie[282], fu fissata per il 10 maggio 1791, con proseguimento nei giorni seguenti. Si sparse la voce di que-

---

[280] Philip Stanhope, V conte di Chesterfield (1755-1815) fu politico e diplomatico. Si associò alla massoneria durante il suo soggiorno in Germania nel 1773.
[281] *Ibid.*
[282] James Christie (1730-1803) fu il fondatore della famosa casa d'aste, la cui nascita ufficiale risale al 5 dicembre 1766, con sede in Pall Mall street.

sta vendita e molti furono gli amici che accorsero a dare un aiuto finanziario al cavaliere. Una sottoscrizione fatta da un banchiere della città riuscì a raccogliere, in pochi giorni, quattrocentosessantacinque sterline, delle quali il principe del Galles aveva partecipato per cento ghinee. Comunque, questo aiuto finanziario fu insufficiente, la pubblica vendita all'incanto fu mantenuta e la preziosa biblioteca fu dispersa tra i collezionisti inglesi. Tra i documenti messi in vendita vi era anche una serie di manoscritti del maresciallo Vauban del quale d'Éon aveva iniziato a scrivere la biografia.

Il 20 aprile del 1792, Luigi XVI dichiarò guerra all'Austria e questo nuovo evento bellico diede al cavaliere la speranza di poter ritornare in divisa e sul campo di battaglia. Inviò una lunga lettera al presidente dell'Assemblea legislativa e anche una petizione, indirizzata sempre alla stessa Assemblea, nella quale, facendo riferimento a un precedente decreto della Costituente, del 5 settembre 1791, chiedeva il suo reintegro nell'armata:

«... Sebbene da quindici anni a questa parte porti costantemente l'abito da donna, sogno sempre che in altri tempi sono stato nell'armata. Dalla Rivoluzione, sento risvegliato il mio amore per la Patria e il mio animo guerriero si rivolta contro la mia cornetta e la mia sottana. Il mio cuore richiede a gran voce il mio elmo, la mia sciabola, il mio cavallo e il grado che mi è dovuto per i miei servizi e le mie ferite, per andare a combattere i nemici della Francia ... Supplico tutti gli onorevoli membri dell'augusta Assemblea che rappresenta la maggioranza della nazione francese e del primo popolo del mondo, di permettere che io lasci gli abiti da donna ... Per permettermi in tal caso di essere utile all'armata, che mi sia consentito di arruolare una legione chiamata legione dei volontari di d'Éon-Tonnerre. Cercherei di formarla almeno per metà con soldati veterani, e l'altra metà con una gioventù robusta e di buona volontà che sarà ben presto agguerrita in questa guerra ... Per mettere i bastoni tra le ruote al nemico mi necessita un legione forte e non temere troppo la perdita degli uomini, perché i volontari sono la moneta corrente di un'armata in linea ... In ogni caso, se ci si vuole che io mi batta realmente bene, datemi almeno un grado nell'armata, altrimenti, alla mia età, non farei la fatica di lasciare i miei abiti per montare a cavallo e andare a fare una vana parata di vanità e di falso coraggio …

Sono stato lo zimbello della Natura, della Fortuna, della Guerra e della Pace, degli uomini e delle donne, del malanimo e degli intrighi di Corte; sono passato in successione dallo stato di ragazza e quello di ragazzo, dallo stato di un uomo a quello di una donna; ho provato tutte le strane vicissitudini della vita umana. Presto, lo spero, le armi alla mano, volerò sulle ali della Libertà e della Vittoria, per morire per la Nazione, la Legge e il Re![283]»

La petizione fu letta all'Assemblea da Carnot[284] il maggiore, l'11 giugno 1792, ma dopo aver raccolto gli applausi dei presenti, fu inviata al Comitato dell'Organizzazione militare, dove uno zelante funzionario la mise in un cassetto e lì rimase …

Il cavaliere ricevette comunque un passaporto per rientrare in Francia, ma preferì rimanere a Londra, confortato in questa decisione anche dal conte Montmorin, che gli aveva scritto attraverso l'incaricato d'affari francese nella capitale. Gli sviluppi della Rivoluzione, che si stava avviando, con la decapitazione di Luigi XVI e di Maria Antonietta, alla fase del Terrore, fecero in modo che il progetto di rientro non fosse più all'ordine del giorno. Tuttavia, bisogna chiedersi come mai il cavaliere, ormai libero da ogni vincolo precedente, essendo scomparsa la monarchia e non ricevendo più alcuna pensione, sia rimasto in terra inglese, in abiti femminili, e non sia invece rientrato in Francia in piena libertà di essere, o meglio ritornare ad essere, se stesso. Quali furono le ragioni di questa decisione? Non ci è dato di saperlo, né nelle sue carte né nelle sue *Mémoires* troviamo qualche indizio che possa dare una spiegazione certa, ma possiamo ipotizzare che il motivo furono i creditori, che non permisero a d'Éon di allontanarsi dall'Inghilterra.

La vita londinese, pur nelle preoccupazioni finanziare che ormai erano una costante, trascorreva abbastanza piacevolmente, le serate sempre piene di incontri mondani presso gli amici di sempre. Lo stesso cognato O'Gorman e i suoi figli cenarono regolarmente con il cava-

---

[283] P. Pinsseau, *op, cit.*; *Petition et Mémoire de la chevalière d'Éon à l'Assemblée Nationale*, Londra, 1792.
[284] Lazare Nicolas Marguerite Carnot (1753-1823).

liere nel corso del 1792. Anche il rapporto con Christie si fece più stretto e per la casa d'aste d'Éon redasse un catalogo delle opere di Orazio e seguì le vendite di libri. Oramai, le ristrettezze economiche costituivano un assillo quotidiano. L'importo ricavato dalla vendita dei suoi beni si era esaurito velocemente per saldare i creditori e la messa all'incanto degli ultimi gioielli, il 17 febbraio del 1792, aveva reso solo quattrocentoquarantotto sterline. Incominciò a vivere dell'ospitalità dei suoi amici e tra questi lady Constable, lo stesso James Christie, lady Wallis, lord Glencairn, il conte Zenobio, ambasciatore di Venezia, Hirsinger, incaricato d'affari di Francia, madame Cole e altri.

Gli incontri con la spada divennero un mezzo per vivere e addirittura il cavaliere si fece impresario di una vera e propria compagnia di giro che si esibiva percorrendo tutta l'Inghilterra. Della troupe facevano parte un prevosto di nome Recouvrot, Jacob de Launay, vecchio servitore di d'Éon, madame Bateman, moglie di un funzionario inglese in servizio nelle Indie, e numerose altre persone, cantanti, attori e musicisti. Nel mese di settembre del 1794 l'eterogeneo gruppo si trovava in Irlanda, dove si fermò sino al febbraio dell'anno successivo, quando prese il battello per Liverpool. La condizioni finanziarie erano tali che madame Bateman, che in questi anni svolse quasi un ruolo di amministratore, subaffittò, in sua assenza, la casa di d'Éon a Bertrand de Molleville, che era stato ministro della Marina di Luigi XVI e si era rifugiato in Inghilterra.

Le manifestazioni di solidarietà con la Rivoluzione e di ardente patriottismo non lo posero al riparo dai fulmini della Convenzione. D'Éon era di origine nobile, poteva essere considerato un «emigrato» e così i suoi beni a Tonnerre furono confiscati e i suoi mobili venduti all'asta. Cosa che non sarebbe avvenuta se fosse rientrato in patria. Il 28 Termidoro anno II[285], il signor Edmond Bocquet, amministratore del distretto di Tonnerre, si recò a casa del cavaliere per effettuare una perquisizione. Vi scoprì, posta in armadio segreto accuratamente dissimulato in un muro e nascosto dalla tappezzeria, una cassaforte con nove grandi cartoni sigillati, che furono portati alla sede del distretto,

---

[285] 10 luglio 1793 per il calendario Gregoriano.

per decidere cosa farne[286]. Non se ne seppe più nulla ufficialmente, né esiste un inventario di quanto contenuto, ma con ogni probabilità sono stati restituiti alla famiglia del cavaliere e si trovano nella biblioteca del paese.

Con la consueta caparbietà, il cavaliere non aveva rinunciato alla speranza di essere richiamato in servizio nell'armata e, a quanto sembra, fece un secondo tentativo più fortunato, perché il 12 gennaio 1793 scriveva all'amico Steward: ... «Tutta la mia giornata è stata occupata a fare imballare una gran parte dei miei effetti. Avantieri ho ricevuto l'ordine del Ministro della Guerra della nostra Repubblica, di recarmi il più presto possibile a Parigi e da là all'armata del generale Dumouriez[287]. Dio sa il resto ... » La partenza non ebbe luogo e le motivazioni

---

[286] *Ibid.*
[287] Charles François du Périer detto Dumouriez (1739-1823). Viene generalmente ricordato come vittorioso generale francese della Rivoluzione, ma Dumouriez, nella sua lunga carriera militare, fu al servizio di diverse bandiere, caso tutt'altro che raro in quel tempo. Entrò giovanissimo nell'esercito e combatté la Guerra dei Sette anni, alla cui conclusione venne riformato (era stato ferito per ben venti volte) e, di conseguenza, si ritrovò in ristrettezza economiche. Cercò collocazione nella Repubblica di Genova, impegnata nel reprimere la rivolta di Paoli in Corsica, ma ne ricevette un rifiuto e, in totale contrapposizione, tentò allora di far approvare dal duca di Choiseul un piano per l'invasione dell'isola. Il piano venne respinto, ma Choiseul lo inviò in missione a Madrid. Al ritorno gli venne conferito il grado di maggiore generale e fu inviato in Corsica per conquistare l'isola alla Francia, cosa che avvenne nel 1768. Venne poi inviato in Polonia, dove però, per la morte di Choiseul, si ritrovò privo di istruzioni. D'Aiguillon, successore di Choiseul, lo richiamò in patria nel 1772. Il ministro de Broglie gli diede incarico di recarsi in Svezia, in aiuto di Gustavo III che era in lotta contro l'aristocrazia ma, ad Amburgo, D'Aiguillon lo fece arrestare per aver sottratto a scopo personale dei fondi destinati alla missione. Rimase in carcere tre anni e, liberato dal nuovo reggente, Luigi XVI, venne nominato governatore di Cherbourg, carica che mantenne per dodici anni. Aderì con cautela alla Rivoluzione ed ottenne, nel 1791, un comando in Vandea e riuscì anche ad essere, con l'appoggio dei Girondini, ministro degli esteri e, successivamente, ricoprì analogo incarico al ministero della guerra, ruolo dal quale dovette deve dimettersi per l'ostilità della Convenzione che minacciava di metterlo sotto accusa. Ottenne comunque il comando dell'armata delle Ardenne con la quale, unitamente alle forze di Kellermann e di Beurnoville, ottenne la vittoria di Valmy sulle truppe di Brunswick, il 20 settembre 1792. Non sfruttò appieno la vittoria conseguita, forse per lasciare a Luigi XVI, con il quale aveva avuto un rapporto positivo, di ottenere aiuti dall'estero. Tornò a Parigi e gli venne affidata l'armata del Nord con la quale occupò il Belgio. Venne poi

di questo mancato viaggio non si sanno, anche se possiamo ritenere siano state analoghe a quelle precedenti, cioè i creditori.

Nonostante l'età, aveva sessantotto anni, il cavaliere era costretto a proseguire le sue esibizioni di sciabola fino a quando, venerdì 26 agosto 1796, incorse in un incidente che di fatto pose fine a questa attività. Il fioretto dello sfidante, il prevosto de Launay, si ruppe e penetrò profondamente nel suo fianco destro, tra il braccio e il seno. Fu assistito da un medico e da un chirurgo che gli inflissero un salasso, metodo affatto originale per curare una ferita. Il «rimedio» o più probabilmente la forte fibra del cavaliere fecero in modo che qualche giorno dopo la ferita si fosse rimarginata, ma d'Éon accusò dei violenti brividi e la gamba sinistra fu «presa da un violento fuoco di Sant'Antonio», molto doloroso, che gli provocò anche un gonfiore al piede. La diagnosi del medico di Southampton, cittadina dove avvenne l'incidente, fu di «gotta secca».

D'Éon rientrò a Londra alla fine di dicembre e venne accolto in casa da madame Mary Cole, vedova di un vecchio amico che era stato ingegnere della marina inglese. I medici, chiamati a consulto, esaminando il suo piede gonfio e duro con il dito curvato, non si mostrarono ottimisti. Il fisico del cavaliere era stato sfiancato dall'eccessiva attività ed era prevedibile una paralisi. Madame Cole si prese cura di quella che riteneva «la cavaliera d'Éon» e, in cambio, questa le promise di mettere in ordine le carte e i conti del marito. La convalescenza fu lunga perché il cavaliere uscì, per la prima volta, per andare a colazione da amici in compagnia della sua ospite, l'ultima domenica di

---

inviato ad occupare l'Olanda, ma dopo una prima fase positiva subì una pesante sconfitta a Neerwinden e questo diede spunto alla Convenzione per attaccarlo. La reazione di Dumouriez fu quella di arrestare i membri della commissione d'inchiesta che era stata inviata, della quale faceva anche parte il ministro della guerra, e di consegnarli agli austriaci, che li tennero per tre anni. Allo stesso tempo passò egli stesso all'Austria, seguito da circa 1.500 uomini, otto generali e il duca di Chartres, figlio di Luigi Filippo II di Borbone-Orléans. Iniziò così un periodo di peregrinazioni nel corso delle quali si recò anche in Russia. Fu al servizio di Gustavo di Svezia, offrì i suoi servizi al Portogallo minacciato dalla Francia, addestrò truppe spagnole alle tecniche delle guerriglia, infine, fu consigliere in Inghilterra dello stesso Wellington. Rimase in Inghilterra anche con la Restaurazione e vi morì.

febbraio del 1797 ed era dall'agosto precedente, fatta eccezione per il viaggio di rientro a Londra, che non lasciava le sue stanze.

Gli anni trascorrevano in una situazione che era al limite della sussistenza, perché la caritatevole vedova Cole non era certo ricca e i denari bastavano appena per scansare la fame. D'Éon si dedicava interamente alla scrittura delle sue memorie, ma anche delle continue petizioni per riavere la pensione che gli era stata tolta e della quale aveva assoluta necessità. Le argomentazioni non gli mancavano, aveva prestato servizio come militare e come diplomatico, non era un «emigrato», poiché la sua permanenza londinese era ben antecedente alla Rivoluzione, ma tutto questo cadeva nel vuoto. D'Éon de Beaumont era pressoché uno sconosciuto per il nuovo corso.

Francia e Inghilterra erano nuovamente in guerra, la flotta francese del Mediterraneo aveva subito l'offensiva di Nelson e le armate faticavano a fronteggiare le forze della seconda coalizione. A Parigi, il colpo di stato del 18 brumaio dell'anno VIII (9 novembre 1799) aveva segnato la fine del Direttorio e dato inizio all'era napoleonica. Il mondo di d'Éon era solo un ricordo e anche piuttosto sbiadito dopo le stragi rivoluzionarie e la conseguente fuga di parte della nobiltà che aveva ingrossato le file degli «emigrati». Solo nel 1801, con l'apertura dei negoziati di pace, il cavaliere poté nutrire qualche vaga speranza di essere ascoltato. Si rivolse a Talleyrand [288], ma la supplica rimase inascoltata. Ebbe la consolazione dell'interessamento del nuovo console francese a Londra, Otto, che spesso lo ospitava nella sua casa a pranzo. Il console riuscì a farlo cancellare dalla lista degli «emigrati» e questo avrebbe rappresentato un primo passo verso il ritorno in Borgogna se fosse riuscito a ottenere anche un passaporto e a racimolare il denaro necessario.

D'Éon aveva perso completamente l'uso delle gambe, ma il suo spirito era ancora in grado di rallegrare e interessare i suoi commensali e gli inviti a casa del console rappresentavano quella piccola illusio-

---

[288] Charles-Maurice de Talleyrand-Périgord, I Principe di Benevento (1754-1838) si ricorda di lui la grande capacità di adattamento a ogni mutare della situazione politica: servì la monarchia, la Rivoluzione, l'impero di Bonaparte e poi ancora la monarchia di Luigi XVIII. Fu politico di grande intelligenza e capacità.

ne di essere ancora al centro dell'attenzione che riusciva a tenere in vita la speranza.

Il rientro a Parigi dell'amico console interruppe anche questa piccola distrazione e la vita si fece sempre più cupa e il cavaliere fu costretto a vivere della benevolenza dei suoi amici, in altri termini di carità. Il peggio doveva ancora venire. Impossibilitato a far fronte ai debiti, un giorno del 1804 venne imprigionato e riguadagnò la libertà solo cinque mesi dopo, grazie all'intervento dei soliti caritatevoli amici.

La guerra tra Francia e Inghilterra era ripresa e le possibilità di raggiungere la Borgogna erano ormai inesistenti. Il cavaliere d'Éon era ridotto all'immobilità e aveva settantasette anni, un'età ragguardevole per quei tempi. La vedova Cole continuava a ospitarlo, ma la situazione era drammatica. Gli restavano solo la croce di San Luigi e una tabacchiera il cui coperchio portava un ritratto di Luigi XV contornato di brillanti: anche queste ultime cose finirono al monte di pietà. La regina Sofia Carlotta fu mossa a compassione e accordò all'ex ministro plenipotenziario una modesta pensione, appena sufficiente alla sopravvivenza.

Nel marzo del 1810, d'Éon ebbe un attacco della malattia che lo costrinse definitivamente a letto e il 21 maggio successivo spirò assistito dalla caritatevole Cole e con l'estrema unzione impartita da padre Elisée, al secolo Marie Vincent Talochon, chirurgo del futuro Luigi XVIII.

La povera vedova si occupò della preparazione della salma per la sepoltura e fu quasi presa da un accidente quando scoprì che la «signorina d'Éon» era in realtà un uomo. Era necessaria un'autopsia e la salma fu portata all'ospedale Framdling, al 26 New Millman Street, dove il dottor Copeland, medico legale, procedette all'ispezione in presenza di numerosi testimoni. Lo stringato verbale risultò essere:

«Io certifico con la presente di aver ispezionato il corpo del cavaliere d'Éon, in presenza di M. Adair, di M. Wilson e del padre Elisée, e di aver trovato gli organi maschili perfettamente formati sotto ogni aspetto.

23 Maggio, 1810.

Firmato: Tho. Copeland, chirurgo.

Erano inoltre presenti le seguenti persone: l'onorevole W-St. Littleton, Mr. Douglass, lord Yarmouth, Mr. Stoskins procuratore, Mr. J-M Richardson editore, Mr. King e Mr. Burton chirurghi, Mr. Joseph Berger Patney, Mr. Joseph Bramble, Mr. Jacob Delannoy.»

Venne inumato, il 28 maggio, nel cimitero di San Pancrazio nel Middlesex.

Il certificato di morte fu pubblicato dal *Times* il 25 maggio e certamente chi ricordava le furiose scommesse fatte sul sesso del cavaliere non poté fare a meno di sorridere.

In Francia la notizia della morte fu annunciata dal *Courrier universel* in un breve trafiletto il 16 giugno successivo.

D'Éon lasciò un testamento olografo non firmato che così terminava:

«Nudo dal cielo sono disceso,
E nudo sono sotto questa pietra ...
Dunque, per aver vissuto sulla terra,
Non ho né guadagnato né perso ...!

Le opere del cavaliere d'Éon

Accord parfait de la nature, de la raison, de la révélation et de la politique ou Traité dans lequel on établit que les voies de rigueur, en matière de religion, blessent le droits de l'humanité. 2 volumi, in 12°. Colonia 1753.

Essai historique sur les différentes situations de la France par rapport aux finances, sous le règne de Louis XIV et la régence du duc d'Orléans. Par M. Déon de Beaumont. Amsterdam, in 8°, 1753.

«Éloge du comte d'Ons-en-Bray, Président de l'Académie des Sciences», in *L'Année littéraire*, 1754.

«Éloge au panégyrique de Marie-Thérèse d'Este, duchesse de Penthièvre», in *L'Année littéraire*, 1754.

«Mémoires sur la vie et les ouvrages de Lenglet Dufresnoy», in *L'Année littéraire*, 1755.

La vérité vengée ou réponse à la dissertation sur la tolérance des Protestants, in 12°, 1756.

Lettre sur l'utilité de la culture des mûriers et de l'éducation des vers à soie en France, Parigi, 1758.

Considération historiques sur les impôts des Égyptiens, des Babyloniens, des Perses, des Grecs, des Romains, et sur les différentes situations de la France, par rapport aux finances, depuis l'établissement des Francs dans la Gaule jusqu'à présent, 2 Tomi, in 12°, 1758.

Mémoires pour servir à l'histoire générale des Finances, 2 volumi, in 8°, Amsterdam, 1760.

«Les Espérances d'un bon patriote», in *L'Année littéraire*, 1759.

Note remise à Son Excellence Monsieur le comte de Guerchy, par Monsieur le chevalier d'Éon, Londra, stampatore Jacques Diwell, 1763.

Nouvelles lettres du chevalier d'Éon [...], Londra, 1764 (lettere a Mansfield, Bute, Temple, Pitt, datate giugno 1764).

Essai politique sur la Pologne, Varsavia, stampatore de Psombka, 1764.

Lettres, mémoires et négociations particulières du chevalier d'Éon, ministre plénipotentiaire auprès du roi de la Grande-Bretagne, avec MM. Les ducs de Praslin, de Nivernois, de de Sainte-Foy et Regnier de Guerchy, ambassad. extr., stampatore H. Scheurleer, 1764, 3 parti in un volume in 4° (rieditato a Londra, 3 vol., in12°, 1765).

Pièces relatives aux lettres ... du chevalier d'Éon, contenant la Note, Contre-Note, Lettre à M. le Duc de Nivernois à l'Examen des lettres, mémoires, etc., Londra, J. Dixwell, 1764, in 8°.

Dernière lettre du chevalier d'Éon à M. le Comte de Guerchy, en date de 5 août 1767. Avec l'extrait de la procédure, en bonne forme, Londra, 1767.

Les Loisirs du chevalier d'Éon de Beaumont, ancien ministre plénipotentiaire de France, sur divers sujet importants d'administration, etc. pendant son séjour en Angleterre, Amsterdam, 1774, 13 vol.

Traité statistique concernant les royaume de Naples et de Sicile, in 8°, Leipzig, 1775.

Traité statistique concernant la Russie, in 8°, Altenbourg, 1776.

Recueil des pièces relatives aux démêles entre Mademoiselle d'Éon de Beaumont et M. de Beaumarchais, Londra, 1778.

Épître aux Anglais dans leurs tristes circonstances présentes, in 8°, 1788.

SOMMARIO

Capitolo I
Da Tonnerre a Parigi.. 13
Capitolo II
Lia de Beaumont va a San Pietroburgo, forse 30
Capitolo III
D'Éon va in aiuto di Douglas a San Pietroburgo........................ 47
Capitolo IV
Capitano dei dragoni.. 71
Capitolo V
A Londra per la pace 79
Capitolo VI
Guerchy a Londra – Inizia lo scontro.. 97
Capitolo VII
La battaglia legale 114
Capitolo VIII
Un po' di quiete... 132
Capitolo IX
Dragone o dragonessa?... 162
Capitolo X
Luigi XVI e Beaumarchais 176
Capitolo XI
La lotta con Beaumarchais 209
Capitolo XII
Il ritorno in Francia 232
Capitolo XIII
Il romanzo di Gaillardet.. 261
Capitolo XIV
Gli ultimi anni londinesi 282

Le opere del cavaliere d'Éon 303

www.ingramcontent.com/pod-product-compliance
Lightning Source LLC
Chambersburg PA
CBHW071650090426
42738CB00009B/1479